한국의 미래, 새로운 패러다임

저탄소 녹색성장 기본법

한국의 미래, 새로운 패러다임

저탄소 녹색성장 기본법

박재홍 지음

이담 Books

GREEN SEED

저탄소 녹색성장은 신성장동력과 일자리를 창출하는 신국가 발전 패러다임이다. 녹색성장은 온실가스와 환경오염을 줄이는 지속 가능한 성장이다. 녹색기술과 청정에너지로 신성장 동력과 일자리를 창출하는 신국가 발전패러다임이다. 녹색성장을 통해 다음 세대가 10년, 20년 먹고살 거리를 만들어 내겠다.

(2008. 8. 15. 건국 60주년 기념식에서 이명박 대통령)

이명박 대통령이 일본 도야코 G8정상회의에서 밝힌 저탄소 녹색성장이 유엔과 국제사회의 긍정적 평가를 받고 있다. 이 같은 정책기조는 궁극적으로 한국의 일자리창출과 경제성장에 큰 도움이 될 것이다.

(반기문 유엔 사무총장)

기후변화에 대한 미국의 리더십에 새 장을 열어 그 과정에서 수백만 개의 새로운 일자리를 만들겠다. 청정에너지에 투자하는 어떤 기업도 워싱턴의 동지가 될 것이며, 기후변화에 대해 행동하는 어떤 국가도 미국이라는 동맹을 얻을 것이다.

(버락 오바마 미국 대통령)

　녹색기술 분야는 지난 1990년대 IT가 보였던 것과 같은 큰 성장을 실현할 것이다. 앞으로 12년 동안 1,000억 파운드 규모의 자금을 조성하여, 석유 의존도를 줄이고 신·재생에너지의 비중을 확대하는 '그린혁명'을 통해 재생에너지 이용을 10배로 늘리겠다.

(고든 브라운 前 영국총리)

　이제는 행동해야 할 때이다. 우리는 너무 오래 기다려 왔고, 더 이상은 기다릴 수 없다. 환경정책은 투자정책이며, 이는 미래성장의 길을 닦는 것이다.

(니콜라 사르코지 프랑스 대통령)

　지구온난화는 '미래예상'이 아니라 '현재진행형'이고, 지구온난화가 화석연료를 사용하는 인간의 활동이 지구온난화를 초래하였으며, (Very likely) 인간의 책임이 90% 이상이다.

(IPCC 2007년 보고서)

| 머리말 |

매년 3월 22일은 '물의 날'이며, 매년 4월 22일은 '지구의 날'이기도 합니다. 건강한 지구를 보전하기 위한 지구온난화 방지와 한경오염 방지가 지구촌의 화두이기도 하죠. 지구온난화와 환경오염에 시달리는 지구를 살리기 위한 '녹색생활'의 실천이 시급히 요청되고 있는 시점이라 할 수 있습니다. 지구온난화와 해양오염을 막기 위한 장치로서 국제기후환경협약과 폐기물 해양투기금지 런던협약이 마련되었습니다. 먼저 지구온난화는 온실가스가 주된 원인입니다. 그 주된 원인을 화석연료를 사용하는 인간의 활동이 지구온난화를 초래하였다 점입니다(IPCC 2007 보고서).

지구온난화 방지에 관한 적극적이고 전문적인 대책의 수립과 시행은 온실가스가 대부분 에너지사용의 결과로 발생되므로 에너지 사용량을 줄이기 위한 에너지절약 및 이용 효율향상이 기본적 방안이다. 동시에 CO_2 발생량이 많은 석유, 석탄으로부터 LNG, 원자력, 태양열, 수력 등 CO_2 발생량이 적거나 없는 연료로의 대체와 에너지 이용 기술개발이 중요하다. 그러나 이들 대체에너지는 비용과 효율문제가 당면 과제다. 따라서 지구온난화 대책은 솔직히 현재로선 에너지절약이 최선이요, 첩경이다. 우리나라는 세계 석유소비 4위, OECD 국가 중 온실가스 배출량 6위("CO2 Emissions from Fuel Combustion", IEA/OECD, 2009)로 전체 온실가스의 83%가 에너지 사용으로 발생한다. 따라서 에너지절약이 곧 지구온난화를 막는 지름길이다. 그러나 화석연료 사용으로 인해 세계 곳곳에서 지구온도 상승에 따른 기후환경 피해가 속출하고 있는 실정이다. 그리하여 지구온난화를 막기 위한 국제기후환경협약이 마련되었다. 지구온난화 방지를 위해 발효된 유엔기후변화협약)(UNFCCC) 중 2000년 제6차 당사국총회에서 처음으로 교토의정서가 이산화탄소(CO2) 등 온실가스 배출량의 감축의무를 규정하고 있다. 2007년 12월 15일 인도네시아 발리에서 열린 유엔기후변화협약 제13차 당사국총회에서는 2013년부터 모든 나라가 온실가스 감축에 노력한다는 데 합의하였다. 이에 따라 온실가스 의무감축 당사국이 되면, 2012년의 온실가스 배출량을 2005년 수준으로 동결해야 한다. 그 이후 해마다 UNFCC 당사국총회에서는 지구온난화방지를 위해 온실가스 감축방안을 논의하고 그 합의내용을 합의서에 포함하는 노력을 기울이고 있다.

또한 예로부터 거대한 자연정화능력과 상대적으로 손쉬운 접근성을 갖고 있는 하천과 바다는 가정, 농경지, 축산, 공장 등에서 배출되는 생활오수, 음식물 쓰레기와 과다한 농약사용, 가축분뇨 및 공장 폐수 등의 배출로 수질오염이 한계에 다다르게 되어 농업용수와 마음 놓고 먹는 물조차 안심할 수 없게 되었다. 그러다 보니 하천의 오염원은 결국 해양의 오염원이 되어 그로 인한 해양오염 문제가 발생하고 있다. 특히 바다는 폐기물을 값싸게 처리하는 대상으로 간주되어 왔다. 바다에 버려지는 폐기물의 종류는 음식물 쓰레기가 가장 많고, 그 외 가축분뇨와 하수슬러지 등이 포함되어 있다. 또한 국제사회에서도 방사성 폐기물의 해양투기가 지속적으로 이루어져 왔다.

이와 같이 계속되는 해양투기로 인해 해양오염의 심각성이 커지면서 폐기물의 해양투기 및 해양오염의 원인을 총체적으로 규제하는 내용을 담은 런던협약이 1972년 채택되었다. 그러나 여전히 바다에 버려지는 폐기물로 인한 해양오염 문제가 계속됨에 따라 1996년에는 런던협약을 보다 구체화한 2009년 3월 런던의정서가 발효되면서 쓰레기의 해양투기를 이전보다 강력하게 규제할 수 있는 국제적 기준이 마련되었다. 그리고 2012년부터는 런던협약에 의해 음식물 쓰레기를 비롯하여 축산분뇨 등을 바다에 버리는 것이 완전히 금지된다. 이에 따라 바다에 버려지던 쓰레기들이 갈 곳이 없게 되면서 이에 대한 방안마련과 하천과 바다의 수질오염 방지체계가 새삼 중요해지고 있다. 그러므로 폐기물의 해양투기 금지와 음식물 쓰레기를 줄이는 녹색소비문화의 확산과 녹색산업과 녹색경제 모드로의 실천과 행동이 곧 지구의 하천과 해양오염을 막는 지름길이다.

지구환경보호의 길은 결코 먼 곳에 있는 것이 아닙니다. 우리 모두에 의한 지구환경보호를 위한 작은 실천을 통해 하나밖에 없는 지구를 건강하게 만들어 가는 데 힘써야 할 것입니다. 지구를 구하는 것이 우리 스스로를 구하는 길이기도 합니다. 환경문제는 경제발전과 반비례한다는 말이 있습니다. 특히 온실가스 배출감축은 경제발전과도 깊은 연관성이 있기 때문에 각국은 민감하게 반응을 할 수밖에 없습니다. 기후변화협약의 2009년 코펜하겐 당사국 총회 이후 지금까지 선진국과 개발도상국가가 한 치의 양보를 보이지 않고 대립양상을 보이는 이유도 이 때문이겠지요. 죽어 가는 지구를 놓고 자국의 이익만을 앞세워 경제개발논리만을 앞세운다면 결국 우리 모두 불행하게 될 것입니다. 이러한 점을 인식하여 국민 개개인이 가정과 학교 및 직장 등에서 '녹색생활'을 몸소 실천할 수 있도록 하는 방안이 가장 바람직하다고 할 수 있습니다. 그리하여 재화 및 서비스의 가격에 에너지소비량 및 탄소량 등이 합리적으로 반영되도록 하고, 그 정보가 소비자에게 정확하게 공개·전달될 수 있도록 하는 등 녹색생산·소비문화의 확산을 유도하기 위한 국가정책이 필요하다고 봅니다. 이에 따라 「저탄소 녹색성장 기본법」은 저탄소 녹색사회 구현을 위한 기후변화적응 및 에너지 자립, 신성장동력 창출 및 삶의 질 개선과 국가위상 강화라는 3대 국가전략의 이행에 대해 전반적이고도 포괄적 내용을 규정하고 있습니다. 따라서 「저탄소 녹색성장 기본법」에는 3대 국가전략의 이행을 구체적으로 실현하기 위한 저탄소 녹색성장 10대 정책방향, 즉 녹색국토, 녹색경제, 녹색기술 개발 및 성장동력화, 녹색건축물, 녹색교통, 생활의 녹색혁명, 지속 가능한 물 관리 등에 있어서 현세대와 미래세대가 푸른 한반도에서 삶을 영위할 수 있는 기반에 관한 내용을 담고 있습니다.

저자가 이 책을 출판하게 된 동기는, 찬반론이 격렬하게 진행된 속에서 기왕 제정된 「저탄소 녹색성장 기본법」을 진정한 '녹색'법으로 가꾸고 다듬어야 할 책임이 우리 모두에게 있기 때문입니다. 「저탄소 녹색성장 기본법」은 우리의 새로운 경제발전 초석 마련과 미래 생존을 위해 우리 모두가 반드시 인식할 필요가 있기 때문입니다. 또 이 책은 녹색컨설팅 인력 양성이나 전국 기초·광역 지방자치단체별로 운영되는 그린스타트 캠페인 조직을 통해 '녹색생활'의 모범 실천자인 산업부문, 시민단체 및 전문직 종사자 등 '그린리더' 양성과정을 위해서도 유용하게 쓰이게 될 것입니다. 또한 저탄소 녹색성장 관련 금융투자상품에 관해 이 법을 통해 쉽게 알게 됨으로써 재산증식의 한 수단인 녹색펀드의 투자 등 녹색금융 관련 업무 종사자와 투자자에게도 많은 도움이 될 것이기 때문입니다. 그러나 궁극적인 출판 목적으로는 이 책을 통해 국민 개개인이 가정과 학교 및 직장 등에서 '녹색생활'을 몸소 실천할 수 있도록 하고자 함입니다. 즉 거시·미시적 경제와 환경의 조화로운 발전을 통하여 기업과 산업 및 정부부처 또는 지방자치단체에서의 사업전략 및 정책수립의 방향성에 중요한 스펙이 되어 한국의 미래에 새로운 발전 패러다임의 방향타가 되도록 하기 위한 것입니다.

이 책의 체제에 대해서 저자는 가장 많이 고심을 하였던 부분이 있었습니다. 체제상 저탄소 녹색성장법제만을 다룰 것인가, 아니면 국제환경 관련 기구의 협약과 한국의 저탄소 녹색성장 정책의 국가전략 및 방향도 추가로 다룰 것인가 하는 점이었습니다. 그 결과 저탄소 녹색성장 법제를 쉽게 이해하는 데에 있어서 밑바탕이면서 존재근거인 국제환경협약과 한국의 저탄소 녹색성장 정책의 기본계획 및 방향을 함께 취급하기로 하는 체제를 택하였습니다. 이에 따라 제1편에서는 우리나라의 저탄소 녹색성장 국가전략과 기본정책방향과 관련 법제도에 관한 총론적인 기본내용을, 제2편에서는 저탄소 사회의 구현을 위한 저탄소 녹색성장 기본법과 관련법제의 각론적인 내용을, 제3편에서는 저탄소 녹색성장 법제를 이해하기 위해 필요한 최소한의 국제환경협약과 기후환경협약에 관련된 주요 용어를 다루게 되었습니다. 이 점을 독자 여러분께서는 저탄소녹색성장기본법의 체제상에 오해가 없으시길 바라고 넓은 양해를 구합니다.

아무쪼록 이 책이 우리 모두에게 지금보다 더 행복한 '녹색생활'에서의 지혜를 발견하고 그 목적이 되는 데 '함께 행동(Taking Action Together)'하는 '녹색생활'의 실천서가 되기를 바라면서 독자 여러분을 만나보고자 합니다. 그러나 부족한 부분이 있을 것입니다. 이 점은 앞으로도 계속 보완하여 더 나은 저탄소 녹색성장 관련 법제의 책이 되도록 노력하겠습니다.

끝으로 이 책의 출판을 흔쾌히 허락해 주신 한국학술정보(주) 채종준 대표님, 강태우 팀장님, 김남동 대리님과 이 책의 제작·편집에 아낌없는 정성을 쏟아주신 김소영님을 비롯한 편집부 여러분께도 진심으로 감사드립니다.

2011년 01월 11일
박재홍

contents

∨ PART 03 국제환경협약의 현황과 기후변화협약 관련 주요 용어

부록

PART 01

저탄소 녹색성장과 법제

저탄소 녹색성장 3대 국가전략과 10대 정책방향

제1절 저탄소 녹색성장의 개념

저탄소 녹색성장이란 온실가스를 적정수준 이하로 줄이고, 이를 위해 에너지와 자원을 절약하고 효율적으로 사용하여 기후변화와 환경훼손을 줄이고 청정에너지와 녹색기술의 연구개발을 통하여 새로운 성장동력을 확보하는 등 '경제와 환경'이 조화를 이루는 성장을 말한다.

최근 지구온난화로 인한 환경위기가 더욱 심화되고 화석연료에 대한 수입의존도가 높은 우리나라의 현실에서는 경제성장과 환경보호를 동시에 추진하는 새로운 패러다임인 저탄소 녹색성장의 필요성이 더욱 강조되고 있다.[1]

이러한 필요성에 따라 정부는 저탄소 녹색성장을 위한 국가전략의 이행을 위해 5개년계획을 수립하고, 이에 따른 5개년계획은 2020년

---

1) 녹색성장위원회(http://www.greengrowth.go.kr).

까지 세계 7대 녹색강국 진입을 목표로 ① 기후변화 적응 및 에너지 자립, ② 신성장 동력 창출 및 ③ 삶의 질 개선과 국가위상 강화라는 3대 국가전략을 그 내용으로 하고 있다.

3대 국가전략을 효율적으로 이행하기 위해 정부는 ① 효율적 온실가스 감축, ② 탈석유·에너지 자립 강화, ③ 기후변화적응 역량 강화, ④ 녹색기술 개발 및 성장동력화, ⑤ 산업의 녹색화 및 녹색산업 육성, ⑥ 산업구조의 고도화, ⑦ 녹색경제 기반 조성, ⑧ 녹색국토·교통의 조성, ⑨ 생활의 녹색혁명, ⑩ 세계적인 녹색성장 모범국가 구현의 녹색성장을 위한 10대 정책방향을 제시하고 있다.[2]

1. 저탄소 녹색성장의 개념

저탄소 녹색성장이란 온실가스를 적정수준 이하로 줄이고, 이를 위해 에너지와 자원을 절약하고 효율적으로 사용하여 기후변화와 환경훼손을 줄이고 청정에너지와 녹색기술의 연구개발을 통하여 새로운 성장동력을 확보하는 등 '경제와 환경'이 조화를 이루는 성장을 말한다.

(1) 저탄소

저탄소란 화석연료(化石燃料)에 대한 의존도를 낮추고 청정에너지의 사용 및 보급을 확대하며 녹색기술 연구개발, 탄소흡수원 확충 등을 통하여 온실가스를 적정수준 이하로 줄이는 것을 말한다(「저탄소 녹색성장 기본법, 이하 '법'이라 함」 제2조 제1호).

---

[2] 녹색성장위원회(http://www.greengrowth.go.kr).

※ ‘녹색기술’이란 온실가스 감축 기술, 에너지 이용 효율화 기술, 청정생산기술, 청정에너지 기술, 자원순환 및 친환경 기술(관련 융합기술 포함) 등 사회·경제 활동의 전 과정에 걸쳐 에너지와 자원을 절약하고 효율적으로 사용하여 온실가스 및 오염물질의 배출을 최소화하는 기술을 말한다(법 제2조 제3호).

※ ‘기후변화’란 사람의 활동으로 인하여 온실가스의 농도가 변함으로써 상당기간 관찰되어 온 자연적인 기후변동에 추가적으로 일어나는 기후체계의 변화를 말한다(법 제2조 제12호).

※ ‘온실가스’란 이산화탄소(CO_2), 메탄(CH_4), 아산화질소(N_2O), 수소불화탄소(HFCs), 과불화탄소(PFCs), 육불화황(SF_6) 및 그 밖에 대통령령으로 정하는 것으로 적외선 복사열을 흡수하거나 재방출하여 온실효과를 유발하는 대기 중의 가스 상태의 물질을 말한다(법 제2조 제9호).

(2) 녹색성장

녹색성장이란 에너지와 자원을 절약하고 효율적으로 사용하여 기후변화와 환경훼손을 줄이고 청정에너지와 녹색기술의 연구개발을 통하여 새로운 성장동력을 확보하며 새로운 일자리를 창출해 나가는 등 경제와 환경이 조화를 이루는 성장을 말한다(법 제2조 제2호).

〈녹색성장의 개념〉

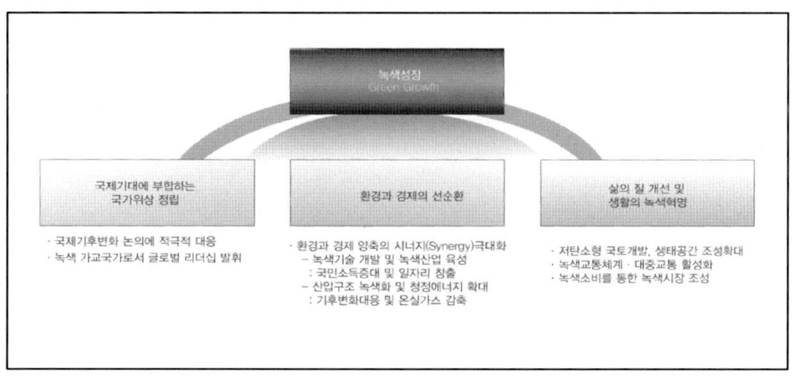

〈그림 1-1〉[3]

　녹색성장은 지속가능발전(경제발전, 사회적 형평, 환경보호 통합)의 추상성·광범위성을 정책실현 가능성 면에서 보완하여 경제성장을 하되, 경제성장의 패턴을 환경친화적으로 전환시키자는 개념으로 환경적 측면을 강조하는 경제성장을 추구한다.

　이에 따라 녹색성장은 에너지·환경문제뿐만 아니라 일자리와 성장동력 확충, 기업 경쟁력과 국토 개조, 생활혁명을 포괄하는 종합적 국가비전이다. 교통, 건축, 문화 등 모든 사회·경제활동과 사회 시스템을 포함하며, 심지어 개인의 라이프스타일도 포함되는 광범위한 개념이다.

> ※ "지속가능발전"이란 「지속가능발전법」 제2조 제2호에 따른 지속가능발전을 말한다(법 제2조 제8호).

2. 녹색성장의 추진배경[4]

(1) 지구온난화[5]

① 지구온난화에 따른 환경위기 심화

　㉠ 지구온난화는 인류생존의 위협요인으로 작용하고 있다. 지난 100년 동안 세계 평균 기온은 0.74℃가 상승(금세기 말 최고

---

3) 녹색성장위원회(http://www.greengrowth.go.kr).

4) 녹색성장위원회(http://www.greengrowth.go.kr).

5) 지구온난화의 영향은 특별한 온실가스 감축정책이 시행되지 않을 경우, 지구의 평균 기온은 1900년~2100년 중에 1.4~5.8℃ 상승하며, 해수면은 1900~2100년 중에 88~90㎝ 상승할 것으로 예상된다. 이러한 기후변화는 기상이변, 강수량 변화, 해수면 상승 등을 초래하여 식량공급, 수자원공급, 인간건강 등 생태계와 사회경제적 분야에 돌이킬 수 없는 영향을 미칠 것이다(에너지경제연구원 http://www.keei.re.kr).

6.4℃ 상승 예상)하여, 가뭄·홍수·폭염, 생태계 파괴 등의 형태로 표출되고 있다.

ⓛ 이러한 기후변화에 따른 경제손실이 매년 세계 GDP의 5%~20% 정도로 추산된다(스턴보고서[6], 2006).

② 지구온난화에 따른 이상기후 심화

국내 평균 기온 상승률은 세계 평균수준을 크게 웃돌아 지난 100년간 우리나라는 평균 기온이 1.7℃ 상승하였다. 이에 따라 겨울철 지속기간이 약 22일~49일 단축되었고, 여름철에는 집중호우와 고온현상이 반복되고 있다.

※ '지구온난화'란 사람의 활동에 수반하여 발생하는 온실가스가 대기 중에 축적되어 온실가스 농도를 증가시킴으로써 지구 전체적으로 지표 및 대기의 온도가 추가적으로 상승하는 현상을 말한다(법 제2조 제11호).

---

6) 스턴보고서(Stern Report)란 2006년 영국정부는 영국정부의 수석 경제학자 니콜러스 스턴(Nicholas Stern)에게 지구온난화에 대한 보고서를 부탁했고 니콜러스 스턴은 700쪽의 "온난화보고서(일명 스턴보고서)"를 작성했다. 이 보고서에 따르면 지금 당장 지구온난화를 막기 위한 조치를 취하는데 드는 비용은 전 세계 국내 총생산(GDP)의 1%에 불과하지만 이를 방치할 경우 그 비용이 5-20%에 이르러 1930년 대공황에 맞먹는 경제적 파탄을 일으킨다고 한다. 이는 1,2차 세계대전 비용을 넘는 9조 6천억불 수준이라고 예측한다. 또한 즉각적인 조치가 취해지지 않는다면 전세계에서 수억 명이 굶주림과 물 부족, 홍수 등으로 목숨을 잃게 될 것이라는 보고서이다. 이 보고서에 대하여 영국의 수상 토니 블레어는 "현 정부에서 발표된 미래에 대한 정책 중 가장 중요한 보고서"라고 평가하였으며, 스턴 보고서와 관련 각국은 다양한 견해를 발표하고 있다(자료: 영국국립문서보관소, http://webarchive. nationalarchives.gov.uk).

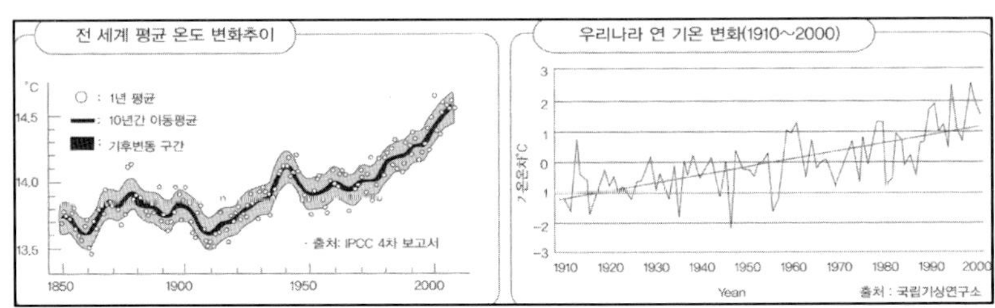

〈그림 1-2〉[7]

(2) 에너지 위기

① 글로벌 에너지·자원 고갈 위기 심화

　㉠ 전 세계적인 경제성장과 신흥경제국의 에너지 수요증가로 에너지 수급 불균형이 더욱 심화되고 있다.

　㉡ 전 세계 에너지원의 85%를 화석연료에 의존하는 현재의 화석연료 중심의 에너지 소비구조는 자원고갈을 더욱 가속화시켰다. 또한 화석연료의 과다 사용에 따른 온실가스 배출량도 급격하게 증가하여 글로벌 에너지·자원의 고갈 위기는 심화되었다.

② 화석연료에 대한 높은 수입의존도

　㉠ 우리나라는 화석연료 의존도가 높고 신·재생에너지[8] 보급이 미미한 수준이다.

---

7) 녹색성장위원회(http://www.greengrowth.go.kr).

8) 녹색성장위원회(http://www.greengrowth.go.kr), (사)한국신·재생에너지협회(http://www.knrea.or.kr), 에너지관리공단 신·재생에너지센터(http://www.energy.or.kr).

구분	석유	석탄	원자력	LNG	신·재생에너지 등
1차 에너지원별 비중	43.6%	24.3%	15.9%	13.7%	2.5%

(2006년 기준)

ⓛ 우리나라는 에너지의 97%를 수입에 의존하여 국제 에너지 가격변동에 민감하게 반응하고 있다.

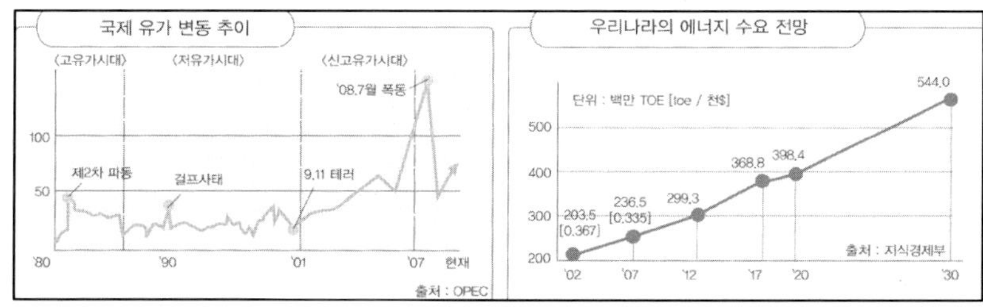

〈그림 1-3〉[9]

※ '신·재생에너지'란 「신에너지 및 재생에너지 개발·이용·보급 촉진법」 제2조 제1호에 따른 신에너지 및 재생에너지를 말한다(법 제2조 제15호).

(3) 신성장동력 창출 필요성

① 선진국을 중심으로 녹색성장에 대한 관심 확산

ⓖ 선진국을 중심으로 경제위기를 타개하고 에너지 자립도[10]를 높이려고 녹색성장에 대한 관심이 확산되고 있다.

ⓛ 1970년대 오일쇼크 이후 에너지 자립국을 성취한 덴마크, 독일 등을 모델로 하는 녹색성장 모델이 확산하고 있다.

---

9) 녹색성장위원회(http://www.greengrowth.go.kr).

10) 에너지관리공단(http://www.kemco.or.kr).

ⓒ 탄소배출권 시장, 신·재생에너지 등을 비롯한 녹색시장·녹색산업을 새로운 국가 성장동력으로 활용하려는 움직임이 증가 추세에 있다.

☞ 탄소배출권 시장: 2007년 640억 달러 → 2010년 1,500억 달러(USD)

☞ 신·재생에너지 시장: 2007년 773억 달러 → 2017년 2,545억 달러(USD)

※ '녹색산업'이란 경제, 금융, 건설, 교통물류, 농림수산, 관광 등 경제활동 전반에 걸쳐 에너지와 자원의 효율을 높이고 환경을 개선할 수 있는 재화(財貨)의 생산 및 서비스의 제공 등을 통하여 저탄소 녹색성장을 이루기 위한 모든 산업을 말한다(법 제2조 제4호).

※ '온실가스'란 이산화탄소(CO_2), 메탄(CH_4), 아산화질소(N_2O), 수소불화탄소(HFCs), 과불화탄소(PFCs), 육불화황(SF_6) 및 그 밖에 대통령령으로 정하는 것으로 적외선 복사열을 흡수하거나 재방출하여 온실효과를 유발하는 대기 중의 가스 상태의 물질을 말한다(법 제2조 제9호).

※ '온실가스 배출'이란 사람의 활동에 수반하여 발생하는 온실가스를 대기 중에 배출·방출 또는 누출시키는 직접배출과 다른 사람으로부터 공급된 전기 또는 열(연료 또는 전기를 열원으로 하는 것만 해당한다)을 사용함으로써 온실가스가 배출되도록 하는 간접배출을 말한다(법 제2조 제10호).

※ '에너지 자립도'란 국내 총소비 에너지량에 대하여 신·재생에너지 등 국내 생산에너지량 및 우리나라가 국외에서 개발(지분취득을 포함한다)한 에너지량을 합한 양이 차지하는 비율을 말한다(법 제2조 제15호).

② 저성장 국면 타개

㉠ 우리나라는 중화학·전자 등 주력산업 육성 등을 통해 고도의 경제성장을 달성하였으나 최근에는 저성장 국면에 진입하였다.

☞ GDP규모: 1993년 세계 12위를 기록한 이래 15년간 11~13위로 정체 중이다.

㉡ 이에 따라 새로운 경제성장 동력 확보가 절실해졌다.

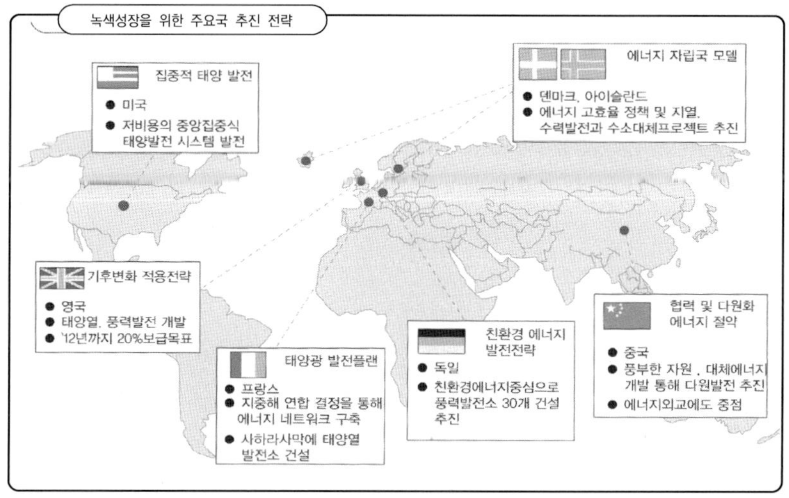

〈그림 1 - 4〉[11]

(4) 새로운 패러다임으로 전환 필요성

① 기존 경제성장 패러다임의 한계에 직면

 ㉠ 글로벌 경쟁의 심화로 수익창출 모델을 변환하지 않으면 현재의 경쟁력 유지도 어려울 것으로 전망되고 있다.

☞ 가격경쟁력에 기초한 요소투입형 중심산업 및 제조업·수출 중심산업발전 전략의 적실성이 저하되고 있다.

 ㉡ 환경·탄소 규제 등을 고려할 경우 화석연료에 대한 의존구조는 경제, 사회, 환경에 대한 부정적 영향이 불가피하다.

---

11) 녹색성장위원회(http://www.greengrowth.go.kr).

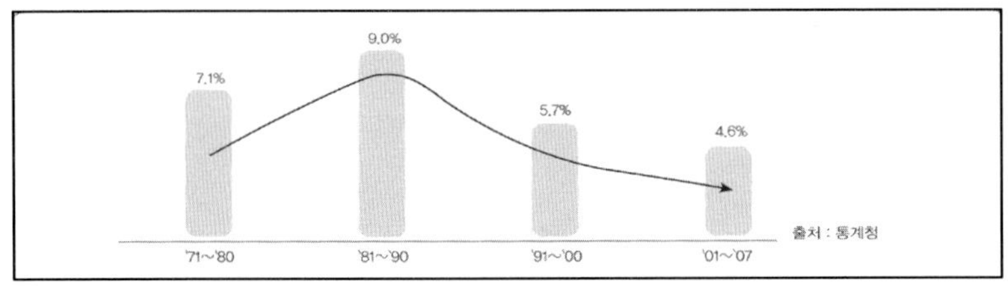

<그림 1-5>[12]

② 패러다임 전환을 통한 새로운 국가발전의 계기

　㉠ 녹색변환(Green Conversion)을 통해 경제성장과 환경보호를 동시에 추진하는 새로운 패러다임이 대두하였다. 이는 산업별 가치 전체를 환경친화적 저탄소형으로 전환해 경쟁우위를 확보하고 신규시장을 창출하는 신패러다임이다.

　㉡ 기후변화와 에너지 문제를 적극적인 의지와 범국가적인 노력을 통해 위기가 아닌 기회로 활용해야 한다. 이를 위해 산업전반을 저탄소 구조로 전환하고 산업발전과 환경문제를 동시에 해결하는 선순환 구조를 정착시키고 지속 가능한 성장잠재력을 확충·모색해야 한다.

　㉢ 쾌적한 삶에 대한 요구를 충족시키기 위해서 주변 생활환경을 개선하고 자연생태를 보존하여 정부의 국정운영, 기업의 경영관리 및 국민의 일상생활 등 정치, 경제, 사회의 전 영역에서 기존 패러다임을 전환해야 한다.

---

12) 녹색성장위원회(http://www.greengrowth.go.kr).

3. 저탄소 녹색성장 추진의 기본원칙

저탄소 녹색성장 기본법에 의하면 정부의 저탄소 녹색성장 추진을 위한 기본원칙은 다음과 같다(법 제3조).[13][14]

① 정부는 기후변화·에너지·자원 문제의 해결, 성장동력 확충, 기업의 경쟁력 강화, 국토의 효율적 활용 및 쾌적한 환경 조성 등을 포함하는 종합적인 국가 발전전략을 추진한다.
② 정부는 시장기능을 최대한 활성화하여 민간이 주도하는 저탄소 녹색성장을 추진한다.
③ 정부는 녹색기술과 녹색산업을 경제성장의 핵심 동력으로 삼고 새로운 일자리를 창출·확대할 수 있는 새로운 경제체제를 구축한다.
④ 정부는 국가의 자원을 효율적으로 사용하기 위하여 성장잠재력과 경쟁력이 높은 녹색기술 및 녹색산업 분야에 대한 중점 투자 및 지원을 강화한다.
⑤ 정부는 사회·경제 활동에서 에너지와 자원 이용의 효율성을

---

13) 본 법에서 정부는 제3조(저탄소녹색성장의 기본원칙)에서 정부가 전략수립 및 법제도 정비 등 기반을 조성하는 역할을 수행하고, 민간주도로 저탄소 녹색성장을 추진하겠다고 정하고 있다. 결국 정부가 국가주도형 전략을 제시하면 기업이 자본을 투자하는 '민간자본투자'를 통해 사업을 추진한다는 것이다. 따라서 본 법은 사회기반시설과 국책사업 등 우리 사회에 공공성이 보장되어야 할 분야에 민간 자본 투자를 보장하고 활성화하여 우리사회 모든 분야에 대한 자본과 시장의 균형발전이 필요성이 강하게 요청된다고 하겠다. 특히, 정부주도형의 녹색산업투자회사 설립은 사회기반시설을 투기자본에 의한 사회 모든 분야에 대한 시장의 지배력이 강화될 수도 있다.('저탄소 녹색성장 기본법'에 대한 시민사회단체 의견서. 2009. 1. 28).
14) 환경부, 환경 분야 녹색성장 실천계획, 2009.

높이고 자원순환을 촉진한다.

⑥ 정부는 자연자원과 환경의 가치를 보존하면서 국토와 도시, 건물과 교통, 도로·항만·상하수도 등 기반시설을 저탄소 녹색성장에 적합하게 개편한다.

⑦ 정부는 환경오염이나 온실가스 배출로 인한 경제적 비용이 재화 또는 서비스의 시장가격에 합리적으로 반영되도록 조세(租稅)체계와 금융체계를 개편하여 자원을 효율적으로 배분하고 국민의 소비 및 생활 방식이 저탄소 녹색성장에 기여하도록 적극 유도한다. 이 경우 국내 산업의 국제경쟁력이 약화되지 않도록 고려해야 한다.

⑧ 정부는 국민 모두가 참여하고 국가기관, 지방자치단체, 기업, 경제단체 및 시민단체가 협력하여 저탄소 녹색성장을 구현하도록 노력한다.

⑨ 정부는 저탄소 녹색성장에 관한 새로운 국제적 동향(動向)을 조기에 파악·분석하여 국가정책에 합리적으로 반영하고, 국제사회의 구성원으로서 책임과 역할을 성실히 이행하여 국가의 위상과 품격을 높인다.

※ '자원순환'이란 「자원의 절약과 재활용촉진에 관한 법률」 제2조 제1호에 따른 자원순환을 말한다(법 제2조 제7호).

4. 저탄소 녹색성장 추진을 위한 사회구성원(주체별)의 책무

(1) 국가의 책무(법 제4조)

① 국가는 정치, 경제, 사회, 교육, 문화 등 국정의 모든 부문에서 저탄소 녹색성장의 기본원칙이 반영될 수 있도록 노력해야 한다.

② 국가는 각종 정책을 수립할 때 경제와 환경의 조화로운 발전 및 기후변화에 미치는 영향 등을 종합적으로 고려해야 한다.

③ 국가는 지방자치단체의 저탄소 녹색성장 시책을 장려하고 지원하며, 녹색성장의 정착·확산을 위해 사업자와 국민, 민간단체에 정보의 제공 및 재정지원 등 필요한 조치를 할 수 있다.

④ 국가는 에너지와 자원의 위기 및 기후변화 문제에 대한 대응책을 정기적으로 점검하여 성과를 평가하고 국제협상의 동향 및 주요 국가의 정책을 분석하여 적절한 대책을 마련해야 한다.

⑤ 국가는 국제적인 기후변화대응 및 에너지·자원개발 협력에 능동적으로 참여하고, 개발도상국에 대한 기술적·재정적 지원을 할 수 있다.

(2) 지방자치단체의 책무(법 제5조)

① 지방자치단체는 저탄소 녹색성장 실현을 위한 국가시책에 적극 협력해야 한다.

② 지방자치단체는 저탄소 녹색성장대책을 수립·시행할 때 해당 지방자치단체의 지역적 특성과 여건을 고려해야 한다.

③ 지방자치단체는 관할구역 내에서의 각종 계획 수립과 사업의 집행과정에서 그 계획과 사업이 저탄소 녹색성장에 미치는 영

향을 종합적으로 고려하고, 지역주민에게 저탄소 녹색성장에
대한 교육과 홍보를 강화해야 한다.

④ 지방자치단체는 관할구역 내의 사업자, 주민 및 민간단체의 저
탄소 녹색성장을 위한 활동을 장려하기 위해 정보 제공, 재정
지원 등 필요한 조치를 강구해야 한다.

(3) 사업자의 책무(법 제6조)

① 사업자는 녹색경영을 선도해야 하며 기업활동의 전 과정에서
온실가스와 오염물질의 배출을 줄이고 녹색기술 연구개발과 녹
색산업에 대한 투자 및 고용을 확대하는 등 환경에 관한 사회
적·윤리적 책임을 다해야 한다.

② 사업자는 정부와 지방자치단체가 실시하는 저탄소 녹색성장에
관한 정책에 적극 참여하고 협력해야 한다.

※ '녹색경영'이란 기업이 경영활동에서 자원과 에너지를 절약하고 효율적으로 이용하며 온
실가스 배출 및 환경오염의 발생을 최소화하면서 사회적·윤리적 책임을 다하는 경영을
말한다(법 제2조 제7호).

(4) 국민의 책무(법 제7조)

① 국민은 가정과 학교 및 직장 등에서 녹색생활을 적극 실천해야
한다.

② 국민은 기업의 녹색경영에 관심을 기울이고 녹색제품의 소비
및 서비스 이용을 증대함으로써 기업의 녹색경영을 촉진한다.

③ 국민은 스스로가 인류가 직면한 심각한 기후변화, 에너지·자원

위기의 최종적인 문제 해결자임을 인식하여 건강하고 쾌적한 환경을 후손에게 물려주기 위해 녹색생활 운동에 적극 참여해야 한다.

※ '녹색생활'이란 기후변화의 심각성을 인식하고 일상생활에서 에너지를 절약하여 온실가스와 오염물질의 발생을 최소화하는 생활을 말한다(법 제2조 제6호).

※ '녹색제품'이란 에너지·자원의 투입과 온실가스 및 오염물질의 발생을 최소화하는 제품을 말한다(법 제2조 제5호).

제2절 저탄소 녹색성장 3대 국가전략

1. 개관

정부는 녹색성장 국가전략의 이행을 위해 5개년계획을 수립할 수 있으며, 이에 따른 5개년계획은 2020년까지 세계 7대 녹색강국 진입을 목표로 ① 기후변화적응 및 에너지 자립, ② 신성장동력 창출 및 ③ 삶의 질 개선과 국가위상 강화라는 3대 국가전략을 그 내용으로 하고 있다.[15] 이를 구체적으로 실현하기 위한 저탄소 녹색성장 10대

---

15) 중앙행정기관의 장은 국가의 저탄소 녹색성장을 위한 정책목표·추진전략·중점추진과제 등을 포함하는 저탄소 녹색성장 국가전략을 수립·시행하여야 하며(법 제9조 제1항), 이 것을 효율적·체계적으로 이행하기 위하여 5년마다 저탄소 녹색성장 국가전략 5개년 계획을 수립할 수 있다(동법 시행령 제4조 전단). 중앙행정기관의 장은 녹색성장 국가전략을 효율적·체계적으로 이행하기 위하여 소관 분야의 중앙추진계획을 수립·시행하여야 한다(법 제10조 제1항, 동법 시행령 제5조). 특별시장·광역시장·도지사 또는 특별자치도 지사는 해당 지방자치단체의 저탄소 녹색성장을 촉진하기 위하여 대통령령으로 정하는 바에 따라 녹색성장 국가전략과 조화를 이루는 지방녹색성장 추진계획을 수립·시행하여야 한다(법 제11조).

정책방향16)이 있으며, 이를 위해 저탄소 녹색성장 기본법상에는 제2장에 저탄소 녹색성장 국가전략을, 제3장에 저탄소 녹색성장 국가전략의 효율적 추진을 위한 컨트롤타워 격인 녹색성장위원회 등, 제4장에 저탄소 녹색성장의 추진, 제5장에 저탄소 사회의 구현, 제6장에 녹색생활 및 지속가능발전의 실현 등을 위한 단계별 제도적 장치로 이루어져 있다.17)

2. 3대 전략과 10대 정책방향18)

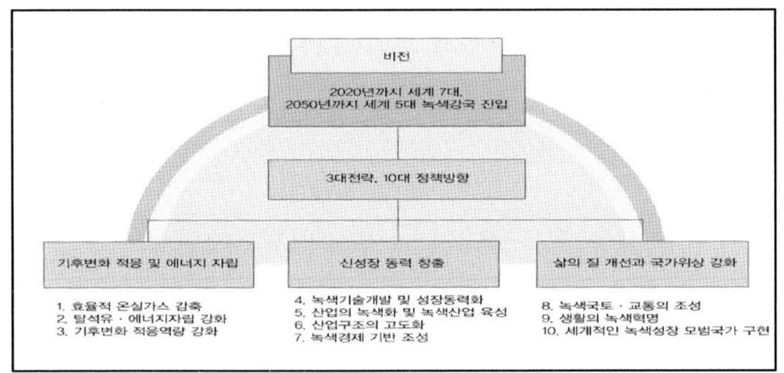

〈그림 1-6〉19)

(1) 전략 1: 기후변화 적응 및 에너지 자립

① 탄소의 모니터링, 저감, 순환이용 등 탄소에 대한 종합적ㆍ체계

---

16) 10대 정책과제는 다음의 절에서 별도로 상술한다.

17) 녹색성장위원회(http://www.greengrowth.go.kr) 녹색성장 5개년계획(2009~2013).

18) 녹색성장위원회에서 산ㆍ학ㆍ연의 전문가를 중심으로 구성한 녹색성장기획단은 저탄소 녹색성장 국가전략 및 5개년계획 안에 3대전략과 10대 정책과제를 기본전략으로 수립하였던 것이다.

19) 녹색성장위원회(http://www.greengrowth.go.kr) 녹색성장 5개년계획(2009~2013).

적 관리 체계를 마련한다.

② 탄소에 대한 사회적 인식의 제고와 온실가스 배출량 절감 노력을 바탕으로 효율적 온실가스 감축을 실현한다.

③ 에너지 저소비·고효율형 사회구조를 구축하고, 청정에너지의 보급을 확대해 탈석유·에너지자립의 기반을 마련한다.

④ 기후변화로 인한 각종 위험요소를 사전에 인지하고 대응하는 체계를 구축하여 국민생활의 안전성을 제고한다.

10대 정책방향	50대 실천과제
① 효율적 온실가스 감축	• 탄소가 보이는 사회 • 탄소를 줄여 가는 사회 • 탄소를 순환 흡수하는 사회 • 저탄소를 지향하는 그린 한반도
② 탈석유·에너지자립 강화	• 에너지 저소비·고효율 사회 구축 • 청정에너지 보급 확대 • 원자력 공급능력 확충 • 해외자원개발 역량 강화
③ 기후변화적응 역량 강화	• 기후감시, 예측 및 조기대응체제 구축 • 기후변화 대응 국민건강관리 강화 • 국가식량안보체계 확립 • 안정적인 수자원 관리능력 강화 • 기후친화적인 해양 이용 및 관리 • 기후변화 대응 재해관리 강화 • 지속 가능한 산림경영

(2) 전략 2: 신성장동력 창출

① 녹색성장 분야의 성장잠재력을 제고하여 민간부문에서의 녹색기술·산업 개발의 활성화를 추진한다.

② 기존 산업의 녹색혁신, 자원순환형[20] 경제·사업구조 구축 등

---

20) 대표적인 사례가 가축 분뇨를 활용해 전력과 고품질 액비를 생산하는 양돈분뇨 바이오가스 플랜트사업이다. 양돈분뇨 바이오가스 플랜트사업이란 악취를 유발하는 가축분뇨를 일명 메탄발효로 불리는 혐기성소화처리에서 생성된 메탄을 에너지로 전환시켜 이용하는 처

지속적인 저탄소 녹색성장을 위한 기반을 마련한다.

③ 녹색금융,[21] 탄소시장, 녹색일자리 창출 등을 통해 저탄소 녹색성장을 촉진하는 경제순환 구조를 확립한다.

④ 변화주체인 국민, 기업, 정부가 상호 공조하고 적극적으로 참여할 수 있도록 친환경 제도 및 세제를 개선한다.

10대 정책방향	50대 실천과제
④ 녹색기술 개발 및 성장동력화	• 녹색기술 개발투자의 전략적 확대 • 효율적 녹색기술 개발체계의 구축 • 녹색기술이전 및 사업화 촉진 • 녹색기술·산업 개발을 위한 인프라 확충 • 녹색기술 개발을 위한 국제협력 활성화 • 신성장동력 녹색기술산업 육성
⑤ 산업의 녹색화 및 녹색산업 육성	• 자원순환형 경제·산업 구조 구축 • 산업별 녹색전환 및 혁신 확산 • 녹색 중소·벤처기업 육성 • 지식주도형 녹색클러스터 육성
⑥ 산업구조의 고도화	• 신성장동력 첨단융합산업 육성 • 고부가서비스산업 육성

리방법이다[한국일보, 2010. 10. 26.(화)].

21) 녹색금융이란 용어가 통용되기 시작한 것은 2년이 채 안 된 2009년 1월, 정부가 금융을 녹색성장의 동력산업 중 하나로 선정한 이후부터이다. 현재 녹색금융의 활성화를 위한 다양한 논의가 진행 중이다. 하지만 아직까지 녹색금융이란 단어가 생소하게 느껴지는 것이 현실이다. 이는 우리나라가 온실가스 감축 대상국에 포함되지 않아 정부와 민간 모두 지구온난화 기후변화 대응에 적극적이지 않았던 점과 금융산업이 소위 '굴뚝산업'이 아니어서 환경훼손과 크게 개연성이 없다고 생각하기 때문이다. 그렇다면 녹색금융은 무엇을 의미하는가? 이에 대해 국제연합 환경계획(UNEP) 금융이니셔티브는 녹색금융의 개념을 두 가지로 정의하고 있다. 하나는 경제활동 전반에 걸쳐 자원 및 에너지 효율을 높이고 환경을 개선하는 상품, 서비스 생산에 자금을 제공함으로써 저탄소 녹색성장을 지원하는 활동이다. 둘째는 환경을 파괴하는 활동에 자금이 공급되는 것을 효과적으로 차단하기 위한 자율적 심사, 감시 메커니즘을 만드는 활동으로 정의하고 있다. 이처럼 녹색금융은 녹색의 의미를 친환경과 동일한 의미로 해석할 수 있다는 것과 녹색금융을 녹색성장을 지원하는 금융으로 한정하는 것보다는 보다 포괄적인 의미로 해석하고 있다(디지털 타임스, 2010. 08. 26.). 관련 참고문헌으로는 노희진, 녹색금융론(Green Finance), 박영사, 2010.

10대 정책방향	50대 실천과제
⑦ 녹색경제 기반 조성	• 녹색기술·산업에 대한 정책금융 활성화 • 녹색금융 인프라 구축 • 탄소시장 육성 • 친환경 세제 운영 • 녹색상품·산업에 대한 조세지원 • 저탄소 사회를 위한 규제 및 유인 혁신 • 에너지 복지 • 녹색일자리 창출 촉진 • 녹색인재 양성 확대

(3) 전략 3: 삶의 질 개선과 국가위상 강화

① 생활에서의 녹색혁명을 체험할 수 있는 교육, 제도, 생태관광 등 녹색생활을 실천할 수 있는 기반을 마련한다.

② 남북협력 체제에서 한반도 내 탄소의 지속적 감축을 위한 산림 복원 및 에너지 협력을 실시한다.

③ 녹색성장 분야에서 선진국가를 구현하고, 그린 허브코리아 구축 및 개도국 녹색성장 지원 등을 통해 세계적 녹색성장의 모범 국가를 구현한다.

10대 정책방향	50대 실천과제
⑧ 녹색국토·교통의 조성	• 녹색국토·도시의 조성 • 생태공간의 확충 • 녹색건축물 확대 • 녹색교통체계 구축 • 자전거 이용 활성화
⑨ 생활의 녹색혁명	• 녹색성장교육 및 녹색시민 양성기반 구축 • 녹색생활의 실천 확산 • 녹색소비 활성화 • 녹색마을 조성 및 운동 전개 • 생태관광 활성화

10대 정책방향	50대 실천과제
⑩ 세계적인 녹색성장 모범국가 구현	• 글로벌 녹색성장 실현에 협력하는 국가 • 녹색성장 모범으로 인정받는 국가 • 개도국의 녹색성장을 도와주는 국가 • 녹색성장의 모델을 보여 주는 국가

제3절 저탄소 녹색성장 10대 정책방향[22)

1. 개관

정부는 2020년까지 세계 7대 녹색강국 진입을 목표로 ① 기후변화 적응 및 에너지 자립, ② 신성장동력 창출 및 ③ 삶의 질 개선과 국가위상 강화라는 3대 전략을 효율적·체계적으로 이행하기 위해 녹색성장 5개년계획을 수립·시행하고 있다.

이에 따라 정부는 ① 효율적 온실가스 감축, ② 탈석유·에너지자립 강화, ③ 기후변화적응 역량 강화, ④ 녹색기술 개발 및 성장동력화, ⑤ 산업의 녹색화 및 녹색산업 육성, ⑥ 산업구조의 고도화, ⑦ 녹색경제기반 조성, ⑧ 녹색국토·교통의 조성, ⑨ 생활의 녹색혁명, ⑩ 세계적인 녹색성장 모범국가 구현의 녹색성장을 위한 10대 정책방향을 제시하고 있다.[23)

---

22) 녹색성장위원회(http://www.greengrowth.go.kr) 녹색성장 5개년계획(2009~2013).
23) 이하 자세한 내용은 후술하는 제2편의 저탄소 녹색성장 기본법 각론에서 확인할 수 있다.

2. 효율적 온실가스 감축[24]

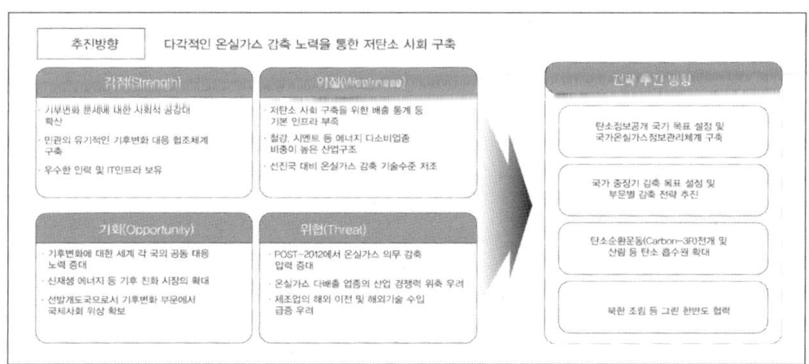

〈그림 1-7〉[25]

(1) 탄소가 보이는 사회(탄소발자국)

① 탄소정보공개 국가목표 설정 및 관리[26]

ⓐ 기업 등 전 분야에 걸친 탄소정보공개지표[27]를 개발하고, 국가 중·장기 온실가스 감축목표를 설정하여 체계적으로 관리한다.

ⓑ 국가목표에 따라 제품·서비스에 우선 적용하고, 건물, 가정 등으로 탄소정보제공의 대상 및 범위를 단계적으로 확대한다.

---

24) 녹색성장위원회(http://www.greengrowth.go.kr) 녹색성장 5개년계획(2009~2013).

25) 녹색성장위원회(http://www.greengrowth.go.kr) 녹색성장 5개년계획(2009~2013).

26) 환경부(http://www.me.go.kr).

27) 탄소정보공개프로젝트(CDP: Carbon Disclosure Project) 한국위원회(http://www.kosif .org).

② 국가 온실가스 종합정보관리 체계[28) 구축[29)

   ㉠ 국제적 수준의 국가 인벤토리작성 및 검증을 위해 총괄부처, 전문 작성기관, 검·인증 협의회 등 국가추진체계를 구성·운영한다.

   ㉡ 국가고유의 배출·흡수 계수 개발, 배출원별 의무보고제, 국제적 수준의 MRV[30) 체계 등 제도를 마련한다.

   ㉢ 기업별·지방자치단체별 온실가스 통계시스템 구축 후 상호 연계하여 국가 온실가스 종합관리시스템을 실시간 체계로 구축한다.

③ 온실가스 정보서비스산업 육성 및 국제연구센터 창설

   ㉠ 전(全) 제품·서비스의 탄소추적기술을 개발 및 보급하고, 온실가스 정보관리 자격제도 도입[31) 등 관련 서비스산업을 육성한다.

   ㉡ 온실가스 배출량 검·인증 전문기관 및 국내외 민간·공공연구소의 네트워크를 활용한 국제기후변화연구센터를 육성한다.

---

28) 국가온실가스종합정보센터(GIR), (http://www.gir.go.kr.).

29)

부문별 관장기관	소관 부문	총괄 관장기관
농림수산식품부	농업·산림	
지식경제부	에너지·산업공정	환경부
환경부	폐기물·자원·재활용	
국토해양부	건물·교통·물류·자동차	

30) 배출권거래제도에는 '측정 가능하고, 정부에 보고 가능하며, 제3자 검증기관의 객관적 검증이 가능한 온실가스'라는 세 가지 핵심 이슈가 있다. 이를 MRV(Measurable, Reportable, Verifiable)이라 한다.(제2편 제2장 제5절에서 후술).

31) 환경관리공단(http://www.keco.or.kr).

(2) 탄소를 줄여 가는 사회

① 국가 온실가스 감축 목표 설정 및 관리

　　㉠ 글로벌 온실가스 감축비전에 동참하면서 국내의 감축 잠재량
　　　과 비용편익을 분석하여 국가 감축목표를 설정한다[32].

　　㉡ 감축목표 이행을 위한 범국가적인 목표관리체계를 가동한다.

② 부문별 특성을 고려한 비용 효과적 방식의 맞춤형 감축전략 마련

　　㉠ 건물 에너지소비총량제, 설계기준 등 제도정비와 그린홈(Green
　　　home)[33] · 그린빌딩,[34] 공공건물을 중심으로 초기 온실가스
　　　감축물량을 확보한다.

　　㉡ 연비기준 및 온실가스배출기준 강화, 그린카(Green car)[35]
　　　확대, 대중교통 및 자전거 이용 활성화 등을 통해 탄소 감축
　　　을 촉진한다.

　　㉢ 탄소거래시장, 인센티브와 규제, 녹색기술 보급, 녹색소비를
　　　촉진하는 탄소라벨링(탄소성적표지제도) 확대 등 다각적으로
　　　접근한다.

　　㉣ Green IT, 축산 · 작물 · 폐기물 바이오매스, 저탄소 농업기

---

32) 환경부(http://www.me.go.kr), 온실가스종합정보센터(http://www.gir.go.kr), 지식경제
　　부(http://www.mke.go.kr), 국토해양부(http://www.mltm.go.kr), 농림수산식품부(http:
　　//www.mifaff.go.kr), 에너지관리공단(http://www.kemco.or.kr).

33) 녹색성장위원회(http://www.greengrowth.go.kr).

34) 그린빌딩이란, 환경적으로 향상된 방법으로 설계, 건설, 운영, 철거되는 빌딩을 말한다. 즉
　　에너지절약과 환경보전을 목표로 에너지부하 저감, 고효율 에너지설비, 자원재활용, 환경
　　공해 저감기술 등을 적용하여 자연친화적으로 설계 건설하고 유지 · 관리한 후 건물의 수
　　명이 끝나 해체될 때에도 환경에 대한 피해가 최소화되도록 계획된 건축물을 말한다.

35) Green car(http://www.greencar.com).

술, 산림·해양의 탄소 흡수원 확충, 범국민 녹색생활 운동
등을 추진한다.

③ 정부는 최소규제와 최대지원, 민간은 시장원리에 따른 주도적
감축 실시

온실가스에 대한 합리적 규제의 도입, CCS(Carbon Capture &
Storage),[36] 원자력 청정연료 이산화탄소 포집·저장 등 기술개발
투자 및 재정 지원 확대, 지자체 단위의 협력체계를 강화한다.

(3) 탄소를 순환 흡수하는 사회[37]

① 세계 최고의 저탄소 자원순환사회(Eco-efficiency) 구현[38]

㉠ '자원은 탄소', '자원소비는 탄소배출'이라는 자원에 대한 일
대 인식전환을 확산, 저탄소 사회를 위한 글로벌 시민의식을
선도한다.

㉡ 탄소를 덜 쓰고(Reduce), 다시 쓰고(Reuse), 달리 잘 쓰는

---

36) CCS란 화석연료에서 발생하는 이산화탄소(CO_2)를 대기로 배출하기 전에 추출한 후 압력
을 가해 액체 상태로 만들어 저장하는 기술을 말한다. 저장소로 운반된 CO_2는 해양저장,
광물탄산화, 지중저장의 3가지 방식으로 처분된다. 이 중에서 해양저장은 CO_2를 바다 밑
에 가라앉혀 처분하는 방식인데 해양 생태계에 부정적인 영향을 미치기 때문에 현재 국제
협약에 따라 금지됐다. 한편, 탄소 포집·저장(CCS)국제회의가 2009년 5월 27~28일
노르웨이 베르겐에서 개최됐는데, 노르웨이는 CCS가 중·단기적으로 온실가스 배출을
줄이고 지구온난화를 막을 수 있는 가장 현실적인 대안이라며 각국에 기술 개발에 대한
지지와 참여를 요청하고 있다.

37) 환경부(http://www.me.go.kr), 기상청(http://www.mke.go.kr), 지식경제부(http://ww
w.mke.go.kr), 산림청(http://www.forest.go.kr), 농림수산식품부(http://www.mifaff.go.
kr), 국립산림과학원(http://www.kfri.go.kr).

38) 지구 기온상승을 늦추기 위해서는 제3세계의 벌목된 삼림을 회복시키는 일과 염화불화탄
소를 제거하는 일이 중요하다. 이 가운데 전자는 삼림과 농지를 탄소저장고로 이용하는
것이다.[청정개발체제(CDA), 녹색성장위원회(http://www.greengrowth.go.kr].

(Recycle) 방식의 탄소순환운동(Carbon-3R)으로 세계 최
고의 탄소순환율을 달성한다.

② 산림의 탄소흡수원 확대 및 탄소순환시스템 구축
　　㉠ 유휴토지 조림, 바이오 순환림, 목재펠릿(녹색유전) 등 선순
　　　환형 산림경영과 탄소흡수 능력이 우수한 수종을 개발·보급
　　　함으로써 탄소흡수원을 확대한다.
　　㉡ 산림녹화 성공경험·기술을 바탕으로 아시아산림협력기구
　　　(AFoCO) 창설[39] 및 해외 산림자원 개발 확대로 그린 리더십
　　　을 확보한다.

③ 탄소를 순환 저장하는 바다숲과 친환경 농업 보급
　　㉠ 탄소를 흡수하는 바다숲을 전 연안지역으로 단계적으로 확대하고,
　　　우리 해역에 적합한 고효율 속성재배 해조류를 개발·보급한다.
　　㉡ 화학비료·농약의 최소 사용, 최소 경운 등 친환경 농법을 확
　　　산 및 저탄소 농업기술을 개발·보급한다.

(4) 저탄소를 지향하는 그린한반도[40]

① 북한의 산림복구 지원으로 남북관계 개선 기여

---

39) 이명박 대통령은 세계산림과학대회 환영사에서 2010. 8. 23. "인간과 지구가 조화롭게 발
　　전하는 지구책임적 체제(Planet-conscious System)를 함께 만들어 가야 한다"면서 '아
　　시아 산림협력기구'를 설립해 산림보전의 경험과 기술을 이웃나라들과 나누겠다"는 목적
　　달성을 위해 아시아산림협력기구(AFoCO) 창설을 주장하였다(헤럴드경제, 2010. 8. 23).

40) 통일부(http://www.epeople.go.kr), 기상청(http://www.mke.go.kr), 산림청(http://w
　　ww.forest.go.kr).

㉠ 최근 글로벌 기후변화 이슈를 공유하면서 평화적 상징성을 가진 북한 산림녹화사업을 남북관계 개선사업으로 우선 추진한다.

㉡ 산림복구사업을 CDM사업[41]과 연계, 민간기업의 참여를 유도 한다.

※ '청정개발체제[CDM(Clean Development Mechanism)]'란 2005년 2월 16일 발효된 교토의정서 제12조에 따라 선진국이 개발도상국의 온실가스 감축사업에 자본과 기술을 투자하는 체제를 말한다.

② 에너지협력과 생태·환경벨트 구축을 통한 그린(Green)한반도 구현

㉠ 송·배전 시설이 필요 없는 소형의 자족형·분산형 신·재생에너지 중심으로 기술협력과 전문인력 양성 지원 등 에너지협력 사업을 추진한다.

㉡ 비무장지대(DMZ)의 환경 친화적 개발·이용을 통해 남북 간 생태·환경 벨트를 구축한다.

③ 남북 공동의 기후변화대응 및 감축전략 마련

㉠ 이상기후에 대비하고, 임진강 등 남북한 공유하천을 중심으로 서로가 윈윈(Win-Win)할 수 있는 자연재해 공동대응체계를 구축한다.

㉡ Post-2012체제에서 향후 통일된 한반도를 전제로 탄소배출량을 전망하고 효율적인 감축 대책을 마련한다.

---

41) 녹색성장위원회(http://www.greengrowth.go.kr).

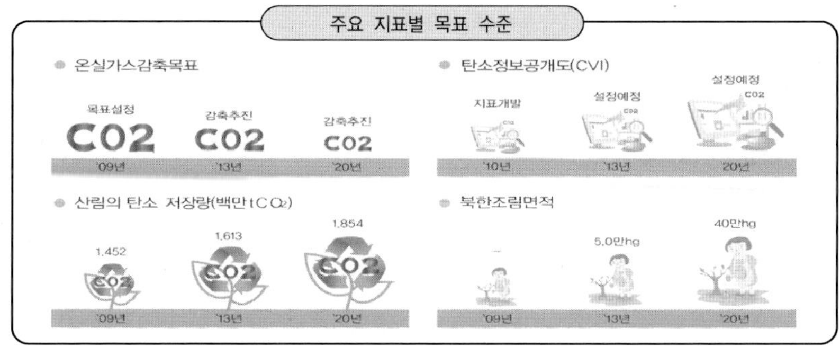

〈그림 1-8〉[42]

3. 탈석유·에너지자립 강화[43]

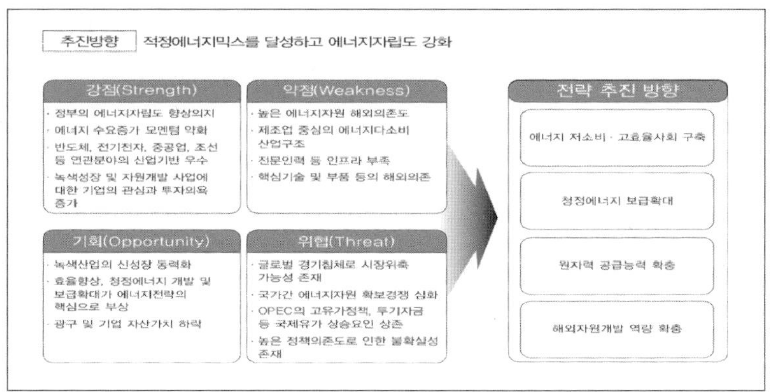

〈그림 1-9〉

---

42) 녹색성장위원회(http://www.greengrowth.go.kr) 녹색성장 5개년계획(2009~2013).

43) 녹색성장위원회(http://www.greengrowth.go.kr) 녹색성장 5개년계획(2009~2013.

(1) 에너지 저소비 · 고효율사회 구축44)

① 에너지 효율화 기술혁신을 통한 고효율사회 조기 실현

최적의 기술획득전략을 마련하고, 통합형 R&D 프로그램 추진,
R&D부터 실증 · 보급정책 전주기적 지원체계를 구축한다.

② 부문별 에너지 수요관리 혁신을 통한 획기적인 에너지 절감
　　㉠ 산업 분야에서 에너지 다소비 사업장에 대한 규모별 맞춤형
　　　 시책(NA, EMS－에너지관리시스템 등)을 추진한다.
　　㉡ 수송 분야에서 연비기준을 강화하고, 에너지 다소비 운수업
　　　 체에 대하여 신고제를 도입한다.
　　㉢ 건물 분야에서 지역난방 등 집단에너지를 보급 확대하고, 건
　　　 축물 설계기준 및 효율등급 인증제도를 강화한다.

③ 에너지 공급 사업자 수요관리 강화

에너지원별 수요관리 강화, 에너지 효율향상 의무화제도(EERS:
Energy Efficiency Resource Standard)를 도입,45) 에너지원 간 통
합자원계획 및 수요 관리, 설비시스템 효율화(Smart Grid, 지능전력
망)46)를 추진한다.

---

44) 지식경제부(http://www.mke.go.kr), 에너지경제연구원(http://www.keei.re.kr).

45) 지식경제부는 2011년도 입법을 목표로 '에너지효율 향상 의무화 제도(EERS: Energy
　　Efficiency Resource Standard)' 도입을 추진 중이다. EERS는 수요관리 강화를 위해 정
　　부가 에너지공급자에게 의무 절감 목표량을 부과하고 이를 달성하면 인센티브를 주고 미달
　　시 페널티를 주는 제도다. 정부는 당초 이 제도를 가스공사에 도입하려 했지만 에너지절감
　　효과가 미흡할 것으로 보고 소매부문을 담당하고 있는 도시가스사에 우선 적용키로 방침을
　　세웠다[에너지타임즈, 2010년 09월 03일(금)].

46) 한국전력공사(http://www.srm.kepco.net), (재)한국스마트그리드사업단(http://www.smartgrid.or.kr),

④ 고효율 기기 시장전환 및 보급 촉진

　　㉠ 고효율 기자재 인증품목을 확대하고, 에너지 다소비 기기에 대한 '최저효율기준' 및 '대기전력 경고표시제'를 적용 확대한다.

　　㉡ 저효율 기기를 시장에서 퇴출(2013년까지 백열전구 퇴출)하고, 제조업체의 생산제품별 '에너지효율 목표관리제'를 도입한다.

(2) 청정에너지 보급 확대[47]

① 청정에너지 산업화 촉진 및 수출전략산업으로 육성

　　㉠ 에너지원별 기술특성을 고려한 맞춤형 개발전략을 수립·추진한다.

　　㉡ 표준화·인증제도를 강화하고, 실증·시범단지 조성 등을 통해 중점기술의 조기 산업화를 추진한다.

② 시장기능 도입을 통한 신·재생에너지 산업의 자생력 확보

　　㉠ 신·재생에너지 공급의무화 제도(RPS,[48] RFS[49] 등)를 도입하

한국스마트그리드협회 (http://www.k-smartgrid.org)

47) 지식경제부(http://www.mke.go.kr), 한국전력공사(http://www.srm.kepco.net).

48) 재생에너지 의무사용(RPS: Renewable Portfolio Standard) 신에너지 및 재생에너지 개발·이용·보급촉진법 개정법안이 2010. 3. 18. 임시국회를 통과됐다는 소식에 태양광 관련주들이 강세를 나타내고 있다. 현대중공업, 삼성중공업, 효성 등 풍력터빈 메이커들과 태웅, 현진소재, 동국 S&C 등 부품회사들을 비롯해 OCI, KCC, 에스에너지, 네오세미테크 등 태양광 업체들이 수혜를 입을 것으로 예상된다[에너지 경제신문, 2010. 10. 20.(수)].

49) 바이오연료 혼합의무사용제(RFS: Renewable Fuel Standard)라 한다. 이에 관련된 업체로는 에코솔루션, 한국기술산업, 씨티씨바이오, 자연과 환경, SK케미칼 등이다. 그러나 최근 정부가 혼합률 확대 및 면세혜택 연장에 대해 소극적인 모습을 보이고 있다. 바이오 디젤 업계 한 관계자는 "RFS가 도입될 때까지 면세를 연장하고 보급률을 점차적으로 확대해 나가는 것이 당초 계획이었지만 면세혜택이 2010년에 끝나고 보급률이 2%에서 더 이상 확대되지 않는다면 RFS 도입을 촉구할 수밖에 없는 상황"이라고 밝혔다. 정부는 RFS 도입이 언제쯤 이뤄질지는 알 수 없다고 한다. 당초 정부는 2011년 혼합률 2.5%, 2012년 혼합률 3%를 이행한 뒤 2013년경 RFS를 도입할 예정이었다. 지난 2009년 4월 RFS 도입에 관한 연구용역도 발주했다. 2010년 4월 연구용역 결과가 나왔지만 정부

고, 단계적 확대, 신·재생에너지 인증서(RECs)를 도입한다.[50]

ⓛ Green Pricing(녹색가격제도)[51] 도입 등 민간주도형 체제를 구축한다.

③ 부문별 신·재생에너지 보급 확대

㉠ 에너지원별 융복합·최적화 시스템 기술을 개발하고, 이를 통해 신·재생에너지를 Mix한 보급방안을 도입한다.

ⓛ 가정, 공공건물, 신도시에 대한 보급사업을 확대하고, 신·재생에너지 설계기준을 강화한다.

(3) 원자력 공급능력 확충[52]

① 원전사업의 안정적 추진을 위한 원자력의 안전성 및 수용성 확보

㉠ 원자력 설비 신뢰도를 제고하고, 원자력 안전규제체계를 강화한다.

ⓛ 유관기관의 유기적 공조, 전략적 사회 공헌활동 및 원전 주변 지역 지원사업을 개선하고, 대국민 교육·홍보를 강화한다.

는 발표조차 미루고 있다. 파급효과가 큰 만큼 좀 더 신중한 검토가 필요하다는 입장이다. 정부 한 관계자는 "수용 가능한 단계에서 진행할 수 있도록 전반적인 검토가 더 필요하다고 판단한다"며 "2010년 현재로서는 2013년 RFS 도입에 대해서도 확신할 수 없는 상황"이라고 밝히고 있다[한국에너지신문, 2010. 8. 20.(금)].

50) 에너지관리공단(http://www.kemco.or.kr)

51) 녹색가격제도란 소비자가 신·재생에너지로 생산된 전력을 기존 전기요금보다 높은 가격으로 구매하는 제도를 말한다. 마케팅 분야에서는 제품에서 거품을 뺀 적정한 제품공급가를 의미하는 쪽으로 사용된다.

52) 2007년 8월 통과한 '국가에너지기본계획'은 원전설비 비중 41%, 원전발전 비중 59%를 설정하고, 2030년까지 핵발전소 최대 10기를 신설하겠다고 정하여 '핵 성장'을 선택하고 있다[지식경제부(http://www.mke.go.kr)].

② 기후변화대응 및 안정적 전원공급을 위해 원전설비 비중 확대

   ㉠ 중기적으로 현재 계획 중인 원전건설을 차질 없이 추진하고, 향후 지속 가능한 원전건설을 위한 기반을 구축한다[53].

   ㉡ 신규원전 부지의 확보 및 저기 원전건설, 원전사업 재원 및 원전연료의 안정적 확보, 전문인력의 지속적 확충 및 인재육성을 추진한다.

   ㉢ 사용 후 연료관리방안의 조기정립을 통한 원전사업의 지속적 추진기반을 확보한다.

③ 국내 유관기관의 역량 결집을 통한 원자력 수출 강국 도달

   ㉠ 원전기술 발전방안(Nutech 2012)을 통한 미자립 핵심기술의 국산화 및 한국형 원전(APR＋)·중소형 원전(SMART)을 조기 개발한다.

   ㉡ 지속 가능성·친환경성 등이 획기적으로 제고된 미래 원자력 시스템을 개발한다.

   ㉢ 원전플랜트 해외수출국 도약을 위해 체계적·효율적인 원자력 수출기반을 구축한다[54].

   ㉣ 원자력 수출을 위한 우호적인 환경을 조성하고 국제협력을

---

53) 환경운동연합은 "원자력은 석유, 석탄과 마찬가지로 고갈될 자원이며 에너지 소비 총량을 줄이고 고효율사회, 분산형 에너지시스템으로 재편될 새로운 에너지 패러다임 시대에 대안이 될 수 없는 구시대의 유물"이라고 한다. "일상적인 원전사고의 위험이 있을 뿐만 아니라 경제적, 환경적으로도 해결하지 못할 사용 후 핵연료를 미래세대에 떠넘기는 현 세대의 무책임한 에너지 사용의 본보기이기도 하다"고 주장한다(환경운동연합, 2009. 12. 27. 논평).

54) 2009년 12월 27일 한전컴소시엄은 아랍에미리트와 186억 달러의 원전수출계약을 체결했으나 원전 이면계약체결에 관해 사회적 이슈가 있다.

강화한다.

(4) 해외자원개발 역량 강화[55]

① 해외자원개발 추진체계 정비

　㉠ 유망 자원개발 프로젝트 지원 관리 및 애로사항 해소를 위한 범정부적인 지원체계를 구축한다.

　㉡ 해외자원개발협회[56] 등 유관기관 간 네트워크를 강화하여 인력양성, 정보취득 및 제공 등을 종합적·체계적으로 지원한다.

　㉢ 자본 확충을 통한 규모의 대형화, 해외 자원개발기업 M&A 등을 통해 국제적인 경쟁력을 갖춘 자원개발 전문기업을 육성한다.

② 지역별·광종별 특성을 고려한 맞춤형 진출전략 수립

　㉠ 지역별·광종별 특성을 고려한 '맞춤형 진출전략'을 수립하고, 경제·산업협력과 연계한 에너지자원 협력을 적극 추진한다.

　㉡ ODA(Official Development Assistance, 정부개발원조) 지원 등을 통해 우호적인 진출 여건을 조성하고, 유력 인사와의 인적 네트워크 구축 등을 통해 협력의 기반을 마련한다.

③ 자원개발을 위한 인프라 정비·확충

　㉠ 자원개발펀드 활성화, 자원개발 금융지원 확대, 연·기금 투자유도, 세제지원 강화 등을 통해 투자 재원을 확충한다.

---

55) 한국석유공사(http://www.knoc.co.kr), 한국광물자원공사(http://www.keres.or.kr), 한국농어촌공사(http://www.ekr.or.kr), 산림청녹색사업단(http://www.kgpa.or.kr).

56) 해외자원개발협회(http://www.emrd.or.kr).

ⓒ 자원개발 특성화 대학 지정·운영 등 전문인력 양성시스템을 구축
하고, 법률·회계 등 자원개발 지원 분야 전문가를 육성한다[57].

ⓒ 핵심기술에 대한 중장기 R&D 지원 및 해외 유망 자원개발기
업과의 전략적 제휴 등을 통해 기술역량을 제고힌다.

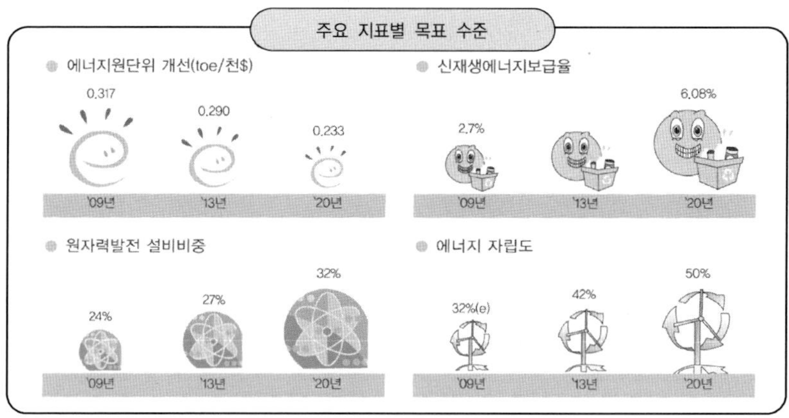

〈그림 1 - 10〉[58]

---

57) 민간교육기관, MK교육센터(http://www.education.mk.co.kr).

58) 녹색성장위원회(http://www.greengrowth.go.kr) 녹색성장 5개년계획(2009～2013).

4. 기후변화적응 역량 강화[59]

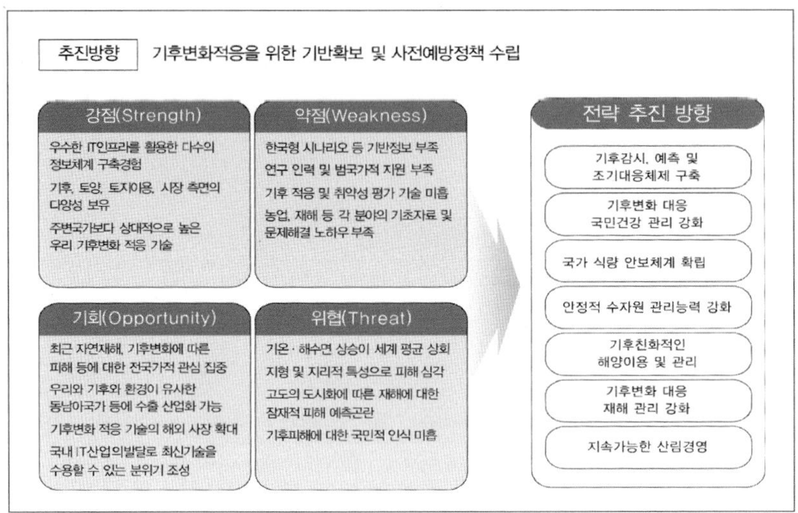

〈그림 1 - 11〉

(1) 기후변화 감시, 예측 및 조기대응체제 구축[60]

① 기후변화 대응역량 강화를 위한 선진국 수준의 기후변화 감시 체계 구축

　　㉠ 항공·선박·위성 등 3차원 입체 기후변화 감시망 체계를 구축한다.[61] http://www.konetic.or.kr

　　㉡ 온실가스측정 세계표준센터[62] 유치·운영 등을 통한 전 지

---

59) 녹색성장위원회(http://www.greengrowth.go.kr) 녹색성장 5개년계획(2009~2013).

60) 환경부(http://www.me.go.kr), 기상청(http://www.mke.go.kr), 온실가스종합정보센터 (http://www.gir.go.kr), 국립기상연구소(http://www.metri.re.kr).

61) 국가환경정보센터(http://www.konetic.or.kr).

62) 세계기상기구(WMO: the World Meteorological Organization, http://www.wmo.int)는 기상예측에서부터 수문·대기 오염 연구, 기후변화 관련 활동, 오존층 파괴 연구, 열대 폭풍 예보에 대한 국제적인 협력과 일반 국민, 국제 항공·해운 사업을 포함한 민간 분야의 상업적 수요자들을 위한 신속·정확한 기상정보 및 관련 서비스의 제공 등을 목적으로

구 규모의 대규모 기후감시네트워크[63][64]에 적극 동참한다.

ⓒ 온실가스 저감정책 기반자료 제공 및 기후변화 예측능력 향상을 위한 동아시아 탄소추적시스템[65]을 개발한다.

② 통합 기후변화예측모델 개발 및 모델의 신뢰성 향상 추진

설립된 기상수문 국제기구이다. 현재 188개 회원국으로 구성된 WMO는 국제연합(UN)의 산하기구로 스위스 제네바에 본부를 두고 있으며, 세계기상사업의 조정, 개선 및 정보 교환을 위한 연구와 교육을 맡고 있는 국제연합 전문기구 중의 하나로 1951년부터 IMO의 후신으로서의 역할을 수행하기 시작하였고, 같은 해에 UN과 WMO의 약정에 의하여 UN 산하의 특별 기구로 WMO가 발족되었다. 1947년 워싱턴에서 개최된 제12차 국제기상기구(IMO) 회의에서 세계기상협약(World Meteorological Convention)이 채택되고 1950년에 그 효력이 발효되어 WMO의 시초가 되었다. 우리나라는 1956년에 가입하였다. 세계기상기구(WMO)에는 4년마다 열리는 총회를 비롯하여 집행위원회, 지역기상협회, 전문위원회 및 사무국 등이 있다. WMO의 역할은 기상, 수문 등 관측을 수행하는 관측소 망을 구축하기 위한 국제적인 협력 활성화, 신속한 기상정보의 교환, 기상관측의 표준화, 관측 및 통계자료의 출판 등을 추진하는 것이다. 또한 기상의 항공, 유통, 물 문제, 농업, 기타 인간 활동에의 응용 확대, 수문 운영의 촉진, 기상 연구·훈련의 장려 등을 포함하고 있다.

63) UN산하 세계기상기구(WMO)는 1989년부터 온실가스 등을 감시하기 위해 지구대기감시 (GAW: Global Atmosphere Watch) 프로그램을 운영 중이다. 현재 전 세계 400여 개의 관측소에서 지구대기를 관측해 국제적 기후협상에 객관적 근거 자료로 활용함은 물론 각종 미래 기후변화 모델 기초자료로도 요긴하게 쓰인다. 우리나라의 안면도 기후변화감시센터도 GAW의 지역급 관측소로 동아시아 지구대기감시의 중추적 역할을 하는 곳이다 [허관, 이투뉴스, 2010. 4. 12.(월)].

64) 여기에 관련 자료는 구태영, 김정식, 홍기만, 박정규, 김상백, 이병렬, 『한반도 기후변화감시 네트워크 구축』, 한국기상학회, 2008. 10. 참조.

65) 아시아 탄소추적시스템(ACTS: Asian Carbon Tracking System)은 미국해양기상청 (NOAA)의 지구시스템 연구소에서 CO_2 순환메커니즘의 규명과 기후정책대응을 위해 지난 30여 년 동안 개발하여 최근에 공개된 탄소추적자(Carbon Tracker)의 하부구조와 첨단기술을 기반으로 하는 아시아지역의 대기 중 탄소의 방출과 제거 상황을 추적 감시하게 될 첨단 '자료동화' 도구이다. 이 첨단 시스템을 조속히 개발하여 실질적인 재해방지와 기후변화 협약대응 정책입안에 활용하려는 것이 ACTS 기획연구의 최종 목적이다. ACTS는 첨단관측, 재고조사, 대기－생물권－해양－화학 수송 모형의 시너지를 기반으로, 첨단 앙상블 자료동화 기법을 사용하여 생물권, 해양, 화석 연료, 산불, 수송 등에 의한 탄소의 방출과 흡수량을 산출하게 된다. 이 탄소추적시스템은 아시아의 육상 생태계 및 주변 해양에 의한 자연적인 탄소흡수와 방출의 삼차원적 변화를 감지할 뿐 아니라 기후 시스템 내의 이산화탄소의 순환메커니즘 규명을 가능케 할 것이다(김준 등, 2007, "ACTS－아시아 탄소추적시스템개발", 기획보고서, 기상연구소[기상청기후변화정보센터 http://www.climate.go.kr]

㉠ 우리나라 특성에 맞는 국가표준 기후변화 시나리오를 개발·제공하여 기후변화 적응정책을 수립 지원한다.[66]

㉡ 온실가스 위험수준별 기후변화 영향 평가를 위한 지구시스템 모델 및 지역기후모델을 개발한다.[67]

③ 선진국 수준의 기상·기후 자료 지원 마련

㉠ 기후변화 시나리오 통합관리, 웹기반 서비스 시스템을 구축하고 기후변화 적응 지원을 위한 맞춤형 정보를 제공한다.

㉡ 기후산업 육성, 신·재생에너지 개발 확대를 위한 기상자원지도[68] 개발 등 기상·기후 자료 활용 지원시스템을 선진화한다.

(2) 기후변화대응 국민건강관리 강화[69]

① 기후변화가 국민 건강에 미치는 영향을 체계적으로 모니터링·분석하고 피해를 최소화하기 위한 기반 마련

㉠ 폭염, 홍수, 폭풍 등 직접적 영향과 전염병 매개체 증가, 대기오염 등 간접적인 영향을 분석하고 조기경보체계 구축의 기반을 마련한다.

---

66) 환경부는 녹색성장기본법에 따라 5년 단위의 "국가 기후변화 적응대책(2011~2015)" 발표하였다. 자세한 내용은 환경부(http://www.me.go.kr), "국가 기후변화 적응대책" 참조.

67) 국립기상연구소(http://www.nimr.go.kr).

68) 국립기상연구소 기상자원지도(http://www..nimr.go.kr)에서 대국민 서비스를 실시하고 있다.

69) 환경부(http://www.me.go.kr), 보건복지부(http://www.mw.go.kr), 국립환경과학원(http://www.nier.go.kr), 기상청(http://www.mke.go.kr), 소방방재청(http://www. nema. go.kr), 행정안전부 및 중앙재난안전대책본부(http://news.mopas.go.kr).

ⓛ 근로자, 농어민 및 노약자 등 취약계층이 신속하고 효율적으
로 대응하기 위한 매뉴얼을 마련하고, 국민에 대한 교육·홍
보를 강화한다.

② 전염병, 대기오염, 폭염, 기상재해 등 4개 분야에 대한 단계별
대응전략 수립·시행
ⓘ 매개체 전파 전염병, 수인성·식품 매개 전염병 등 피해 조사·
감시·예측 능력 강화 및 백신·치료제 개발·비축 등의 대책
을 수립한다.
ⓛ 기후변화에 따른 황사, 오존 등 대기오염 모니터링 및 예·경
보시스템을 구축하고, 근본적인 대기오염물질 감축 정책을
추진한다.
ⓒ 열섬효과로 폭염 피해가 우려되는 도시 빈곤지역, 농촌·도
서 벽지 근로자, 노인, 어린이 등 취약 계층의 대응역량을 강
화한다.
ⓔ 홍수, 태풍, 가뭄 등 극단적인 기상재해에 대한 응급의료서비
스 및 건강관리 프로그램을 개발한다.

③ 기후변화에 대응한 지방자치단체의 건강관리 사업지침을 개발
하고, 구급대원 등 보건인력 역량강화 프로그램을 운영한다.

(3) 국가 식량안보체계 확립70)

① 기후변화대응을 위한 식량생산 기반 마련

　　㉠ 기후변화가 농·축산·수산업에 미치는 영향을 평가하고, 식

　　　량 생산량 변동을 예측하기 위한 시스템을 마련한다.

　　㉡ 기후변화 및 자연재해에 잘 적응하는 고부가가치 우량자원,

　　　재배·사육·양식 기술 등을 개발·보급한다.

　　㉢ 자동화 농업기술(IT·BT 융합, 농업용 로봇 등), 도시민 생활

---

70) 농림수산식품부(http://www.mifaff.go.kr), 농촌진흥청(http://www.rda.go.kr), 농촌경제
연구원(http://www.krei.re.kr).
유엔 산하 식량농업기구(FAO)는 2011년 전 세계적으로 식량위기가 발생할 가능성이 크
다고 경고했다. 기후변화, 식량투기, 과도한 화석연료 사용, 동아시아 시장에서 치솟고 있
는 식량수요 등으로 2011년 식량가격이 급격하게 상승할 수 있다는 것이다. FAO에 따
르면, 주요 곡물인 밀 가격은 41%, 옥수수는 47%, 설탕가격은 3분의 1일가량 상승할
것으로 전망된다. 온실가스 배출권 거래가 확대되면서 화석연료 사용을 줄이기 위한 일환
으로 주요 곡물 수출국들이 바이오 연료 생산량을 급격히 늘리자 국제 곡물가격이 폭등하
는 일이 일어났다. 미국의 옥수수와 유럽연합의 유채가 바이오 연료 생산에 대량 투입됨
으로써 식량생산의 터전인 농토의 전통적 이용이 바이오 연료 생산기지로 전용되고 있다.
과거 최악의 식량 부족사태가 발생했던 2007～2008년 1차 식량위기에는 멕시코에서
인도네시아에 이르기까지 세계 곳곳에서 식량 폭동을 경험하기도 했다. FAO의 식량 전망
은 2011년 중반까지 주요 곡물 가격들이 상승할 것이며, 2007～2008년 1차 식량위기
에 나타났던 최대 가격 수준 혹은 그 이상까지도 상승할 수 있다는 것이다. 선진국들에서
예상되는 인플레이션도 문제지만 식량가격의 폭등은 식량을 자급하지 못하는 지구상의 가
난한 사람들에게 심각한 타격을 가할 것으로 예상된다.
우리나라도 작물이 한참 새싹이 트는 시기인 봄철 이상저온으로 인한 냉해와 여름철의 잦
은 폭우와 폭염, 결실기의 태풍과 우박 등으로 농산물 수급 불균형이 초래됐다. 2010년
건국 이래 처음으로 배추 한 포기가 1만 5,000원까지 오르는 기현상도 경험했다. 이런
이상기온으로 2010년도 벼 수확량이 예년보다 12.9%정도 감소한 428만 톤이라는 농촌
경제연구원의 발표도 있었다. 또 봄과 가을은 짧아지고 여름과 겨울이 길어지면서 4계절
의 구분이 뚜렷하지 않고, 열대성 작물의 재배적지가 남쪽에서 북쪽지방으로 점차 확대되
고 있다. 우리나라 역시 기후변화에 대처하는 해외 식량기지의 확보, 저온이나 고온 피해
에 강한 품종의 개발 보급, 대체작물의 개발과 보급, 농작물 재해보험의 확대 등 식량의
수급 불균형 문제와 국민 건강, 농업인 보호를 위한 여러 가지 정책을 시행하고 있다.
따라서 21세기 인류는 기후변화와 식량안보 문제에 대응할 수 있는 국제적 공조체제 구
축을 서둘러야 한다. 기상 관측과 품종개발의 기술로부터 식량생산기반의 보전과 배분에
이르기까지 국제사회의 공조와 협력이 절실하다. 기후변화시대를 헤쳐 나갈 역량을 갖춘
글로벌 차원의 식량안보체제 구축을 서둘러야 한다.

밀착형 농업기술(도시유휴지 활용·생활원예 등) 등을 개발·보급한다.

（?） 식량안보체계 확립을 위한 국내 역량 강화

　　㉠ 농업 종합정보체계를 구축하여 안정적인 수급환경을 조성하고, 농작업 자동화기술 보급을 통한 농업 자동화 기반을 마련한다.

　　㉡ 집단화·규모화된 우량농지 확보(새만금 등), 바다목장 조성, 수산자원 방류 등 안정적인 식량생산을 위한 토대를 마련한다.

　　㉢ 식생활 개선운동[지역 먹을거리(local food),[71)72)] 슬로우푸드[73)]]과 연계한 우수 전통 식생활 확산 및 농업생산·자원 전문가(전업농) 등을 유역 단위로 재결성한다.

③ 국제협력을 통한 안정적 식량 수급체계 구축

　　㉠ 주요 곡물 수출국과 수입국의 작황을 모니터링하고, 국제식량수급현황 파악 및 예측 기반을 마련한다.

　　㉡ 해외 플랜테이션을 확대하여 바이오에너지 작물을 재배하고,

---

71) 로컬푸드(local food)란 1차적 의미로 장거리 운송을 거치지 않은(푸드마일 50㎞ 이내) 지역산 농산물을 말한다. 물리적으로 거리가 멀지 않아야 할 뿐만 아니라 더욱 중요한 것은 사회적 거리로 생산자와 소비자 사이에 여러 단계를 거치지 않고 직거래가 이루어져야 한다는 것이다. 그래야 이익이 농민과 소비자에게 돌아간다. 로컬푸드운동은 지역에서 생산한 먹을거리를 지역에서 소비하자는 지역먹을거리운동이다. 기본적으로 먹을거리 생산자와 소비자 사이의 이동거리(food miles)를 최대한 줄임으로써 지역사회의 도농이 상생을 도모하고자 하는 것이다.

72) Brian Halweil, 『로컬푸드 – 먹을거리 – 농업 – 환경, 공존의 미학』, 김종덕, 허남혁, 구준모 譯, 이후(시울) 2006.

73) 슬로우푸드(slow food)는 패스트푸드(fast food)에 대립하는 개념으로, 지역의 전통적인 식생활 문화나 식재료를 다시 검토하는 운동 또는 그 식품 자체를 가리키는 말이다.

비상시 식량안보를 위한 수단으로 활용한다.

ⓒ 영농 IT교육, DB센터 운영 등 개도국 지원을 확대한다.

(4) 안정적인 수자원 관리능력 강화[74]

① 4대강 사업을 통한 물 부족과 홍수피해의 근본적 해결[75]

㉠ 홍수방어, 수량확보, 수질개선, 생태복원 등 수계별 특성에 따라 차별화된 4대강 사업을 시행한다.

ⓒ 4대강 등의 수질개선·생태복원을 통해 수질 2급수를 달성한다.

② 기후변화에 대응하는 안정적인 물 공급체계 구축

㉠ 가뭄, 홍수 등 시공간적 물 분배 불균형에 따른 취약성을 분석하고 이에 대응한 수자원 관리 기반을 강화한다.

ⓒ 중소댐·저수지 건설, 저수지 개량, 보(堡)설치 등 용수공급 능력을 확대한다.

ⓒ 해수담수화, 빗물관리, 해양심층수 등 대체수자원 개발을 통해 도서, 해안, 산간 등 상습 가뭄지역의 물 부족을 해소한다.

---

74) 환경부(http://www. me.go.kr), 국토해양부(http://www .mltm.go.kr), 한국농어촌공사)(http://www. ekr.or.kr), 한국수자원공사(http://www.k water.or.kr).

75) 지속가능한 물 관리의 주요 내용으로는, 저탄소 녹색성장 기본법 제52조에서 "정부는 기후변화로 인한 가뭄 등 자연재해와 물 부족 및 수생태계 변화에 효율적으로 대응하고 모든 국민이 물의 혜택을 고루 누릴 수 있도록 하기 위하여 다음 각 호의 사항을 포함하는 시책을 수립·시행하여야 한다"고 정하고 있다. 제52조는 2008년 12월 발표한 '4대강 정비사업'의 내용을 포함하고 있다. 4대강 정비사업은 18조 원의 예산을 투자하여 하도정비사업, 슈퍼제방 축조, 자전거 도로, 저수지 꾸미기, 수변구역 녹화사업 등이 주된 내용이다.

③ 안전하고 깨끗한 물 환경 조성 및 생태계 보호

　ㄱ 유량변화와 기온·수온 상승, 염수 침입에 취약한 습지와 하천 생태계에 대한 모니터링 확대 및 생물서식지를 보전한다.

　ㄴ 수질오염물질의 하천유입 차단 및 방류수 관리강화를 통한 안전한 먹는 물 공급 및 수질악화 대책을 마련한다.

　ㄷ 상수전용 댐건설, 강변여과 등 취수체계 다원화와 물 처리 고도기술 도입·확대로 고품질 상수원 확보를 추진한다.

④ 물을 효율적으로 이용하고 절약하기 위한 수요관리 강화

　ㄱ 물 가격체계를 조정하고, 용수 관리 등 적극적인 물 수요를 관리한다.

　ㄴ 중수도, 절수기기 등 보급 및 노후관 교체 등 물 수요 감축 인프라를 구축한다.

⑤ 물 산업 육성 등 능동적 수자원 관리·활용을 위한 환경조성

　ㄱ 고도물처리, 해수담수화 등 물 산업을 육성하고, 해외진출을 활성화한다.

　ㄴ 댐 간 통합연계 운영, 수계·광역 단위 수자원 네트워킹, 복합문화공간 창조 등 통합형 유역관리개발을 추진한다.

　ㄷ 댐, 하수처리장 등 수자원시설을 에너지 효율적으로 운영하고, 소수력 발전 등 수자원을 활용한 신·재생에너지 생산을 추진한다.

(5) 기후친화적인 해양 이용 및 관리[76)

① 해수면·해수온 상승 등의 예측·평가에 따른 통합 연안관리
   전략 마련
   ㉠ 해수면 상승과 경제·사회·환경적 취약성을 평가하고 연안시
      설물 설계기준 조정 등 연안통합 적응시스템을 구축한다.[77)
   ㉡ 해안 침식·범람을 감시·예측하고, 연안 변화를 저감시키기
      위한 기술 상용화 및 인프라를 구축한다.
   ㉢ 해역별 특성을 고려한 해양 산성화, 해수온 변화 등 해수환경
      영향평가 및 생태계 관리시스템을 구축한다.

② 해양에너지 및 자원의 활용 등 해양 이용률 극대화
   ㉠ 조류, 조력, 파력, 온도차, 해상풍력 등 해양에너지의 실용화
      기술개발 및 상용발전소 건설을 추진한다.
   ㉡ 풍력, 태양광, 태양열 등 신재생에너지 생산을 위한 해상복합
      에너지 공간을 창출한다.
   ㉢ CO_2 수송·저장·처리를 위한 핵심기술을 확보하고 지질조
      사, 환경영향평가 등 CO_2 저장을 위한 기반을 마련한다.

③ 해양부문 온실가스관리 및 해양관측 인프라 구축
   ㉠ 한반도 주변지역 해양변화 예측기술을 개발하고 개도국에 보
      급하기 위한 시나리오 개발 기술을 확보한다.

---

76) 국토해양부(http://www.mltm.go.kr), "저탄소 녹색성장과 기후변화대응을 위한 녹색성장
   추진계획", 2010. 1).
77) 국토해양부연안관리정보시스템(http://www, coast. kr).

ⓛ 항만, 공공기관 선박, 근해용 어선 등의 온실가스 배출관리
및 해양부문 온실가스 흡수 역량을 평가한다.

ⓒ 해안에 위치한 국외 주요 산업·식량공급 거점에 대한 해양
관측시스템 구축과 적용사업을 추진한다.[78]

(6) 기후변화 대응 재해관리 강화[79]

① 기후변화에 따른 재해를 예방하기 위한 기준 및 시스템 구축

ⓖ 기후변화에 대한 예측자료를 토대로 제방 등 수방시설물 및
내풍·내설 설계 기준 등에 대한 시설물별 방재기준을 재정비
한다.[80]

ⓛ 재해 위험예측(홍수위험지도 등), 위험도 분석 등을 포괄하는
재해조기예보·경보시스템을 구축하여 사전 대응능력을 강
화한다.[81]

---

78) 국립기상연구소(http://www.metri.re.kr)

79) 환경부(http://www.me.go.kr), 기상청(http://www.mke.go.kr), 소방방재청(http://ww
w.nema.go.kr), 행정안전부 및 중앙재난안전대책본부(http://news.mopas.go.kr).

80) 소방방재청은 '녹색성장'이라는 국가 정책에 발맞춰 방재 분야에 '녹색방재'라는 개념을 도
입했다. 소방방재청은 '녹색방재'를 '경제활동으로 인해 자연으로부터 인간사회에 가해지는
위험요인을 자연을 거스르지 않은 범위 내에서 저감 또는 차단하기 위한 모든 활동'이라고
정의하고 있다. 녹색방재를 통해 성장 위주의 개발로 인해 증가하는 재난 취약성을 최소화
하고 예방, 대비, 대응, 복구의 재난관리 전 단계에서 환경과의 공존을 추구한다는 것이다.
'녹색방재' 체계 구축은 기후변화 대응에 초점이 맞춰진다(http://www.di-focus.com).

81) 우리나라는 세계 평균 기온 상승에 비해 2배 이상 빠른 속도의 기후변화를 보이고 있다.
소방방재청은 이러한 기후변화에 선제적으로 대응하기 위해 그동안 많은 노력을 기울여
왔다. 자연친화적 방재기반 구축, 지역별·부문별 재해위험 예측시스템 구축, IT 정보기술
을 활용한 재해 안전기술 개발, 방재산업 육성 등이 그 대표적인 예다. 그리고 무엇보다
소방방재청에서 세계 각국의 치열한 경쟁을 물리치고 유엔 기구인 세계 자연재해 경감전
략기구(ISDR: International Strategy for Disaster Reduction) 동북아사무소와 유엔 방
재연수원 등 2개의 유엔 방재기구를 인천 송도에 유치, 8월 11일 문을 열었다. 유엔
ISDR는 전 세계적으로 지구온난화와 같은 기후변화로 말미암아 대규모 재해가 빈발함에

② 극한 홍수 등 기후변화에 대응하기 위해 재해에 강한 국토기반
　조성

　　㉠ 강화된 수방시설물 설계기준에 따라 댐 치수능력을 증대하
　　　고, 천변저류지·홍수조절지·방수로 신설 등을 통해 극한
　　　홍수에 대비한다.

　　㉡ 재해방지를 위해 인프라(재해위험지구·하천·소하천 정비
　　　등)를 친환경적으로 구축하여 재해를 사전에 예방한다.

　　㉢ 기상이변(홍수, 가뭄) 피해 저감을 위한 우수(雨水) 유출 저
　　　감시설 설치를 확대한다.[82]

③ 피해 최소화를 위한 긴급 대응체계 개발 및 국민 위기대응능력
　강화

　　㉠ 자연재난의 긴급구조, 구호체계를 강화하고 고령인구, 도시
　　　빈민 등 기후변화 취약계층 긴급대응시스템을 구축한다.

　　㉡ 국민 위기 대응능력을 강화하기 위한 교육·홍보를 강화하고

따라 국제적인 협력과 공동 대응의 필요성이 제기되면서 1999년에 설립된 국제기구다. 유엔 ISDR 동북아사무소는 유엔의 재해경감 전략에 따라 동북아시아 국가들 간의 연계활동을 통합해 조정하고 관리하는 역할을 하게 된다. 이를 위해 국제협력 워크숍 및 세미나 등을 통해 동북아시아 국가들과 긴밀한 상호협력체계를 구축할 예정이다. 또한 재해 공동 예측 및 대응, 국가 방재기술 협력관계 구축, 취약요소 경감을 위한 예보·관측 기술 공유, 재해 관련 방재프로그램 지원에 중추적인 역할을 담당하게 된다. 그리고 유엔 최초의 전문 방재교육훈련기관인 유엔 방재연수원은 전 세계 지역별 방재 관련 공무원과 민간인을 대상으로 교육 훈련을 시행함으로써 방재전문가를 양성하고 인적 네트워크를 구축할 계획이다. 또한 전 세계를 대상으로 방재 표준모델 개발, 방재전문가 양성 및 교육 프로그램 개발, 유엔 인증 자격 프로그램 운영, 재해위험 감소를 위한 과학기술 공유 및 재해 정보와 지식 교환 활성화 등의 역할을 수행하게 된다(대한민국 정책정보지, 2009. 08. 10).

82) 이에 관한 용어로 워터 세이프티(Water Safety)가 있는데, 워터 세이프티란 기후변화와 기상이변에 따른 집중호우와 홍수 등 수해, 수질 악화에 효과적으로 대응해 신체나 생명에 대한 위험과 국가적 부의 손실을 최소화하는 역량을 말한다(동아일보, 2010년 10월 19일).

자연재해 보험을 활성화한다.

④ 기능 중심의 복구에서 친환경 복구체계로 전환

  ㉠ 생태복원 및 자연환경 여건을 고려한 친환경 복구사업을 추진한다.

  ㉡ 친환경 구호물품을 지급하여 환경오염을 최소화하고 정보기술 등을 활용하여 재해구호물자를 효율적으로 배분 및 관리한다.

(7) 지속 가능한 산림경영[84]

① 산림생태계 영향 예측 및 산림생물종 보전 기반 구축

  ㉠ 국가 장기 모니터링을 통한 영향평가 및 변화예측모델을 개발한다.

---

83) 산림청(http://www.forest.go.kr), 국립산림과학원(http://www.kfri.go.kr).
지속가능한 산림경영(Sustainable Forest Management, SFM)이라 함은 산림의 생태적 건전성과 산림자원의 장기적인 유지·증진을 통하여 현재 세대뿐만 아니라 미래세대의 사회적·경제적·생태적·문화적 및 정신적으로 다양한 산림수요를 충족하게 할 수 있도록 산림을 보호하고 경영하는 것을 말한다(산림기본법 제3조 제1호). 국제사회는 전 지구 차원의 SFM을 달성하기 위하여 노력하고 있다. 1992년 유엔환경개발회의(UNCED)에서 채택된 산림원칙 성명은 그 논의의 출발점이었다. 기후변화협약, 생물다양성협약과 같이 국제산림협약의 제정을 목표로 하여 세계 각국이 협상을 벌였으나 결국에는 법적 구속력이 없는 산림원칙 성명으로 마무리되었다. 이후 정부간산림패널(IPF), 정부간산림포럼(IFF)으로 협상을 계속 진행하다가 현재는 유엔산림포럼(UNFF)으로 논의의 장을 바꾸어 계속 협상을 진행하고 있다. 지구차원의 SFM을 달성하기 위해 국제기구, 국가, 지방정부 등이 해야 할 약 300개에 가까운 실행권고안을 마련하는 데는 합의하였으나 각 국가에게 자발적인 이행을 촉구할 뿐 법적 구속력은 없다. 2006년을 기한으로 국제산림협약의 제정 논의를 진행하였으나 결국 합의에 이르지 못하고 2007년 이후에도 계속 논의하기로 결정하였다. 각 국가마다 지속가능하게 산림을 경영하고 있다는 것을 확인할 수 있는 SFM의 기준 및 지표가 지역별로 개발되고 있다. SFM의 기준 및 지표를 지역별로 개발하는 이유는 한대림, 온대림 및 열대림처럼 산림상태에 따라 산림경영의 기준 및 지표가 달라질 수 있기 때문이다. 우리나라는 미국, 일본, 중국, 캐나다, 멕시코, 아르헨티나, 칠레, 우루과이, 호주, 뉴질랜드 및 러시아 등 12개 국으로 구성된 몬트리올 프로세스에 가입하여 SFM의 기준 및 지표 개발에 동참하고 있다. 몬트리올 프로세스에 가입한 국가들

    ⓛ 유용 산림자원의 확보·보전을 위해 기후대별로 국립수목
      원84)을 확충한다.

의 산림면적은 세계 온대림의 약 90%, 산림면적의 60%, 인구의 35%, 목재무역량의 45%를 차지하고 있다. 몬트리올 프로세스는 7개 기준, 67개 지표로 구성되어 있다. 7개 기준은 ① 생물다양성의 보전, ② 산림생태계의 생산력 유지, ③ 산림생태계의 건전성과 활력의 유지, ④ 토양 및 수자원의 보전과 유지, ⑤ 지구탄소순환에 대한 산림기여도, ⑥ 사회의 소요를 충족하도록 장기적이고 다각적인 사회·경제적 편익의 유지 및 강화, ⑦ 산림의 보전과 지속가능한 경영을 위한 법·제도·경제 구조로 이루어져 있다. 이 기준에 따라 산림이 지속가능하게 경영되고 있는가를 정성적, 정량적으로 파악할 수 있는 지표가 개발되었다. 이 기준 및 지표는 고정된 것이 아니라 과학기술의 발전, 사회적 수요의 변화 등을 반영하여 개선되는 것으로, 2006년 현재 이를 개정하기 위한 협상이 진행 중이다. 지구 및 국가 수준이 아닌 산림경영 단위에서의 SFM을 달성하기 위한 노력도 병행되었다. SFM의 기준 및 지표가 SFM의 이행을 모니터링하기 위해 개발되었다면 산림경영단위에서 실제 SFM을 이행토록 하기 위해 개발된 것이 산림인증제이다. 국제산림협약의 제정 논의와 SFM의 기준 및 지표의 개발은 각국의 정부주도 하에 진행된 반면 산림인증제의 개발은 민간부문의 주도하에 진행되었다. 1980년대에 유럽을 중심으로 한 환경단체들은 열대재의 국제거래가 열대림파괴의 주범이라 보았고 열대림 면적의 감소를 막기 위해 열대목재의 수입금지 및 불매운동을 전개하였다. 1992년 UNCED에서 전 지구적 환경문제의 해결을 위해 산림부문에서도 열대림을 포함한 전 세계 산림의 지속성에 대한 원칙이 채택되었음에도 산림면적은 계속 감소되었고 국제기구 및 정부간 논의도 구속력이 있는 행동보다는 논의 자체에 머문다는 환경단체들의 불만이 고조되었다. 이에 따라 적절한 관리가 이루어진 산림에서 생산된 목재만을 소비토록 하기 위한 독립적이고 신뢰할 수 있는 시스템을 구축할 필요가 있다는 주장이 팽배하였고, 소비자가 지속가능하게 경영된 산림에서 생산된 목재 및 이를 원료로 하여 생산된 목제품을 구입할 수 있도록 하기 위한 자발적이고 시장에 기초한 인센티브로서 산림인증제를 개발하기 시작하였다. 현재 국제 수준의 산림관리위원(FSC) 산림인증, PEFC 산림인증 및 ISO 산림인증과 각 국가가 자체 개발한 국가 수준의 산림인증제도가 운영되고 있다. 우리나라는 위와 같은 3가지 큰 흐름에서 진행되고 있는 SFM 논의 및 국내 이행에 적극적으로 동참하고 있다. 국제산림협약의 제정을 논의하는 유엔산림포럼 협상에 능동적으로 참여하고 있으며 IPF와 IFF 실행권고안의 국내 이행을 위해 노력하고 있다. 또한 우리나라 산림관리의 중추법이라 할 수 있는 산림기본법에 SFM을 법의 기본이념으로 정하였다. 이와 함께 국가 및 지방자치단체는 SFM을 위하여 산림의 지속가능성을 측정·평가하기 위한 기준 및 지표를 설정·운영할 것을 제도화하였다. 현재 우리나라 실정에 맞는 SFM의 기준 및 지표를 선정하여 일정 기간마다 모니터링을 시도하고 그 결과를 산림정책에 반영하는 체제를 구축 중이다. 더불어 2006년에는 국립산림과학원의 제주시험림과 산림청 홍천관리소의 운두령 경영계획구 국유림에서 FSC 산림경영인증을 취득하였다. SFM의 국내 이행을 위한 우리나라의 노력은 산림관련 국제 협약과 회의의 결정사항에 발맞추어 계속 진행될 것이다(자료, 국립삼림과학원(http://www.kfri.go.kr).

84) 국립수목원(http://www.kna.go.kr)

② 도시 열섬효과 완화 및 녹색웰빙 기반 확충

   ㉠ 도시 녹색 총량 확대 및 건강성 증진을 통한 적응 역량을 강화한다.

   ㉡ 일반국민과 기업 등이 참여하는 녹화운동을 전개하고, 숲의 치유기능 활용 등 녹색웰빙 시설 확충 및 인프라 강화에 힘쓴다.

③ 산림재해 예방 인프라 구축 및 대응 시스템 강화[85]

   ㉠ 산불예방시스템을 강화하고 대형 산불방지를 위한 초동 진화 체계 확립으로 위기대응 역량을 강화한다.

   ㉡ 국지성 폭우 등으로 인한 산사태와 수해 방지를 위해 위험예보시스템 고도화 및 예방시설 설치를 확대한다.

   ㉢ 산림병 해충·예찰 시스템 강화 및 적기방제시스템을 구축한다.

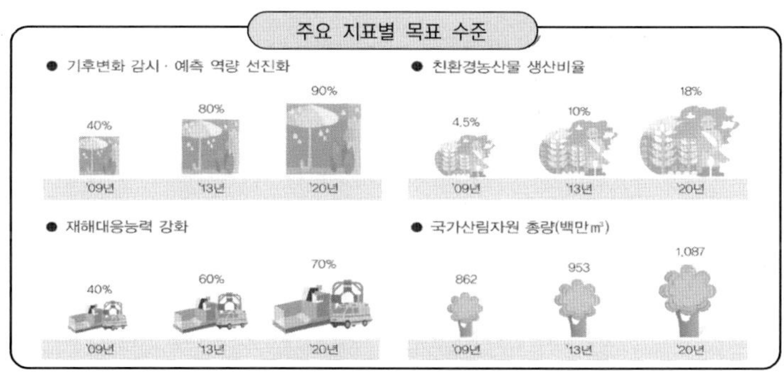

〈그림 1-12〉[86]

---

85) 산림청(http://www.west.forest.go.kr)

86) 녹색성장위원회(http://www.greengrowth.go.kr) 녹색성장 5개년계획(2009~2013).

5. 녹색기술 개발 및 성장동력화[87]

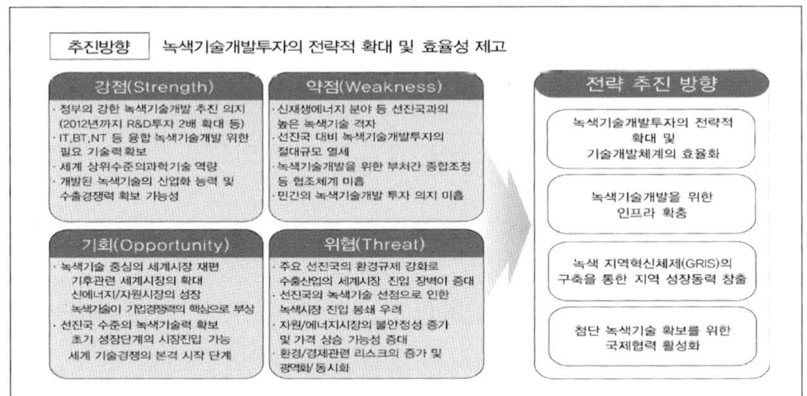

〈그림 1 - 13〉

(1) 녹색기술 개발 투자의 전략적 확대[88]

① 정부 녹색기술 개발의 전략적 확대

㉠ 2050년까지 전체 정부연구개발투자의 30% 수준까지 확대한다.

㉡ ㉮ 기후변화생존에 필요한 기술, ㉯ 녹색성장을 견인할 기술, ㉰ 국제규제에 선제적으로 대응할 기술과 같은 3대 부문에 기술·시장변화를 반영한 능동적(Moving Target) 전략을 수립한다.

㉢ 녹색도, 성장기여도 등에 기반을 둔 R&D투자배분의 전략성을 제고한다.

---

87) 녹색성장위원회(http://www.greengrowth.go.kr) 녹색성장 5개년계획(2009~2013).

88) 지식경제부(http://www.mke.go.kr), 교육과학기술부((http://www.mest.go.kr), 중소기업청(http://www.smba.go.kr), 특허청((http://www.kipo.go.kr).

② 기초·원천연구와 응용개발에 대한 균형적 녹색기술 연구개발
을 강화한다.
  ㉠ 단기적으로 응용개발 연구는 조기상용화가 가능한 분야에 집
    중(가칭, 'Green Star Program')하고, 기초·원천연구는 잠
    재 성장력 제고에 집중(가칭, 'Green Pathfinder Program')
    한다.
  ㉡ 중장기적으로 산업화와 관련된 과제는 민간의 주도적 역할
    수행을 유도하고, 정부는 혁신적 녹색기술 확보와 대형 인프
    라 확충 등에 집중한다.

③ 기존 국가연구개발사업 및 기술개발지원제도의 녹색화 제고
  지원대상 R&D과제 선정 시 기존의 기술적, 상업적 성공가능성 이
외에 '기술녹색도(Degree of Greening)' 개념을 고려한다.

(2) 효율적 녹색기술 개발 체계의 구축
① 녹색기술 개발 종합조정체계 강화
  ㉠ 녹색성장위원회와 국가과학기술위원회의 연계된 전략녹색기
    술개발종합조정체계(Green Technology R&D Council)를 구
    축한다[89].
  ㉡ 종합조정 기능을 효과적으로 지원하는 시스템을 구축하고, 유
    사녹색기술 개발과제의 연계 강화를 위한 공동사업단을 추진
    한다.

---

89) 국가과학기술위원회(http://www.mstc.go.kr).

② 녹색기술 연구개발의 가치 사슬을 고려한 산·학·연 연계체제
　구축

　　㉠ 녹색기술 개발에 있어 정부와 민간의 역할분담을 명확화한다.
　　㉡ BAT(Best Available Tech) 관점에서 기술획득전략 합리성
　　　을 제고한다.
　　㉢ '집약형 대형 녹색기술'의 경우 범정부적 개발 및 가치사슬에
　　　따른 대학, 출연, 중소·벤처기업, 대기업의 공동 참여를 제
　　　도화한다.

③ 녹색기술 연구개발 거점 조성, 지역 녹색기술 개발 거버넌스
　(governance) 확립

　　㉠ 녹색기술 연구개발에 필요한 실증단지 등 대형 인프라와 연
　　　계하여 녹색기술 연구개발 거점(가칭, 'Green Core')을 조성
　　　한다.
　　㉡ 국제 과학비즈니스벨트와 연계를 통한 세계적 녹색기술 기초
　　　연구의 거점을 강화한다.
　　㉢ 지역 녹색기술 개발의 체계적, 효율적 추진을 위한 지역혁신
　　　거버넌스 체계를 개편한다.

(3) 녹색기술 이전 및 사업화 촉진[90]

① 정부 녹색기술 개발 사업성과의 사업화 기반 강화

　　㉠ 정부 녹색기술의 사업화 연계를 위한 연구개발 성과관리를

---

90) 한국산업기술진흥원(http://www.kiat.or.kr)의 국가기술사업화종합정보망(http://www.nt
b.or.kr)에서 대국민서비스를 제공하고 있다.

강화한다.

    ⓛ 녹색기술이전 및 사업화 촉진을 위한 제도적 기반을 구축한다.

    ⓒ 유망 녹색기술 발굴 및 사업화 촉진을 위한 산학연 금융 공조를 강화한다.

② 녹색기술이전 및 사업화 촉진을 위한 녹색기술 실용화 사업 추진

    ㉠ 녹색기술의 원활한 사업화를 전담할 녹색 Coordinator 양성, 중소기업 기술경영 지원을 위한 '녹색기술 자문관'을 지원한다.

    ⓛ 녹색기술 사업화 지원 전문기업을 육성하고, 공공연구기관의 녹색기술 사업화 역량 확충에 노력한다.

③ 녹색기술 창업 촉진을 위한 기업체의 수요, 연구기관의 성과물, 금융권 지원 등을 함께 논의하는 '녹색기술대전(가칭)' 운영

    ㉠ 녹색기술 창업 촉진을 위한 녹색기술 인큐베이터를 지정·지원한다.

    ⓛ 녹색기술 성과물 거래 활성화를 위한 '녹색기술 cyber 장터'를 개설한다.

(4) 녹색기술·녹색산업[91] 개발을 위한 인프라 확충[92]

① 녹색기술의 성장동력화를 위한 핵심 녹색기술인력 양성

녹색기술 분야별 인력양성 체계화를 추진하고, 미래기반 핵심 연

---

91) 녹색성장위원회(http://www.greengrowth.go.kr), 한국산업기술진흥원(http://www.kiitech.kr).
92) 교육과학기술부(http://www.mest.go.kr).

구인력 및 지역·산업 특성화 선도인력 양성에 힘쓴다.

② 녹색성장을 위한 글로벌 선도 시험·인증·표준화 기반 구축
녹색기술 시험·인증 및 각 분야별 전문 표준체계를 강화하고, 녹
색기술 시험·인증·표준 인프라 기반 강화에 힘쓴다.

③ 세계수준의 녹색기술 정보체계 구축
녹색기술 관련 정보 DB 구축 및 국내외 협력네트워크를 구축한다.

(5) 녹색기술 개발을 위한 국제협력 활성화
① 국제기구를 통한 녹색기술 강국과의 전략적 제휴 활성화
　㉠ 녹색기술 관련 국제기구, 녹색기술 표준구축 활동에 적극 참
　　여한다.
　㉡ 다자차원의 글로벌 녹색기술협력 거버넌스 구축에 참여한다.

② 녹색기술 개발·확산의 글로벌화를 통한 녹색혁신 역량의 제고
　㉠ 선진 녹색원천기술 확보를 위한 전략적 국제공동연구 활성화,
　　우수 녹색기술보유 기업에 대한 적극적인 M&A를 지원한다.
　㉡ 대(對)개도국 '그린' 협력을 위한 녹색기술의 적극적 확산에
　　노력한다.

③ 녹색기술 개발 국제협력 하부구조의 확충
　㉠ 해외 우수 녹색기술 연구기관을 국내에 유치하고, 우수한 해

외 녹색기술인력의 활용 및 교류를 위한 기반을 구축한다.

ⓒ 녹색기술 개발 관련 해외 정보, 인물, 동향, 특허 DB 등을 구축·운영하면서 이를 기반으로 미래 기술예측을 추진한다.

(6) 녹색기술·산업 분야 신성장동력 육성[93]

① 녹색성장 관련 핵심원천기술 및 상용화 기술 조기 확보를 통해 기업의 핵심역량 제고: 주요 R&D과제를 차질 없이 추진하여 핵심원천기술 및 상용화 기술을 조기에 확보하고 부품·장비 국산화를 위하여 제도적으로 지원한다.

② 국제표준, 제품인증기준, 구매의무화 제도 등을 통해 초기 시장 창출

ㄱ 신·재생에너지 보급제도를 강화하여 기존 자발적 보급에서 의무적 보급으로 전환, 이를 통해 대규모 내수시장을 창출한다.

ⓒ LED보급·확산의 최대 장애요인인 높은 초기 투자비용의 극복을 위해, 공공부문이 초기 시장수요 창출을 선도한다.

③ 기술개발, 민간투자, 시장창출 등을 저해하는 규제 및 법·제도를 합리적으로 개선: 상하수도, 물 재이용 분야에서의 민간자본 참여 활성화를 위해 관련법을 제·개정하기로 한다.

---

93) 기획재정부(http://www.mosf.go.kr), 지식경제부(http://www.mke.go.kr), 교육과학기술부((http://www.mest.go.kr), 환경부(http://www.me.go.kr), 농림수산식품부(http://www.mifaff.go.kr), 보건복지부(http://www.mw.go.kr), 산업연구원(http://www.kiet.re.kr).

④ 적극적인 해외시장 개척을 통해 새로운 수출 동력화 추진

　㉠ 국제 원전협력을 통해 수출기반을 조성·강화하고 원전 도입을 희망하는 국가들과의 다양한 원전도입 기반구축 협력사업을 추진한다.

　㉡ 법령개정, 인력양성 등 제도적 기반강화를 시작으로 R&D를 통한 핵심기술 중점개발 및 브랜드화를 통한 세계시장수출에 노력한다.

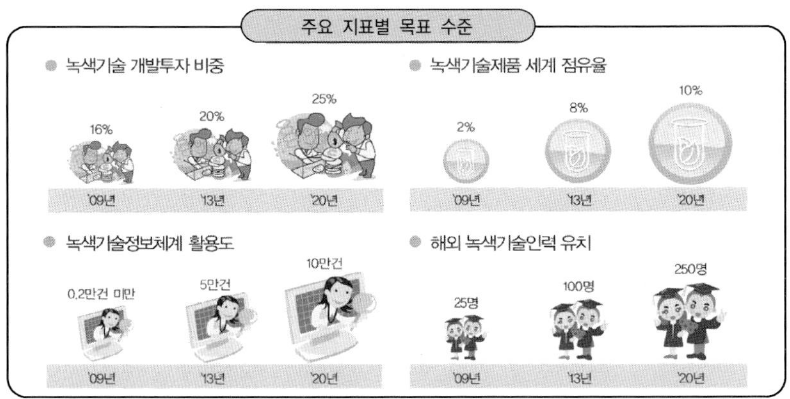

〈그림 1 - 14〉[94]

---

94) 녹색성장위원회(http://www.greengrowth.go.kr) 녹색성장 5개년계획(2009~2013).

6. 산업의 녹색화 및 녹색산업 육성[95)]

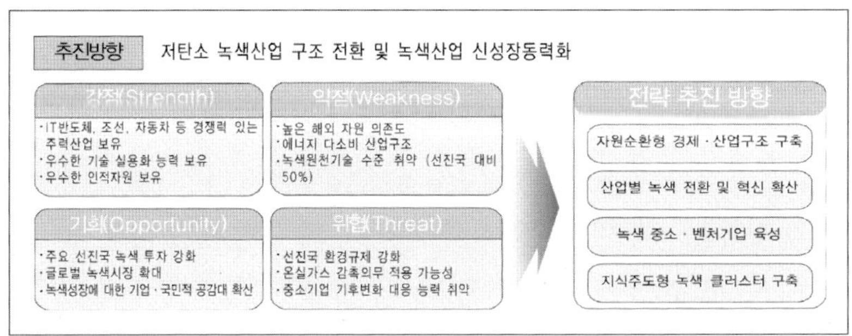

〈그림 1-15〉[96)]

(1) 자원순환형 경제·산업구조 구축[97)]

① 자원순환 통합 관리체계 구축

　㉠ 천연·순환자원(폐기물)의 투입에서 폐기·재활용에 이르는 전 과정의 흐름을 파악·분석하는 자원순환 정보체계를 구축한다.

　㉡ 폐기물, 하·폐수 등을 자원으로 인식하고 가치를 제고시킬 수 있는 자원순환형 경제구조 형성을 위한 기본법 제정 등 법령체계를 정비한다.

② 시장주도 자원순환 활성화 기반 구축

순환자원의 순환이용체계를 선진화하여, 순환자원 재활용 제품시장을 형성한다.[98)]

---

95) 녹색성장위원회(http://www.greengrowth.go.kr) 녹색성장 5개년계획(2009~2013).

96) 녹색성장위원회(http://www.greengrowth.go.kr) 녹색성장 5개년계획(2009~2013).

97) 환경부(http://www.me.go.kr), 한국환경공단, http://www.cpoint.or.kr), 국가환경정보센터(http://www.konetic.or.kr).

③ 자원순환 산업성장 동력화

재활용 대상 폐기물에서 금속을 추출하는 도시광업(폐금속 재활용 산업)을 활성화하고, 건설폐기물에서 생산한 고품질 순환 골재 보급을 촉진한다.

(2) 산업별 녹색전환 및 혁신 확산[99]

① 주력산업 녹색혁신 및 성장엔진 확충

　㉠ 주력 제조업의 경쟁 우위를 바탕으로 공정 단축·혁신(예: Finex 공법), 신기술 융합 등을 통해 2020년까지 세계 녹색 시장의 선두주자로 부상한다.

　㉡ 기업문화를 포함한 가치사슬 전 과정의 녹색경영체제 확산으로, 기후변화대응과 함께 Made in Korea 브랜드의 이미지 제고에 노력한다.

② 생산－물류－마케팅－서비스에 이르는 전 과정 녹색전환

　㉠ 그린 IDC[100] 모델 개발, 산업 분야에 대한 EMS(Energy Management

---

98) 국가청정생산지원센터(http://www.kncpc.re.kr)

99) 지식경제부(http://www.mke.go.kr).

100) IDC(Internet Data Center)는 인터넷 사업에 필수적인 고속 인터넷 접속, 정보시스템 관리 등을 집적화된 시설에서 대행하는 서비스이다. 개별 기업체나 인터넷업체에서 관리하던 서버, 네트워크 관리, 보안설비에 이르는 인터넷 지원 업무 전반을 대행하는 개념이다. 대기업 및 금융권, 인터넷업계 전체에 인터넷 아웃소싱 개념이 확산되고 있는 상황이다. 그린 IDC 개념은 고유가 시대에 대비, 에너지 절감을 위한 다양한 기술과 조치들이 요구되고 있는 실정에서 에너지 비용절감과 효율성을 극대화하기 위한 에너지 절약형, 친환경 인터넷 지원을 위한 기술이다. 그린 IDC는 기존 데이터센터의 전력지원 방식을 AC(교류전원)방식에서 DC(직류전원)방식으로 전환, 전력의 효율성을 크게 향상시킨다. 대규모의 서버 및 네트워크 장비를 관리해야 하는 IDC 업체뿐만 아니라 해당 인터넷 업체들의 경비절감에서 큰 효과를 얻게 된다(디지털 타임스, 2007.10.29).

System) 도입 등 IT접목을 통한 녹색화를 촉진한다.

ⓛ 녹색 유통·물류, 제조업의 서비스화, 친환경 디자인, 녹색서
비스 확산을 통한 에너지 저소비형 산업구조를 구축한다.

③ 건설 생애주기 전 단계의 녹색화 및 친환경 농식품 산업 육성

㉠ 친환경 설계법 확산, 건설 폐기물 등 친환경 자재 사용 확대,
자재생산·시공·유지관리 및 폐기까지 건설 전 과정 공정을
혁신한다.

ⓛ 빌딩농장 확산, 화학비료·농약 절감 등 친환경 농업생산체
계 구축 및 친환경 어구개발, 자연친화적 신소재 및 고부가
종자(種子) 산업화에 노력하기로 한다.

④ 녹색산업 해외 진출 및 수출 확대

㉠ 국내외 전시회를 통한 세계시장 진출 교두보 확보, 친환경 플
랜트 프로젝트 발굴, 유망 수출품목 발굴, 녹색산업 해외
M&A를 지원한다.

ⓛ 녹색산업 분야 외국기업의 국내투자를 유도하고 외국인 투자
인센티브를 녹색산업 유치에 적합하도록 개선하기로 한다.

(3) 녹색 중소 · 벤처기업 육성[101]

① 기후변화에 대비한 중소기업의 대응 역량 제고
　　㉠ 녹색정보망 구축, 녹색도 진단, 감축활동 기술 지원, 온실가
　　　스 인벤토리 교육, 자문서비스 등을 통해 중소기업의 온실가
　　　스 감축활동을 지원한다.
　　㉡ '그린팩토리'운동 추진으로 온실가스 감축, 에너지 고효율 공
　　　장으로 전환 촉진을 제공한다.

② 대 · 중소 그린파트너십을 통한 중소기업 녹색역량 강화
　　㉠ 대 · 중소기업 간 Supply Chain을 활용한 그린 파트너십을
　　　통하여 대기업의 녹색경영 노하우, 기술이전, 환경규제대응
　　　방안 등을 지원하다.
　　㉡ 모기업과 협력업체 간 온실가스 감축목표 수립 및 이행 프로
　　　그램을 개발하고 온실가스 감축사업 협력체계를 구축한다.
　　㉢ 그린파트너십을 이용한 국제환경규제에 대한 사전 대응기반
　　　을 마련하기로 한다.

③ 녹색 중소기업 성장기반 확충
　　㉠ 녹색 중소기업에 대한 창업자금, 금융 및 펀드 등 지원 확대
　　　를 통하여 녹색 중소 · 벤처기업의 창업을 촉진한다.
　　㉡ 유망 녹색 중소 · 벤처기업에 대해 세제, 정책자금, 인력개발,
　　　R&D, 판로, 마케팅, 해외시장 개척, 수출 등을 종합 지원한다.

---

101) 중소기업청(http://www.smba.go.kr), 한국정책금융공사(http://www.kofc.or.kr).

(4) 지식주도형 녹색클러스터 육성102)

① 지역별·산업별 특성을 살린 한국형 녹색 스타 클러스터 조성

　㉠ 녹색산업 집적 현황, 입지여건 및 지역의 혁신역량 등을 토대로 산·학·연 간 협력, 혁신, 경쟁이 선순환되는 녹색클러스터를 조성한다.103)

　㉡ 지역 선도·전략산업 등 기존 시책과 연계하여 시너지효과 제고, 교육·체험·오락과 연계한 범국민적 녹색클러스터를 조성한다.

　㉢ 클러스터별 민간주도 지원단 설치, 선진기술 유치, 전 주기 원스톱 지원체계 구축 등을 통해 글로벌 브랜드 클러스터로 육성한다.

② 그린산업단지 구축(산업단지 녹색화)

생태산업단지(EIP, Eco—Industrial Park),104) 저탄소 산업단지,

---

102) 녹색성장위원회(http://www.greengrowth.go.kr).

103) 과학기술정책연구원은 2010년 9월 3일 발간한 '지역경제 활성화를 위한 녹색클러스터 추진 전략' 보고서에서 "선진국은 태양광, 풍력 중심으로 클러스터를 조성하고 있고 이를 통해 지역의 신성장동력 창출에 기여하고 있다"며 이같이 밝혔다. 보고서에 따르면 외국의 대표적인 풍력 클러스터로는 덴마크 링쾨빙, 스페인 바스크, 미국 텍사스 지역 등이며, 특히 스페인 바스트 지역은 철강과 조선 산업의 침체를 극복하기 위해 풍력 클러스터를 추진하고 있다. 대표적인 태양광 클러스터로는 독일 튀링겐, 프랑스 론알프스, 미국 실리콘밸리 등이며, 실리콘밸리 중심의 캘리포니아 지역 경제에서 녹색기술은 새로운 성장 동력으로 부각하고 있다. 보고서는 따라서 "선진국과의 기술격차 및 경쟁우위를 따라잡으려면 클러스터 조성이 필요하다"며 "난립하고 있는 지방정부 녹색클러스터 추진 계획의 합리적인 조정을 통해 국가의 성장 동력화가 필요한 시점"이라고 강조했다. 특히 보고서는 국내 지역별 핵심 역량을 진단한 뒤 분야별 연구개발역량, 산업화역량, 연관산업 활용 가능성, 소비자 녹색의식 분석 등을 통해 지역별 유망 녹색클러스터를 제안했다. 이 기준에 따라 분야별 유망 지역을 보면 ▲ 태양전지 대경권·충청권(전북 포함), ▲ 풍력 동남권, ▲ 수소·연료전지 경상권(대경권＋동남권), ▲ 바이오에너지 경상·충청권, ▲ LED 호남권, ▲ 그린카 동남권 등으로 조사됐다(http://www.stepi.re.kr).

IT접목 Ubiquitous 산업단지를 구축[105]

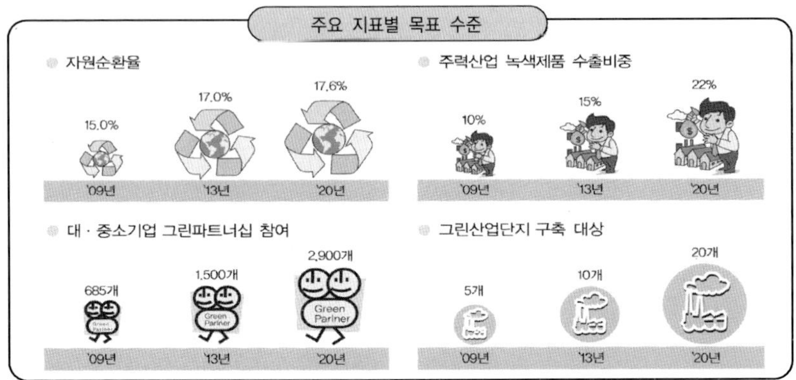

〈그림 1 - 16〉[106]

---

104) 2005년부터 지식경제부와 산업단지공단은 산업단지에서 발생하는 폐기물과 부산물을 다른 기업의 원료나 에너지로 재사용함으로써, 자원 효율성을 높이고 오염을 최소화하여 경제와 환경이 조화를 이루는 생태산업단지 구축사업을 추진해 오고 있다. 시범사업 기간 동안 총 116개 과제지원 및 593개 기업이 참여한 결과, 연간 1,500억 원의 경제적 효과와 CO_2 71만 톤 저감 환경적 효과를 창출하였다고 한다. 2010년 6월부터는 시범사업의 성과를 바탕으로 기존 5개 단지(울산, 경기, 경북, 충북, 전남)를 8개 거점(Hub: 울산 −울산미포 온산국가, 경기−반월 시화국가, 경북−포항철강일반, 충북−오창첨단과학, 전남−여수국가) 및 38개 연계단지(Sub)로 확대하는 광역 생태산업단지 구축에 나서고 있다. 3개 추가단지로는 전북(군산 군장국가), 대구(성서일반), 부산(명지 녹산국가)이 있다 (국회국정감사, 산업단지감사, 정태근 의원 질의자료에 대한 정부의 답변, 2010. 10. 19).

105) 한국산업단지공단(http://www.kicox.or.kr).

106) 녹색성장위원회(http://www.greengrowth.go.kr) 녹색성장 5개년계획(2009~2013).

7. 산업구조의 고도화[107]

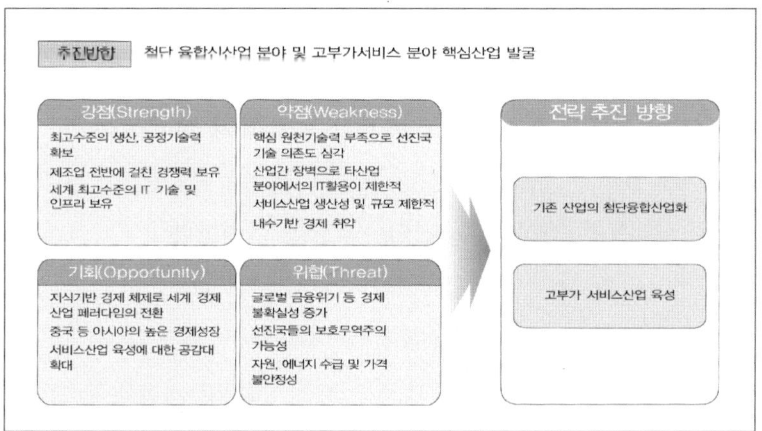

〈그림 1 - 17〉[108]

(1) 첨단융합산업 육성[110]

① 시장수요를 감안한 목적·가치 지향적 연구개발 지원

　㉠ 바이오·의료 부분에서 메디-바이오진단시스템 및 진단의

　료영상 진단기기 개발 등을 추진한다.

---

107) 녹색성장위원회(http://www.greengrowth.go.kr) 녹색성장 5개년계획(2009~2013).

108) 녹색성장위원회(http://www.greengrowth.go.kr) 녹색성장 5개년계획(2009~2013).

109) 지식경제부(http://www.mke.go.kr), 교육과학기술부((http://www.mest.go.kr), 문화체육관광부(http://www.mcst.go.kr), 한국관광공사(http://kto.visitkorea.or.kr).
첨단융합산업은 세계시장 규모와 우리나라 수출 역량이 높고 융합을 통해 기존 산업의 고도화와 신산업 창출이 가능한 6개 분야를 첨단융합산업으로 부른다. 즉 IT기술을 전산업과 융합해 타산업의 부가가치를 높이는 한편, IT관련 신산업을 창출한다는 것을 말한다. 최근 선진 각국은 IT융합의 성장 가능성과 파급효과를 인식하고 전산업에 IT융합을 적극 추진 중이다. 월마트는 RFID를 적용해 유통 혁명을 일으켰고 시스템반도체는 모든 산업에 적용되고 있다. 우리나라의 경우 메모리반도체, 이동통신기기 등에서 확보한 세계적 IT경쟁력을 다른 IT에도 접목해 성장동력화할 필요가 있다. 첫째, 방송통신 융합산업이다. 방송통신 콘텐츠와 서비스, 네트워크, 단말기를 포괄하는 산업이다. IPTV 등 방

ⓛ 사회안전로봇, 의료로봇, 가사지원로봇, 수송로봇 등 로봇개
　　발을 추진한다.

② 융합산업의 발전을 저해하는 법·제도의 합리적 개선
　　㉠ 방송통신을 통합적으로 규정하는 법을 제정하고 일관된 규제
　　　 체계를 마련한다.
　　ⓛ 로봇표준 확산 및 품질인증제도를 마련한다.

③ 융합을 활성화하는 산·학·연·관 거버넌스 구축
　　㉠ 신소재·나노 부분의 네트워크 활성화 및 기술센터 설립 등
　　　 을 추진한다.

송통신 융합서비스와 콘텐츠, 차세대 이동통신 등은 유비쿼터스 시대의 핵심 융·복합 기반 산업으로 떠오르고 있다. 둘째, 로봇 응용분야이다. 외부환경을 인식하고 스스로 상황을 판단해 자율적으로 동작하는 지능형로봇이 핵심산업분야다. 지능형로봇산업은 개인 서비스용 로봇 등 제품과 관련 부품·소재의 제조·유통, 로봇SW 및 서비스 콘텐츠 산업과 타 분야의 로봇화로 융합되는 산업을 포함한다. 셋째, 신소재·나노융합= 신소재와 나노융합 산업은 부가가치가 높은 미래 유망산업으로, 하이브리드차, 항공기, 풍력발전기, 스마트 섬유의류, 나노메디컬, 나노바이오 생활소재 등이 이에 해당한다. 국내 소재 기술경쟁력은 선진국 대비 66% 수준, 나노기술 경쟁력은 미국, 일본, 독일에 이은 세계 4위 수준. 소재산업이 국가산업의 경쟁력을 결정하는 핵심기반이며, 나노융합산업은 새로운 캐시카우산업을 감안하면 적극적으로 육성할 필요가 있다. 넷째, 바이오 제약(자원)·의료기기산업분야이다. 바이오 관련 산업은 고위험–고수익형 산업으로, 장기투자와 기술간 융·복합이 성공의 성패를 좌우한다. 우리나라는 세계 8위권의 바이오기술(BT) 경쟁력, 우수한 연구인력 및 인프라가 구축돼 있어 전략적 투자시 글로벌 경쟁력 확보와 G5 BT 강국 도약도 가능하다고 정부는 판단하고 있다. 다섯째, 고부가 식품산업분야이다. BT·IT 등의 고부가가치 첨단기술, 문화·관광 등 타분야와 접목해 가치를 증폭시킬 수 있는 신기술 융합형 식품산업이 집중 육성된다. 신기술이 융합된 신개념 식품은 향후 높은 수요로 경제·문화적 부가가치 창출과 환경친화적 특성으로 대표적인 녹색산업화가 가능하다. 구체적으로 한식(韓食) 세계화를 위한 홍보 및 전통·발효식품산업 육성을 위한 인프라 조성에 나서고, 식품관련 기관간 집적을 통한 상호네트워크 강화 및 시너지 효과를 위해 국가 식품클러스터 조성에 나설 방침이다[문화일보, 2009년 01월 13일 (화)).

ⓛ 고부가 식품생산을 위한 첨단 식품클러스터를 조성한다.

④ 융합의 속도를 높여 시장을 선점하고, 새로운 수출동력화 추진

　ⓞ 한의약의 전략적 진출 등 한식 세계화를 추진한다,

　ⓛ IT융합 부분에서 공공 분야의 RFID/USN[110] 적용 성공모델
　을 개도국에 수출한다.

(2) 고부가 서비스산업 육성

① 글로벌 헬스케어 육성

　ⓞ 외국인 환자 유치를 위해 의료기관 국가인증제를 도입하고,
　외국인 환자 대상 의료관광비자를 신설, 의료분쟁 메뉴얼 보
　급 등을 추진한다.

　ⓛ U-헬스사업[111]을 위한 「의료법」 등을 개정하고 원천기술 개

---

110) 자세한 관련 내용은 표철식 외, 훤히 보이는 RFID USN(ETRI EASY IT 시리즈), 전자신
문사, 2008(전자신문, http://www.etnews.co.kr).

111) 지경부가 시범 실시하고 있는 스마트 케어서비스사업은 만성질환자를 대상으로 IT기술을
접목해 원격진료부터 원격건강관리서비스까지 범위를 확대해 헬스케어산업 발전과 해외
시장 진출을 목표로 국내 선도기업들이 종합적인 서비스 모델을 개발해 추진하는 사업
을 말한다. 이 사업에서 (주)인성정보는 홈케어 전용 게이트웨이와 U-헬스 분석솔루션
을, 삼성전자는 혈액검사기와 같은 센서·검사기기와 게이트웨이 단말기를 제공하게 되
며, SK텔레콤의 경우 유헬스 서비스 플랫폼과 인프라를 구축하는 역할을 맡아 단일회사
솔루션이 아닌 각 사의 강점을 종합한 통합 U-헬스시스템을 구축하게 된다. 하지만 이
번 스마트케어 사업은 기업이 중심이 돼 비즈니스모델 개발이 가능토록 했고 적용범위
를 대폭 확대 허용했으며 해외시장 진출을 위한 1만 명이 참여하는 대규모 임상시험이
가장 큰 특징이다. 특히 서울대병원, 서울아산병원, 서울성모병원, 강북삼성병원, 국립암
센터, 용인세브란스병원 등 국내 메이저병원들이 대거 참여해 국제수준의 임상시험을 통
해 해외시장 진출을 위한 임상적 근거도 마련하게 된다. 아울러 100여 곳 이상의 지역
의원들이 참여해 개원 중심의 U-헬스서비스 체계를 구축해 U-헬스서비스 모델을 검
증하게 된다. 한편, 시범사업은 암, 당뇨 및 고혈압, 만성호흡기질환자를 대상으로 각 대
상자 가정에 U-헬스단말기를 설치해 'U-재택환자관리 서비스'를 실시할 계획이다.
이 시스템은 지역 내 요양원 시설들에도 구축되어 서비스가 제공된다. 서비스가 구축되

발, 표준·인증제 도입 및 상용화 모델을 발굴·지원한다.

② 글로벌 교육서비스 육성

㉠ 우수 외국교육기관 및 유학생 유치를 위한 제도정비 및 교육
과정·교육정보화 해외진출 지원을 확대한다.

㉡ u-러닝[112) 확산을 골자로 「e-러닝(전자학습)산업발전법」
을 전면 개정하고 u-러닝 시범사업을 추진하며 콘텐츠와 핵
심기술개발을 지원한다.

면 대상자들은 각 가정 또는 요양원에 설치된 U-헬스단말기를 통해 혈압, 혈당 등의
생체정보를 측정하면 이 정보들이 자동으로 '스마트케어 운영센터'로 생체정보가 전송된
다. 이후 의사, 영양사, 운동상담사 등의 의료 전문가들이 전송된 이용자의 현재 건강상
태를 수시로 확인, 분석하는 원격모니터링을 통해 대상자에게 식이요법, 개선방법, 운동
처방 등의 개인건강 관리방침을 전달해 준다. 대상자에 따라서 연계된 의원을 통해 원격
화상진료를 시행해 복합검사 및 원격전자처방을 내려 주고 경우에 따라서 상급병원을
통해 복합검사 및 치료를 권고하게 된다. 이어 측정된 내역과 평가 및 지침은 대상자별
로 지속적으로 누적, 관리돼 웹이나 U-헬스단말기 등을 통해 언제든지 자신의 건강상
태를 확인할 수 있어 맞춤건강관리가 가능하다[의학신문, 2010. 10. 27.(수)]. 한편 U
(유비쿼터스)-헬스케어 관련주(株)로는 현재 유비케어, 비트컴퓨터, 나노엔텍, 코오롱아
이넷 등이다.

112) e-러닝이 인터넷 기반의 온라인 학습이라면, u-러닝은 c-러닝의 결정체로 Any
Network, Any Device를 통한 시간과 공간의 제약 없이 지식과 정보에 접근 가능한
유비쿼터스 환경에서의 온라인 학습 환경이다. u-러닝은 일상생활 공간에 존재하는 사
물과 학습활동 공간에 존재하는 사물들까지 센서, 칩, 라벨 등을 포함하여 지능화·네트
워크화하는 것으로, 정보화 영역이 확대되어 온라인과 오프라인이 통합되어 학습 활동
이 이루어진다. 또한 무선인터넷, 증강현실(augmented reality), 웹현실화(web presence)
기술을 활용하여 물리적인 한계로서 교실을 벗어나 세상의 모든 곳을 학습의 장으로 활
용할 수 있고, 지능화된 학습 환경에서 학습자의 관심, 선호, 학습 양식, 학습 맥락에 따
라 개별화, 맞춤화 학습이 가능하다. u-러닝은 학생들에게 언제 어디에서나 내용에 상
관없이 어떤 단말기로도 학습할 수 있는 교육환경을 제공하여 보다 창의적인 학습을 가
능하게 하며 교사, 학부모, 학습자 간에 적극적인 의사소통이 이뤄진다. 이 외에 다양한
시공간에서 이루어진 학습들은 자동적으로 저장되고 관리되어 통합적이고 끊임이 없는
학습이 가능해진다(자료: 시사상식사전).

③ 콘텐츠・SW산업 육성[113]

　㉠ 게임, 영상・뉴미디어, 가상현실, 창작・공연・전시 등 핵심
　　CT기술개발 및 차세대 융합형 콘텐츠산업을 전략적으로 육성
　　한다.

　㉡ 융합 SW(Soft Ware)원천・상용화 기술개발 지원, 고용계약
　　형 SW석사과정 확대 등을 통해 맞춤형 인력양성에 노력한다.

④ 민간공동・융합관광 육성

　㉠ 민간공동 'MICE[114] Alliance' 구성, 참가자 입국절차 간소화
　　및 MICE 패키지 상품을 개발하며, MICE 복합단지를 조성한다.

　㉡ 갯벌, DMZ 등을 활용해 생태관광지를 조성하고 우수한 생태
　　관광자원에 대해 생태관광 인증제 도입 및 명품아울렛 관광
　　지화를 추진한다.

〈그림 1 - 18〉[115]

---

113) 문화체육관광부(http://www.mcst.go.kr).

114) MICE란 기업회의(Meeting), 포상관광(Incentives), 국제회의(Convention), 전시(Exhibition)
　　를 포괄하는 의미이다. 즉 비즈니스, 쇼핑, 호텔 등 관련 인프라가 집적된 곳을 MICE 복합
　　단지라 한다(한국관광공사, http://www.visitkorea.or.kr).

8. 녹색경제 기반 조성[116)

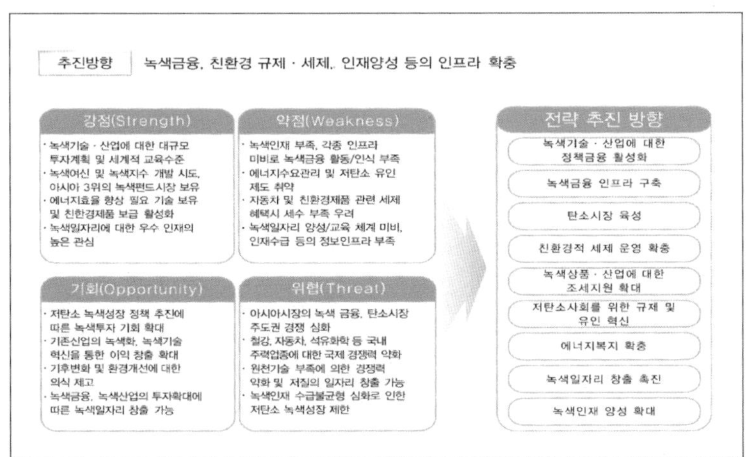

〈그림 1 - 19〉[117)

(1) 녹색기술·산업에 대한 정책금융 활성화

① 녹색기술·기업에 대한 정책자금 지원 확대

　㉠ 정책금융기관을 통한 녹색기술·기업에 대한 정책자금 지원을 확대한다.

　㉡ 정부 보증 및 수출보험 확대를 통해 녹색기업에 대한 자금 지원을 유도한다.

　㉢ 민간주도의 매칭 펀드에 대한 정책자금 지원을 확대, 자본시장을 통한 민간 금융회사의 녹색기술·기업 지원을 유도한다.

---

115) 녹색성장위원회(http://www.greengrowth.go.kr) 녹색성장 5개년계획(2009～2013).

116) 지식경제부(http://www.mke.go.kr), 중소기업청(http://www.smba.go.kr).

117) 녹색성장위원회(http://www.greengrowth.go.kr) 녹색성장 5개년계획(2009～2013).

② 제도적 인프라 구축

  ㉠ 투자, 여신, 신용평가, 회계 등 주요 법·제도에 환경요건을 반영한다.

  ㉡ 기업 녹색경영 정보공개 촉진을 통한 금융기관의 정보활용을 유도한다.

  ㉢ 녹색금융상품[118] 개발·보급 촉진을 위한 녹색금융투자업 육성기반을 구축한다.

  ㉣ 녹색금융상품 관련 위험관리 및 투자자보호 기반을 구축한다.

③ 기술적 인프라 구축

  ㉠ 여신·투자기관의 녹색투자 촉진을 위한 기업·환경정보 DB

---

[118] 현재 일반적으로 통용되고 있는 녹색금융의 개념은 유엔환경계획(UNEP)의 정의를 따르는데, "경제활동 전반에 걸쳐 자원 및 에너지 효율을 높이고 환경을 개선하는 상품 및 서비스의 생산에 자금을 제공함으로써 저탄소 녹색성장을 지원하는 활동"이라고 정의하고 있다. 이와 관련하여 금융계에서는 녹색금융을 다음과 같이 크게 3가지로 정의하고 있다. ① 녹색기술과 녹색산업의 육성을 통해 일자리를 창출하고 관련 산업이 글로벌 경쟁력을 갖출 수 있도록 선도하는 금융. 예를 들어, 숲 가꾸기 사업, 산림서비스증진사업, 산불취약지 감시원 등과 같은 일자리가 창출된다. ② 기업과 개인의 생산활동과 소비활동이 친환경적으로 이루어질 수 있도록 녹색금융상품을 개발하고 보급을 활성화함으로써 국가경제 전체의 에너지효율 개선과 환경훼손 방지를 유도하는 금융. 예를 들어, 친환경 시설에 투자를 하는 기업이나 하이브리드카를 구입하는 개인에게 혜택을 주는 것 등이 있다. ③ 탄소시장 형성과 각종 환경규제 강화 등 산업환경 변화에 대응해 금융기업이 새로운 수익원을 적극 발굴하는 것. 예를 들어, 탄소배출권 시장에 참여하거나 고객들에게 환경 관련 자문을 제공하는 것 등이 있다. 그리고 세재혜택을 받을 수 있는 녹색금융 종류는 자금의 60% 이상을 정부인증 녹색기술이나 녹색프로젝트(정부인증 녹색기술, 프로젝트란: 녹색기술이란 신·재생에너지, 에너지 효율화, 자원순환·환경오염 저감기술 등을 말하고, 녹색프로젝트란 신·재생에너지 시설, 폐자원 에너지화 시설 등을 말한다. 여기서 신·재생에너지란 기존의 화석연료를 변환시켜 이용하거나, 햇빛, 물 등을 이용하여 재생 가능한 에너지로 변환시켜 사용하는 에너지를 말한다)에 투자하는 녹색펀드와 녹색예금, 녹색채권 등이 대상이다. 그러면 녹색금융 세제혜택은 얼마만큼 받을 수 있을까? 녹색펀드는 연 300만 원 한도로 투자금액의 10%를 소득공제를 받고 배당소득에 대한 비과세 혜택도 받을 수 있다. 녹색예금은 1인당 2,000만 원까지 3년 이상 가입 시 이자소득 비과세 혜택을 준다. 녹색채권은 1인당 3,000만 원까지 3년 이상 가입 시 이자소득이 비과세된다. 위의 세제혜택지원은 2012년 12월 31일까지 가입(채권매입)분에 대해 적용된다(자료: 지식경제부).

를 제공한다.

ⓛ 녹색기업 분석평가(Rating)체계 강화 및 녹색지수(green−ness)를 개발한다.

④ 인적 인프라 구축

㉠ 기존 금융인력 대상으로 녹색기술·산업에 대한 교육강화를 통해 녹색금융 분야의 전문인력을 양성한다.

ⓛ 녹색금융에 대한 소비자 인식 제고 등을 위한 녹색금융 소비자에 대한 교육·홍보를 강화한다.

(2) 탄소시장 육성

① 탄소배출권거래제도[119] 도입[120]

㉠ 사회적 합의를 거쳐 배출권거래제 방식 확정 및 법적 기반을

---

[119] 녹색성장위원회(http://www.greengrowth.go.kr), CDM 거래(http://www.cdmb bazaar.net)

[120] 온실가스의 배출을 규제하기 위해 탄소배출권에 가격을 책정해 상품으로 거래하는 시장으로 온실가스 중에서도 이산화탄소가 80% 정도를 차지하기 때문에 '탄소시장'이라고도 부른다. UN 기후변화협약의 구체적인 이행방안인 교토의정서가 2005년 발효되면서 설치되기 시작해 현재 각국에서 운영 중이거나 준비 단계에 있는 기후거래소는 약 15개 정도며, 한국 정부도 2011년까지 탄소배출권거래소를 설립할 예정이다. 국가별로 배출 가능한 온실가스 양이 배정되면 기업들도 일정기준의 규제를 받게 된다. 허용량보다 온실가스를 많이 배출한 국가나 기업은 초과분만큼의 탄소배출권을 탄소배출권거래소에서 구입해야 하며 허용량보다 적게 배출한 국가나 기업은 미달분만큼 탄소배출권을 팔 수 있다. 유럽연합(EU)에서 최초로 배출권거래제도(ETS: Emission Trading Scheme)를 만들고 회원국별로 온실가스 배출량 할당 및 거래에 관한 규정을 두면서, 유럽의 기후거래소가 가장 발전했다. 세계 최초 탄소배출권거래소는 2003년 설립된 미국 시카고의 시카고기후거래소(CCX)며, EU에 의한 유럽 최초 거래소는 2005년 설립된 노르웨이 오슬로의 노드풀(Nord pool)이다(박재홍, "녹색금융에 있어서 탄소배출권의 법적 과제 − 저탄소녹색성장기본법과 자본시장법의 대응 −", 경성대학교 법학연구소 「경성법학」 제19집 제2호, 연구논문, 2010.12).

마련하고, 산업계, 금융기관 등을 대상으로 배출권거래제를 시범 실시한다.

ⓛ 국제협상, 국내산업 경쟁력 등을 고려하여 단계적으로 배출권거래제 도입 및 적용대상을 확대한다.

② 탄소시장 활성화 추진

㉠ 탄소배출권 관련 제도를 정비하고, 탄소배출권 전문거래기관 육성 및 파생상품을 개발한다.

ⓛ 해외 탄소배출권 확보를 위한 인센티브 제공 및 개도국의 CDM사업에 대한 신용보증한도를 확대하는 등 금융서비스를 지원한다.

③ 아시아 탄소시장의 허브 육성

㉠ 주요 아시아 개도국에 우리의 거래제도 및 운용노하우를 전수한다.

ⓛ 우리 주도로 범아시아 지역을 통합하는 탄소배출권거래소 및 탄소은행 설립을 검토한다.

(3) 친환경적 세제 운영

① 중장기적으로 환경친화적 에너지 세제로의 개편 추진

㉠ OECD 국가들은 기후변화 대응, 에너지절약 유도 및 신성장 동력인 녹색성장 지원을 위해 1990년대부터 에너지 세제를 강화하고 있다.

ⓛ 우리나라도 2013년 이후 온실가스 의무감축국으로 지정될 가

능성에 대비하여, 에너지 세제의 환경세적 기능을 강화할 필
요가 있다.

② 대외여건, 해외사례 등을 감안하여 환경친화적 에너지 세제개
편 방안을 마련
　㉠ 일본, 중국 등 주변국의 환경세제 도입 동향, 기후변화협약에
따른 의무감축량 등을 고려하여 에너지 세제 개편시기를 결정
한다.
　㉡ 현행 에너지 세제를 유지하면서 세율을 조정하는 방안과 탄
소세 별도 도입 등 구체 개편방안은 해외사례 검토·의견수
렴 등을 통해 결정한다.[121]

③ 환경친화적 에너지 세제 개편에 따른 보완대책 병행 마련
　㉠ 에너지 세제 강화로 인한 국내기업의 산업경쟁력 약화 방지
를 위해 배출권거래제와 탄소세 연계방안을 검토한다.
　㉡ 에너지 세제 강화는 저소득층에 대한 소득분배를 악화시킬
가능성이 있으므로 에너지복지 프로그램 등 세출 측면에서의

---

[121] 정부는 녹색성장을 핵심정책으로 추진 중이기 때문에, 탄소세를 도입할 것으로 예상되고
있으나, 아직은 도입에 신중하다. 기획재정부 관계자는 "현재의 에너지 세제는 온실가스
를 실제적으로 많이 배출하는 석탄활용 산업이나 전기 등에 대한 특별한 과세가 없다"며
"중장기적으로 탄소세를 도입하거나 기존 세제를 강화하는 방식 중 하나를 선택할 것"이
라고 밝혔다(조세일보, 2010. 03. 08, [기자수첩] 탄소세 도입을 둘러싼 정부의 딜레마;
연합시론 탄소세 도입, 철저한 준비 선행돼야, 연합뉴스 2010. 02. 16). 정부는 온실가스
배출권거래제를 2011년부터 시행할 예정인데, 탄소세도 이와 동시에 시행되거나 시차를
두고 시행될 가능성이 거론되고 있다(정부, 탄소세 도입 적극 검토, 경향신문, 2010. 02.
17). 노벨평화상 수상자이자 환경전도사로 불리는 앨 고어 전 미국부통령은 탄소세는 정치
적 어려움이 더 클 것으로 예상되는 만큼, 차라리 배출권거래제가 더 현실적이라고 말한다
(유럽일부 탄소세 도입 …… 美·中은 눈치만, 서울신문, 2010. 01. 12).

지원방안을 마련한다.

(4) 녹색상품·산업에 대한 조세지원

① 친환경제품에 대한 조세지원

현행 배기량에 따른 자동차 세제를 이산화탄소(CO_2) 배출량 및 연비 기준 등으로 개편하는 방안을 중장기적으로 검토하고, 환경친화적 재화와 서비스 이용을 촉진하는 방향으로 세제운영을 하려 한다.

② 녹색투자 확대를 위한 세제운영

에너지 신기술기업에 대해 법인세 감면 등 세제지원방안을 검토한다.

③ 환경관련 부담금 및 부과금 등의 구조 개선
  ㉠ 국내 에너지 및 전력부문의 환경유해보조금은 환경친화적이면서 경제적 부작용을 최소화시키는 방향으로 개편한다.
  ㉡ 일반회계에서 수행할 사업이나 조세와 성격이 유사한 부담금은 일반세금으로 전환하여 부담금과 특별회계의 연계성을 강화한다.

(5) 저탄소 사회를 위한 규제 및 유인 혁신

① 경제·환경 상생 촉진을 위한 규제 및 유인 기반 확충
  ㉠ 에너지효율 및 자원생산성 향상을 촉진하고, 신·재생에너지 개발·이용·보급 확대를 지원한다.
  ㉡ 탄소배출권거래 및 탄소시장 기반을 조성한다.

② 주력산업의 대외경쟁력을 고려한 규제 및 지원방안 마련

　ㄱ 자동차 온실가스 배출 저감을 위한 제반 규제의 강화를 검토
　　한다.

　ㄴ 무역환경 규제에 대하여 선제적으로 대응한다.

③ 녹색경제활동 지원 확대 및 중복·불합리 규제 개선 추진

　ㄱ 온실가스 감축실적 등록, 검·인증된 감축실적 정부구매 등
　　을 통한 조기감축(Early action) 인센티브를 제공한다.

　ㄴ 제품·생산과정·건물 관련 온실가스 배출량 표시 도입 등
　　녹색 등급·인증제도의 시행을 확대한다.

　ㄷ 경유차 환경개선부담금 등 각종 환경 관련 부담금의 개선을
　　추진한다.

(6) 에너지 복지

① 에너지 복지부문 지원의 지속성·효과성 제고

　ㄱ 보일러 교체, 단열시공 등 저소득층 주택 에너지효율 개선사
　　업을 통해 에너지 비용부담 절감을 지원한다.

　ㄴ 국민임대아파트 등에 태양광 등 신·재생에너지 시설보급을
　　확대하고, 사회복지시설의 노후화된 에너지 설비를 신·재생
　　에너지 설비로의 개체를 지원한다.

② 기초에너지 사용권 확립

최소한의 적정에너지 사용량 보장 및 에너지 복지 사각지대를 해

소하고, 친환경 에너지 세제 도입에 따른 보완대책을 마련한다.

③ 민관 공동참여 기반 확대

㉠ 에너지 복지예산을 지속적으로 확충히고, 복지재원 형성에 민간의 참여를 유도한다.

㉡ 에너지 공기업을 중심으로 기업의 사회적 책임(CSR: Corporate Social Responsibility)을 제고한다.

④ 에너지 복지지원 방식 및 전달체계 효율화

㉠ 중앙정부, 지방자치단체, 민간의 유기적 협조체계를 구축하고 관련 부처 간 협력을 강화한다.

㉡ 에너지 빈곤층에 대한 현물(등유, 연탄 등)지원을 추진하고, 중장기적으로 Energy Voucher 제도[122] 도입을 검토한다.

(7) 녹색일자리 창출 촉진

① 녹색기술·산업 개발, 공공재원 투입을 통한 장·단기 일자리 창출하고, 녹색뉴딜 사업 추진을 통한 일자리 창출 및 기술개발·산업녹색화 전환에 따른 일자리 창출에 노력한다.

---

122) 에너지 바우처(Energy Voucher)제도란 가스, 전기요금, 난방, 주유대금 등 관련비용을 지급하면 정부가 사후 정산하는 제도로, 쉽게 말해 정부에서 특정 집단에 쿠폰을 지급하고 할인혜택을 누릴 수 있도록 하는 제도이다. 쿠폰의 지급대상 범위를 선정하기가 까다롭고, 자칫하면 에너지 소비를 늘리거나 부정한 수단으로 쿠폰을 빼돌리는 행위가 일어날 가능성이 있기에 도입에 관해서는 신중한 검토를 요한다.

② 녹색인력 고용 연계·유지 기반 마련

　㉠ 녹색 사회적 기업을 적극적으로 육성하며

　㉡ 녹색 친화적 국가기술 자격을 정비(Green 자격증 도입 등)하고,

　㉢ 녹색일자리 종합정보 네트워크를 구축한다.

③ 양질의 녹색 일자리(Decent Green Job) 창출 추구

　㉠ 녹색일자리 창출 등 모니터링을 강화하고,

　㉡ 녹색 작업장으로의 근무환경 개선을 지원한다.

(8) 녹색인재 양성 확대[123]

① 녹색기술·산업 핵심인재 양성

　㉠ 교육－연구 연계를 통한 녹색기술 개발 핵심인재를 양성하
　　고, 녹색기술 개발을 촉진하는 융합형 인재를 양성한다.

　㉡ 대학의 녹색교육을 보다 활성화하고, 녹색산업 인재를 양성한다.

② 녹색인재의 원활한 활용 촉진

　㉠ 기존 인력의 녹색인재로 전환시스템을 확충한다.

　㉡ 해외 녹색기술 인재의 활용 등 글로벌 협력을 촉진한다.

③ 녹색기반 평생교육체제 확립

　㉠ 초·중등 교육의 녹색화, 사회인 대상 녹색 재교육 및 평생교
　　육 지원을 강화한다.

---

123) 교육과학기술부(http://www.mest.go.kr).

ⓛ 소외계층 평생교육 지원 사업을 확충하여 사회인 대상 친환경 교육체제로의 전환을 추진한다.

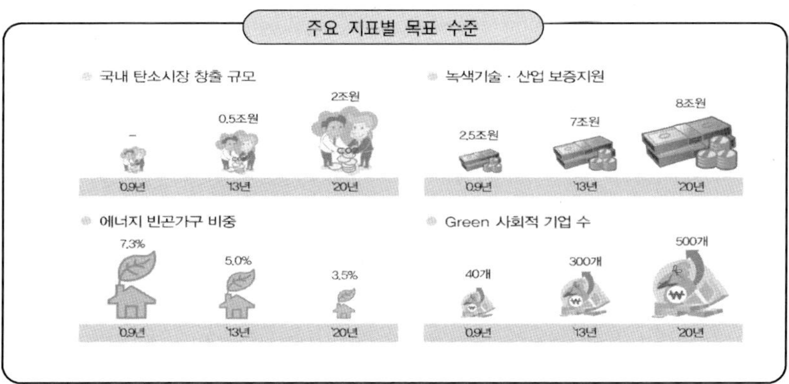

〈그림 1 - 20〉[124]

9. 녹색국토 · 교통의 조성[125]

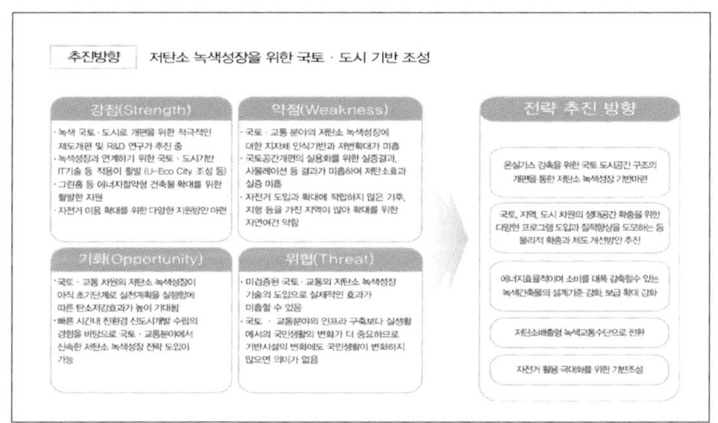

〈그림 1 - 21〉

---

124) 녹색성장위원회(http://www.greengrowth.go.kr) 녹색성장 5개년계획(2009~2013).

125) 국토해양부(http://www.mltm.go.kr).

(1) 녹색국토 · 도시의 조성

① 저탄소 녹색성장 지향형 新그랜드 녹색국토 구축

　　㉠ 환경과 경제가 함께하는 자원순환형 그랜드 녹색국토 구축에
　　　 노력한다.

　　㉡ 한반도 생명의 뿌리인 국토생태축(백두대간, DMZ, 도서연
　　　 안, 5대 광역 생태축, 생태축 복원사업 등) 관리 · 보전계획
　　　 을 수립한다.

　　㉢ 4대강, 새만금, 연안지역 등 녹색지역거점 조성 및 확대한다.

② 저탄소 녹색성장을 지향하는 지역 · 도시구조로 개편

　　㉠ 도시, 농촌, 산림자원을 연계, KTX역 등을 중심으로 한 초광
　　　 역 녹색자원순환형 지역개발을 추진한다.

　　㉡ 저탄소 녹색도시 조성[126]을 위한 도시계획 관련 제도를 개선
　　　 한다.

　　㉢ 한국형 저탄소 녹색도시 모델,[127] 저탄소 도시재생사업, 저
　　　 탄소 에너지절약형 신도시[128] 등을 개발하고, 저탄소 녹색시

---

126) 국토연구원(http://www.attfile.konetic.or.kr)

127) 2005년 교토의정서가 공식 발효된 이후 온실가스를 의무적으로 감축해야 하는 국가와
　　오는 2013년이면 의무이행 대상국에 포함될 것으로 예상하는 나라들은 이에 대비하는
　　방법의 하나로 녹색도시에 주목하고 있다. 저탄소 녹색도시는 기후변화 문제 해결을 위
　　해 이제까지 제시됐던 전원도시, 자족도시, 생태도시, 환경보전형 도시 등 도시 개념에
　　탄소 줄이기, 탄소흡수, 경제성장 개념이 포함된 새로운 도시 개념이다. 탄소배출 최소화
　　를 위해 신재생에너지를 사용하고 에너지절약형으로 도시를 설계하고 친환경 생활을 디
　　자인한다는 개념이다. 영국, 독일, 일본 등 선진국을 중심으로 세계의 이목을 끄는 녹색
　　도시들이 생겨나고 있고 각국은 저마다 녹색도시 청사진을 내놓고 있다. 우리나라도 최
　　근 이 대열에 동참해 강원도 강릉을 저탄소 녹색도시 시범지구로 지정하고 개발에 속도
　　를 내고 있다(연합뉴스, 〈녹색시대〉 ② 저탄소 녹색도시 모델, 2010. 03. 15).

128) 국토해양부(http://www.mltm.go.kr)

범도시를 선정·지원한다.

③ 안전국토, 탄소흡수원 확보, 기초 DB지원을 통한 녹색국토 강화
  ㉠ 기후변화대응 국토·도시의 영향평가 및 저응계획을 수립 지원
    한다.
  ㉡ 탄소흡수원 가치가 높은 산림, 도시숲, 농지, 수자원, 해양
    보존에 적극 노력한다.
  ㉢ 국토에너지 기후지도, 기후변화 취약성 지도 등 국토 통합DB
    를 구축한다.

(2) 생태공간의 확충

① 보호지역의 체계적 관리를 통한 녹색한국 고양
  ㉠ 국내 보호지역 및 국제 보호지역의 지정·확대와 생태관광
    거점지역으로의 육성을 추진한다.
  ㉡ 전국 주요 생태우수지역(습지, 해안사구, 무인도서 등)의 생태
    계 모니터링을 기반으로 한 보호지역 환경정보를 체계화한다.

② 생태공간의 질적 향상 및 효율화 증대
  ㉠ 복개·훼손하천의 복원을 통한 하천 건강성 회복과 생태문화
    공간을 확대한다.
  ㉡ 생태계 훼손지역, 군부대 이전지역 등 훼손지역을 체계적으
    로 복원한다.
  ㉢ 생태면적률제도 활성화를 통한 생활 속 생태공간을 확대한다.

③ 공생형 도시 생태공간 확충 및 연계성 강화

　　㉠ 생물서식, 홍수저감, 수자원 확보 등 도시 속 다기능 생태공간을 확충한다.

　　㉡ 광역 생태축과 연계한 도시생태네트워크 구축으로 생태공간 연계성을 강화한다.

　　㉢ 참여를 통한 저탄소 녹색림 조성 및 저탄소 도시공원 확대로 생활권 녹지를 확충한다.

　　㉣ 비오톱 지도(Biotope Map)[129] 등 생태공간 확충 및 체계적 공간관리 지원을 위한 정보기반을 구축한다.

④ 생태공간 확충을 위한 제도적 기반 마련

　　㉠ 생태계 보전협력금제도 등의 활성화로 생태공간 확충을 위한 재원을 확보한다.

　　㉡ 계획기법 · 제도 개선을 통한 생태공간 확보 및 녹색개발을 유도한다.

　　㉢ 다양한 인센티브 제공으로 시민참여를 통한 생태공간 확충을 활성화한다.

---

129) 도시생태현황도 또는 비오톱지도(Biotope Map)는 비오톱들을 지도상에 표현한 것으로, 비오톱이란 특정한 식물과 동물이 하나의 생활공동체, 즉 군집을 이루어 지표상에서 다른 곳과 구분되는 독립된 서식지를 의미한다. 서울시에서는 대도시의 특성상 도시환경의 변화가 급격히 이루어짐에 따라 생태적인 도시관리의 필요성을 인식하여 1999년에 국내 최초로 비오톱지도를 작성하여 도시생태 보전 및 복원 등 도시계획 분야에 활용함으로써 지속 가능한 도시발전에 기여하고 있으며, 타 지자체의 비오톱지도 제작 및 활용을 선도하고 있다(환경산업기술정보, http://www.konetic.or.kr).

(3) 녹색건축물 확대

① 기후변화에 대비한 녹색건축물 관련 제도 정비 및 기반 구축
　㉠ 건축물 에너지절약 설계기준 강화 및 성능중심으로 전환한다.
　㉡ 국가 차원의 건물에너지 모니터링 시스템을 구축하나.
　㉢ 탄소저감형 녹색건축 요소기술을 개발하고 보급한다.

② 녹색건축물 확대를 위한 사회적 여건 조성
　㉠ 친환경건축물 및 에너지 효율등급 등 녹색건축물 인증제를
　　 활성화한다.
　㉡ 녹색건축물 보급 확대를 위한 녹색건축물 평가사 등 관련 전
　　 문가를 양성한다.
　㉢ 녹색건축물 설계·시공·유지관리 가이드라인을 개발·보급
　　 한다.
　㉣ 녹색건축물 활성화를 위한 인센티브 제도를 마련한다.

③ 건물 용도별 녹색건축물 확대방안 수립
　㉠ 친환경 저에너지 주택인 그린홈(Green home) 모델을 개발하
　　 고 지역별 보급을 확대한다.[130]
　㉡ 신재생에너지, 자원순환·절약 등 공공건물의 녹색 청사화를
　　 실시한다.
　㉢ 그린스쿨(Green school) 구축사업을 실시하고 그린복지시설
　　 을 조성한다.

---

130) 녹색성장위원회(http://www.greengrowth.go.kr).

(4) 녹색교통체계 구축

① 녹색교통 네트워크 확대

　⊙ 철도 중심의 녹색기간교통망을 확충(철도 복선·전철화 등)한다.

　ⓛ 승용차보다 빠른 대중교통체계를 구축한다.

　ⓒ 도로주변 녹화 등 Green Highway를 확대한다.

　ⓡ 저탄소 에너지자립형 Green Port를 구축하고, 단축 공항로를 확대하는 등 Green Airport를 구축한다.

② 녹색교통 물류체계로의 전환

　⊙ 친환경교통수단으로 Modal-Shift[131]를 추진한다.

　ⓛ 녹색성장형 Inter-modalism(육상, 해상, 항공교통의 통합 연계 체계)을 구축하고 투자효율성을 강화한다.

　ⓒ 수·배송, 보관 등 물류공동화 인프라를 구축한다.

　ⓡ 녹색물류인증제, 녹색물류 파트너십 등 녹색물류를 활성화한다.

　ⓜ 불요불급한 교통량 감축을 위한 교통수요관리를 강화한다.

　ⓗ 비동력 교통(NMT) 활성화를 위한 보행교통을 개선한다.

　ⓢ 친환경 경제운전을 위한 에코 드라이브를 활성화한다.

---

131) 전환교통(Modal Shift)이란 트럭(도로)으로 운송하던 화물을 대량운송수단인 철도 또는 선박으로 전환하여 운송하는 것을 의미한다. 최근에는 지구온난화에 대응하여 차량에 의한 온실가스 배출량을 줄이기 위한 Modal Shift 촉진정책을 시행하고 있다. EU는 '마르코폴로 프로그램(Marco polo program)'을, 일본은 '그린물류 파트너십' 제도를 운영하고 있다. 우리나라도 물류 분야에서의 온실가스 감축을 위하여 도로운송을 연안해운(선박)이나 철도운송으로 전환하는 물량에 대해 재정적 지원을 제공하는 제도 도입을 추진 중에 있다(자료: 국토해양부, http://www.mltm.go.kr).

③ 녹색교통물류 성장잠재력 확충

　㉠ 녹색교통 미달지역에 대한 특별대책 지정·관리한다

　㉡ 녹색 신교통시스템의 개발 및 이용확대를 추진한다.

　㉢ 친환경 자동차(하이브리드, 전기자동차, 수소연료치 등) 싱용
　　화 기반을 구축한다.[132)

　㉣ 친환경 물류시설 및 장비의 개발과 활용을 추진한다.

(5) 자전거 이용 활성화

① 녹색교통, 지역발전 수단으로서 '자전거의 위상 정립'

　㉠ 자전거 관련법 정비를 통해 이동수단으로 자전거의 위상을 정립
　　한다.

　㉡ 자전거정책 관리 효율성을 위한 관리체계, 통계 구축 및 교육
　　을 추진한다.

　㉢ 자전거관련 산업기술을 활용한 신규 비즈니스 모델을 창출한다.

② 언제 어디서나 자전거 이용이 가능한 환경 조성

　㉠ 접경지역, 해안, 강길 등을 연계하는 유럽 Green Way 수준
　　의 전국 자전거네트워크(Korea Green Way)를 구축한다.

　㉡ '길' 중심의 자전거 그린웨이(Green Way)를 확보한다.

　㉢ 자전거－대중교통 인터모달리즘(Inter－modalism)의 개념
　　정립 및 기본 구상을 추진한다.

　㉣ 언제 어디서나(Ubiquitous) 이용 가능한 자전거 이용여건을 조성

---

132) 녹색성장위원회(http://www.greengrowth.go.kr).

한다.

ⓜ 자전거 출퇴근 확산을 위한 다양한 인센티브를 부여한다.

③ 지역을 알리고 행복을 나눌 수 있는 자전거 문화 구현

ⓐ 자전거 도시연합 등을 활용한 자전거 문화의 확산기반을 조성한다.

ⓑ 자전거 관련 행사 활성화 및 자전거관광프로그램을 개발한다.

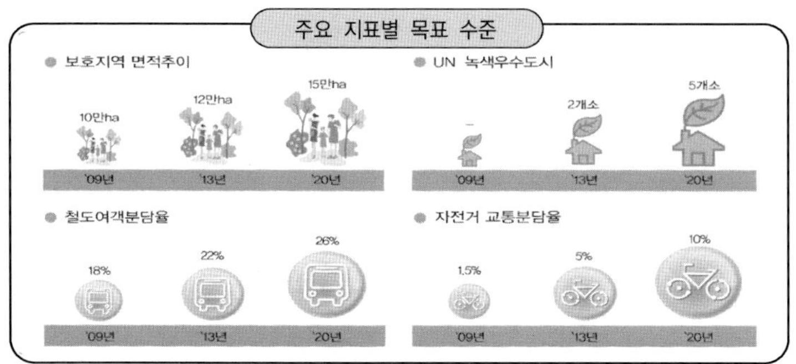

〈그림 1 - 22〉[133]

---

133) 녹색성장위원회(http://www.greengrowth.go.kr) 녹색성장 5개년계획(2009~2013).

10. 생활의 녹색혁명[134]

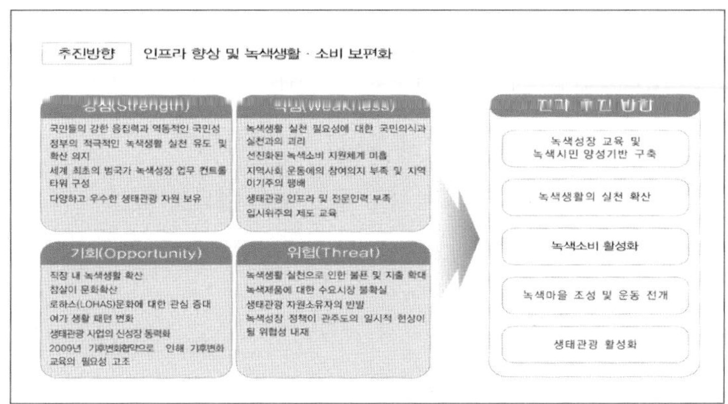

〈그림 1-23〉

(1) 녹색성장교육 및 녹색시민 양성기반 구축

① 녹색성장교육의 정착과 활성화를 위한 기반 구축

㉠ 녹색성장교육 국가실행체계를 구축한다.

㉡ 녹색시민 양성 로드맵 수립 및 녹색시민 비전 확산을 추진한다.

② 녹색시민 양성을 위한 교육시스템 구축

제도교육 속에서의 녹색성장교육을 강화하고, 범국민을 대상으로 하는 녹색성장 평생교육을 실시한다.

③ 녹색성장교육 실행역량 강화

㉠ 학교교육 및 평생교육을 위한 녹색성장교육 자료, 프로그램

---

134) 녹색성장위원회(http://www.greengrowth.go.kr) 녹색성장 5개년계획(2009~2013).

및 평가지표를 개발·보급한다.

  ⓛ 녹색성장 평생교육 필요성 인지를 위한 홍보를 강화한다.

④ 녹색성장교육 관련자 협력체계 강화

  ㉠ 학생, 교원, 학교 간 네트워크를 구축한다.

  ⓛ 지방자치단체 간 녹색성장교육 네트워크를 구축한다.

  ⓒ 지속가능발전, 환경교육, 기후변화교육 국제네트워크와의 협력을 강화한다.

(2) 녹색생활의 실천 확산

① 녹색생활의 실천지표 개발 및 모니터링

  ㉠ 전 국민의 녹색생활 실천을 지속적으로 모니터링할 수 있는 녹색생활지표(green life style index)를 개발한다.

  ⓛ 녹색생활 개념 틀에 따른 '한국인의 표준 라이프스타일'을 완성한다.

  ⓒ 실천지수 개발 및 평가를 실시하고, 여론수렴을 통한 국민소통을 강화한다.

② 중장기 지속 가능한 녹색성장 통합캠페인 기반 구축

  ㉠ 범국가적인 대국민 통합캠페인 브랜드개발 및 통합캠페인 활동 수준 세분화를 추진한다.

  ⓛ 초기 5년 내 이슈제기의 활성화를 통한 녹색생활 여론화를 완성하도록 한다.

③ 기업참여를 통한 녹색생활 실천의 실질적 저변 확대 유도

　　㉠ 기업의 사회적 마케팅지원사업 추진 및 녹색마케팅지원 상담
　　　채널 구축을 추진한다.
　　㉡ 직장 내 녹색생활 실천 혁신을 위한 '녹색직장운동'을 지속적
　　　으로 전개한다.

④ 녹색생활 인식제고 및 실천 촉진을 위한 홍보활동 전개한다.
분야별 녹색 전문가의 홍보대사 활용 유도 및 시상을 추진한다.

⑤ 녹색생활 실천 주체 양성 및 확대

　　㉠ 저탄소 녹색생활을 자발적으로 실천하는 녹색시민 양성·확
　　　대를 추진한다.
　　㉡ 탄소포인트제(carboupoint)135) 등 녹색생활 실천에 대한 실
　　　질적 인센티브 제공을 통한 녹색가정 확대(2020년까지 150
　　　만 가구를 녹색가정으로 육성)를 추진한다.

⑥ 주요 녹색생활 실천 네트워크 강화 및 캠페인 전개

민간단체, 녹색소비·여성·환경단체 등 녹색생활 관련 전국단위
의 녹색생활 실천 네트워크를 구성·운영한다.

---

135) 탄소포인트제는 국민 개개인이 온실가스 감축활동에 직접 참여하도록 유도하는 제도로
　　　가정, 상업시설, 기업이 자발적으로 감축한 온실가스 감축분에 대한 인센티브를 지자체
　　　로부터 제공받는 범국민적 기후변화 대응 활동(Climate Change Action Program)이다
　　　(한국환경공단, http://www.cpoint.or.kr).

(3) 녹색소비 활성화

① 공공, 산업, 국민 등 경제주체별 녹색소비 생활문화 확산
  ㉠ 공공부문은 친환경상품 구매뿐 아니라 사용과 폐기까지 고려
    한 녹색구매제도를 도입한다.
  ㉡ 산업부문은 녹색구매를 위한 업종별 협의회 구성 및 확대를 추진
    한다.
  ㉢ 일반국민에 대한 저탄소 녹색소비 국민운동을 추진한다.

② 저탄소 녹색제품에 대한 정보제공 확대 및 녹색소비생활 지원
  방안 추진한다.
  ㉠ 저탄소 친환경제품 보급 확대를 위한 저탄소 환경마크 제품
    확대 및 에너지 소비효율 등급제도 확대 등 탄소정보 공개 의
    무화를 추진한다.
  ㉡ 친환경상품 매장을 전국단위로 확산시켜 그린유통망을 구축
    한다.
  ㉢ 제품의 생산, 유통, 소비 등 전 과정에서 발생하는 온실가스
    배출량을 제품에 표시하는 탄소라벨링(탄소성적표지제도)을
    확대한다.

③ 녹색소비 저해요인에 대한 대책 마련 및 국제협력 증진
  ㉠ 경제주체별 녹색소비 저해요소를 진단·개선하고, 보조금,
    세금감면 등 녹색소비 촉진 인센티브제를 개발·시행한다.
  ㉡ 지속가능소비·생산(Sustainable Consumption & Production)

국가이행계획 수립 및 공공 녹색구매제 수범 사례 해외전파 등 국제협력 증진을 추진한다.

(4) 녹색마을 조성 및 운동 전개

① 녹색마을 비전 및 로드맵 구축
  ㉠ 자연, 문화, 역사 등 지역특성이 고려된 녹색마을 모델을 수립한다.
  ㉡ 국내외 녹색마을 모범사례를 발굴 및 전파하고, 녹색생활 실천의 장이 될 녹색마을의 전국적 확산을 위한 장기 로드맵을 수립한다.

② 살고 싶은 녹색마을 조성 및 확산
  ㉠ 정부주도형 '저탄소 녹색마을'을 조성·확대한다.
  ㉡ 주민주도형 자발적 녹색마을 조성 및 생활운동 전개를 추진한다.

③ 녹색마을을 위한 제도 및 시스템 구축
  ㉠ 녹색마을 거버넌스 체제를 구축한다.
  ㉡ 녹색마을 성과지표를 개발하고, 홍보와 지속적 모니터링을 진행한다.
  ㉢ 녹색마을 센터를 설립·운영한다.
  ㉣ 녹색생활 실천 지원체제를 구축한다.
  ㉤ 지역 녹색경쟁력 지표 및 관련 성과지표를 개발·활용한다.

(5) 생태관광 활성화[136)

① 한국 생태관광 우수자원 발굴 및 관광사업을 통한 세계화
생태관광지 지속 발굴 및 데이터베이스를 통한 체계적 관리를 진
행하고, 한국적 생태관광 모델사업을 추진한다.

② 생태관광 활성화를 위한 기반 인프라 조성
  ㉠ 녹색기술 및 녹색디자인 보급 활용을 촉진한다.
  ㉡ 저탄소형 생태관광지 확보를 위한 친환경교통체계를 확립한다.
  ㉢ 생태체험관, 생태·문화탐방로, 에코빌리지 조성 등 친환경
    인프라 확충을 추진한다.

③ 저탄소, 친환경기술이 결합된 생태관광상품 개발
  ㉠ 슬로시티와 결합된 체류형 생태관광상품을 개발하고, 건강,
    고령화, 문화, 스포츠 등과 결합된 생태관광 콘텐츠를 개발
    한다.
  ㉡ 국내외 생태관광 수요 촉진을 위한 마케팅 전략을 수립한다.

④ 생태관광 및 전 관광부문의 녹색성장 유도를 위한 제도정비 및
  모니터링 체계 구축
  ㉠ 생태관광지의 사회·문화·환경·경제적 영향에 대한 지속
    적 모니터링 체계를 구축한다.
  ㉡ 생태관광 헌장 및 매뉴얼 제작, 생태관광 해설사 육성 및 컨

---

136) 문화체육관광부(http://www.mest.go.kr).

설팅단 운영 등 생태관광 활성화 기반을 구축한다.

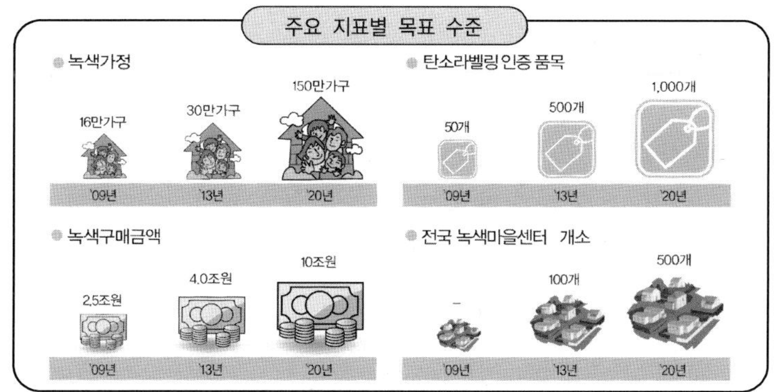

〈그림 1-24〉[137]

11. 세계적인 녹색성장 모범국가 구현[138]

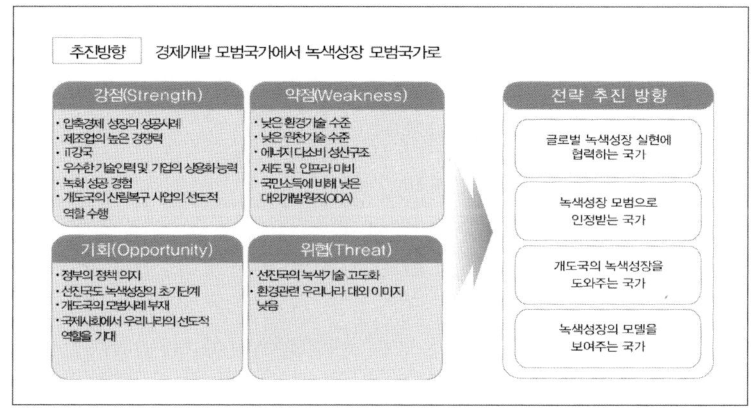

〈그림 1-25〉

---

137) 녹색성장위원회(http://www.greengrowth.go.kr) 녹색성장 5개년계획(2009~2013).
138) 녹색성장위원회(http://www.greengrowth.go.kr) 녹색성장 5개년계획(2009~2013).

(1) 글로벌 녹색성장 실현에 협력하는 국가

① 기후변화협약 협상의 선진－개도국 가교 역할

  ㉠ 기후변화 대응을 '저탄소사회' 전환의 기회로 인식하는 비전
    을 국제사회에 제시한다.

  ㉡ 개도국의 자발적 감축행동을 등록, 감축행동에 크레디트 제
    공 등 개도국 참여 유인을 위한 건설적 방안을 제안 및 전개
    한다.

  ㉢ 자발적 감축목표 제시 및 관리체계 구축을 통한 온실가스 감
    축을 추진한다.

② 국제기후변화대응 및 녹색성장 논의 적극 참여

  ㉠ G8, APEC, OECD, MEF[139] 등 다자무대에서의 논의에 적극
    참여하여 저탄소 녹색성장 패러다임 확산에 기여한다.

  ㉡ MEF 등에서 중점적으로 다루어지는 전환기술 관련 기술개발
    및 표준협력 등 실질적 협력에 주도적으로 참여한다.

③ 선진 녹색기술 국제공동연구 활성화

  ㉠ 국내 기술로드맵과 연계한 국가별·기술별 국제협력 전략을 수립
    하고,

  ㉡ IEA(국제에너지기구),[140] APEC(아시아 태평양 경제협력

---

139) MEF(Major Economies Forum on Energy and Climate)는 청정에너지 활용을 통한
   온실가스 감축을 목표로 한국, G8 등 17개 주요국으로 구성된 포럼이다.

140) IEA(International Energy Agency, 국제에너지기구)는 세계의 주요 석유소비국에 의한
   초국가적인 기구로 산유국의 공급삭감에 대항해 참가국 간에 석유의 긴급융통을 하거나
   소비의 억제, 대체에너지의 개발촉진을 목적으로 한다. 1974년 2월 미국 워싱턴에서 개최

체)[141] 등 다자간 협력체에 전문가 위탁 형태 참여에서 나아가 실질적 공동연구를 활성화하고, 국제적 네트워크를 강화한다.

ⓒ 기술협력이 지역중심으로 블록화하는 추세에 부응하여 한·중·일 중심으로 동북아지역 협력체계를 구축한다.

(2) 녹색성장 모범으로 인정받는 국가

① 녹색성장 관련 국제지수 개선

ⓐ 주요 국제지수 개선을 위해 항목별 목표를 설정 및 범부처적 관리체계 구축, 평가기관과 협력 및 홍보를 강화한다.

ⓑ 국제적 수준의 기후변화대응지수 개발·관리를 통해 우리의 대응노력을 국제적으로 부각시키는 기회로 활용한다.

ⓒ 통합 DB를 구축하여 녹색성장 관련지표 및 국제적 평가결과를 체계적으로 관리한다.

② 녹색성장 관련 국제행사 유치

ⓐ UN협약 당사국 총회와 같은 대규모 국제행사 및 환경지수에서 높은 평가를 받은 부분의 행사개최를 추진한다.

ⓑ 녹색성장 관련 유망 전시회를 대형화·국제화하여 세계적인

된 석유소비국회의에 의해 11월 파리의 경제협력개발기구(OECD) 내에 프랑스를 제외한 유럽공동체(EC) 8개국과 일본, 미국, 캐나다, 스웨덴, 스위스, 오스트리아, 스페인, 터키 등 16개국이 참가, 설치됐다. 한국은 2001년에 가입했으며 2002년 현재 26개국이 가입해 있다. 최고결정기관으로 이사회가 있고 ① 석유의 긴급융통, ② 석유시장, ③ 장기적인 협력, ④ 산유국 기타 소비국과의 관계 등 4개 상설위원회 외에 사무국으로 구성되어 있다 (국제에너지기구, http://www.iea.org).

141) APEC(http://www.apec.org).

브랜드 전시회로 육성한다.

ⓒ 지역별 녹색성장 특성화 전략에 따라 관련 국제행사를 개최한다.

③ 녹색성장 모범국가 이미지 구축

ⓐ 국가브랜드위원회[142]와 공동으로 '기여하는 나라', '녹색국가' 이미지를 알리는 National Identity를 구축한다.

ⓑ 해외봉사단 '월드 프랜즈 코리아'의 녹색성장 지원 및 환경관련 활동을 지속적으로 확대한다.

(3) 개도국의 녹색성장을 도와주는 국가

① 동아시아 기후 파트너십

ⓐ 기후변화 및 재난에 취약한 국가에서 선진국 지원의 틈새 분야, 개도국의 필요성이 높은 분야, 우리나라의 역량이 높은 분야에 선택·집중적 기술지원을 통해 리더십을 확보한다.

ⓑ 기후변화 대응 공조 강화, 우리나라의 리더십 공고화를 위해 아시아 국가 고위정책결정자가 참여하는 정책포럼을 정례 개최한다.

ⓒ 우리나라의 녹색산업기술 홍보, 협력분야 발굴 및 협력추진을 위한 녹색산업기술 박람회 및 포럼을 개최한다.

② 공적개발원조(ODA: Offical Development Assistance)의 녹색화

ⓐ 2010년 OECD DAC 가입[143] 이후 ODA 양적 확대 및 DAC권

고사항의 이행노력을 강화한다.

ⓛ 기후변화, 종다양성, 공해 및 수질오염 등 글로벌 공공재와 관련된 '녹색 ODA' 비중을 확대한다.

ⓒ UNGEF(지구환경기금) 등 다자기구를 통한 공여를 확대한다.

③ 개도국의 기후변화 대응 지원

　ⓐ 개도국 온실가스 감축, 기술이전 및 우리나라 기업의 진출기회 확대 등 상생협력관계를 확보한다.

　ⓛ 정보 및 인력교류, 교육프로그램 운영 등 협력네트워크를 통해 개도국 온실가스 감축사업을 발굴한다.

　ⓒ 기술, 금융 등 종합적인 사전 타당성 평가체계를 구축하고 평가 및 기술, 재정자문을 실시한다.

　ⓓ 아시아 개도국에 기후변화 예측, 영향·취약성 분석을 위한 정보시스템 구축 및 관련기술을 지원한다.

(4) 녹색성장의 모델을 보여 주는 국가

① 녹색 인프라허브 구축

　ⓐ 녹색산업에 특화 가능하고 입지가 유리한 경제자유구역을 그린허브로 설계 구축한다.

---

143) 우리나라는 2009년 11월 25일 파리 경제협력개발기구(OECD) 본부에서 개최된 OECD 개발원조위원회(DAC: Development Assistance Committee) 가입심사 특별회의에서 DAC 회원국 전원 합의 아래 24번째 DAC 회원국으로 결정되었다. DAC는 국제사회 원조의 90% 이상을 담당하는 주요 공여국 모임이자 OECD 3대 위원회 중의 하나로, OECD 국가라 하더라도 일정한 조건을 갖추어야 가입이 가능하다. 우리나라는 일본에 이어 아시아 두 번째로 DAC 회원국으로 참여하게 되었으며, 2010년 1월 1일부터 정식 회원국으로 활동 중이다(경제협력개발기구, http://www.oecd.org).

ⓛ 지역 특성과 부합하는 녹색성장 표본도시를 조성하고 가이드
라인을 제시하여 녹색성장 도시를 확대한다.

ⓒ 녹색산업이 집적되고, 저탄소 시스템이 갖추어진 녹색산업
클러스터를 조성한다.

② 녹색정책 허브 구축

ⓐ 국내외 기후변화 전문연구 인력을 중심으로 '국제기후변화연
구센터' 구축을 검토한다.

ⓛ '경제발전 경험 공유사업', '외국공무원 교육과정' 등을 통해
한국의 녹색성장 전략, 경험 등 교육을 확산한다.

③ 녹색기술 허브 구축

ⓐ 과학비즈니스 벨트 조성, 세계적 연구기관의 전략적 유치, 국
제공동연구인센티브를 통해 글로벌 연구개발 기능을 강화한다.

ⓛ 우수 녹색기술 인재 유입 확대 및 인적 네트워크를 확충한다.

④ 녹색성장 관련 국제기구 유치 및 육성

ⓐ '아시아 산림협력기구(AFoCO)' 창설, 'APEC 기후센터(APCC)'
육성 등을 통해 아시아 지역 녹색 리더십을 확보한다.

ⓛ 녹색기술정보 접근성 제고, 녹색국가로서의 위상 제고를 위
해 필요한 분야의 국제기구 설립방안을 검토한다.

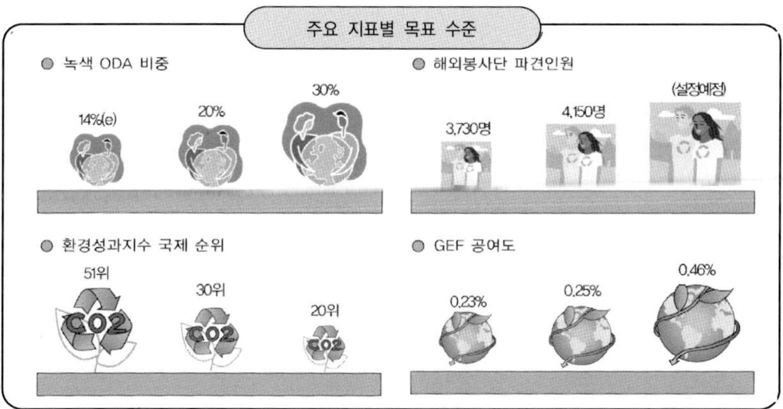

〈그림 1 - 26〉[144]

---

144) 녹색성장위원회(http://www.greengrowth.go.kr) 녹색성장 5개년계획(2009~2013).

저탄소 녹색성장 관련 법제

제1절 국제환경협약, 입법례, 저탄소 녹색성장 기본법

1. 국제환경협약

국제환경협약은 우루과이라운드 이후 그린라운드(Green round)가 새로운 무역규제 장벽으로 등장하면서 국제환경협약에 대한 관심이 높아지고 있다. 1933년부터 2000년에 이르기까지 체결된 국제환경협약은 150여 개에 달하고 있다. 지금 국제적 영향력이 큰 한국이 가입한 협약은 몬트리올의정서, 런던협약, 바젤협약, 생물다양성보존협약, 기후변화협약, 사막화방지협약, 람사협약 등이다. 이들 협약 중에서 기후변화협약, 생물다양성협약, 사막화방지협약이 3대 UN환경협약으로 불린다. 지구온난화 방지를 위한 대표적인 협약으로는 기후변화협약이 있다. 아래는 지구환경 관련 협약이 발효한 순서대로 그 개념을 개략적으로 정리하고, 그 상술한 내용과 기타 국제환경 협약은 별도의 제3편에서 기술하기로 한다.

(1) 몬트리올의정서(Montreal Protocol, 오존층보호협약)

몬트리올의정서는 오존층 파괴물질인 염화불화탄소(CFCs)의 생산과 사용을 규제하려는 목적에서 제정한 협약이다. 이 협약은 1989년 1월에 발효되었으며 우리나라는 1992년 5월에 가입하였다. 이에 따라 염화불화탄소와 같은 규제 물질을 포함한 냉장고나 에어컨 등의 제품은 1992년 5월 이후 비가입국으로부터 수입할 수 없게 되었다.

(2) 런던협약(London Dumping Convention)

런던협약은 폐기물의 해양투기로 인한 해양오염을 방지하기 위한 국제협약이다. 1972년에 채택되어 1975년부터 발효되었고, 우리나라는 1992년에 가입했는데 1994년부터 가입국으로서 효력이 발생했다. 런던협약은 유럽 북해가 각국의 폐기물 투기로 오염이 심해짐에 따라 1972년 2월 유럽 국가들이 모여 체결한 오슬로협약이 그 모체이다.

(3) 바젤협약(Basel Convention)

바젤협약은 국제적으로 문제가 되는 유해 폐기물의 수출입과 그 처리를 규제하려는 목적으로 1981년 제9차 국제연합 환경계획(UNEP) 총회에서 다루어진 이래 여러 차례의 회의를 거쳐 1989년 3월 스위스 바젤에서 제정된 협약이다. 이 협약은 1992년부터 발효되

었다. 우리나라는 1994년 3월 가입하였고, 관련 국내법인 「폐기물의
국가 간 이동 및 그 처리에 관한 법률」이 1994년 5월부터 시행되었다.

(4) 기후변화협약(UNFCCC: United Nations Framework Convention on Climate Change)

유엔기후변화협약은 지구온난화를 일으키는 온실가스 배출량을
억제하기 위한 협약이다. 지구온난화를 일으키는 온실기체는 탄산가
스, 메탄, 이산화질소, 염화불화탄소 등 여러 가지 물질이 있다. 이
협약은 1992년 6월 리우회의에서 채택되어 1994년 3월부터 발효되
었다. 우리나라는 1993년 12월에 비준하였다. 2000년 제6차 당사국
총회(COP6)에서의 교토의정서 채택, 2007년 제13차 당사국 총회의
발리행동계획, 2009년 제15차 당사국회의의 코펜하겐합의가 중심적
내용이라 할 수 있다.

(5) 사막화방지협약(UNCCD: UN Convention to Combat Desertification)

사막화방지협약의 공식명칭은 '심각한 한발(旱魃) 또는 사막화를
겪는 아프리카 지역 국가 등 일부 국가들의 사막화를 방지하기 위한
국제연합협약'으로, 사막화는 건조한 지대에서 토지가 황폐화되어
가는 것을 의미한다. 기상이변과 토지남용 등으로 인한 사막화현상
을 막아 지구환경을 보전할 목적으로 1994년 6월 채택되어 1996년
12월 발효되었으며, 매년 6월 17일은 채택일을 '사막화의 날'로 정해
이를 기념한다. 기후변화협약, 생물다양성협약 등과 함께 3대 환경
협약으로 불린다. 우리나라는 1999년에 156번째로 가입하였다.

(6) 람사협약(The Ramsar Convention on Wetlands)

람사협약은 지난 1971년 이란의 람사에서 채택된 습지에 관한 협약으로 '자연 자원의 보전과 현명한 이용'에 관해 맺어진 최초의 국제적인 정부 간 협약이다. 이 협약은 지난 1975년에 발효됐으며 우리나라는 1997년 3월에 가입했다.

2. 입법례

세계 각국은 지구온난화를 막기 위한 Post−2012 기후체제[145]에 대응책으로 각국 국내제도 정비 움직임이 강화되고 있다.

① 2007~2008년 동안에 걸쳐 유럽 각국, 미국, 프랑스, 영국, 일본, 호주 등이 기후변화와 에너지에 관한 각종 법안 및 정책 제안(핵심내용: '탄소배출규제와 거래제 도입 및 강화' 등)을 통하여 활발히 진행하였다.

② 2009~2010년 프랑스, 영국, 일본, 호주는 선도적, 선제적 입법을 추진하였다.

(1) 유럽연합(EU)[146]

EU 회원국 간의 공조체제를 통한 기후변화 대응에 대해 '20 · 20 · 20'

---

145) 유엔기후변화협약(UNFCCC: UN Framework Convention on Climate Change)에 의한 교토의정서는 1997년 12월 11일 일본 교토에서 열린 기후변화협약 제3차 당사국 총회에서 채택되었고 2005년 2월 16일 공식 발효됐으며, 36개 의무이행 대상국은 2008~2012년 사이에 온실가스 총배출량을 1990년 기준으로 평균 5.2% 감축해야 한다는 UNFCC체제를 말한다(유엔기후변화회의, http://www.unfccc.int).

146) 녹색성장위원회, 저탄소 녹색성장기본법 제정 관련 공청회 자료.

기후와 에너지통합법(Climate and Energy Package, 2008)의 유럽
의회 승인('08. 12.)을 통해 유럽 차원에서의 온실가스 감축, 에너지
효율화 및 신·재생에너지 비율 확대의 3대 목표를 설정했다('20·
20·20'). 3대 목표로는,

① 2020년까지 EU 전체 온실가스 배출량 20% 감축(국제협약 체결
    시 30%)한다[2050년까지는 60~80% 감축목표(전 지구적으로
    는 50% 감축)].

② 2020년까지 신·재생에너지 비율 20% 확대한다.

③ 2020년까지 에너지효율 개선 20% 증진한다.

(2) 프랑스

① 프랑스는 기존의 환경부에 기후변화 관련 업무를 집중시키고, 기
    존의 환경법에 기후변화 관련 내용을 규정함으로써, 기존의 환경
    법 테두리 안에 기후변화 대응정책을 포섭시켜 일관성 있고 통일
    적인 정책수행 의지를 보여 주고 있다. 프랑스의 배출권거래제는
    「환경법」상 대기부분(Title Ⅲ. Air and the Atmosphere)의 온
    실효과에 관한 장(Chapter Ⅸ. Greenhouse Effect)에서 온실가
    스의 할당에 관한 규정과 함께 규정되어 있다.[147]

② 기존의 환경을 개정하기 위한 그르넬 환경법(Loi de programme
    relatif la mise en oeuvre du Grenelle de Environnement)이
    하원 의결('08. 10. 21.)되었다.

---

147) 프랑스 환경법(Environmental Code) 참조[법제처 세계법제정보센터(http://world.moleg.go.kr),
     프랑스 의회(http://www.assemblee-nationale.fr), 프랑스 공식법률제공서비스
     (http://www.legifrance.gouv.fr), 프랑스 상원(http://www.senat.fr].

③ 그 주요 내용으로

　㉠ 향후 2050년까지 온실가스 배출량을 1990년 수준의 1/4로 감축한다.

　㉡ 2020년까지 탄소부문에서 유럽 내 가장 효율적인 경제체제 구축을 목표로 한다.

　㉢ 부문별 목표설정으로는 다음과 같다.

　　㉮ 건축물 분야: 최종 에너지소비 40% 감축, 온실가스 배출량 25% 감축(기존건물) 2020년까지 기존 건물 에너지소비량 38% 감축하고 향후 10년간 에너지 소비량 40%, 온실가스 배출 50%를 감축대상으로 한다.

　　㉯ 교통 분야: 2020년까지 CO_2 배출을 현 수준의 20% 감축, 1990년 수준복귀(화물운송), 2012년까지 비도로 운송수단 비중 25% 증가(도시교통), 2020년까지 차량 CO_2 배출량을 km당 176g → 130g 감축한다.

　　㉰ 지속가능발전 분야 연구: 4년 내 무공해 기술 분야 연구 및 환경오염 예방비용을 민간원자력 분야 연구예산 수준으로 상향 조정하기로 한다(4년간 10억 유로 추가 지원).

　　㉱ 모범적인 정부: 정부입법안은 환경영향평가가 수반되어야 한다.

　　㉲ 기업법 개혁: 주주총회 시 이사회, 감독심의회가 제출하는 연간결산보고서에 지속가능발전 관련정보 포함, 직원 수 250명 이상 법인대상 5년 내 에너지효율 및 탄소관련 평가서 작성의무를 부과(대기업은 2년 내 작성의무)한다.

　　㉳ 소비 분야: 서비스와 제품의 환경마크표시 강화(2010년부

터 자연보호 비용표시)한다.

(3) 영국

① 영국의회는 장기적인 에너지 및 기후변화 전략을 위하여 3대
   입법[148] 중 기후변화법(Climate Change Act)이 의회를 통과
   하여 기후변화 대응을 위한 법적 기반을 마련하였다('08. 11.),
   기후변화위원회발족('08. 12.), Carbon Budget(탄소예산) 및
   2050 장기목표 수립을 의무화하였다.

   ㉠ 세계 최초로 장기적으로는 2050년까지 1990년 대비 80%, 중
      기적으로는 2020년까지 26% CO_2 배출 감축을 법적 의무화
      하였다(Section 1, 5).

   ㉡ carbon budgeting system(탄소예산제도)을 통해 단계별
      Cap 적용한다(1단계: 2008~2012, 2단계: 2013~2017, 3단
      계: 2018~2022 감축 목표).

② 규제대상 온실가스는 이산화탄소 외에 다른 온실가스도 포함하
   고 있다(Section 24).[149] 또한 동법은 배출권거래제도를 도
   입[150]하여 온실가스 감축의무를 이행하는 데 있어 탄소배출감

---

148) 영국의 기후변화 관련 3대 입법은 「에너지법(Energy Act 2008)」, 「계획법(Planning
    Act 2008)」, 「기후변화법(Climate Change Act 2008)」이다(영국 및 아일랜드 법률정
    보 연구, http://www.bailii.org, 입법 법률정보, http://www.statutelaw.gov.uk).

149) Section 24 (1)은 대상 온실가스를 '이산화탄소(CO2), 메탄(NH4), 아산화질소(N2O), 수
    소불화탄소(HFCs), 과불화탄소(PFCs), 육불화황(SF6), 기타 국무장관령으로 지정된 온
    실가스(any other greenhouse gas designated as a targeted greenhouse gas
    by order made by the Secretary of State)'로 정의하고 있다.

150) 영국의 에너지기후변화부(Department of Energy and Climate Change: DECC)'에서

소 프로그램을 포함하여 시장메커니즘을 활용할 수 있도록 허
용하고 있다(Part 3). 동법은 기후변화의 위험성에 제동을 걸기
위하여 제정된 세계 최초의 장기적이고 법적 구속력 있는 입법
으로 평가받고 있다.

③ 또한 영국은 2020년까지 풍력발전기 7,000기 건설로 16만 명
고용효과 창출을 목표로 하고 있다.

(4) 일본

① 1997년 교토의정서 채택에 따라 지구온난화 대책추진에 관한
법률을 제정하였다('08).

㉠ 이후 3차례 개정하였다('02. 5, '06. 6, '08. 3).

㉡ 지구온난화 대책추진본부는 내각총리가 본부장으로 되어 있다.

㉢ 동법에 따라 2006년부터 특정사업자 대상 온실가스 배출량
산정·보고의무를 부여하고 국가가 집계·공표하는 제도가
시행 중이다.

㉣ 동법은 온실가스 배출량에 대하여 '이산화탄소 1톤으로 표시
되는 단위'로 교토의정서상의 배출권을 모두 포섭할 수 있는
것으로 하고 있으며, 규제대상 온실가스에는 교토의정서상의
6가지 온실가스가 모두 해당한다.

㉤ 2050년까지 현재수준 60~80%의 온실가스 배출량 감축을 설

의 최근 보고서는 1990년 기준 2020년 33%, 2050년 80%의 온실가스를 감축하면서
국제적인 배출권거래가 허용되는 경우, 기후변화법으로 인한 비용은 평균 3,780억 파운
드, 이익은 10,200억 파운드로 6,400억 파운드 이상의 순이익이 발생할 것으로 예측하고
있다(DECC, "Climate Change Act 2008 Impact Assessment", 2009. 3. p.7).

정하고 있다.

ⓑ 최종적으로는 총량제한 배출권거래제(Cap and Trade)과 같이 의무가 부과되는 제도를 지향하기로 한다.

② 최근 환경성은 「지구온난화방지기본법안(Basic Anti-Global Warming Bill)」을 발표하였는데, 2020년까지 1990년 대비 25%의 온실가스를 감축할 것을 명시하고 있고, 장기적으로는 2050년까지 1990년 대비 80%의 감축목표를 설정하고 이러한 목표를 달성하기 위하여 Cap and Trade방식의 도입과 화석연료에 대한 '지구온난화방지조치세(anti-global warming measure tax)'를 고려하고 있다.[151] 기후변화 대응에 관한 적극적이고 공격적인 목표를 설정하고 있으나, 이러한 목표의 달성 여부를 미국, 중국 등 온실가스 다배출 국가가 국제적인 합의에 동참할 것을 조건으로 하고 있다는 점에서 한계가 있다.

③ 기업의 자발적 온실가스 감축 참가 및 목표 달성을 위한 배출량 목표(배출한도) 설정 등을 골자로 하는 온실가스 국내배출량 거래제도를 확정하였다('05).

ⓐ 2008년 말까지 국내 배출권거래제 시범사업 도입을 공표하였다('08. 06.)

ⓑ 일본자주참가형 탄소배출권거래제(JVETS)[152]를 시범사업 실

---

151) Point Carbon, "Japan unveils new climate law draft", 2010. 01. 15.

152) JVETS는 2005년 일본 환경성의 주도하에 자발적 참가자들로 거래를 시작한 일본 최초의 탄소배출권거래시스템이며, Tokyo-ETS는 일본 동경시 정부의 배출권 한도 프로그램으로, 세계 최초로 도시의 업무용 건물을 대상으로 하는 프로그램이다(Keisuke

시하고 있다('08. 10.).

④ 현재 일본판 그린뉴딜 구상 중 그 주요내용으로

　　㉠ 향후 5년간 환경비지니스 시장규모 70조 엔('06년)에서 100
　　　조 엔 이상 확대하고,

　　㉡ 고용자수 140만 명에서 220만 명 이상으로 확대하기로 하였다.

(5) 호주

국가온실가스 · 에너지보고의무법(National Greenhouse and Energy
Reporting Act)을 통과하였다('07. 9.).

　　㉠ 일정기준 이상 CO_2 배출설비는 온실가스 배출 및 에너지 사용 자
　　　료를 외부검증을 거쳐 정부에 의무적으로 등록하도록 하고 있다.

　　㉡ 정부는 웹사이트 또는 출판물을 통해 공표한다.

　　㉢ (벌칙) 허위정보 보고 및 배출자료 7년간 미보관 시 형사처분
　　　및 별도의 민사상 책임을 부과한다.

(6) 미국

① Lieberman－Warner 기후안보법(2008), Bingaman－Specter
　저탄소 경제법안(2007) 등 기후변화대응과 온실가스감축을 내
　용으로 하는 법안이 연이어 제안되고 있다. Lieberman－Warner

Yamamoto, 「자발적 배출권거래제 운영현황 및 전망」, 한일 저탄소녹색성장을 위한
Green Business 세미나, 대한상공회의소 · 지속가능경영원, 2009), 일본법령제공
(http://www.e-gov.go.jp).

기후안보법(2008)[153]이 상원에서 좌초되었으나, 오바마 행정부 출범으로 재추진되었다.

② 미국의 연방 차원에서의 기후변화 관련법은 현재 입법과정에 있다. 교토의정서 논의 초기에 참여하였다가 중도에 탈퇴를 선언한 미국은 기본적으로 자발적인 감축 노력을 하겠다는 입장이다. 현재 기후변화에 관한 포괄적인 입법인 「Waxman-Markey Bill」[154]이 하원을 통과하였고, 「Kerry-Lieberman Bill」[155]이 상원에 계류 중이다.

③ Waxman-Markey Bill은 Cap and Trade시스템을 전제로 배출권거래제와 탄소 국경세(border adjustment)를 주된 내용으로 하고 있다. 온실가스 감축목표를 2005년을 기준으로 2012년까지 3%, 2020년까지 17%, 2030년까지 42%, 2050년까지 83%로 설정하여 온실가스 배출상한선을 명시한 최초의 법안으로 평가되고 있다. 규제대상 온실가스는 교토의정서상의 6가지 온실가스 이외에 삼불화질소를 추가로 규정하고 있다.

---

153) Lieberman-Warner 기후안보법안 주요내용으로는, 2025년까지 배출량 증가억제를 목표로 설정하고, 2050년까지 Cap 강화로 온실가스 배출 2005년 대비 63% 감축하기로 하고(온실가스 감축목표), 온실가스 감축을 위한 제도 도입으로는 미전역에 총량제한 시스템(Cap and Trade)도입으로 주요 온실가스 배출을 제한하며, 에너지 다소비 업체 및 발전소 대상 온실가스 배출내역 보고의무를 부과하고 있다(보고의무). 보고의무 규정 위반업체는 위반일수마다 $25,000 미만의 벌금을 부과하기로 한다(벌칙규정)는 내용을 담고 있었다(미국 법령정보 제공사이트는 다양하다. 그 중 http://www.lawcenter.com).
154) 공식명칭은 「American Clean Energy and Security Act of 2009)」이다.
155) 공식명칭은 「American Power Act」이다.

④ Kerry－Lieberman Bill은 역시 Cap and Trade 시스템을 전제로 2020년까지 2005년 기준 17% 감축하고, 공익기업도 2013년부터는 포함시키는 것으로 하고 있다. 규제대상 기업의 범위를 시간에 따라 점차 늘려 가도록 하고, 할당방식에 있어서도 기업의 부담을 최대한 덜어 주는 방향으로 초기에는 무상할당으로 시작하여 유상할당의 비율을 점차 늘려 가도록 하고 있다.

⑤ 또한 탄소가격의 상·하한제를 규정하여 탄소시장의 안정성을 도모하였다는 점이 특징이다.[156)]

⑥ 상하원안 모두 온실가스 배출량 감축의무를 법에 구체적으로 명시하면서 단계적인 목표를 설정하여 규제대상자들의 예측 가능성을 확보해 주는 동시에 저소득층에 대한 배려와 탄소시장의 안정화방안을 모두 고려하였다는 점이다.

⑦ 오바마 에너지·환경 주요 정책으로는 New Green Jobs 창출이라 하겠다.
　㉠ 향후 10년 동안 청정에너지 분야 1,500억 달러 투자로 5백만 명 일자리를 창출하기로 한다.
　㉡ 미국 내 Plug－In 하이브리드자동차(친환경자동차) 1백만 대를 보급하기로 한다.
　㉢ 2012년까지 온실기체 배출집약도(온실기체배출량/GDP)를 18%

---

156) 2013년에 탄소가격은 최저 12달러에서 최고 25달러로 시작될 것으로 전망되고 있다 (Point Carbon, Carbon Market North America, vol.5, issue 19, 2010. 5. 14).

까지 낮춘다는 자체 목표를 수립·시행하겠다는 입장이다.

 ㄹ 2050년까지 온실가스 80% 감축을 위한 Cap and Trade 프로그램을 시행하기로 한다.

 ㅁ 2012년까지 신·재생에너지의 전력생산 비중 10%, 2025년까지 25% 목표로 한다.

(7) 중국

『National Climate Change Programme』를 발표하였다(’07. 6). 2010년까지 2005년 대비 GDP당 에너지 소비량 20% 감축, 2020년까지 30% 추가 감축, 신·재생에너지 10% 확대 목표를 설정하고 있다.

3. 저탄소 녹색성장 기본법

(1) 제정 추진과정

지구온난화 방지대책법안(’99년)의 정부입법을 시작으로 의원발의(6회)를 통해 지속적으로 추진하였다.

① ’08년 이전
 ㄱ 정부입법: ‘지구온난화 방지대책법안’(환경부, ’99. 7.)
 ㄴ 의원입법: ‘지구온난화 방지대책에 관한 법률안’(이정일 의원 등 20인, ’01. 12.), ‘지구온난화가스 저감대책 법안’(이호웅, 이부영 등 23인, ’01. 12.), ‘지구온난화 방지대책법’(이호웅

대표, '04년)

② '08년 이후

　㉠ 정부입법: '기후변화대책기본법(안)'('08년 9월) 이 법안은
　　입법예고만 하고 제정추진 중단하였다.

　㉡ 의원입법: 2008년 11월 7일, '기후변화대책기본법'(김성곤
　　의원 등 33인), 11월 25일, '기후변화대응 및 온실가스감축지
　　원에 대한 기본법안'(배은희 의원 등 21인), '09년 1월 14일,
　　'기후변화대책기본법안'(이인기 의원 등 25인)

(2) 저탄소 녹색성장 기본법(안)의 입법

① 정부는 2008년 8·15광복절 경축사에서 이명박 대통령이 제시한
　신국가발전 패러다임인 저탄소 녹색성장(Low Carbon, Green
　Growth)을 효율적·체계적으로 추진하기 위하여 저탄소 녹색성
　장 기본법(안)을 2009년 1월 15일(목) 입법 예고하였다.

② 2008년 9월에 입법 예고된 기후변화대책기본법(안)은 저탄소
　녹색성장 기본법 제정안에 주요 내용이 포함된 만큼 제정추진
　을 중단하고, 기존의 에너지기본법과 지속가능발전기본법은 저
　탄소 녹색성장 기본법의 하위법 형태로 개정한다.[157]

---

157) 지속가능발전기본법은 2010. 1. 현재 지속가능발전법으로, 에너지기본법은 2010. 4.
　　현재 에너지법으로 명칭이 개정되었다.

(3) 저탄소 녹색성장 기본법의 입법과정

① 관계부처 의견수렴 및 법초안 접수('08. 11.)

② 녹색성장기본법(안) 초안 작성('08. 12.)

③ 관계부처 협의('08. 12.)

④ 입법예고('09. 1. 15.~1. 29.)

⑤ 산업계, 간담회개최('09. 1. 23.)

⑥ 산업계, 시민단체, 학계 등 공청회 개최('09. 1. 28.)

⑦ 저탄소 녹색성장기본법 제정 2010. 1. 13. 법률 제9931호, 시행 2010. 4. 14.

⑧ 동법 시행령 제정 대통령령 제22449호, 2010. 10. 14. 타법개정, 시행 2010. 10. 16.

4. 저탄소 녹색성장에 관한 기본법(안)의 성격과 주요 내용[158]

(1) 법(안)의 성격(법안 제8조)

이 법은 저탄소 녹색성장에 관한 '기본법'으로서, 다른 법률(에너지기본법, 지속가능발전기본법 등)에 우선 적용, 타 법률의 제정 또는 개정 시, 이 법의 목적과 기본원칙을 준용한다.

불명확한 저탄소 및 녹색성장의 의미를 정의하여 개념상의 혼란을 해소하고, 에너지·지속가능발전기본법 등 관련법에 대한 '상위 기본법'으로서의 법적 성격을 명확히 한다.

---

158) 녹색성장위원회, 녹색성장기본법(안) 제정 입법예고, 보도자료, 2009. 1. 15.

(2) 법(안)의 주요 내용과 특징

① 녹색성장 국가전략 수립·시행(법안 제9조)

정부는 저탄소 녹색성장을 위한 정책목표, 추진전략, 중점추진과제 등을 포함하는 '녹색성장 국가전략'을 녹색성장위원회와 국무회의 심의를 거쳐 수립·시행하여야 한다.

각 중앙행정기관, 지방자치단체에서 각각 추진해 온 각종 저탄소 녹색성장 관련대책을 '녹색성장 국가전략'이라는 큰 틀을 구심점으로 하여, 녹색경제 산업, 기후변화 대응, 에너지 등 부문별·소관별로 추진계획을 마련토록 체계화한다.

② 녹색성장위원회 설치(법안 제14조)

정부는 국무총리와 민간위원을 공동위원장으로 하는 대통령 소속의 '녹색성장위원회' 설치, 재정부·지경부·환경부·해양국토부 장관 등 당연직 위원과 대통령이 위촉하는 민간위원 50인 이내로 구성한다.

국토종합계획, 과학기술기본계획 등 녹색성장과 관련된 주요계획 수립 시, 녹색성장위원회 의견을 사전에 듣도록 함으로써 녹색성장 미래비전을 실현할 수 있는 방향으로 정부의 역량이 결집되도록 한다.

③ 녹색경제·녹색산업 육성·지원(법안 제21조)

정부는 새로운 녹색산업을 발굴·육성하고, 녹색경제·산업으로의 단계적 전환을 촉진, 녹색경제·산업을 육성·지원하는 시책을 강구하여야 한다.

기후변화와 에너지 대책은 표리관계(表裏關係)인 점을 감안하여 두 대책이 개별적으로 시행됨으로써 나타나는 문제점을 시정하기 위하여, 하나의 법체계 내에서 저탄소 사회구현(low carbon society)을 위해 유기적으로 연계·조화되도록 한다.

④ 환경친화적 세제 운영(법안 제27조)

환경오염과 온실가스를 발생시키며 에너지 이용효율이 낮은 재화와 서비스에 대한 조세부담을 강화하여 친환경 제품의 확대생산 및 자원배분의 비효율성 감소를 위한 국가 조세정책을 운영하여야 한다.

녹색기술·산업은 중장기적으로 유망하여 정부 재정지원으로 투자위험을 경감할 경우 민간자본의 녹색기술·산업의 투자 활성화가 가능할 것으로 기대된다.

⑤ 기후변화대응, 에너지기본계획 수립·시행(법안 제38조, 제39조)

정부는 온실가스 중장기 감축목표 설정 및 부문별·단계별 대책, 에너지 수요관리 및 안정적 공급 등을 포함한 '기후변화대응 기본계획'과 '에너지기본계획'을 녹색성장위원회와 국무회의 심의를 거쳐 수립·시행하여야 한다.

⑥ 기후변화대응 및 에너지목표 관리(법안 제40조)[159]

정부는 온실가스 감축, 에너지절약, 에너지 자립, 에너지 이용효율, 신·재생에너지보급 향상을 위한 중장기 및 단계별 목표 설정·

---

159) EU국가 등이 원자력발전소 향후 완전 폐기하고 신·재생에너지 보급 확대 등과 비교되는 대목이다.

관리와 목표달성을 위한 조기행동촉진, 경영지원, 기술적 조언 등의 지원조치를 강구하여야 한다.

종전의 석유 등 화석연료 중심의 경제성장에서 탈피하여 고유가 등 자원위기에 사전적으로 대응할 수 있도록 에너지절약, 에너지 이용효율, 신·재생에너지 보급, 온실가스 감축목표 등을 설정·관리토록 한다.

⑦ 온실가스 배출량 보고 및 종합정보관리체계 구축·운영(법안 제41조, 제42조)

일정량 이상의 온실가스 다배출 업체 및 에너지 다소비 업체의 온실가스 배출량 및 생산량, 소비량을 정부보고 및 공개 등 온실가스 종합정보관리체계 구축·운영토록 한다.

⑧ 총량제한 배출권거래제 도입(법안 제43조)

온실가스 배출 총량제한 배출권거래제(Cap and Trade)를 도입·실시할 수 있도록 하되, 구체적인 할당방법, 등록·관리방법, 거래소 설치·운영, 도입 시기 등은 따로 법률로 정한다.

총량제한 배출권거래제가 성공적으로 도입될 수 있는 토대를 마련하는 한편, 각 기업들이 기술개발, 산업공정 개선 등을 통해 온실가스 배출과 에너지 사용을 줄이고, 녹색산업에 대한 투자 및 고용을 확대하는 등 녹색경영을 촉진토록 한다.

세계적으로 급팽창하고 있는 엄청난 규모의 탄소시장에 대응하고, 오바마 미국 대통령의 공약사항이자 일본, 호주 등이 도입 실시 중인 '총량제한 배출권거래제'의 본격 실시에 대비하는 한편, 기업들로 하여금 효과적인 비용으로 온실가스 감축을 추진할 수 있도록 '총량제한 배출권거래제'의 도입 근거도 마련한다.

⑨ 녹색성장 관련 계획 수립 시 협의(법안 제24조, 제48조)

과학기술기본계획, 국토종합계획 등 녹색성장 관련 주요계획 수립 시 녹색성장위원회의 의견을 미리 청취하도록 한다.

⑩ 녹색산업투자회사 설립(법안 제59조)

녹색산업 관련 기술개발 및 사업에 자산을 투자하여 그 수익을 주주에게 배분하는 녹색산업투자회사를 설립할 수 있도록 하고, 정부 출자를 통해 민간투자 확대, 위험부담회피를 유도하여야 한다.

제2절 저탄소 녹색성장 기본법 체계

1. 개관

정부는 2020년까지 세계 7대 녹색강국 진입을 목표로 ① 기후변화 적응 및 에너지 자립, ② 신성장동력 창출 및 ③ 삶의 질 개선과 국가위상 강화라는 3대 국가전략을 녹색성장 5개년계획을 수립·시행하고 있다.

이에 따라 정부는 ① 효율적 온실가스 감축, ② 탈석유·에너지자립 강화, ③ 기후변화적응 역량 강화, ④ 녹색기술 개발 및 성장동력화, ⑤ 산업의 녹색화 및 녹색산업 육성, ⑥ 산업구조의 고도화, ⑦

녹색경제기반 조성, ⑧ 녹색국토·교통의 조성, ⑨ 생활의 녹색혁명, ⑩ 세계적인 녹색성장 모범국가 구현의 녹색성장을 위한 10대 정책방향을 제시하고 있다.

정부는 경제와 환경의 조화로운 발전을 위하여 저탄소(低炭素)녹색성장에 필요한 기반을 조성하고 녹색기술과 녹색산업을 새로운 성장동력으로 활용함으로써 국민경제의 발전을 도모하며 저탄소 사회 구현을 통하여 국민 삶의 질을 높이고 국제사회에서 책임을 다하는 성숙한 선진 일류국가로 도약하는 데 이바지하기 위한 기본법인「저탄소 녹색성장 기본법」을 제정·시행(법률 제9931호, 제정 2010. 1. 13. 시행 2010. 4. 14.)하고 있다.

그 밖에 녹색성장 관련 법령으로「하천법」,「환경친화적 자동차의 개발 및 보급촉진에 관한 법률」,「대기환경보전법」,「자원의 절약과 재활용촉진에 관한 법률」,「에너지법」,「에너지이용합리화법」,「신에너지 및 재생에너지 개발·이용·보급 촉진법」,「원자력법」,「환경친화적 산업구조로의 전환촉진에 관한 법률」,「지속가능교통물류발전법」 등이 있다. 이들 법령에서 녹색성장에 관련된 규정내용에 대해서는 별도의 제1편 제3장에서 상술하기로 한다.

2. 저탄소 녹색성장 기본법 체계

제1장 총칙~제7장 보칙까지 제7장으로 이루어져 있으며, 제1장 총칙에는 목적, 용어정의, 추진원칙, 주체별 책무 등을, 제2장 녹색성

장 국가전략에는 국가전략 및 추진계획 수립·시행, 점검평가 등을, 제3장 녹색성장위원회 등에는 위원회의 구성과 운영과 기능 등, 제4장 저탄소 녹색성장의 기본원칙·지원·촉진에 관한 내용으로는 녹색사업 육성과 자원순환의 녹색경제와 녹색금융, 환경친화적 세제개편 등의 녹색기술 및 녹색일자리 창출 등을, 제5장 저탄소사회의 구현에는 기후변화·에너지기본계획 수립, 목표관리, 배출량 보고, 총량제한 배출권거래, 소송부문관리, 적응대책 등을, 제6장 녹색생활 및 지속가능발전 실현에는 국토, 물관리, 녹색교통, 건축, 농업, 생산 및 소비, 생활운동 등을, 제7장 보칙에는 재정지원, 국제협력 증진, 국가보고서 작성, 과태료 등을 각각 규정하고 있다.

아래에서는 저탄소 녹색성장 기본법상의 제1장의 총칙, 제2장의 녹색성장국가전략의 수립·시행, 제3장의 녹색성장위원회, 제4장의 저탄소 녹색성장의 기본원칙·지원·촉진에 관한 내용을 기술하고, 제5장에서 제7장까지의 법규정은 제2편에 각론으로 구성하여 기술한다.

3. 총칙

(1) 목적(법 제1조)

정부는 경제와 환경의 조화로운 발전을 위하여 저탄소 녹색성장에 필요한 기반을 조성하고 녹색기술과 녹색산업을 새로운 성장동력으로 활용함으로써 국민경제의 발전을 도모하며 저탄소 사회구현을 통하여 국민 삶의 질을 높이고 국제사회에서 책임을 다하는 성숙한 선진 일

류국가로 도약하는 데 이바지함을 목적으로 한다(법 제1조). 이 목적을
위해 「저탄소 녹색성장 기본법」을 제정(제정 2010. 1. 13. 법률 제9931
호)·시행(2010. 4. 14.)하고 있다.

(2) 용어의 정의(법 제2조)

이 법에서 사용하는 용어의 뜻은 다음과 같다.

① '저탄소'란 화석연료에 대한 의존도를 낮추고 청정에너지의 사용 및
보급을 확대하며 녹색기술 연구개발, 탄소흡수원 확충 등을 통하여
온실가스를 적정수준 이하로 줄이는 것을 말한다(법 제2조 제1호).

② '녹색성장'이란 에너지와 자원을 절약하고 효율적으로 사용하
여 기후변화와 환경훼손을 줄이고 청정에너지와 녹색기술의 연
구개발을 통하여 새로운 성장동력을 확보하며 새로운 일자리를
창출해 나가는 등 경제와 환경이 조화를 이루는 성장을 말한다
(법 제2조 제2호).

③ '녹색기술'이란 온실가스 감축기술, 에너지 이용 효율화 기술,
청정생산기술, 청정에너지기술, 자원순환 및 친환경 기술(관련
융합기술을 포함한다) 등 사회·경제 활동의 전 과정에 걸쳐 에
너지와 자원을 절약하고 효율적으로 사용하여 온실가스 및 오염
물질의 배출을 최소화하는 기술을 말한다(법 제2조 제3호).

④ '녹색산업'이란 경제, 금융, 건설, 교통물류, 농림수산, 관광 등 경제활동 전반에 걸쳐 에너지와 자원의 효율을 높이고 환경을 개선할 수 있는 재화의 생산 및 서비스의 제공 등을 통하여 저탄소 녹색성장을 이루기 위한 모든 산업을 말한다(법 제2조 제4호).

⑤ '녹색제품'이란 에너지·자원의 투입과 온실가스 및 오염물질의 발생을 최소화하는 제품을 말한다(법 제2조 제5호).

⑥ '녹색생활'이란 기후변화의 심각성을 인식하고 일상생활에서 에너지를 절약하여 온실가스와 오염물질의 발생을 최소화하는 생활을 말한다(법 제2조 제6호).

⑦ '녹색경영'이란 기업이 경영활동에서 자원과 에너지를 절약하고 효율적으로 이용하며 온실가스 배출 및 환경오염의 발생을 최소화하면서 사회적, 윤리적 책임을 다하는 경영을 말한다(법 제2조 제7호).

⑧ '지속가능발전'이란 「지속가능발전법」 제2조 제2호에 따른 지속가능발전을 말한다. 따라서 '지속가능발전'이란 지속 가능성에 기초하여 경제의 성장, 사회의 안정과 통합 및 환경의 보전이 균형을 이루는 발전을 말한다(법 제2조 제8호).

⑨ '온실가스'란 이산화탄소(CO_2), 메탄(CH_4), 아산화질소(N_2O), 수소불화탄소($HFCs$), 과불화탄소($PFCs$), 육불화황(SF_6) 및 그 밖에 대통령령으로 정하는 것으로 적외선 복사열을 흡수하거나 재방출하여 온실효과를 유발하는 대기 중의 가스 상태의 물질을 말한다(법 제2조 제9호).

⑩ '온실가스 배출'이란 사람의 활동에 수반하여 발생하는 온실가스를 대기 중에 배출, 방출 또는 누출시키는 직접배출과 다른

사람으로부터 공급된 전기 또는 열(연료 또는 전기를 열원으로
하는 것만 해당한다)을 사용함으로써 온실가스가 배출되도록
하는 간접배출을 말한다(법 제2조 제10호).

⑪ '지구온난화'란 사람의 활동에 수반하여 발생하는 온실가스가
대기 중에 축적되어 온실가스 농도를 증가시킴으로써 지구 전
체적으로 지표 및 대기의 온도가 추가적으로 상승하는 현상을
말한다(법 제2조 제11호).

⑫ '기후변화'란 사람의 활동으로 인하여 온실가스의 농도가 변함
으로써 상당기간 관찰되어 온 자연적인 기후변동에 추가적으로
일어나는 기후체계의 변화를 말한다(법 제2조 제12호).

⑬ '자원순환'이란 「자원의 절약과 재활용촉진에 관한 법률」 제2
조 제1호에 따른 자원순환을 말한다(법 제2조 제13호).

⑭ '신·재생에너지'란 「신에너지 및 재생에너지 개발·이용·보
급 촉진법」 제2조 제1호에 따른 신에너지 및 재생에너지를 말
한다(법 제2호 제14호).

⑮ '에너지자립도'란 국내 총소비에너지량에 대하여 신·재생에너지
등 국내생산 에너지량 및 우리나라가 국외에서 개발(지분 취득을
포함한다)한 에너지량을 합한 양이 차지하는 비율을 말한다(법
제2조 제15호).

(3) 다른 법률과의 관계(제8조)

① 저탄소 녹색성장에 관해서는 다른 법률에 우선하여 이 법을 적
용한다(법 제8조 제1항).

② 저탄소 녹색성장과 관련되는 다른 법률을 제정하거나 개정하는 경우에는 이 법의 목적과 기본원칙에 맞도록 하여야 한다(법 제8조 제2항).

③ 국가와 지방자치단체가 다른 법령에 따라 수립하는 행정계획과 정책은 저탄소 녹색성장 추진의 기본원칙, 저탄소 녹색성장 국가전략과 조화를 이루도록 하여야 한다(법 제87조 제3항).

④ 이와 같이 녹색성장기본법은 녹색성장이라는 목표와 전략 아래 국가의 모든 계획 특히, 에너지기본계획, 지속가능발전기본계획, 국토종합계획, 도시계획 등을 통합·조정하여 추진하기 위한 법이다. 특히, '녹색성장기본법'은 에너지기본법, 지속가능발전법 및 기후변화대책기본법안을 흡수·통합하고, 다른 법률에 우선 적용되는 상위법적인 지위를 갖는다고 명시되어 있다.

(4) 저탄소 녹색성장 추진의 기본원칙(법 제3조)

정부의 저탄소 녹색성장 추진을 위한 기본원칙은 다음과 같다.

① 정부는 기후변화·에너지·자원 문제의 해결, 성장동력 확충, 기업의 경쟁력 강화, 국토의 효율적 활용 및 쾌적한 환경 조성 등을 포함하는 종합적인 국가발전전략을 추진한다(법 제3조 제1호).

② 정부는 시장기능을 최대한 활성화하여 민간이 주도하는 저탄소 녹색성장을 추진한다(법 제3조 제2호).

③ 정부는 녹색기술과 녹색산업을 경제성장의 핵심동력으로 삼고

새로운 일자리를 창출·확대할 수 있는 새로운 경제체제를 구
축한다(법 제3조 제3호).

④ 정부는 국가의 자원을 효율적으로 사용하기 위하여 성장잠재력
과 경쟁력이 높은 녹색기술 및 녹색산업 분야에 대한 중점투자
및 지원을 강화한다(법 제3조 제4호).

⑤ 정부는 사회·경제 활동에서 에너지와 자원 이용의 효율성을
높이고 자원순환을 촉진한다(법 제3조 제5호).

⑥ 정부는 자연자원과 환경의 가치를 보존하면서 국토와 도시, 건
물과 교통, 도로·항만·상하수도 등 기반시설을 저탄소 녹색
성장에 적합하게 개편한다(법 제3조 제6호).

⑦ 정부는 환경오염이나 온실가스 배출로 인한 경제적 비용이 재
화 또는 서비스의 시장가격에 합리적으로 반영되도록 조세(租
稅)체계와 금융체계를 개편하여 자원을 효율적으로 배분하고
국민의 소비 및 생활 방식이 저탄소 녹색성장에 기여하도록 적
극 유도한다. 이 경우 국내산업의 국제경쟁력이 약화되지 않도
록 고려해야 한다(법 제3조 제7호).

⑧ 정부는 국민 모두가 참여하고 국가기관, 지방자치단체, 기업,
경제단체 및 시민단체가 협력하여 저탄소 녹색성장을 구현하도
록 노력한다(법 제3조 제8호).

⑨ 정부는 저탄소 녹색성장에 관한 새로운 국제적 동향(動向)을 조기에 파악·분석하여 국가 정책에 합리적으로 반영하고, 국제사회의 구성원으로서 책임과 역할을 성실히 이행하여 국가의 위상과 품격을 높인다(법 제3조 제9호).

(5) 저탄소 녹색성장 추진을 위한 사회구성원(주체별)의 책무

1) 국가의 책무(법 제4조)
① 국가는 정치, 경제, 사회, 교육, 문화 등 국정의 모든 부문에서 저탄소 녹색성장의 기본원칙이 반영될 수 있도록 노력해야 한다(법 제4조 제1항).
② 국가는 각종 정책을 수립할 때 경제와 환경의 조화로운 발전 및 기후변화에 미치는 영향 등을 종합적으로 고려해야 한다(법 제4조 제2항).
③ 국가는 지방자치단체의 저탄소 녹색성장 시책을 장려하고 지원하며, 녹색성장의 정착·확산을 위해 사업자와 국민, 민간단체에 정보의 제공 및 재정지원 등 필요한 조치를 할 수 있다(법 제4조 제3항).
④ 국가는 에너지와 자원의 위기 및 기후변화 문제에 대한 대응책을 정기적으로 점검하여 성과를 평가하고 국제협상의 동향 및 주요 국가의 정책을 분석하여 적절한 대책을 마련해야 한다(법 제4조 제4항).
⑤ 국가는 국제적인 기후변화대응 및 에너지·자원 개발협력에 능동적으로 참여하고, 개발도상국에 대한 기술적·재정적 지원을 할 수 있다(법 제4조 제5항).

2) 지방자치단체의 책무(법 제5조)

① 지방자치단체는 저탄소 녹색성장 실현을 위한 국가시책에 적극 협력해야 한다(법 제5조 제1항).

② 지방자치단체는 저탄소 녹색성장대책을 수립·시행할 때 해당 지방자치단체의 지역적 특성과 여건을 고려해야 한다(법 제5조 제2항).

③ 지방자치단체는 관할구역 내에서의 각종 계획 수립과 사업의 집행과정에서 그 계획과 사업이 저탄소 녹색성장에 미치는 영향을 종합적으로 고려하고, 지역주민에게 저탄소 녹색성장에 대한 교육과 홍보를 강화해야 한다(법 제5조 제3항).

④ 지방자치단체는 관할구역 내의 사업자, 주민 및 민간단체의 저탄소 녹색성장을 위한 활동을 장려하기 위해 정보제공, 재정지원 등 필요한 조치를 강구해야 한다(법 제5조 제4항).

3) 사업자의 책무(법 제6조)

① 사업자는 녹색경영을 선도해야 하며 기업활동의 전 과정에서 온실가스와 오염물질의 배출을 줄이고 녹색기술 연구개발과 녹색산업에 대한 투자 및 고용을 확대하는 등 환경에 관한 사회적·윤리적 책임을 다해야 한다(법 제6조 제1항).

② 사업자는 정부와 지방자치단체가 실시하는 저탄소 녹색성장에 관한 정책에 적극 참여하고 협력해야 한다(법 제6조 제2항).

4) 국민의 책무(법 제7조)

① 국민은 가정과 학교 및 직장 등에서 녹색생활을 적극 실천해야 한다(법 제7조 제1항).

② 국민은 기업의 녹색경영에 관심을 기울이고 녹색제품의 소비

및 서비스 이용을 증대함으로써 기업의 녹색경영을 촉진한다
(법 제7조 제2항).

③ 국민은 스스로 인류가 직면한 심각한 기후변화, 에너지·자원 위
기의 최종적인 문제 해결자임을 인식하여 건강하고 쾌적한 환경
을 후손에게 물려주기 위해 녹색생활 운동에 적극 참여해야 한다
(법 제7조 제3항).

제3절 저탄소 녹색성장 국가전략의 수립·시행

1. 개관

정부는 2020년까지 세계 7대 녹색강국 진입을 목표로 ① 기후변화
적응 및 에너지 자립, ② 신성장동력 창출 및 ③ 삶의 질 개선과 국가
위상 강화라는 3대 전략을 녹색성장 5개년계획을 수립·시행하고 있
다. 이를 위해 저탄소 녹색성장 기본법 제2장(법 제9조~제13조)에
그 근거를 두고 있다.

중앙행정기관의 장은 국가의 저탄소 녹색성장을 위한 정책목표,
추진전략, 중점추진과제 등을 포함하는 저탄소 녹색성장 국가전략을
수립·시행해야 하며, 이것을 효율적·체계적으로 이행하기 위하여
소관 분야의 5개년계획 중앙추진계획을 수립·시행해야 한다.

특별시장·광역시장·도지사 또는 특별자치도지사는 해당 지방자
치단체의 저탄소 녹색성장을 촉진하기 위하여 국가전략과 조화를 이

루는 지방녹색성장 추진계획을 수립·시행해야 한다.

2. 저탄소 녹색성장 국가전략 수립·심의·보고

(1) 녹색성장 국가전략 수립·시행(법 제9조)

① 정부는 국가의 저탄소 녹색성장을 위한 정책목표, 추진전략, 중
점추진과제를 비롯한 다음의 사항이 포함된 저탄소 녹색성장
국가전략(이하 '녹색성장 국가전략'이라 함)을 수립·시행해야
한다(법 제9조 제1항, 제2항).
  ㉠ 녹색경제 체제의 구현에 관한 사항
  ㉡ 녹색기술, 녹색산업에 관한 사항
  ㉢ 기후변화대응 정책, 에너지 정책 및 지속가능발전 정책에 관
    한 사항
  ㉣ 녹색생활, 녹색국토, 저탄소 교통체계 등에 관한 사항
  ㉤ 기후변화 등 저탄소 녹색성장과 관련된 국제협상 및 국제협
    력에 관한 사항
  ㉥ 그 밖에 재원조달, 조세·금융, 인력양성, 교육·홍보 등 저
    탄소 녹색성장을 위해 필요하다고 인정되는 사항

※ '녹색기술'이란 온실가스 감축기술, 에너지 이용 효율화 기술, 청정생산기술, 청정에너지
기술, 자원순환 및 친환경 기술(관련 융합기술 포함) 등 사회·경제 활동의 전 과정에 걸
쳐 에너지와 자원을 절약하고 효율적으로 사용하여 온실가스 및 오염물질의 배출을 최소
화하는 기술을 말한다(법 제2조 제3호).

※ '녹색산업'이란 경제, 금융, 건설, 교통물류, 농림수산, 관광 등 경제활동 전반에 걸쳐 에
너지와 자원의 효율을 높이고 환경을 개선할 수 있는 재화(財貨)의 생산 및 서비스의 제공
등을 통하여 저탄소 녹색성장을 이루기 위한 모든 산업을 말한다(법 제2조 제4호).

※ '녹색생활'이란 기후변화의 심각성을 인식하고 일상생활에서 에너지를 절약하여 온실가스와 오염물질의 발생을 최소화하는 생활을 말한다(법 제2조 제6호).

※ '녹색제품'이란 에너지·자원의 투입과 온실가스 및 오염물질의 발생을 최소화하는 제품을 말한다(법 제2조 제5호).

※ '녹색경영'이란 기업이 경영활동에서 자원과 에너지를 절약하고 효율적으로 이용하며 온실가스 배출 및 환경오염의 발생을 최소화하면서 사회적·윤리적 책임을 다하는 경영을 말한다(법 제2조 제7호).

② 정부는 녹색성장 국가전략을 효율적·체계적으로 이행하기 위해 5년마다 저탄소 녹색성장 국가전략 5개년계획(이하 '5개년계획'이라 함)을 수립할 수 있다(동법 시행령 제4조 전단).

(2) 녹색성장위원회 및 국무회의의 심의(법 제9조 제3항)

① 정부는 녹색성장 국가전략을 수립하거나 변경하려는 경우 녹색성장위원회와 국무회의의 심의를 거쳐야 한다(법 제9조 제3항 본문).

② 녹색성장 국가전략의 본질적인 내용에 영향을 미치지 아니하는 사항으로서 정책방향의 범위에서 실천과제와 세부과제의 구성 및 내용, 연차별 추진계획, 주관 기관 또는 관련 기관 등의 사항 일부를 변경하는 경우에는 위의 심의 절차를 생략할 수 있다(법 제9조 제3항 단서 및 동법 시행령 제3조).

③ 정부는 5개년계획을 수립하거나 변경하려는 경우 녹색성장위원회와 국무회의의 심의를 거쳐야 한다(동법 시행령 제4조 후단).

(3) 국회보고(법 제62조)

① 정부는 녹색성장 국가전략을 수립하였을 때에는 지체 없이 국
  회에 보고하여야 한다(법 제62조 제1항).
② 중앙행정기관의 장은 중앙추진계획을 수립하였을 때에는 지체
  없이 소관 상임위원회(또는 관련 특별위원회)에 보고하여야 하
  며, 그 이행결과를 다음 해 2월 말일까지 소관 상임위원회(또는
  관련 특별위원회)에 보고하여야 한다(법 제62조 제2항).

(4) 중앙행정기관의 추진계획 수립 · 시행(법 제10조)

① 중앙행정기관의 장은 녹색성장국가전략을 효율적 · 체계적으로
  이행하기 위하여 대통령령으로 정하는 바에 따라 소관 분야의
  추진계획(이하 '중앙추진계획'이라 한다)을 수립 · 시행하여야
  한다(법 제10조 제1항). 중앙행정기관의 장은 국가전략 또는 5
  개년계획이 수립되거나 변경된 날부터 3개월 이내에 국가전략
  및 5개년계획을 이행하기 위하여 다음의 사항이 포함된 소관
  분야의 추진계획을 5년 단위로 수립하여야 한다(동법 시행령
  제5조 제1항).
  ㉠ 소관 분야의 녹색성장 추진과 관련된 현황 분석, 국내외 동
    향, 추진경과 및 추진실적
  ㉡ 소관 분야의 녹색성장 비전과 정책방향, 정책과제에 관한 사항
  ㉢ 소관 분야의 연차별 추진계획
  ㉣ 그 밖에 국가전략 및 5개년계획을 이행하기 위하여 필요한
    사항

② 녹색위원회는 중앙추진계획의 수립을 효율적으로 지원하기 위하여 관련 지침을 정하여 중앙행정기관의 장에게 통보할 수 있다(동법 시행령 제5조 제2항).

③ 중앙행정기관의 장은 중앙추진계획을 수립하거나 변경하는 때에는 대통령령으로 정하는 바에 따라 녹색성장위원회에 보고하여야 한다. 다만, 대통령령으로 정하는 경미한 사항을 변경하는 경우에는 그러하지 아니하다(법 제10조 제2항). "대통령령으로 정하는 경미한 사항을 변경하는 경우"란 중앙추진계획의 본질적인 내용에 영향을 미치지 아니하는 사항으로서 정책방향의 범위에서 정책과제 내용의 일부를 변경하는 경우를 말한다(동법 시행령 제6조 제4항).

④ 중앙행정기관의 장은 중앙추진계획을 수립하거나 변경하였을 때에는 법 제10조 제2항에 따라 2개월 이내에 위원회에 보고하여야 한다(동법 제6조 제1항). 위원회는 중앙추진계획을 보고받았을 때에는 국가전략 및 5개년계획과의 정합성 여부 등을 심의하여 해당 중앙행정기관의 장에게 의견을 제시할 수 있다(동법 제6조 제2항). 의견을 받은 중앙행정기관의 장은 특별한 사정이 없으면 해당 기관의 중앙추진계획 및 관련 정책 등에 이를 반영하여야 한다(동법 제6조 제3항).

(5) 지방자치단체의 추진계획 수립 · 시행(법 제11조)

① 특별시장 · 광역시장 · 도지사 또는 특별자치도지사(이하 '시 ·

도지사'라 한다)는 해당 지방자치단체의 저탄소 녹색성장을 촉
진하기 위하여 대통령령으로 정하는 바에 따라 녹색성장 국가
전략과 조화를 이루는 지방녹색성장 추진계획(이하 '지방추진
계획'이라 한다)을 수립·시행하여야 한다(법 제11조 제1항).

㉠ 특별시장·광역시장·도지사 또는 특별자치도지사(이하 '시·
도지사'라 한다)는 국가전략 및 5개년계획이 수립되거나 변
경된 날부터 6개월 이내에 다음의 사항이 포함된 지방녹색성
장 추진계획(이하 '지방추진계획'이라 한다)을 5년 단위로 수
립하여야 한다(동법 시행령 제7조 제1항).

㉮ 특별시, 광역시, 도 또는 특별자치도(이하 '시·도'라 한다)별
녹색성장 추진과 관련된 현황 분석, 추진 경과 및 추진 실적

㉯ 국가전략, 5개년계획 및 중앙추진계획과 연계하여 지방자
치단체의 특성을 반영한 비전과 전략, 정책방향 및 정책과
제에 관한 사항

㉰ 연차별 추진계획

㉱ 지방추진계획의 이행을 통한 미래상 및 기대효과

㉲ 관할 기초자치단체와 연계한 지방녹색성장 추진체계

㉳ 그 밖에 지방자치단체의 저탄소 녹색성장을 이행하기 위하
여 필요한 사항

㉡ 위원회는 지방추진계획의 수립을 효율적으로 지원하기 위하
여 관련 지침을 정하여 관계 시·도지사에게 통보할 수 있다
(동법 시행령 제7조 제2항).

㉢ 지방추진계획의 수립 방법 및 절차, 추진절차 등에 관하여 필
요한 사항은 조례로 정한다(동법 시행령 제7조 제3항).

② 시·도지사는 지방추진계획을 수립하거나 변경하는 때에는 지
방녹색성장위원회의 심의를 거친 후 지방의회에 보고하고 지체
없이 이를 녹색성장위원회에 제출하여야 한다. 다만, 대통령령
으로 정하는 경미한 사항을 변경하는 경우에는 그러하지 아니
하다(법 제11조 제2항). "대통령령으로 정하는 경미한 사항을
변경하는 경우"란 지방추진계획의 본질적인 내용에 영향을 미
치지 아니하는 사항으로서 정책방향의 범위에서 정책과제 내용
의 일부를 변경하는 경우를 말한다(동법 시행령 제7조 제4항).

(6) 추진상황 점검 및 평가(법 제12조)

① 국무총리는 대통령령으로 정하는 바에 따라 녹색성장 국가전략
과 중앙추진계획의 이행사항을 매년 점검·평가하여야 한다.
이 경우 국무총리는 평가의 절차, 기준, 결과 등에 대하여 녹색
성장위원회와 협의하여야 한다(법 제12조 제1항, 동법 시행령
제8조 제1항).

② 시·도지사는 대통령령으로 정하는 바에 따라 지방추진계획의
이행상황을 매년 점검·평가하여 그 결과를 지방의회에 보고하
고 지체 없이 이를 녹색성장위원회에 제출하여야 한다(법 제12
조 제1항, 동법 시행령 제9조 제1항).

③ 관계 중앙행정기관의 장 또는 시·도지사는 점검·평가 결과를
반영하여 소관 분야의 중앙추진계획을 수립·변경하거나, 관련
정책을 추진하여야 한다(동법 시행령 제8조·제9조 제2항).

(7) 정책에 관한 의견제시(법 제13조)

① 녹색성장위원회는 추진상황 점검·평가 결과 등에 따라 필요하
　　다고 인정되는 경우에는 관계 중앙행정기관의 장 또는 시·도
　　지사에게 의견을 제시할 수 있다(법 제13조 제1항).

② 의견을 제시받은 관계 중앙행정기관의 장 또는 시·도지사는 해
　　당 기관의 정책 등에 이를 반영하기 위하여 노력하여야 한다(법
　　제13조 제2항).

제4절 녹색성장위원회

1. 녹색성장위원회의 구성 및 운영(법 제14조)

① 국가의 저탄소 녹색성장과 관련된 주요 정책 및 계획과 그 이행
　　에 관한 사항을 심의하기 위하여 대통령 소속으로 녹색성장위
　　원회(이하 ‘위원회’라 한다)를 둔다(법 제14조 제1항).

② 위원회는 위원장 2명을 포함한 50명 이내의 위원으로 구성한다
　　(법 제14조 제2항).

③ 위원회의 위원장은 국무총리와 제4항 제2호의 위원 중에서 대
　　통령이 지명하는 사람이 된다(법 제14조 제3항).

④ 위원회의 위원은 다음의 사람이 된다(법 제14조 제4항).

　　㉠ 기획재정부장관, 교육과학기술부장관, 지식경제부장관, 환경
　　　부장관, 국토해양부장관 등 대통령령으로 정하는 공무원(기
　　　획재정부 장관, 교육과학기술부장관, 지식경제부상관, 환경부
　　　장관, 국토해양부장관 등 대통령령으로 정하는 공무원이란
　　　기획재정부장관, 교육과학기술부장관, 외교통상부장관, 행정
　　　안전부장관, 문화체육관광부장관, 농림수산식품부장관, 지식
　　　경제부장관, 환경부장관, 여성가족부장관, 국토해양부장관,
　　　방송통신위원회위원장, 금융위원회위원장 및 국무총리실장)
　　　을 말한다(법 제14조 제1호, 동법 시행령 제10조 제1항).
　　㉡ 기후변화, 에너지·자원, 녹색기술·녹색산업, 지속가능발전
　　　분야 등 저탄소 녹색성장에 관한 학식과 경험이 풍부한 사람
　　　중에서 대통령이 위촉하는 사람(법 제14조 제2호)

⑤ 위원회의 사무를 처리하게 하기 위하여 위원회에 간사위원 1명을
　두며, 간사위원의 지명에 관한 사항은 대통령령으로 정한다. 법
　제14조 제5항-간사위원은 국무총리실장이 된다(동법 시행령 제
　10조 제2항).

⑥ 위원장은 각자 위원회를 대표하며, 위원회의 업무를 총괄한다(법
　제14조 제6항).

⑦ 위원장이 부득이한 사유로 직무를 수행할 수 없는 때에는 국무
　총리인 위원장이 미리 정한 위원이 위원장의 직무를 대행한다

(법 제14조 제7항).

⑧ 제4항 제2호의 위원의 임기는 1년으로 하되, 연임할 수 있다(법 제14조 제8항).

2. 위원회의 기능(법 제15조)

위원회는 다음의 사항을 심의한다(법 제15조 제1호~제11호).
① 저탄소 녹색성장 정책의 기본방향에 관한 사항
② 녹색성장국가전략의 수립·변경·시행에 관한 사항
③ 기후변화대응 기본계획, 에너지기본계획 및 지속가능발전 기본계획에 관한 사항
④ 저탄소 녹색성장 추진의 목표 관리, 점검, 실태조사 및 평가에 관한 사항
⑤ 관계 중앙행정기관 및 지방자치단체의 저탄소 녹색성장과 관련된 정책 조정 및 지원에 관한 사항
⑥ 저탄소 녹색성장과 관련된 법제도에 관한 사항
⑦ 저탄소 녹색성장을 위한 재원의 배분방향 및 효율적 사용에 관한 사항
⑧ 저탄소 녹색성장과 관련된 국제협상·국제협력, 교육·홍보, 인력양성 및 기반구축 등에 관한 사항
⑨ 저탄소 녹색성장과 관련된 기업 등의 고충조사, 처리, 시정권고 또는 의견표명
⑩ 다른 법률에서 위원회의 심의를 거치도록 한 사항

⑪ 그 밖에 저탄소 녹색성장과 관련하여 위원장이 필요하다고 인
정하는 사항

3. 회의(법 제16조)

① 위원장은 위원회의 회의를 소집하고 그 의장이 된다(법 제16조
제1항).
② 위원회의 회의는 정기회의와 임시회의로 구분하며, 임시회의는
위원장이 필요하다고 인정하는 경우 또는 위원 5명 이상의 소
집요구가 있을 경우에 위원장이 소집한다(법 제16조 제2항).
③ 위원회의 회의는 위원 과반수의 출석으로 개의하고, 출석위원
과반수의 찬성으로 의결한다. 다만, 대통령령으로 정하는 경우
에는 서면으로 심의·의결할 수 있다(법 제16조 제3항).
④ 정기회의의 시기 등 위원회의 운영에 필요한 사항은 대통령령
으로 정한다(법 제16조 제4항). 위원회의 정기회의는 반기별로
1회 개최하는 것을 원칙으로 한다(동법 시행령 제12조 제1항).

4. 분과위원회(법 제17조)

① 위원회의 업무를 효율적으로 수행·지원하고 위원회가 위임하
는 업무를 검토·조정 또는 처리하기 위하여 대통령령으로 정
하는 바에 따라 위원회에 분과위원회를 둘 수 있다(법 제17조
제1항, 동법시행령 제13조 제1항 제1호~제3호).
㉠ 녹색성장·산업 분과위원회: 국가전략, 재정, 법제도, 녹색

기술, 녹색성장 관련 일자리 창출 및 인력양성 등의 분야

ⓛ 기후변화·에너지 분과위원회: 기후변화대응 기본계획 및 에
너지기본계획, 온실가스 종합정보관리체계 구축, 배출권거래
제 등의 분야

ⓒ 녹색생활·지속가능발전 분과위원회: 지속가능발전 기본계
획, 녹색생활 확산, 녹색국토, 녹색건축물, 저탄소 교통체계
구축, 물 관리 등의 분야

② 위원장은 위원회의 업무를 효율적으로 수행·지원하기 위하여
필요한 경우 제1항에 따른 분과위원회 외에 국제협상·국제협
력, 기업 고충처리 분야 등을 소관 업무로 하는 분과위원회를
위원회의 의결을 거쳐 둘 수 있다(동법 시행령 제13조 제2항).

③ 분과위원회는 15명 이내의 위촉위원으로 구성하며, 분과위원회
의 위원장은 분과위원회의 위원 중에서 호선한다(법 제17조 제
2항, 동법시행령 제13조 제3항).

④ 중앙행정기관의 고위공무원단에 속하는 공무원은 관계 분야의
안건에 대하여 해당 분과위원회에 참석하여 의견을 제시할 수
있다(법 제17조 제3항, 동법시행령 제13조 제3항).

⑤ 분과위원회의 운영에 필요한 사항은 위원회의 의결을 거쳐 위
원회의 위원장이 정한다(법 제17조 제2항, 동법시행령 제13조
제4항).

5. 녹색성장기획단(법 제18조)

① 위원회 및 분과위원회의 운영 및 업무를 효율적으로 지원하기 위하여 위원회에 녹색성장기획단(이하 '기획단'이라 함)을 눈다(법 제18조 제1항).

② 기획단의 구성 및 운영 등에 필요한 사항은 대통령령으로 정한다(법 제18조 제2항).

③ 녹색성장기획단은 다음의 사항을 관장한다(동법 시행령 제14조 제1호~제6호).
　㉠ 위원회 및 분과위원회 운영의 지원에 관한 사항
　㉡ 위원회 및 분과위원회의 회의에 부칠 안건의 작성·검토
　㉢ 중앙추진계획 및 지방추진계획의 수립 지원 및 협의·조정에 관한 사항
　㉣ 저탄소 녹색성장과 관련된 조사·연구 및 관련 사업의 지원에 관한 사항
　㉤ 위원회 및 분과위원회의 운영과 관련하여 제36조에 따른 온실가스 종합정보센터(이하 '센터'라 한다)와의 협력에 관한 사항
　㉥ 그 밖에 위원회 및 분과위원회 업무의 운영을 지원하기 위하여 위원장이 지정하는 사항

6. 공무원 등의 파견 요청(법 제19조)

위원회는 위원회의 운영 또는 기획단의 업무수행을 위하여 필요한 경우에는 중앙행정기관, 지방자치단체 소속의 공무원 및 관련 민간기관·단체 또는 연구소, 기업 임직원 등의 파견 또는 겸임을 요청할 수 있다.

7. 지방녹색성장위원회의 구성 및 운영(법 제20조)

① 지방자치단체의 저탄소 녹색성장과 관련된 주요 정책 및 계획과 그 이행에 관한 사항을 심의하기 위하여 시·도지사 소속으로 지방녹색성장위원회(이하 '지방녹색성장위원회'라 함)를 둘 수 있다. 지방녹색성장위원회는 위원장 2명을 포함한 50명 이내의 위원으로 구성한다(동법 시행령 제15조 제1항).

② 지방녹색성장위원회의 구성, 운영 및 기능 등에 필요한 사항은 대통령령으로 정한다(법 제20조 제2항).

　㉠ 지방녹색성장위원회의 위원장은 「지방자치법 시행령」 제73조 제2항에 따른 행정부시장 또는 행정부지사(행정부시장 또는 행정부지사가 2명 이상인 시·도의 경우에는 해당 시·도지사가 지명하는 사람으로 한다)와 제3항 제2호의 위원 중에서 시·도지사가 지명하는 사람이 된다(동법 시행령 제15조 제2항).

　㉡ 지방녹색성장위원회의 위원은 다음의 사람이 된다(동법 시행령 제15조 제2항).

　　㉮ 시·도 소속 실장·국장급 공무원 중 시·도지사가 임명하

는 사람

㉯ 기후변화, 에너지·자원, 녹색기술·녹색산업, 지속가능발
전 분야 등 저탄소 녹색성장에 관한 학식과 경험이 풍부한
사람 중에서 시·도지사가 위촉하는 사람

ⓒ 지방녹색성장위원회는 다음의 사항을 심의한다(동법 시행령
제15조 제4항).

㉮ 지방자치단체의 저탄소 녹색성장의 기본방향에 관한 사항

㉯ 지방추진계획의 수립·변경에 관한 사항

㉰ 지방추진계획을 이행하기 위한 중점 추진과제 및 실행계획

㉱ 그 밖에 지방자치단체의 저탄소 녹색성장과 관련하여 지방
녹색성장위원회 위원장이 필요하다고 인정하는 사항

8. 녹색성장 책임관의 지정(법 제21조)

저탄소 녹색성장의 원활한 추진을 위하여 중앙행정기관의 장 및 시·
도지사는 소속 공무원 중에서 녹색성장 책임관을 지정할 수 있다.

제5절 저탄소 녹색성장의 기본원칙 · 지원 · 촉진

1. 녹색경제 · 녹색산업의 구현을 위한 기본원칙(법 제22조)160)

① 정부는 화석연료의 사용을 단계적으로 축소하고 녹색기술과 녹색산업을 육성함으로써 국가경쟁력을 강화하고 지속가능발전을 추구하는 경제(이하 '녹색경제'라 함)를 구현하여야 한다(법 제22조 제1항).

② 정부는 녹색경제 정책을 수립 · 시행할 때 금융, 산업, 과학기술, 환경, 국토, 문화 등 다양한 부문을 통합적 관점에서 균형 있게 고려하여야 한다(법 제22조 제2항).

③ 정부는 새로운 녹색산업의 창출, 기존 산업의 녹색산업으로의 전환 및 관련 산업과의 연계 등을 통하여 에너지 · 자원 다소비형 산업구조가 저탄소 녹색산업구조로 단계적으로 전환되도록 노력하여야 한다(법 제22조 제3항).

④ 정부는 저탄소 녹색성장을 추진할 때 지역 간 균형발전을 도모하며 저소득층이 소외되지 않도록 지원 및 배려하여야 한다(법 제22조 제4항).

2. 녹색경제 · 녹색산업의 육성 · 지원(법 제23조)

정부는 녹색경제를 구현함으로써 국가경제의 건전성과 경쟁력을

---

160) 녹색경제의 구현과 관련된 법령에 대한 자세한 내용은 후술하는 〈제2편 제4장〉에서 확인할 수 있다.

강화하고 성장잠재력이 큰 새로운 녹색산업을 발굴·육성하는 등 다음의 녹색경제·녹색산업의 육성·지원 시책을 마련하여야 한다(법 제23조 제1항, 제2항).

　　㉠ 국내외 경제여건 및 전망에 관한 사항
　　㉡ 기존 산업의 녹색산업 구조로의 단계적 전환에 관한 사항
　　㉢ 녹색산업을 촉진하기 위한 중장기·단계별 목표, 추진전략에 관한 사항
　　㉣ 녹색산업의 신성장동력으로의 육성·지원에 관한 사항
　　㉤ 전기, 정보통신, 교통시설 등 기존 국가기반시설의 친환경 구조로의 전환에 관한 사항
　　㉥ 녹색경영을 위한 자문서비스 산업의 육성에 관한 사항
　　㉦ 녹색산업 인력 양성 및 일자리 창출에 관한 사항
　　㉧ 그 밖에 녹색경제·녹색산업의 촉진에 관한 사항

3. 자원순환 산업 촉진(법 제24조)

정부는 자원을 절약하고 효율적으로 이용하며 폐기물의 발생을 줄이는 등 자원순환의 촉진과 자원생산성 제고를 위하여 자원순환 산업을 육성·지원하기 위해 다음의 사항이 포함된 시책을 마련해야 한다(법 제24조 제1항, 제2항).

　　㉠ 자원순환 촉진 및 자원생산성 제고 목표설정
　　㉡ 자원의 수급 및 관리

ⓒ 유해하거나 재제조·재활용이 어려운 물질의 사용억제

ⓓ 폐기물 발생의 억제 및 재제조·재활용 등 재자원화

ⓔ 에너지자원으로 이용되는 목재, 식물, 농산물 등 바이오매스
의 수집·활용

ⓕ 자원순환 관련 기술개발 및 산업의 육성

ⓖ 자원생산성 향상을 위한 교육훈련·인력양성 등에 관한 사항

4. 녹색경영·녹색기술 촉진(법 제25조)

정부는 기업의 녹색경영을 지원·촉진해야 하며, 이를 위해 다음의
사항이 포함된 시책을 수립·시행해야 한다(법 제25조 제1항, 제2항).

ⓐ 친환경 생산체제로의 전환을 위한 기술지원

ⓑ 기업의 에너지·자원 이용 효율화, 온실가스 배출량 감축, 산
림조성 및 자연환경 보전, 지속가능발전 정보 등 녹색경영 성
과의 공개

ⓒ 중소기업의 녹색경영에 대한 지원

ⓓ 그 밖에 저탄소 녹색성장을 위한 기업활동 지원에 관한 사항

(1) 녹색기술의 연구개발 및 사업화 등의 촉진(법 제26조)

① 정부는 녹색기술의 연구개발 및 사업화 등을 촉진하기 위하여
다음의 사항을 포함하는 시책을 수립·시행할 수 있다(법 제26
조 제1항).

ⓐ 녹색기술과 관련된 정보의 수집·분석 및 제공

ⓒ 녹색기술 평가기법의 개발 및 보급

ⓒ 녹색기술 연구개발 및 사업화 등의 촉진을 위한 금융지원

ⓔ 녹색기술 전문인력의 양성 및 국제협력 등

② 정부는 정보통신·나노·생명공학 기술 등의 융합을 촉진하고 녹색기술의 지식재산권화를 통하여 저탄소 지식기반경제로의 이행을 신속하게 추진하여야 한다(법 제26조 제2항).

③ 「과학기술기본법」에 따른 과학기술기본계획에 시책이 포함되는 경우에는 미리 위원회의 의견을 들어야 한다(법 제26조 제3항).

(2) 정보통신기술의 보급·활용(법 제27조)

① 정부는 에너지절약, 에너지 이용효율 향상 및 온실가스 감축을 위하여 정보통신기술 및 서비스를 적극 활용한 다음에 대한 시책을 수립·시행하여야 한다(법 제27조 제1항).

ⓐ 방송통신 네트워크 등 정보통신 기반 확대

ⓒ 새로운 정보통신 서비스의 개발·보급

ⓒ 정보통신 산업 및 기기 등에 대한 녹색기술 개발 촉진

② 정부는 저탄소 녹색성장을 위한 생활문화를 조속히 확산시키기 위하여 재택근무, 영상회의, 원격교육, 원격진료 등을 활성화하는 등의 방송통신 시책을 수립·시행하여야 한다(법 제27조 제2항).

③ 정부는 정보통신기술을 활용하여 전력 네트워크를 지능화·고
도화함으로써 고품질의 전력서비스를 제공하고 에너지 이용효
율을 극대화하며 온실가스를 획기적으로 감축할 수 있도록 하
여야 한다(법 제27조 제3항).

5. 녹색금융의 지원 및 활성화(법 제28조)

정부는 저탄소 녹색성장을 촉진하기 위해 다음의 사항이 포함된
금융시책을 수립·시행해야 한다(법 제28조 제1호~제5호).

  ㉠ 녹색경제 및 녹색산업의 지원 등을 위한 재원의 조성 및 자금
    지원
  ㉡ 저탄소 녹색성장을 지원하는 새로운 금융상품의 개발
  ㉢ 저탄소 녹색성장을 위한 기반시설 구축사업에 대한 민간투자
    활성화
  ㉣ 기업의 녹색경영 정보에 대한 공시제도 등의 강화 및 녹색경
    영 기업에 대한 금융지원 확대
  ㉤ 탄소시장(온실가스를 배출할 수 있는 권리 또는 온실가스의
    감축·흡수 실적 등을 거래하는 시장을 말함)의 개설 및 거래
    활성화 등

6. 녹색산업투자회사의 설립과 지원(법 제29조)

① 녹색기술 및 녹색산업에 자산을 투자하여 그 수익을 투자자에

게 배분하는 것을 목적으로 하는 녹색산업투자회사(「자본시장
과 금융투자업에 관한 법률」 제9조 제18항의 집합투자기구를
말함)를 설립할 수 있다(법 제29조 제1항). 녹색산업투자회사
는 출자총액, 신탁총액 또는 자본금의 100분의 60 이상을 녹색
기술 및 녹색산업에 출자 또는 투자하는 집합투자기구로 한다
(동법 시행령 제16조 제1항).

② 녹색산업투자회사가 투자하는 녹색기술 및 녹색산업은 다음에
   서 정하는 사업 또는 기업으로 한다(법 제29조 제2항).
   ㉠ 녹색기술에 대한 연구와 시제품의 제작 및 상용화를 위한 연
      구개발 또는 기술지원 사업
   ㉡ 녹색산업에 해당하는 사업
   ㉢ 녹색기술 또는 녹색산업에 대한 투자 또는 영업을 영위하는
      기업(녹색기술 또는 녹색산업의 이전, 관련 제품의 제조 등
      에 의한 매출액이 인증을 신청하는 날이 속하는 해의 전년도
      를 기준으로 총매출액의 100분의 30 이상인 기업)
      ㉮ ㉠㉡에 따른 녹색기술 및 녹색산업 관련 기술 및 사업은 각각
         동법 시행령 제19조 제6항에 따라 고시된 인증 대상 녹색기술
         또는 녹색사업을 말한다(동법 시행령 제16조 제2항).
      ㉯ ㉢에 따른 녹색기술 또는 녹색산업 관련 기업은 제2항에
         따른 녹색기술 또는 녹색사업의 이전, 관련 제품의 제조
         등에 의한 매출액이 인증을 신청하는 날이 속하는 해의 전
         년도를 기준으로 총매출액의 100분의 30 이상인 기업으로
         한다(동법 시행령 제16조 제3항).

㉲ 금융위원회는 공공기관이 출자하는 녹색산업투자회사의 등록 신청을 받은 경우에는 관계 중앙행정기관의 장에게 그 내용을 통보하고, 등록 결정에 관하여 협의를 할 수 있다(동법 시행령 제16조 제4항).

㉳ 관계 중앙행정기관의 장이 공공기관에 녹색산업투자회사의 출자를 위한 자금을 지원하는 경우에는 사업의 적절성 등을 고려하여 지원 규모, 지원 방법 및 지원 조건 등 재정 지원에 필요한 사항을 정할 수 있다(동법 시행령 제17조 제1항).

㉴ 관계 중앙행정기관의 장은 공공기관이 출자한 녹색산업투자회사가 동법 시행령 제16조 제1항부터 제3항까지의 요건을 충족하지 못하거나 정상적인 사업의 지속이 어렵다고 인정되는 경우 해당 공공기관으로 하여금 추가적인 출자를 제한하거나 출자를 회수하는 등 필요한 조치를 하게 할 수 있다(동법 시행령 제17조 제2항).

㉵ 정부의 지원을 받은 공공기관은 출자에 따른 회계를 해당 기관의 회계와 구분하여 별도의 계정을 설치하고 출자에 따른 수입과 지출을 구분하여 회계처리를 하여야 한다(동법 시행령 제17조 제3항).

③ 정부는 「공공기관의 운영에 관한 법률」 제4조에 따른 공공기관이 녹색산업투자회사에 출자하려는 경우 이를 위한 자금의 전부 또는 일부를 예산의 범위에서 지원할 수 있다(법 제29조 제3항).

④ 금융위원회는 공공기관이 출자한 녹색산업투자회사(해당 회사의 자산운용회사, 자산보관회사 및 일반사무관리회사를 포함한다. 이하 이 조에서 같다)에 해당 회사의 업무 및 재산 등에 관한 자료의 제출이나 보고를 요구할 수 있으며, 관계 중앙행정기관은 금융위원회에 해당 자료의 제출을 요구할 수 있다(법 제29조 제4항).

⑤ 관계 중앙행정기관은 제출된 자료나 보고 내용에 대하여 검사가 필요하다고 인정하는 경우 금융위원회에 해당 녹색산업투자회사에 대한 업무 및 재산 등에 관한 검사를 요청할 수 있으며, 해당 검사 결과 중대한 문제가 있다고 여겨지는 경우에는 금융위원회는 관계 중앙행정기관과 협의하여 해당 녹색산업투자회사의 등록을 취소할 수 있다(법 제29조 제5항).

⑥ 녹색산업투자회사의 설립·운영 및 재정지원과 그 밖에 필요한 세부사항은 대통령령으로 정한다(법 제29조 제6항).

7. 기타 저탄소 녹색성장 지원

(1) 조세제도 운영(법 제30조)

정부는 에너지·자원의 위기 및 기후변화 문제에 효과적으로 대응하고 저탄소 녹색성장을 촉진하기 위하여 온실가스와 오염물질을 발생시키거나 에너지·자원 이용효율이 낮은 재화와 서비스를 줄이고

환경친화적인 재화와 서비스를 촉진하는 방향으로 국가의 조세제도
를 운영하여야 한다.

(2) 녹색기술·녹색산업에 대한 지원·특례 등(법 제31조)

① 국가 또는 지방자치단체는 녹색기술·녹색산업에 대하여 보조
금의 지급 등 필요한 지원을 할 수 있다(법 제31조 제1항).
②「신용보증기금법」에 따라 설립된 신용보증기금 및「기술신용보
증기금법」에 따라 설립된 기술신용보증기금은 녹색기술·녹색
산업에 우선적으로 신용보증을 하거나 보증조건 등을 우대할
수 있다(법 제31조 제2항).
③ 국가나 지방자치단체는 녹색기술·녹색산업과 관련된 기업을
지원하기 위하여「조세특례제한법」과「지방세법」에서 정하는
바에 따라 소득세, 법인세, 취득세, 재산세, 등록세 등을 감면
할 수 있다(법 제31조 제3항).
④ 국가나 지방자치단체는 녹색기술·녹색산업과 관련된 기업이「외
국인투자촉진법」제2조 제1항 제4호에 따른 외국인투자를 유치
하는 경우에 이를 최대한 지원하기 위하여 노력하여야 한다(법
제31조 제4항).

(3) 녹색기술·녹색산업의 표준화 및 인증 등(법 제32조)

① 정부는 국내에서 개발되었거나 개발 중인 녹색기술·녹색산업
이「국가표준기본법」제3조 제2호에 따른 국제표준에 부합되
도록 표준화 기반을 구축하고 녹색기술·녹색산업의 국제표준

화 활동 등에 필요한 지원을 할 수 있다(법 제32조 제1항).

 ㉠ 교육과학기술부장관, 문화체육관광부장관, 농림수산식품부
  장관, 지식경제부장관, 환경부장관, 국토해양부장관 및 방송
  통신위원회위원장은 소관 분야 녹색기술·녹색산업의 표준화
  기반을 구축하기 위하여 다음 각 호의 사업을 추진하고 필요한
  지원을 할 수 있다(동법 시행령 제18조 제1항).

  ㉮ 국제표준과 연계한 표준화 기반 및 적합성 평가체계 구축 사업
  ㉯ 개발된 녹색기술의 표준화 사업
  ㉰ 국내에서 연구·개발 중인 녹색기술·녹색산업의 표준화 사업
  ㉱ 표준화 기반을 구축하기 위한 전문인력의 양성사업
  ㉲ 그 밖에 표준화 기반을 구축하기 위하여 필요한 사업

 ㉡ 지식경제부장관은 녹색기술·녹색산업의 표준화 기반 구축
  에 관한 사항을 총괄적으로 관장하며, 국민에게 관련 정보를
  신속하게 제공하기 위하여 필요한 조치를 마련할 수 있다(동
  법 시행령 제18조 제2항).

② 정부는 녹색기술·녹색산업의 발전을 촉진하기 위하여 녹색기
 술, 녹색산업, 녹색제품 등에 대한 적합성 인증을 하거나 녹색
 전문기업 확인, 공공기관의 구매의무화 또는 기술지도 등을 할
 수 있다(법 제32조 제2항).

 ㉠ 녹색기술·녹색산업의 적합성 인증 및 녹색전문기업 확인
  ㉮ 중앙행정기관의 장은 소관 분야에 대하여 녹색기술·녹색
   산업(녹색산업 설비·기반시설의 설치, 녹색기술·녹색산
   업의 응용·보급·확산 등 녹색성장과 관련된 경제활동으

로서 경제적·기술적 파급효과가 큰 사업을 말함)에 대한 적합성 인증 및 녹색전문기업의 확인(이하 '녹색인증'이라 함)을 한다(동법 시행령 제19조 제1항).

㉯ 녹색인증을 받으려는 자는 소관 중앙행정기관의 장에게 녹색인증을 신청하며, 신청을 받은 소관 중앙행정기관의 장은 신청한 내용을 평가하는 기관(이하 '평가기관'이라 함)을 지정하여 녹색인증의 평가를 의뢰하여야 한다(동법 시행령 제19조 제2항).

㉰ 평가기관의 평가 결과를 확인하고 녹색인증의 여부를 결정하기 위하여 관련 중앙행정기관 공동으로 녹색인증심의위원회(이하 '인증위원회'라 함)를 둔다(동법 시행령 제19조 제3항).

㉱ 소관 중앙행정기관의 장은 녹색인증의 신청 접수 및 평가기관의 평가 업무의 지원 등에 관한 업무를 「산업기술혁신촉진법」 제38조에 따른 한국산업기술진흥원에 위탁한다(동법 시행령 제19조 제4항).

㉲ 소관 중앙행정기관의 장은 녹색인증을 신청한 자에게 인증에 필요한 비용을 부담하게 할 수 있다(동법 시행령 제19조 제5항).

㉳ 동법 시행령 제1항부터 제5항까지에서 규정한 사항 외에 녹색인증의 대상·기준·절차·방법, 평가기관의 지정, 인증위원회의 구성·운영 등 녹색인증에 필요한 사항은 기획재정부장관, 교육과학기술부장관, 문화체육관광부장관, 농림수산식품부장관, 지식경제부장관, 환경부장관, 국토해양부장관 및 방송통신위원회위원장이 공동으로 정하여 관

보에 고시한다(동법 시행령 제19조 제6항).

　ⓛ 녹색제품에 대한 공공기관의 구매촉진

　　㉮ 조달청장은 공공기관의 녹색제품 구매를 촉진하기 위하여 필요한 품목을 지정·고시하고, 이에 따른 조달 기준을 마련할 수 있다(동법시행령 제20조 제1항).

　　㉯ 조달청장은 공공기관의 장이 구매·발주를 요청한 제품이나 공사에 대하여 해당 공공기관 장과의 협의를 거쳐 녹색제품으로 대체 구매하거나 공사설계에 반영할 수 있다(동법시행령 제20조 제2항).

③ 정부는 다음의 어느 하나에 해당하는 경우에는 적합성 인증 및 녹색전문기업 확인을 취소하여야 한다(법 제32조 제3항).

　㉠ 거짓이나 그 밖의 부정한 방법으로 인증이나 확인을 받은 경우

　㉡ 중대한 결함이 있어 인증이나 확인이 적당하지 아니하다고 인정되는 경우

④ 표준화, 인증 및 취소 등에 관하여 그 밖에 필요한 사항은 대통령령으로 정한다(법 제32조 제4항).

(4) 중소기업의 지원 등(법 제33조)

① 정부는 중소기업의 녹색기술 및 녹색경영을 촉진하기 위하여 다음의 시책을 수립·시행할 수 있다(법 제33조).

　㉠ 대기업과 중소기업의 공동사업에 대한 우선 지원

ⓛ 대기업의 중소기업에 대한 기술지도, 기술이전 및 기술인력
   파견에 대한 지원
ⓒ 중소기업의 녹색기술 사업화의 촉진
ⓔ 녹색기술 개발 촉진을 위한 공공시설의 이용
ⓜ 녹색기술·녹색산업에 관한 전문인력 양성·공급 및 국외진출
ⓗ 그 밖에 중소기업의 녹색기술 및 녹색경영을 촉진하기 위한
   사항

② 중소기업청장은 중소기업의 녹색기술 및 녹색경영을 촉진하기 위한
   연차별 추진계획을 수립·시행하여야 한다(동법 시행령 제21조).

(5) 녹색기술·녹색산업 집적지 및 단지 조성 등(법 제34조)

① 정부는 녹색기술의 공동연구개발, 시설장비의 공동활용 및 산·
   학·연 네트워크 구축 등의 사업을 위한 집적지와 단지를 조성
   하거나 이를 지원할 수 있다(법 제34조 제1항).

② 위의 사업을 추진하는 경우에는 다음의 사항을 고려하여야 한
   다(법 제34조 제2항).
   ㉠ 산업단지별 산업집적 현황에 관한 사항
   ⓛ 기업, 대학, 연구소 등의 연구개발 역량강화 및 상호연계에
      관한 사항
   ⓒ 산업집적기반시설의 확충 및 우수한 녹색기술·녹색산업 인
      력의 유치에 관한 사항

㉣ 녹색기술·녹색산업의 사업추진체계 및 재원조달방안

③ 정부는 대통령령으로 정하는 기관 또는 단체로 하여금 녹색기술·녹색산업 집적지 및 단지를 조성하게 할 수 있다(법 제34조 제3항). "대통령령으로 정하는 기관 또는 단체"란 다음의 기관 또는 단체를 말한다(동법 시행령 제22조).

㉠ 「산업기술단지 지원에 관한 특례법」 사업시행자
㉡ 「산업집적활성화 및 공장설립에 관한 법률」 한국산업단지공단
㉢ 「특정연구기관육성법」 공동관리기구
㉣ 「고등교육법」에 따른 대학, 산업대학, 전문대학 및 기술대학
㉤ 「과학기술분야 정부출연연구기관 등의 설립·운영 및 육성에 관한 법률」에 따른 과학기술분야 정부출연연구기관
㉥ 「기술개발촉진법」 한국산업기술진흥협회
㉦ 「한국환경공단법」에 따른 한국환경공단
㉧ 「환경기술 개발 및 지원에 관한 법률」 한국환경산업기술원
㉨ 「교통안전공단법」에 따른 교통안전공단
㉩ 「산업입지 및 개발에 관한 법률」 사업시행자

④ 정부는 기관 또는 단체가 녹색기술·녹색산업 집적지 및 단지를 조성하는 사업을 수행하는 데에 소요되는 비용의 전부 또는 일부를 출연할 수 있다(법 제34조 제4항).

(6) 녹색기술·녹색산업에 대한 일자리 창출 등(법 제35조)

① 정부는 녹색기술·녹색산업에 대한 일자리를 창출·확대하여

모든 국민이 녹색성장의 혜택을 누릴 수 있도록 하여야 한다
(법 제35조 제1항).

② 정부는 녹색기술·녹색산업에 대한 일자리를 창출하는 과정에
서 산업분야별 노동력의 원활한 이동·전환을 촉진하고 국민이
새로운 기술을 습득할 수 있는 기회를 확대하며, 녹색기술·녹
색산업에 대한 일자리 창출을 위한 재정적·기술적 지원을 할
수 있다(법 제35조 제2항).

8. 규제의 선진화(법 제36조)

① 정부는 자원을 효율적으로 이용하고 온실가스와 오염물질의 발
생을 줄이기 위한 규제를 도입하려는 경우에는 온실가스 또는
오염물질의 발생 원인자가 스스로 온실가스와 오염물질의 발생
을 줄이도록 유도함으로써 사회·경제적 비용을 줄이도록 노력
하여야 한다(법 제36조 제1항).

② 정부는 온실가스와 오염물질의 발생을 줄이기 위한 규제를 도
입하려는 경우에는 민간의 자율과 창의를 저해하지 않도록 하
고, 기업의 규제에 대한 국내외 실태조사 등을 하여 산업경쟁
력을 높일 수 있도록 규제의 중복을 피하는 등 규제 체계를 선
진화하여야 한다(법 제36조 제2항).

9. 국제규범 대응(법 제37조)

① 정부는 외국 정부 또는 국제기구에서 제정하거나 도입하려는
저탄소 녹색성장과 관련된 제도·정책에 관한 동향과 정보를

수집·조사·분석하여 관련 제도·정책을 합리적으로 정비하고 지원체제를 구축하는 등 적절한 대책을 마련하여야 한다(법 제37조 제1항).

② 정부는 동향, 정보 및 대책에 관한 사항을 기업·국민들에게 충분히 제공함으로써 국내 기업과 국민들이 대응역량을 높일 수 있도록 하여야 한다(법 제37조 제2항).

저탄소 녹색성장 관련 법령

제1절 유형별 녹색성장 관련 법령

1. 기후변화대응 관련 녹색 법령

「기상법」, 「환경정책기본법」, 「감염예방 및 관리에 관한 법률」, 「하천법」, 「수질 및 수생태계 보전에 관한 법률」, 「댐건설 및 주변지역 지원 등에 관한 법률」, 「수도법」, 「지하수법」, 「해양심층수의 개발 및 관리에 관한 법률」, 「대기환경보전법」, 「농어업·농어촌 및 식품산업 기본법」, 「자연재해대책법」, 「해양환경관리법」 등이 있다.

2. 온실가스 감축 관련 녹색 법령

「환경친화적 자동차의 개발 및 보급촉진에 관한 법률」, 「자동차관

리법」, 「대기환경보전법」, 「산림기본법」, 「산림자원의 조성 및 관리
에 관한 법률」, 「임업 및 산출 진흥촉진에 관한 법률」, 「농어업·농
어촌 및 식품산업기본법」, 「자원의 절약과 재활용촉진에 관한 법률」
등이 있다.

3. 녹색에너지 관련 녹색 법령

「에너지법」, 「에너지이용 합리화법」, 「건축법」, 「신에너지 및 재
생에너지 개발·이용·보급 촉진법」, 「원자력법」, 「발전소주변지역
지원에 관한 법률」, 「해외자원개발 사업법」 등이 있다.

4. 녹색경제 관련 녹색 법령

「국가표준기본법」, 「특허법」, 「발명진흥법」, 「정보통신산업 진흥
법」, 「국가정보화 기본법」, 「국가과학기술 경쟁력강화를 위한 이공
계지원 특별법」, 「과학기술 기본법」, 「나노기술개발촉진법」, 「지능
형 로봇 개발 및 보급 촉진법」, 「환경친화적 산업구조로의 전환촉진
에 관한 법률」, 「산업기술혁신 촉진법」, 「친환경상품 구매촉진에 관
한 법률」, 「조세특례제한법」 등이 있다.

5. 녹색생활 관련 녹색 법령

「친환경 농업육성법」, 「지속가능교통물류발전법」, 「대기환경보전

법」, 「국토기본법」, 「대중교통의 육성 및 이용촉진에 관한 법률」, 「첨
단산업발전 기본법」, 「국가통합교통체계효율화법」, 「자전거이용활성
화에 관한 법률」, 「도시교통정비 촉진법」, 「건축법」, 「관광진흥법」,
「기업환경보전법」, 「시생활□육시워법」, 「집겆지역지워법」 등이 있다.

제2절 기후변화대응 관련 녹색 관련 법령

1. 「기상법」

기상청장은 지구대기 등 기후를 감시하고, 지구대기감시관측[지구
대기감시를 위하여 성층권 오존층, 대기 중의 주요 온실가스 농도,
지역 대기질(大氣質)에 영향을 미치는 주요 가스상·입자상 물질 등
에 대하여 행하는 관측을 말함] 자료를 수집·분석 및 관리하여 그
결과를 주기적으로 공고해야 하고, 기후변화에 대한 대책 마련을 위
해 기후에 관한 영향조사 및 변화추세 예측을 해야 한다(「기상법」 제
21조 제1항 및 제2항).

2. 「환경정책기본법」

국가 및 지방자치단체는 국제협력을 통하여 환경정보와 기술을 교
류하고 전문인력을 양성하며, 지구 전체의 환경에 영향을 미치는 기
후변화, 오존층의 파괴, 해양오염, 사막화 및 생물자원의 감소 등으

로부터 지구의 환경을 보전하기 위하여 지구환경의 감시, 관측 및 보호에 관하여 상호 협력하는 등 국제적인 노력에 적극 참여해야 한다(「환경정책기본법」 제17조).

3. 「하천법」

① 국토해양부장관은 하천유역의 수자원 개발·이용의 적정화, 하천환경의 개선, 홍수예방 및 홍수발생 시 피해의 최소화 등을 위하여 필요한 사항 등을 내용으로 10년 단위의 유역종합치수계획을 수립·시행해야 한다(「하천법」 제24조 제1항).

② 하천관리청은 그가 관리하는 하천에 대하여 하천의 이용 및 자연친화적 관리에 필요한 기본적인 사항 등을 내용으로 하는 10년 단위의 하천기본계획을 공통유역도(국토해양부장관이 이수·치수·환경을 고려하여 전국을 권역별로 구분한 유역도를 말함)를 기본으로 권역별로 수립해야 한다(「하천법」 제25조 제1항).

4. 「수질 및 수생태계 보전에 관한 법률」

① 환경부장관, 유역환경청장·지방환경청장 또는 시장·군수·구청장은 수질 및 수생태계 변화 추이 및 목표기준, 상수원 및 물 이용현황, 오염원의 분포현황, 오염원에 의한 수질오염물질 발생량, 수질오염 예방 및 저감대책 등의 사항이 포함되어 있는 수질 및 수생태계 보전을 위한 기본계획을 수립해야 한다(「

수질 및 수생태계 보전에 관한 법률」 제24조 제1항·제2항, 제
25조 제1항 및 제26조 제1항).

② 환경부장관은 일정한 지역에 대해서는 수계영향권별로 배출되
는 수질오염물질을 총량으로 관리할 수 있다(「수질 및 수생태
계 보전에 관한 법률」 제4조 제1항 본문).

5. 「댐건설 및 주변지역 지원 등에 관한 법률」

하천의 흐름을 막아 그 저수를 생활 및 공업용수, 농업용수, 환경
개선용수 및 홍수발전으로 이용하기 위한 댐에 대하여 국토해양부장
관은 10년마다 댐건설장기계획을 수립·실시하여 수자원관리기반을
강화해야 한다(「댐건설 및 주변지역지원 등에 관한 법률」 제2조 제1
호 및 제4조 제1항).

6. 「수도법」

① 건축주는 건축물 및 그 밖에 물의 절약과 효율적인 이용을 위하
여 특히 필요하다고 인정하여 지방자치단체의 조례로 정하는
시설을 건축하려는 경우에는 수돗물의 절약과 효율적 이용을
위하여 절수설비(節水設備)를 설치해야 한다(「수도법」 제15조
제1항).

② 종합운동장, 실내체육관 등 지붕의 면적이 넓은 시설물 중 지붕
면적이 2,400제곱미터 이상이고, 관람석 수가 1,400석 이상인
시설물을 신축·증축·개축 또는 재축하려는 자는 빗물이용시

설을 설치·운영해야 한다(「수도법」 제16조 제1항, 「수도법 시
행령」 제26조).

7. 「농어업·농어촌 및 식품산업 기본법」

① 국가와 지방자치단체는 농어업의 환경보전기능을 증진하고 안
전한 농수산물과 품질 좋은 식품의 생산 및 소비를 촉진하기 위
해 지속 가능한 친환경 농어업 등을 육성해야 한다(「농어업·
농어촌 및 식품산업 기본법」 제8조 제2항).
② 정부는 식량과 주요 식품의 공급 및 가격이 국제적으로 불안정
하거나 자연재해 등으로 안정적인 공급이 어려운 위기상황에
대비하기 위하여 식량 및 주요 식품을 국내에서 적정하게 생산
하여 비축하거나 해외에서 확보하여 적정하게 공급하기 위한
정책을 세우고 시행해야 한다(「농어업·농어촌 및 식품산업 기
본법」 제23조).

8. 「자연재해대책법」

국가는 자연현상으로 인한 재난으로부터 국민의 생명, 신체 및 재산
과 주요기간시설을 보호하기 위하여 자연재해의 예방 및 대비에 관한
종합계획을 수립하여 이를 시행해야 하며, 그 시행을 위한 최대한의
재정적·기술적 지원을 해야 한다(「자연재해대책법」 제3조 제1항).

9. 「해양환경관리법」

국가와 지방자치단체는 해양오염으로 인한 위해(危害)를 예방하고 훼손된 해양환경을 복원하는 등 해양환경이 서성한 무서·관리에 필요한 시책을 수립·시행하여야 한다(「해양환경관리법」 제52조 제1항).

제3절 온실가스 감축 관련 녹색 관련 법령

1. 「환경친화적 자동차의 개발 및 보급촉진에 관한 법률」

지식경제부장관은 환경친화적 자동차의 개발 및 보급을 촉진하기 위한 기본계획을 5년마다 수립하고, 기본계획의 추진을 위하여 관계 중앙행정기관 장의 의견을 들어 매년 환경친화적 자동차의 개발에 관한 시행계획을 수립·추진해야 한다(「환경친화적 자동차의 개발 및 보급촉진에 관한 법률」 제3조 제1항 및 제4조 제1항).

2. 「대기환경보전법」

자동차를 제작(수입 포함)하려는 자는 그 자동차에서 나오는 오염물질이 「대기환경보전법 시행규칙」 별표 17에 따른 제작차배출허용기준에 맞도록 제작해야 한다(「대기환경보전법」 제46조 제1항 및 「대기환경보전법 시행규칙」 제62조).

3. 「산림기본법」 및 「산림자원의 조성 및 관리에 관한 법률」

① 국가 및 지방자치단체는 지속 가능한 산림경영을 위해 지역적
   특성을 고려한 조림·육림 등의 산림자원 조성시책을 수립·시
   행해야 한다(「산림기본법」 제16조 제1항).
② 산림청장은 산림자원의 조성·육성 등과 관련된 산림과학기술
   의 연구개발을 촉진하기 위해 산림과학기술 기본계획을 10년
   단위로 수립·시행해야 한다(「산림자원의 조성 및 관리에 관한
   법률」 제34조 제1항).

4. 「자원의 절약과 재활용 촉진에 관한 법률」

① 환경부장관은 관계 중앙행정기관의 장 및 특별시장·광역시장·
   도지사·특별자치도지사(이하 '시·도지사'라 함)와 협의하여
   자원순환기본계획을 5년마다 수립하고, 관계 중앙행정기관의 장
   과 시·도지사는 자원순환 기본계획의 연차별 시행계획을 수립
   하여 환경부장관에게 알리고 이를 시행해야 한다(「자원의 절약
   과 재활용촉진에 관한 법률」 제7조).
② 정부는 생산자나 소비자에게 자원을 절약하고 폐기물의 발생을
   억제하며 폐기물의 재활용을 위해 필요한 사항을 권고하거나
   지도할 수 있으며, 주무부장관(主務部長官)은 자원의 절약과 폐
   기물의 발생억제를 위한 장치·기술의 보급을 확대하기 위하여
   관계 행정기관의 장에게 협조를 요청할 수 있다(「자원의 절약
   과 재활용촉진에 관한 법률」 제8조).

③ 특별자치도지사·시장·군수·구청장은 중고물품의 교환과 재
사용 가능한 대형폐기물의 재활용을 촉진하기 위해 필요한 재
활용센터를 한 군데 이상 설치·운영해야 한다(「자원의 절약과
재활용촉진에 관한 법률」 제13조의 2 제1항 및 제2항).

제4절 녹색에너지 관련 녹색 관련 법령

1. 「에너지법」

① 정부는 에너지 관련 기술의 개발과 보급을 촉진하기 위하여 10
년 이상을 계획기간으로 다음의 사항이 포함된 에너지기술개발
계획(이하 '에너지기술개발계획'이라 함)을 5년마다 수립하고,
이에 따른 연차별 실행계획을 수립·시행해야 한다(「에너지법」
제11조 제1항 및 제3항).
 ㉠ 에너지의 효율적 사용을 위한 기술개발에 관한 사항
 ㉡ 신·재생에너지 등 환경친화적 에너지에 관련된 기술개발에
  관한 사항
 ㉢ 에너지 사용에 따른 환경오염 저감을 위한 기술개발에 관한
  사항
 ㉣ 온실가스 배출을 줄이기 위한 기술개발에 관한 사항
 ㉤ 개발된 에너지기술의 실용화 촉진에 관한 사항
 ㉥ 국제에너지기술협력의 촉진에 관한 사항
 ㉦ 에너지기술에 관련된 인력, 정보, 시설 등 기술개발자원의 확

대 및 효율적 활용에 관한 사항

② 관계 중앙행정기관의 장은 에너지기술개발사업을 종합적이고 효율적으로 추진하기 위하여 에너지기술개발계획 연차별 실행 계획의 시행에 필요한 에너지기술개발사업비를 조성할 수 있다 (「에너지법」 제14조 제1항).

③ 관계 중앙행정기관의 장은 에너지기술개발을 촉진하기 위하여 필요한 경우 에너지 관련 사업자에게 에너지기술개발을 위한 사업에 투자 또는 출연할 것을 권고할 수 있다(「에너지법」 제15조).

2. 「에너지이용합리화법」

① 지식경제부장관은 에너지를 합리적으로 이용하게 하기 위해 에너지이용 합리화에 관한 기본계획을 수립해야 하며, 이에 따라 관계 행정기관의 장과 특별시장·광역시장·도지사 또는 특별자치도지사는 에너지이용 합리화에 관한 실시계획을 수립하고 시행해야 한다(「에너지이용 합리화법」 제4조 및 제6조 제1항).

② 정부는 에너지이용을 합리화하고 이를 통하여 온실가스의 배출을 줄이기 위하여 아래의 에너지절약형 시설투자, 에너지절약형 기자재의 제조·설치·시공, 그 밖에 에너지이용 합리화와 이를 통한 온실가스 배출의 감축에 관한 사업에 대하여 금융·세제상의 지원 또는 보조금의 지급, 그 밖에 필요한 지원을 할

수 있다(「에너지이용 합리화법」 제14조 제1항).

③ 효율관리기자재의 제조업자 또는 수입업자는 효율관리시험기
   관에서 해당 효율관리기자재의 에너지 사용량을 측정받아 에너
   지소비효율등급 또는 에너지소비효율을 해당 효율관리기자재
   에 표시해야 한다(「에너지이용 합리화법」 제15조 제2항 본문).

④ 고효율에너지 인증대상기자재의 제조업자 또는 수입업자가 해
   당 기자재에 고효율에너지기자재의 인증표시를 하려면 해당 에
   너지사용기자재가 인증기준에 적합한지 여부에 대하여 고효율
   시험기관의 측정을 받아 지식경제부장관으로부터 인증을 받아
   야 한다(「에너지이용 합리화법」 제22조 제2항).

3. 「신에너지 및 재생에너지 개발·이용·보급 촉진법」

① 지식경제부장관은 신·재생에너지의 이용·보급을 촉진하기 위
   해 필요하다고 인정하면 다음의 보급사업을 할 수 있다(「신에
   너지 및 재생에너지 개발·이용·보급 촉진법」 제27조 제1항).
   ㉠ 신기술의 적용사업 및 시범사업
   ㉡ 환경친화적 신·재생에너지 집적화단지(集積化團地) 및 시범
      단지 조성사업
   ㉢ 지방자치단체와 연계한 보급사업
   ㉣ 실용화된 신·재생에너지 설비의 보급을 지원하는 사업
   ㉤ 그 밖에 신·재생에너지 기술의 이용·보급을 촉진하기 위하
      여 필요한 사업으로서 지식경제부장관이 정하는 사업

② 신·재생에너지 보급촉진을 위해 일정기준 이상의 신·재생에
너지설비를 제조하거나 수입해서 판매하려는 사람은 신·재생
에너지센터로부터 해당 설비에 대해 인증을 받을 수 있다(「신에
너지 및 재생에너지 개발·이용·보급 촉진법」 제13조 제1항).

4. 「원자력법」 및 「발전소 주변지역 지원에 관한 법률」

① 발전용 원자로 운영자는 10년마다 주기적으로 발전용 원자로
및 관계시설의 안전성을 종합적으로 평가하고, 그 결과를 기재
한 평가보고서를 교육과학기술부장관에게 제출해야 한다(「원
자력법」 제23조의 3 제1항, 「원자력법 시행령」 제42조의 2 제1
항 및 제42조의 3 제1항).
② 원자력발전소를 운영하는 발전사업자는 자기자금으로 교육·
장학지원사업, 지역경제협력사업, 주변환경개선사업, 지역복
지사업, 지역문화진흥사업, 그 밖의 사업자지원사업을 할 수
있다(「발전소주변지역 지원에 관한 법률」 제13조의 2 제1항).

5. 「해외자원개발 사업법」

① 정부는 해외자원의 합리적인 개발을 위해 10년의 계획기간으로
해외자원개발에 관한 장기적이고 종합적인 해외자원개발 기본
계획을 3년마다 수립·시행해야 한다(「해외자원개발 사업법」
제4조).
② 정부는 해외자원개발사업의 원활한 추진을 위하여 해외자원개

발사업자, 해외자원개발투자회사 및 해외자원개발투자전문회
사, 투자위험보증기관에 해외자원 개발사업에 필요한 일부 자
금을 융자할 수 있다(「해외자원개발 사업법」 제11조 제1항).

제5절 녹색경제 관련 녹색 관련 법령

1. 「국가표준기본법」, 「특허법」 및 「발명진흥법」

① 화학·환경, 바이오·나노, 부품·소재, 정보통신, 첨단융합
  등에 대한 시험·연구·인증과 기술개발 등을 효율적으로 수
  행하기 위한 사업을 수행하는 한국화학융합시험연구원을 설립
  하고, 중앙행정기관의 장 및 지방자치단체의 장은 개별 사업을
  수행하는 데 소요되는 비용의 전부 또는 일부를 보조할 수 있
  다(「국가표준기본법」 제30조의 2 제1항 및 제6항).
② 특허청장은 녹색기술과 직접 관련된 특허출원에 대해서는 심사
  관으로 하여금 다른 특허출원에 우선하여 심사하게 할 수 있다
  (「특허법」 제61조 제2호 및 「특허법 시행령」 제9조 제2호).
③ 특허청장은 녹색 융합을 비롯한 산업재산권의 출원이 있으면
  이를 신속·정확하게 심사하고 처리하기 위해 관련 분야의 국
  내외의 선행기술(先行技術)에 관하여 종합적으로 조사하는 시
  책을 수립·시행해야 한다(「발명진흥법」 제25조 제1항).

2. 「국가과학기술 경쟁력강화를 위한 이공계지원 특별법」

국가 및 지방자치단체는 산·학·연 상호 간의 연계를 강화하기 위해 필요한 시책을 마련해야 한다(「국가과학기술 경쟁력강화를 위한 이공계지원 특별법」 제10조 제1항).

3. 「나노기술개발촉진법」

교육과학기술부장관은 나노기술의 연구개발을 촉진하기 위해 나노기술종합발전계획을 5년마다 수립하고, 이를 추진해야 한다(「나노기술개발촉진법」 제4조 제1항).

4. 「지능형 로봇개발 및 보급 촉진법」

지식경제부장관은 지능형 로봇의 개발 및 보급을 촉진하고 그 기반을 조성하여 지능형 로봇산업의 발전 등을 위해 5년마다 지능형 로봇 개발 및 보급에 관한 기본계획을 수립해야 한다(「지능형 로봇 개발 및 보급 촉진법」 제5조 제1항).

5. 「환경친화적 산업구조로의 전환촉진에 관한 법률」

① 정부는 녹색경영을 촉진하고 그 확산을 유도하기 위한 시책 및 녹색경영에 관한 기법을 개발·활용하는 기업과 녹색제품을 생

산·구매하는 기업을 지원하기 위한 시책을 마련해야 한다(「환경친화적 산업구조로의 전환촉진에 관한 법률」 제15조 제1항).

② 환경경영체제에 관한 다음의 사업을 하려는 자는 지식경제부장관이 환경부장관과 협의하여 지정하는 자(이하 '국내인정기관'이라 함)나 국제인정기관협력기구의 관리를 받는 외국 소재 인정기관으로부터 사업의 인정을 받아 이를 수행할 수 있다(「환경친화적 산업구조로의 전환촉진에 관한 법률」 제16조 제1항).

　㉠ 환경경영체제 인증사업

　㉡ 환경경영체제 관련 인증심사원(認證審査員)의 자격인증사업

　㉢ 그 밖에 환경경영체제에 관한 사업으로서 「환경친화적 산업구조로의 전환촉진에 관한 법률 시행규칙」으로 정하는 사업

③ 지식경제부장관은 환경경영체제 인증의 신뢰성을 높이고 환경경영의 확산을 위해 다음의 사업을 수행할 수 있다(「환경친화적 산업구조로의 전환촉진에 관한 법률」 제16조의 2 제1항 및 「환경친화적 산업구조로의 전환촉진에 관한 법률 시행령」 제18조).

　㉠ 인증기관(지사 포함)과 환경경영체제인증의 실태조사

　㉡ 부실인증 신고센터의 운영

　㉢ 국내외 환경경영체제 인증기업의 우수사례 발굴 및 보급

　㉣ 환경경영체제 인증의 신뢰성 향상을 위한 교육과 연구 및 홍보

　㉤ 국내 환경경영체제 인증제도의 대외적합성 확보를 위한 국제협력사업

6. 「친환경 상품구매 촉진에 관한 법률」

① 국가기관, 지방자치단체, 「공공기관의 운영에 관한 법률」에 따라 지정된 공공기관, 그 밖에 「친환경 상품구매촉진에 관한 법률 시행령」에 따른 기관의 장은 상품을 구매하려는 경우 친환경 상품을 구매해야 한다(「친환경상품 구매촉진에 관한 법률」제6조).
② 정부는 친환경 상품의 구매 촉진에 기여하는 사업자·관련단체 등에 대하여 각종 지원을 할 수 있다(「친환경 상품 구매촉진에 관한 법률」제15조).

7. 「조세특례제한법」

① 거주자가 일정한 요건을 모두 갖춘 녹색투자신탁 등에 2012년 12월 31일까지 가입한 경우 해당 녹색투자신탁 등에서 발생한 배당소득(계약기간 만료일 이후 발생한 소득은 제외함)에 대해서는 소득세가 부과되지 않는다(「조세특례제한법」제91조의 13 제1항).
② 거주자가 일정한 요건을 모두 갖춘 녹색예금에 2012년 12월 31일까지 가입하는 경우 그 예금에서 발생하는 이자소득(계약기간 만료일 이후 발생한 소득은 제외)에 대해서는 소득세가 부과되지 않는다(「조세특례제한법」제91조의 13 제2항).
③ 하이브리드자동차로서 일정한 요건을 갖춘 자동차(2009년 7월 1일부터 2012년 12월 31일까지 제조장 또는 보세구역에서 반출

되는 자동차에 한함)에 대해서는 개별소비세를 개별소비세액이
100만 원 이하인 경우에는 개별소비세액 전액, 개별소비세액이
100만 원을 초과하는 경우에는 100만 원 감면된다(「조세특례제
한법」 제109조).

제6절 녹색생활 관련 녹색 관련 법령

1. 「친환경 농업육성법」

① 농림수산식품부장관 또는 지방자치단체의 장은 친환경 농업을
발전시키기 위하여 친환경 농업기술의 연구개발과 보급 및 지
도에 필요한 시책을 마련해야 한다(「친환경 농업육성법」 제13
조 제1항).
② 농림수산식품부장관은 친환경 농업의 육성과 소비자보호를 위
해 농산물이 친환경 농산물임을 인증할 수 있다(「친환경 농업
육성법」 제17조 제1항).

2. 「지속가능교통물류발전법」

① 국가 및 지방자치단체는 교통부문 연료소비와 온실가스 배출을
감축하기 위해 경제운전에 대한 교육프로그램을 개발·보급하
고 다양한 홍보를 추진해야 한다(「지속가능교통물류발전법」 제

48조 제1항).

② 국가 및 지방자치단체는「기후변화에 관한 국제연합 기본협약」의 시행을 위해 교통물류체계를 전환하거나 조정함으로써 온실가스 배출량을 감축할 수 있도록 필요한 조치를 해야 한다(「지속가능교통물류발전법」제16조 제1항).

③ 국토해양부장관, 특별시장·광역시장·시장 또는 군수는 온실가스 등으로 인한 지구온난화를 방지하고 쾌적한 교통물류 여건을 조성하기 위해 필요하다고 인정하면 관계 중앙행정기관의 장과 협의를 거쳐 환경친화적 교통수단의 운행 확대를 위한 다음의 조치를 해야 한다(「지속가능교통물류발전법」제28조 및「지속가능교통물류발전법 시행령」제29조).

3.「국토기본법」

국가 및 지방자치단체는 국토에 관한 계획이나 사업을 수립·집행함에 있어서 자연환경과 생활환경에 미치는 영향을 사전에 고려해야 하며, 환경에 미치는 부정적인 영향이 최소화될 수 있도록 해야 한다(「국토기본법」제5조 제1항).

4.「대중교통의 육성 및 이용촉진에 관한 법률」

① 국토해양부장관은 대중교통을 체계적으로 육성·지원하고 국민의 대중교통 이용을 촉진하기 위해 관계 중앙행정기관의 장 및 특별시장·광역시장·도지사의 의견을 들어 대중교통정책

의 기본방향과 목표, 대중교통수단 간 수송분담률의 현황과 목
표 등의 사항이 포함된 5년 단위의 대중교통기본계획을 수립해
야 한다(「대중교통의 육성 및 이용촉진에 관한 법률」 제5조 제
1항·제2항 및 「대중교통의 육성 및 이용촉진에 관한 법률 시
행령」 제3조).

② 특별시장·광역시장·시장 또는 군수는 대중교통의 이용을 촉
진하고 원활한 교통소통을 확보하기 위해 필요하다고 인정되는
경우에는 관계 행정기관의 협의를 거쳐 노선버스 등 대중교통
수단이 우선적으로 통행할 수 있는 조치를 해야 한다(「대중교
통의 육성 및 이용촉진에 관한 법률」 제10조 제1항).

③ 국토해양부장관은 고속도로에서 대중교통수단의 우선통행 및
원활한 소통을 확보하기 위해 필요하다고 인정되는 경우에는
버스전용차로의 설치를 경찰청장에게 요청할 수 있으며, 요청
을 받은 경찰청장은 특별한 사유가 없는 한 이에 응해야 한다(「
대중교통의 육성 및 이용촉진에 관한 법률」 제10조 제2항).

5. 「건축법」

① 국토해양부장관과 환경부장관은 지속 가능한 개발의 실현과 자
원절약형이고 자연친화적인 건축물의 건축을 유도하기 위해 공
동으로 친환경 건축물 인증제도를 실시한다(「건축법」 제65조
제1항).

② 국토해양부장관과 지식경제부장관은 에너지 성능이 높은 건축
물의 건축을 확대하고, 건축물의 효과적인 에너지관리를 위하

여 공동으로 건축물 에너지효율등급 인증제를 시행한다(「건축
법」 제66조의 2 제1항).

6. 「관광진흥법」 및 「자연환경보전법」

① 문화체육관광부장관은 에너지·자원의 사용을 최소화하고 기
   후변화에 대응하며 환경 훼손을 줄이는 지속 가능한 관광자원
   의 개발을 장려하기 위해 정보제공 및 재정지원 등 필요한 조
   치를 강구할 수 있다(「관광진흥법」 제48조의 3).
② 환경부장관은 생태적으로 건전하고 자연친화적인 생태관광을
   육성하기 위해 문화체육관광부장관과 협의하여 지방자치단체,
   관광사업자 및 자연환경의 보전을 위한 민간단체에 대하여 지
   원할 수 있다(「자연환경보전법」 제41조 제1항).

PART 02

저탄소 녹색성장 기본법 각론

정부는 2020년까지 세계 7대 녹색강국 진입을 목표로 ① 기후변화 적응 및 에너지 자립, ② 신성장동력 창출 및 ③ 삶의 질 개선과 국가위상 강화라는 3대 전략을 녹색성장 5개년계획을 수립·시행하고 있다.

이에 따라 정부는 ① 효율적 온실가스 감축, ② 탈석유·에너지자립 강화, ③ 기후변화적응 역량 강화, ④ 녹색기술 개발 및 성장동력화, ⑤ 산업의 녹색화 및 녹색산업 육성, ⑥ 산업구조의 고도화, ⑦ 녹색경제기반 조성, ⑧ 녹색국토·교통의 조성, ⑨ 생활의 녹색혁명, ⑩ 세계적인 녹색성장 모범국가 구현의 녹색성장을 위한 10 대 정책방향을 제시하고 있다. 여기에 제시된 10대 정책방향을 실천하기 위한 법적 제도적인 저탄소 녹색성장 기본법상의 내용을 본서의 제2편에서 확인하기로 한다.

기후변화대응

제1절 개관

정부는 지구온난화에 따른 기후변화 문제의 심각성을 인식하고, 저탄소 사회를 구현하기 위해 기후변화대응정책 및 관련 계획을 기후변화대응의 기본원칙에 따라 수립·시행해야 한다.

이에 따라 정부는 기상정보관리체계를 구축하고, 기후변화영향 관련 시책 등을 추진해야 한다.

정부는 범지구적인 온실가스 감축에 적극 대응하고 저탄소 녹색성장을 효율적·체계적으로 추진하기 위해 국내 여건 및 각국의 동향 등을 고려한 에너지 관련 중장기 및 단계별 목표를 설정하고 그 달성을 위하여 필요한 조치를 강구해야 한다. 따라서 기후변화대응과 녹색에너지 정책은 저탄소 녹색성장의 구현을 위한 상호 연관되어 있지 별개의 행동원리가 아니다. 법 제42조(목표관리), 제44조(보고)에서도 공통적으로 양자를 함께 규율하고 있고, 정부는 온실가스 배출 및 에너지 사용 등의 이력, 기술 수준, 국제경쟁력, 국가목표 등을 고려하고 있다(법 제42조 제5항). 또 환경부장관은 온실가스 및 에너지 목표관리의 통합·연계, 국내산업의 여건, 국제적인 동향, 이중규제의 방지 등 관련규제의 선진화 등을 고려하여 양자의 목표의 설정·관리 및 검증 등에 관한 종합적인 기준 및 지침을 마련하고 있다(동법 시행령 제26조 제2항). 따라서 온실가스 배출 관리업체와 에너지 소비 관리업체의 지정기준, 지정 절차, 배출량·소비량 보고 절차 등은 같다. 다만 본서의 체제구성상 기후변화대응에 관한 온실가스 감축규정은 본편의 제2장에서, 녹색에너지 정책에 관한 규정의 내용은 본편의 제3장에서 별도 서술하기로 한다.

제2절 기후변화대응

1. 기후변화대응의 기본원칙

정부는 저탄소사회(low carbon society)를 구현하기 위하여 기후변화대응정책 및 관련 계획을 다음의 원칙에 따라 수립·시행해야 한다(법 제38조).

　㉠ 지구온난화에 따른 기후변화 문제의 심각성을 인식하고 국가적·국민적 역량을 모아 총체적으로 대응하고 범지구적 노력

에 적극 참여한다(법 제38조 제1호).

ⓛ 온실가스 감축의 비용과 편익을 경제적으로 분석하고 국내 여건 등을 감안하여 국가온실가스 중장기 감축 목표를 설정하고, 가격기능과 시장원리에 기반을 둔 비용효과적 방식의 합리적 규제체제를 도입함으로써 온실가스 감축을 효율적·체계적으로 추진한다(법 제38조 제2호).

ⓒ 온실가스를 획기적으로 감축하기 위하여 정보통신·나노·생명 공학 등 첨단기술 및 융합기술을 적극 개발하고 활용한다(법 제38조 제3호).

ⓔ 온실가스 배출에 따른 권리·의무를 명확히 하고 이에 대한 시장거래를 허용함으로써 다양한 감축수단을 자율적으로 선택할 수 있도록 하고, 국내 탄소시장을 활성화하여 국제 탄소시장에 적극 대비한다(법 제38조 제4호).

ⓜ 대규모 자연재해, 환경생태와 작물상황의 변화에 대비하는 등 기후변화로 인한 영향을 최소화하고 그 위험 및 재난으로부터 국민의 안전과 재산을 보호한다(법 제38조 제5호).

2. 기후변화대응 기본계획의 수립·시행(법 제40조)

① 정부는 기후변화대응의 기본원칙에 따라 20년을 계획기간으로 하는 기후변화대응 기본계획을 5년마다 수립·시행하여야 한다(법 제40조 제1항).

② 기후변화대응 기본계획을 수립하거나 변경하는 경우에는 위원

회의 심의 및 국무회의 심의를 거쳐야 한다. 다만, 대통령령으
로 정하는 경미한 사항을 변경하는 경우에는 그러하지 아니하
다(법 제40조 제2항). 대통령령으로 정하는 경미한 사항을 변
경하는 경우란 다음을 말한다(동법 시행령 제23조).

  ㉠ 법 제40조 제3항 제1호 및 제2호(온실가스 배출·흡수 현황
    에 한정함)에 관한 사항을 국내외 여건에 따라 일부를 변경하
    는 경우

  ㉡ 법 제40조 제3항 제6호·제7호 및 제9호에 관한 계획 중 기
    후변화대응 기본계획의 본질적인 내용에 영향을 미치지 아니
    하는 사항으로서 소요되는 총재원의 100분의 10 이내에서 기
    후변화대응 기본계획의 일부를 변경하는 경우

③ 기후변화대응 기본계획에는 다음의 사항이 포함되어야 한다(법
  제40조 제3항).

  ㉠ 국내외 기후변화 경향 및 미래 전망과 대기 중의 온실가스 농
    도변화(법 제40조 제3항 제1호).

  ㉡ 온실가스 배출·흡수 현황 및 전망(법 제40조 제3항 제2호).

  ㉢ 온실가스 배출 중장기 감축목표 설정 및 부문별·단계별 대책
    (법 제40조 제3항 제3호).

  ㉣ 기후변화대응을 위한 국제협력에 관한 사항(법 제40조 제3항
    제4호).

  ㉤ 기후변화대응을 위한 국가와 지방자치단체의 협력에 관한 사항
    (법 제40조 제3항 제5호).

  ㉥ 기후변화대응 연구개발에 관한 사항(법 제40조 제3항 제6호).

ⓢ 기후변화대응 인력양성에 관한 사항(법 제40조 제3항 제7호).

ⓞ 기후변화의 감시·예측·영향·취약성평가 및 재난방지 등 적응대책에 관한 사항(법 제40조 제3항 제8호).

ⓩ 기후변화대응을 위한 교육·홍보에 관한 사항(법 제40조 제3항 제9호).

ⓒ 그 밖에 기후변화대응 추진을 위하여 필요한 사항(법 제40조 제3항 제10호)

3. 기관별 온실가스 감축의 목표 설정·관리

(1) 온실가스 감축목표 설정·관리(법 제42조)

① 정부는 범지구적인 온실가스 감축에 적극 대응하고 저탄소 녹색성장을 효율적·체계적으로 추진하기 위하여 다음의 사항에 대한 중장기 및 단계별 목표를 설정하고 그 달성을 위하여 필요한 조치를 강구하여야 한다(법 제42조 제1항).

※ 온실가스 감축 국가목표 설정·관리(동법 시행령 제25조)
ⓖ 온실가스 감축 목표는 2020년의 국가 온실가스 총배출량을 2020년의 온실가스 배출 전망치 대비 100분의 30까지 감축하는 것으로 한다(동법 시행령 제25조 제1항).
ⓛ 위원회가 온실가스 감축 목표의 세부 감축 목표 및 부문별 목표의 설정 및 그 이행의 지원을 위하여 필요한 조치에 관한 사항을 심의하는 경우에는 위원회의 심의 전에 「경제정책조정회의 규정」 제2조에 따른 경제정책조정회의를 거쳐야 한다(동법 시행령 제25조 제2항).
ⓒ 위원회는 저탄소 녹색성장 정책의 기본방향을 심의할 때 감축 목표가 달성될 수 있도록 국가전략, 중앙추진계획 및 지방추진계획 간의 정합성과 기후변화대응 기본계획, 에너지기본계획 및 지속가능발전 기본계획이 체계적으로 연계될 수 있는 방안을 우선적으로 고려하여야 한다(동법 시행령 제25조 제3항).

② 정부는 목표를 설정할 때 국내 여건 및 각국의 동향 등을 고려
  하여야 한다(법 제42조 제2항).

③ 정부는 목표를 달성하기 위하여 관계 중앙행정기관, 지방자치
  단체 및 대통령령으로 정하는 공공기관에 대하여 대통령령으로
  정하는 바에 따라 해당 기관별로 에너지절약 및 온실가스 감축
  목표를 설정하도록 하고 그 이행사항을 지도·감독할 수 있다
  (법 제42조 제3항). 대통령령으로 정하는 공공기관 등이란 다
  음의 기관을 말한다(동법 시행령 제2조).
  ㉠ 「공공기관의 운영에 관한 법률」에 따른 공공기관
  ㉡ 「지방공기업법」에 따른 지방공사 및 같은 법 제76조에 따른
    지방공단
  ㉢ 「국립대학병원 설치법」, 「국립대학치과병원 설치법」, 「서울대학
    교병원 설치법」 및 「서울대학교치과병원 설치법」에 따른 병원

⑤ 행정안전부장관, 지식경제부장관 및 환경부장관은 이행결과보고서를 받은 날부터 3개월 이내에 이를 공동으로 평가하고, 그 결과를 국무총리에게 보고하여야 한다(동법 시행령 제28조 제5항).
⑥ 국무총리는 평가 결과에 따라 필요한 경우 중앙행정기관 등의 장에게 온실가스 감축 및 에너지절약을 촉진하기 위한 조치를 명할 수 있다(동법 시행령 제28조 제6항).

④ 정부는 온실가스 감축목표를 달성할 수 있도록 산업, 교통·수송, 가정·상업 등 부문별 목표를 설정하고 그 달성을 위하여 필요한 조치를 적극 마련하여야 한다(법 제42조 제4항).

※ '온실가스'란 이산화탄소(CO_2), 메탄(CH_4), 아산화질소(N_2O), 수소불화탄소(HFCs), 과불화탄소(PFCs), 육불화황(SF_6)으로 적외선 복사열을 흡수하거나 재방출하여 온실효과를 유발하는 대기 중의 가스 상태의 물질을 말한다(법 제2조 제9호).

☞ 수소불화탄소(HFCs)와 과불화탄소(PFCs)는 다음과 같다(동법 시행령 제2조 및 별표 1).

1. 수소불화탄소(HFCs)	HFC-23, HFC-32, HFC-41, HFC-43-10mee, HFC-125, HFC-134, HFC-134a, HFC-143, HFC-143a, HFC-152a, HFC-227ea, HFC-236fa, HFC-245ca
2. 과불화탄소(PFCs)	PFC-14, PFC-116, PFC-218, PFC-31-10, PFC-c318, PFC-41-12, PFC-51-14

※ '기후변화'란 사람의 활동으로 인하여 온실가스의 농도가 변함으로써 상당 기간 관찰되어 온 자연적인 기후변동에 추가적으로 일어나는 기후체계의 변화를 말한다(법 제2조 제12호).

※ '온실가스 배출'이란 사람의 활동에 수반하여 발생하는 온실가스를 대기 중에 배출, 방출 또는 누출시키는 직접배출과 다른 사람으로부터 공급된 전기 또는 열(연료 또는 전기를 열원으로 하는 것만 해당함)을 사용함으로써 온실가스가 배출되도록 하는 간접배출을 말한다(법 제2조 제10호).

(2) 온실가스·감축목표 설정·관리의 원칙(동법 시행령 제26조)

① 환경부장관은 온실가스 감축 목표의 설정·관리 및 필요한 조치에 관하여 총괄·조정 기능을 수행한다(동법 시행령 제26조 제1항).

② 환경부장관은 온실가스 목표관리의 통합·연계, 국내산업의 여건, 국제적인 동향, 이중 규제의 방지 등 관련 규제의 선진화 등을 고려하여 관리업체목표의 설정·관리 및 검증 등에 관한 종합적인 기준 및 지침을 마련하여 이를 관보에 고시한다. 이 경우 부문별 관계 중앙행정기관의 장(이하 '부문별 관장기관'이라 함)과의 협의 및 위원회의 심의를 거쳐야 한다(동법 시행령 제26조 제2항).

③ 부문별 관장기관은 다음의 구분에 따라 소관 부문별로 관이업체목표의 설정·관리 및 필요한 조치에 관한 사항을 관장한다. 이 경우 부문별 관장기관은 환경부장관의 온실가스 감축목표의 설정·관리 및 필요한 조체에 관한 총괄·조정 업무에 최대한 협조하여야 한다(동법 시행령 제26조 제3항).
   ㉠ 농림수산식품부: 농업·축산 분야
   ㉡ 지식경제부: 산업·발전(發電) 분야
   ㉢ 환경부: 폐기물 분야
   ㉣ 국토해양부: 건물·교통 분야

④ 환경부장관은 관리업체의 선정·목표관리의 신뢰성을 높이기 위하여 필요한 경우에는 부문별 관장기관의 소관 사무에 대하여 종합적인 점검·평가를 할 수 있으며, 그 결과에 따라 부문별 관장기관에게 온실가스 배출업체 (이하 '관리업체'라 함)에 대한 개선명령 등 필요한 조치를 요구할 수 있고 부문별 관장기관은 특별한 사정이 없으면 이에 따라야 한다(동법 시행령 제26조 제4항).

⑤ 환경부장관은 관리업체의 온실가스 감축 및 에너지절약 목표
등의 이행실적, 명세서의 신뢰성 여부 등에 중대한 문제가 있
다고 인정되는 경우 부문별 관장기관과 공동으로 관리업체에
대한 실태조사를 할 수 있다(동법 시행령 제26조 제5항).

⑥ 환경부장관은 관리업체의 점검·평가를 위하여 부문별 관장기관
에 필요한 자료를 요청할 수 있다(동법 시행령 제26조 제6항).

제3절 온실가스 감축 관리업체 선정

1. 관리업체의 선정·관리(법 제42조 제5항~제11항)

① 정부는 온실가스 감축 목표, 에너지절약 목표 및 에너지 이용효
율 목표를 달성하기 위하여 대통령령으로 정하는 기준량 이상
의 온실가스 배출업체 및 에너지 소비업체(이하 '관리업체'라
한다)별로 측정·보고·검증이 가능한 방식으로 목표를 설정·
관리하여야 한다. 이 경우 정부는 관리업체와 미리 협의하여야
하며, 온실가스 배출 및 에너지 사용 등의 이력, 기술수준, 국
제경쟁력, 국가목표 등을 고려하여야 한다(법 제42조 제5항).
"대통령령으로 정하는 기준량 이상의 온실가스 배출업체 및 에
너지 소비업체"란 다음의 업체를 말한다(동법 시행령 제29조
제1항).

㉠ 해당 연도 1월 1일을 기준으로 최근 3년간 업체의 모든 사업
장에서 배출한 온실가스와 소비한 에너지의 연평균 총량이
별표 2 및 별표 3의 기준 모두에 해당하는 업체(법 시행령 제
29조 제1항 제1호)

☞ 관리업체지정 온실가스 배출량 기준(법 시행령 제29조 제1항 제1호 및 별표 2)

1. 2011년 12월 31일까지 적용되는 기준: 125kilotonnes CO_2-eq 이상
2. 2012년 1월 1일부터 적용되는 기준: 87.5kilotonnes CO_2-eq 이상
3. 2014년 1월 1일부터 적용되는 기준: 50kilotonnes CO_2-eq 이상

☞ 관리업체지정 에너지 소비량 기준(법 시행령 제29조 제1항 제1호 및 별표 3)

1. 2011년 12월 31일까지 적용되는 기준: 500terajoules 이상
2. 2012년 1월 1일부터 적용되는 기준: 350terajoules 이상
3. 2014년 1월 1일부터 적용되는 기준: 200terajoules 이상

㉡ 관리업체의 사업장 중 최근 3년간 온실가스 배출량과 에너지
소비량의 연평균 총량이 별표 4 및 별표 5의 기준 모두에 해
당하는 사업장이 있는 업체의 해당 사업장(법 시행령 제29조
제1항 제2호)

☞ 관리업체지정 사업장 온실가스 배출량 기준(법 시행령 제29조 제1항 제2호 및 별표 4)

1. 2011년 12월 31일까지 적용되는 기준: 25kilotonnes CO_2-eq 이상
2. 2012년 1월 1일부터 적용되는 기준: 20kilotonnes CO_2-eq 이상
3. 2014년 1월 1일부터 적용되는 기준: 15kliotonnes CO_2-eq 이상

☞ 관리업체지정 사업장 에너지 소비량 기준(법 시행령 제29조 제1항 제2호 및 별표 5)

> 1. 2011년 12월 31일까지 적용되는 기준: 100terajoules 이상
> 2. 2012년 1월 1일부터 적용되는 기준: 90terajoules 이상
> 3. 2014년 1월 1일부터 적용되는 기준: 80terajoules 이상

② 부문별 관장기관은 기준량 이상의 온실가스 배출업체 및 에너지 소비업체에 해당하는 업체를 관리업체의 대상으로 선정하고 관련 자료를 첨부하여 매년 3월 31일까지 환경부장관에게 통보하여야 한다(동법 시행령 제29조 제2항).

③ 통보를 받은 환경부장관은 관리업체 선정의 중복·누락, 규제의 적절성 등을 확인하고 그 결과를 부문별 관장기관에게 통보하며, 통보를 받은 부문별 관장기관은 매년 6월 30일까지 관리업체를 지정하여 관보에 고시한다(동법 시행령 제29조 제3항).

④ 관리업체는 관리업체 지정에 이의가 있는 경우 고시된 날부터 30일 이내에 부문별 관장기관에게 소명 자료를 첨부하여 이의를 신청할 수 있다(동법 시행령 제29조 제4항).

⑤ 부문별 관장기관은 관리업체 지정에 따른 이의신청을 받았을 때에는 이에 관하여 재심사하고, 환경부장관의 확인을 거쳐 이의신청을 받은 날부터 30일 이내에 그 결과를 해당 관리업체에 통보하여야 하며, 부문별 관장기관은 관리업체의 지정에 변경이 있는 경우에는 그 내용을 관보에 고시한다(동법 시행령 제29

조 제5항).

⑥ 환경부장관은 각 부문별 관장기관이 지정·고시한 관리업체를
  종합하여 이를 공표할 수 있다(동법 시행령 제29조 제6항).

※ 관리업체에 대한 목표관리 방법 및 절차(동법 시행령 제30조)
① 부문별 관장기관은 법 제42조 제5항에 따라 매년 9월 30일까지 관리업체의 다음 연도 온
  실가스 감축, 에너지 절약 및 에너지 이용효율 목표를 설정하고 이를 관리업체 및 센터에
  통보한다(동법 시행령 제30조 제1항).
② 부문별 관장기관은 관리업체에 대한 온실가스 감축, 에너지 절약 및 에너지 이용효율 목
  표를 설정하는 때에는 법 제42조 제5항 후단에 따라 관계 중앙행정기관, 민간 전문가 등
  으로 구성된 협의체를 구성·운영한다(동법 시행령 제30조 제2항).
③ 목표를 통보받은 관리업체는 다음의 사항을 포함한 다음 연도 이행계획을 전자적 방식으
  로 매년 12월 31일까지 부문별 관장기관에게 제출하여야 하며, 부문별 관장기관은 이를
  지체 없이 센터에 제출하여야 한다(동법 시행령 제30조 제3항).
  ㉠ 5년 단위의 연차별 목표와 이행계획
  ㉡ 사업장별 생산설비 현황 및 가동률
  ㉢ 사업장별 배출 온실가스의 종류·배출량 및 사용 에너지의 종류·사용량 현황
  ㉣ 사업장별 온실가스 감축, 에너지 절약 및 에너지 이용효율 목표와 이행방법
  ㉤ 주요 생산 공정별 온실가스 배출 현황 및 에너지 소비량
  ㉥ 주요 생산 공정별 온실가스 감축, 에너지 절약 및 에너지 이용효율 목표와 이행방법
  ㉦ 사업장별 온실가스 배출량 및 에너지 소비량 산정방법(계산방식 및 측정방식을 포함한다)
  ㉧ 온실가스 감축·흡수·제거 실적
④ 관리업체는 이행계획을 실행한 실적을 전자적 방식으로 다음 연도 3월 31일까지 부문별
  관장기관에게 보고하여야 하며, 부문별 관장기관은 실적보고서의 정확성과 측정·보고·
  검증이 가능한 방식으로 작성되었는지 여부 등을 확인하고 이를 센터에 제출하여야 한다
  (동법 시행령 제30조 제4항).
⑤ 부문별 관장기관은 관리업체의 이행실적이 목표에 미치지 못하거나 보고의 내용 중 측정
  ·보고·검증 방법의 적용에 미흡한 사실이 발견되는 경우에는 법 제42조 제8항에 따른
  개선명령 등 필요한 조치를 하고, 이를 환경부장관에게 통보하여야 한다(동법 시행령 제
  30조 제5항).
⑥ 개선명령을 받은 관리업체는 이행계획을 수립할 때 이를 반영하여야 한다(동법 시행령
  제30조 제6항).

※ 등록부의 관리(동법 시행령 제31조)
① 센터는 동법 시행령 제30조 제4항에 따라 부문별 관장기관으로부터 이행실적을 제출받으
  면 이를 법 제42조 제7항에 따른 등록부로 작성하여 전자적 방식으로 통합 관리·운영하
  여야 한다(동법 시행령 제31조 제1항).

② 등록부에는 다음의 사항이 포함되어야 한다(동법 시행령 제31조 제2항).
  ㉠ 관리업체의 상호 또는 명칭
  ㉡ 관리업체의 대표
  ㉢ 관리업체의 본점 및 사업장 소재지
  ㉣ 관리업체 지정에 관한 사항
  ㉤ 동법 시행령 제30조 제3항부터 제5항까지에 따른 이행계획, 실적 보고 및 개선명령 등
    에 관한 사항
  ㉥ 동법 시행령 제34조에 따른 명세서에 관한 사항

(2) 관리업체의 관리(법 제42조 제6항~제11항)

① 관리업체는 목표를 준수하여야 하며, 그 실적을 대통령령으로
  정하는 바에 따라 정부에 보고하여야 한다(법 제42조 제6항).
  보고를 하지 아니하거나 거짓으로 보고한 자에게는 1천만 원 이
  하의 과태료를 부과한다(법 제64조 제1호).

② 정부는 보고받은 실적에 대하여 등록부를 작성하고 체계적으로
  관리하여야 한다(법 제42조 제7항).

③ 정부는 관리업체의 준수실적이 목표에 미달하는 경우 목표달성
  을 위하여 필요한 개선을 명할 수 있다. 이 경우 관리업체는 개
  선명령에 따른 이행계획을 작성하여 이를 성실히 이행하여야
  한다(법 제42조 제8항). 개선명령을 이행하지 아니한 자에게는
  1천만 원 이하의 과태료를 부과한다(법 제64조 제2호).

④ 관리업체는 이행결과를 측정·보고·검증이 가능한 방식으로
  작성하여 대통령령으로 정하는 공신력 있는 외부 전문기관의
  검증을 받아 정부에 보고하고 공개하여야 한다(법 제42조 제9

항). "대통령령으로 정하는 공신력 있는 외부 전문기관"이란 온실가스 배출량 및 에너지 소비량에 대하여 측정·보고·검증을 전문적으로 할 수 있는 인적·물적 능력을 갖춘 기관으로서 부문별 관장기관과의 협의를 거쳐 환경부장관이 지정·고시하는 기관을 말한다(동법 시행령 제32조 제1항). 환경부장관은 관리업체에 대한 측정·보고·검증 업무의 공신력을 높이기 위하여 필요한 경우에는 지정된 외부 전문기관(이하 "검증기관"이라 한다)에 관련 자료의 제공을 요청할 수 있고, 요청을 받은 검증기관은 특별한 사유가 없으면 이에 따라야 한다(동법 시행령 제32조 제2항). 검증기관의 지정 기준·절차, 관리업체의 검증기관 선정 등에 관한 사항은 부문별 관장기관과의 협의를 거쳐 환경부장관이 정하여 관보에 고시한다(동법 시행령 제32조 제3항).

⑤ 보고를 하지 아니하거나 거짓으로 보고한 자에게는 1천만 원 이하의 과태료를 부과한다(법 제64조 제1호).

⑥ 공개를 하지 아니한 자에게는 1천만 원 이하의 과태료를 부과한다(법 제64조 제3호).

⑦ 정부는 관리업체가 목표를 달성하고 개선명령에 따른 이행계획을 차질 없이 이행할 수 있도록 하기 위하여 필요한 경우 재정·세제·경영·기술지원, 실태조사 및 진단, 자료 및 정보의 제공 등을 할 수 있다(법 제42조 제10항).

⑧ 관리업체 등록부의 관리, 관리업체의 지원 등에 필요한 사항은 대통령령으로 정한다(법 제42조 제11항).

2. 온실가스 감축의 조기행동 촉진(법 제43조)

① 정부는 관리업체가 온실가스 감축 목표를 관리받기 전에 자발적으로 행한 실적에 대해서는 이를 목표관리 실적으로 인정하거나 그 실적을 거래할 수 있도록 하는 등 자발적으로 온실가스를 미리 감축하는 행동을 하도록 촉진하여야 한다(법 제43조 제1항). 온실가스의 자발적 감축은 검증기관의 검증을 받은 실적에 대하여 온실가스 배출권거래제의 온실가스 배출 할당량 설정에 이를 인정할 수 있다(동법 시행령 제33조).
② 실적을 거래할 수 있는 방법 및 절차 등에 필요한 사항은 대통령령으로 정한다(법 제43조 제2항).

3. 온실가스 배출량의 보고(법 제44조)

① 관리업체는 사업장별로 매년 온실가스 배출량에 대하여 측정·보고·검증 가능한 방식으로 명세서를 작성하여 정부에 보고하여야 한다(법 제44조 제1항). 보고를 하지 아니하거나 거짓으로 보고한 자에게는 1천만 원 이하의 과태료를 부과한다(법 제64조 제1호).
② 관리업체는 보고를 할 때 명세서의 신뢰성 여부에 대하여 대통령령으로 정하는 공신력 있는 외부 전문기관의 검증을 받아야

한다. 이 경우 정부는 명세서에 흠이 있거나 빠진 부분에 대하여 시정 또는 보완을 명할 수 있다(법 제44조 제2항). 시정이나 보완 명령을 이행하지 아니한 자에게는 1천만 원 이하의 과태료를 부과한다(법 제64조 제4호).

③ 정부는 명세서를 체계적으로 관리하고 명세서에 포함된 주요 정보를 관리업체별로 공개할 수 있다. 다만, 관리업체는 정보공개로 인하여 그 관리업체의 권리나 영업상의 비밀이 현저히 침해되는 특별한 사유가 있는 경우에는 비공개를 요청할 수 있다(법 제44조 제3항).

④ 정부는 관리업체로부터 정보의 비공개 요청을 받았을 때에는 심사위원회를 구성하여 30일 이내에 그 결과를 통지하여야 한다(법 제44조 제4항).

⑤ 명세서의 내용, 보고·관리, 공개방법 및 심사위원회의 구성·운영 등에 필요한 사항은 대통령령으로 정한다(법 제44조 제5항).

※ 명세서의 보고·관리 절차 등(동법 시행령 제34조)
① 관리업체는 법 제44조 제1항에 따라 해당 연도 온실가스 배출량 및 에너지 소비량에 관한 명세서를 작성하고, 이에 대한 검증기관의 검증 결과를 첨부하여 부문별 관장기관에게 다음 연도 3월 31일까지 전자적 방식으로 제출하여야 한다(동법 시행령 제34조 제1항).
② 명세서에는 다음의 사항이 포함되어야 한다(동법 시행령 제34조 제2항).
 ㉠ 업체의 규모, 생산설비, 제품원료 및 생산량
 ㉡ 사업장별 배출 온실가스의 종류 및 배출량, 온실가스 배출시설의 종류·규모·수량 및 가동시간
 ㉢ 사업장별 사용 에너지의 종류 및 사용량, 사용연료의 성분, 에너지 사용시설의 종류·규모·수량 및 가동시간
 ㉣ 생산공정과 생산설비로 구분한 온실가스 배출량·종류 및 규모
 ㉤ 생산공정에서 사용된 온실가스 배출 방지시설의 종류·규모·처리효율·수량 및 가동시간
 ㉥ 포집·처리한 온실가스의 종류 및 양
 ㉦ ㉡부터 ㉥까지의 부문별 온실가스 배출량 및 에너지 사용량의 계산·측정 방법
 ㉧ 명세서에 관한 품질관리 절차
 ㉨ 온실가스 감축·흡수·제거 실적

ⓩ 그 밖에 관리업체의 온실가스 배출량 및 에너지 소비량의 관리를 위하여 부문별 관장기관이 환경부장관과의 협의를 거쳐 필요하다고 인정한 사항

③ 명세서를 제출받은 부문별 관장기관은 그 내용을 확인한 후 지체 없이 명세서와 관련 자료를 센터에 제출하여야 하며, 센터는 이를 제31조 제1항에 따른 등록부에 포함하여 관리한다(동법 시행령 제34조 제3항).

④ 법 제44조 제2항에 따른 명세서의 신뢰성 검증을 위한 공신력 있는 외부 전문기관에 관하여는 동법 시행령 제32조를 준용한다(동법 시행령 제34조 제4항).

⑤ 명세서의 작성 방법, 보고 절차 등에 관한 사항은 부문별 관장기관과의 협의를 거쳐 환경부장관이 정하여 관보에 고시한다(동법 시행령 제34조 제5항).

※ 명세서의 공개 등(동법 시행령 제35조)

① 명세서는 특별한 사유가 없으면 공개하는 것을 원칙으로 하고, 부문별 관장기관 및 센터는 관련 행정기관 또는 「공공기관의 운영에 관한 법률」 제4조에 따른 공공기관의 요청이 있는 경우에는 위원회의 심의를 거쳐 이를 제공할 수 있다(동법 시행령 제35조 제1항).

② 센터는 「자본시장과 금융투자업에 관한 법률」 제163조에 따라 주권상장법인의 사업보고서의 공시를 위하여 금융위원회 또는 한국거래소의 요청이 있는 때에는 해당 관리업체의 명세서를 통보할 수 있다(동법 시행령 제35조 제2항).

③ 명세서의 공개는 부문별 관장기관의 홈페이지 및 센터의 온실가스 종합정보관리체계를 통하여 전자적 방식으로 한다(동법 시행령 제35조 제3항).

④ 명세서의 비공개를 요청하는 관리업체는 명세서를 제출할 때에 비공개 사유서를 제출하여야 한다(동법 시행령 제35조 제4항).

⑤ 명세서의 비공개 요청이 있는 경우 비공개 요청 대상 정보의 전부 또는 일부의 공개 여부를 심사·결정하기 위하여 센터에 명세서 공개 심사위원회(이하 "심사위원회"라 한다)를 둔다(동법 시행령 제35조 제5항).

⑥ 심사위원회는 위원장 1명을 포함하여 7명 이내의 위원으로 구성한다(동법 시행령 제35조 제6항).

⑦ 위원은 부문별 관장기관의 소속 공무원 중에서 부문별 관장기관의 장이 각각 지명하는 4명과 녹색성장 및 정보공개에 관하여 학식과 경험이 풍부한 사람 중에서 환경부장관이 부문별 관장기관과 협의하여 위촉하는 민간위원으로 구성하고, 위원장은 환경부장관이 위원 중에서 지명한다(동법 시행령 제35조 제7항).

⑧ 회의는 재적위원 과반수의 출석으로 개의(開議)하고, 출석위원 과반수의 찬성으로 의결한다(동법 시행령 제35조 제8항).

⑨ 심사위원회의 구성·운영에 필요한 사항은 심사위원회의 의결을 거쳐 위원장이 정한다(동법 시행령 제35조 제9항).

제4절 온실가스 종합정보관리체계 구축

① 정부는 국가 온실가스 배출량·흡수량, 배출·흡수 계수, 온실

가스 관련 각종 정보 및 통계를 개발·검증·관리하는 온실가
스 종합정보관리체계를 구축하여야 한다(법 제45조 제1항).

② 관계 중앙행정기관의 장은 종합정보관리체계가 원활히 운영될
수 있도록 에너지, 산업공정, 농업, 폐기물, 산림 등 부문별 소
관 분야의 정보 및 통계를 작성하여 제공하는 등 적극 협력하여
야 한다(법 제45조 제2항).

③ 정부는 각종 정보 및 통계를 작성·관리하거나 종합정보관리체
계를 구축함에 있어 국제기준을 최대한 반영하여 전문성, 투명
성 및 신뢰성을 제고하여야 한다(법 제45조 제3항).

④ 정부는 각종 정보 및 통계를 분석·검증하여 그 결과를 매년 공
표하여야 한다(법 제45조 제4항).

⑤ 세부적인 정보 및 통계 관리방법, 관리기관 및 방법 등은 대통
령령으로 정한다(법 제45조 제5항).

ⓒ 환경부장관: 폐기물

ⓔ 국토해양부장관: 건물·교통

⑤ 국가 온실가스 종합정보관리체계의 국제적 신뢰성을 확보하기 위하여 환경부장관은 온실가스 정보 및 통계에 관하여 검증을 하고 대외적으로 국가 온실가스 종합정보관리기관으로서의 지위를 가진다. 이 경우 환경부장관은 온실가스 통계의 공정성 및 신뢰성을 확보하기 위하여 통계청장과 협의하여야 한다(동법 시행령 제36조 제5항).

⑥ 센터는 효율적으로 업무를 수행하기 위하여 필요하다고 인정되는 경우에는 관계 중앙행정기관의 장과 협의하여 기후변화, 에너지, 지속가능발전 등 저탄소 녹색성장과 관련된 다음의 기관에 인력, 정보 제공 및 분석 등 필요한 지원을 요청할 수 있다(동법 시행령 제36조 제6항).

ⓐ 「정부출연연구기관 등의 설립·운영 및 육성에 관한 법률」 제8조 제1항에 따른 연구기관

ⓑ 「과학기술분야 정부출연연구기관 등의 설립·운영 및 육성에 관한 법률」 제8조 제1항에 따른 연구기관

ⓒ 「공공기관의 운영에 관한 법률」 제4조에 따른 공공기관

제5절 총량제한 배출권거래제

1. 도입·운영(법 제46조)

① 정부는 시장기능을 활용하여 효율적으로 국가의 온실가스 감축 목표를 달성하기 위하여 온실가스 배출권을 거래하는 제도를 운영할 수 있다(법 제46조 제1항).

② 온실가스 배출허용 총량을 설정하고 배출권을 거래하는 제도 및 기타 국제적으로 인정되는 거래 제도를 포함한다(법 제46조 제2항).

③ 정부는 제도를 실시할 경우 기후변화 관련 국제협상을 고려하여야 하고, 국제경쟁력이 현저하게 약화될 우려가 있는 '관리업체'에 대해서는 필요한 조치를 강구할 수 있다(법 제46조 제3항).

④ 제도의 실시를 위한 배출허용량의 할당방법, 등록·관리방법 및 거래소 설치·운영 등은 따로 법률로 정한다(법 제46조 제4항).

2. 교통부문의 온실가스 관리(법 제47조)

① 자동차 등 교통수단을 제작하려는 자는 그 교통수단에서 배출되는 온실가스를 감축하기 위한 방안을 마련하여야 하며, 온실가스 감축을 위한 국제경쟁 체제에 부응할 수 있도록 적극 노력하여야 한다(법 제47조 제1항).

② 정부는 자동차의 평균에너지소비효율을 개선함으로써 에너지 절약을 도모하고, 자동차 배기가스 중 온실가스를 줄임으로써 쾌적하고 적정한 대기환경을 유지할 수 있도록 자동차 평균에너지소비효율기준 및 자동차 온실가스 배출허용기준을 각각 정하되, 이중규제가 되지 않도록 자동차 제작업체(수입업체를 포함한다)로 하여금 어느 한 기준을 택하여 준수토록 하고 측정방법 등이 중복되지 않도록 하여야 한다(법 제47조 제2항).

※ 자동차의 평균에너지소비효율 및 온실가스 배출허용 관리(동법 시행령 제37조)
① 교통부문의 온실가스 관리를 위한 업무를 추진할 때 자동차 평균에너지소비효율기준은 지식경제부장관이, 자동차 온실가스 배출허용기준은 환경부장관이 각각 정하되, 자동차 제작업체(수입업체를 포함함)에 대한 자동차 평균에너지소비효율기준 및 자동차 온실가스 배출허용기준의 적용·관리는 환경부장관이 관장한다. 이 경우 환경부장관은 해당 기준의 적용·관리에 관한 자료를 지식경제부장관에게 제공하여야 한다.
② 환경부장관은 국내외 자동차 산업의 여건, 국제적인 규제 동향, 측정 방법·절차 및 제재의 단일화 등을 고려하여 자동차 제작업체가 자동차 평균에너지소비효율기준 및 자동차 온실가스 배출허용기준을 선택적으로 준수할 수 있도록 하는 기준 등을 지식경제부장관과의 협의를 거쳐 관보에 고시한다.

③ 정부는 온실가스 배출량이 적은 자동차 등을 구매하는 자에 대하여 재정적 지원을 강화하고 온실가스 배출량이 많은 자동차 등을 구매하는 자에 대해서는 부담금을 부과하는 등의 방안을 강구할 수 있다(법 제47조 제3항).

④ 정부는 하이브리드자동차, 수소연료전지자동차 등 저탄소·고효율 교통수단의 제작·보급을 촉진하기 위하여 재정·세제 지원, 연구개발 및 관련 제도 개선 등의 방안을 강구할 수 있다(법 제47조 제4항).

제6절 기후변화영향 평가·적응대책 추진

1. 기상정보관리체계의 구축·운영(법 제48조 제1항)

① 정부는 기상현상에 대한 관측·예측·제공·활용 능력을 높이고, 지역별·권역별로 태양력, 풍력, 조력 등 신·재생에너지원을 확보할 수 있는 잠재력을 지속적으로 분석·평가하여 이에 관한 기상정보관리체계를 구축·운영하여야 한다(법 제48조 제1항).

② 정부는 기후변화에 대한 감시·예측의 정확도를 향상시키고 생물자원 및 수자원 등의 변화 상황과 국민건강에 미치는 영향 등 기후변화로 인한 영향을 조사·분석하기 위한 조사·연구, 기술개발, 관련 전문기관의 지원 및 국내외 협조체계 구축 등의 시책을 추진하여야 한다(법 제48조 제2항).

③ 정부는 관계 중앙행정기관의 장과 협의하여 기후변화로 인한
생태계, 생물 다양성, 대기, 수자원·수질, 보건, 농·수산식
품, 산림, 해양, 산업, 방재 등에 미치는 영향 및 취약성을 조
사·평가하고 그 결과를 공표하여야 한다(법 제48조 제3항).
④ 정부는 기후변화로 인한 피해를 줄이기 위하여 사전 예방적 관
리에 우선적인 노력을 기울여야 하며 대통령령으로 정하는 바에
따라 기후변화의 영향을 완화시키거나 건강, 자연재해 등에 대
응하는 적응대책을 수립·시행하여야 한다(법 제48조 제4항).

※ 기후변화 영향평가 및 적응대책 수립(동법 시행령 제38조)
① 환경부장관은 법 제48조 제4항에 따라 다음의 사항이 포함된 기후변화 적응대책을 관계
  중앙행정기관의 장과 협의하여 5년 단위로 수립·시행하여야 한다(동법 시행령 제38조
  제1항).
  ㉠ 기후변화 적응을 위한 국제협약 등에 관한 사항
  ㉡ 기후변화에 대한 감시·예측·제공·활용 능력 향상에 관한 사항
  ㉢ 부문별·지역별 기후변화의 영향과 취약성 평가에 관한 사항
  ㉣ 부문별·지역별 기후변화 적응대책에 관한 사항
  ㉤ 기후변화에 따른 재해 예방에 관한 사항
  ㉥ 녹색생활운동과 기후변화 적응대책의 연계 추진에 관한 사항
  ㉦ 그 밖에 기후변화 적응을 위하여 환경부장관이 필요하다고 인정하는 사항
② 관계 중앙행정기관의 장 및 시·도지사는 기후변화 적응대책에 따라 소관 사항에 대하여
  기후변화 적응대책 세부 시행계획을 수립·시행한다(동법 시행령 제38조 제2항).

⑤ 정부는 국민, 사업자 등이 기후변화 적응대책에 따라 활동할 경
우 이에 필요한 기술적 및 재정적 지원을 할 수 있다(법 제48조
제5항).

2. 기후변화대응 기본계획

(1) 기본계획 수립·시행(법 제40조 제1항 및 제3항)

관계 중앙행정기관의 장은 기후변화대응의 기본원칙에 따라 20년을 계획기간으로 다음의 사항이 포함된 기후변화대응 기본계획을 5년마다 수립·시행해야 한다(법 제40조 제1항) 기후변화대응 기본계획에는 다음의 사항이 포함되어야 한다(법 제40조 제3항).

① 국내외 기후변화 경향 및 미래 전망과 대기 중의 온실가스 농도 변화
② 온실가스 배출·흡수 현황 및 전망
③ 온실가스 배출 중장기 감축목표 설정 및 부문별·단계별 대책
④ 기후변화대응을 위한 국제협력에 관한 사항
⑤ 기후변화대응을 위한 국가와 지방자치단체의 협력에 관한 사항
⑥ 기후변화대응 연구개발에 관한 사항
⑦ 기후변화대응 인력양성에 관한 사항
⑧ 기후변화의 감시, 예측, 영향, 취약성 평가 및 재난방지 등 적응대책에 관한 사항
⑨ 기후변화대응을 위한 교육·홍보에 관한 사항
⑩ 그 밖에 기후변화대응 추진을 위하여 필요한 사항

(2) 녹색성장위원회 및 국무회의의 심의(법 제40조 제2항 본문)

① 위에 따라 기후변화대응 기본계획을 수립하거나 변경하는 경우

에는 녹색성장위원회와 국무회의 심의를 거쳐야 한다(법 제40
조 제2항 본문).

② 다만, 다음의 사항을 변경하는 경우에는 위의 심의 절차를 생략
할 수 있다(법 제40조 제2항 단서 및 동법 시행령 제23조).
ㄱ 기후변화대응 기본계획에 포함된 사항(법 제40조 제3항) 중
에서 ㉮ 국내외 기후변화 경향 및 미래 전망과 대기 중의 온
실가스 농도변화에 관한 사항 및 ㉯ 온실가스 배출·흡수 현
황에 관한 사항을 국내외 여건에 따라 일부 변경하는 경우
ㄴ 기후변화대응 기본계획에 포함된 사항(법 제40조 제3항) 중에
서 기후변화대응 연구개발에 관한 사항, 기후변화대응 인력양
성에 관한 사항 및 기후변화대응을 위한 교육·홍보에 관한
사항 중 기후변화대응 기본계획의 본질적인 내용에 영향을 미
치지 아니하는 사항으로서 소요되는 총 재원의 100분의 10 이
내에서 기후변화대응 기본계획의 일부를 변경하는 경우

3. 기후변화 적응대책 추진

정부는 기후변화로 인한 피해를 줄이기 위해 사전 예방적 관리에 우
선적인 노력을 기울여야 하며, 환경부장관은 기후변화 적응대책을 관
계 중앙행정기관의 장과 협의하여 5년 단위로 수립·시행해야 한다.

(1) 기상정보 관리체계의 구축(법 제48조 제1항)

① 관계 중앙행정기관의 장은 기상현상에 대한 관측·예측·제공·활용 능력을 높이고, 지역별·권역별로 태양력, 풍력, 조력 등 신·재생에너지원을 확보할 수 있는 잠재력을 지속적으로 분석·평가하여 이에 관한 기상정보관리체계를 구축·운영해야 한다(법 제48조 제1항).

② 기상청장은 기후현상에 대한 감시, 연구 및 예측능력의 향상, 기후관련 정보의 활용 촉진 등을 위해 노력해야 하며, 이에 관한 정보를 생산하기 위하여 필요한 곳에 기상현상에 대한 관측망을 구축하여 관측해야 한다(「기상법」 제7조 및 제20조).

③ 기상청장은 지구대기 등 기후를 감시하고, 지구대기감시관측[지구대기감시를 위하여 성층권 오존층, 대기 중의 주요 온실가스 농도, 지역 대기질(大氣質)에 영향을 미치는 주요 가스상·입자상 물질 등에 대하여 행하는 관측을 말함] 자료를 수집·분석 및 관리하여 그 결과를 주기적으로 공고해야 하고, 기후변화에 대한 대책 마련을 위해 기후에 관한 영향조사 및 변화추세 예측을 해야 한다(「기상법」 제21조 제1항 및 제2항).

④ 기상청장은 기상정보시스템(그 부대시설 포함)을 구축·운영하여 기상업무에 관한 정보의 보급 및 이용을 촉진시켜야 한다(「기상법」 제12조 제1항).

(2) 기후변화 영향 조사 등을 위한 시책의 추진(법 제48조 제2항)

① 관계 중앙행정기관의 장은 기후변화에 대한 감시·예측의 정확

도를 향상시키고 생물자원 및 수자원 등의 변화 상황과 국민건
강에 미치는 영향 등 기후변화로 인한 영향을 조사·분석하기
위한 조사·연구, 기술개발, 관련 전문기관의 지원 및 국내외
협조체계 구축 등의 시책을 추진해야 한다(법 제48조 제2항).

② 국가 및 지방자치단체는 국제협력을 통하여 환경정보와 기술을
교류하고 전문인력을 양성하며, 지구 전체의 환경에 영향을 미
치는 기후변화, 오존층의 파괴, 해양오염, 사막화 및 생물자원
의 감소 등으로부터 지구의 환경을 보전하기 위하여 지구환경
의 감시, 관측 및 보호에 관하여 상호 협력하는 등 국제적인 노
력에 적극적으로 참여해야 한다(「환경정책기본법」 제17조).

③ 기상청장은 기상산업의 진흥과 발전을 위하여 노력해야 하는
바, 기상청장은 기상사업자의 사업 수행에 필요한 기술의 연구
개발을 지원하기 위하여 해마다 기상사업자가 신청한 연구개발
과제 가운데 기상산업의 진흥을 위해 필요하다고 인정하는 과
제를 선정하여 다음의 기관이나 단체와 협약을 맺어 연구하게
할 수 있다(「기상산업진흥법」 제3조 제1항 및 제9조 제1항).
㉠ 국공립 연구기관
㉡ 「정부출연연구기관 등의 설립·운영 및 육성에 관한 법률」
또는 「과학기술분야 정부출연연구기관 등의 설립·운영 및
육성에 관한 법률」에 따른 정부출연연구기관
㉢ 「특정연구기관육성법」의 적용을 받는 연구기관
㉣ 「기술개발촉진법」 제7조 제1항 제2호에 따른 기업부설연구소

및 기업의 연구개발전담부서 중 기상업무에 관련된 연구 전
담요원을 늘 확보하고 있는 기업부설연구소 및 기업의 연구
개발전담부서

ⓤ 「고등교육법」에 따른 대학, 산업대학, 전문대학 및 기술대학

ⓥ 「민법」 또는 다른 법률에 따라 설립된 기상업무 분야의 비영
리 법인

(3) 기후변화영향 조사 · 평가 결과 공표(법 제48조 제3항)

해당 중앙행정기관의 장은 관계 중앙행정기관의 장과 협의하여 기
후변화로 인한 생태계, 생물 다양성, 대기, 수자원·수질, 보건, 농·
수산 식품, 산림, 해양, 산업, 방재 등에 미치는 영향 및 취약성을 조
사·평가하고 그 결과를 공표해야 한다(법 제48조 제3항).

(4) 기후변화 적응대책 수립 · 시행(법 제48조 제4항)

① 정부는 기후변화로 인한 피해를 줄이기 위하여 사전 예방적 관
리에 우선적인 노력을 기울여야 하며 대통령령으로 정하는 바
에 따라 기후변화의 영향을 완화시키거나 건강·자연재해 등에
대응하는 적응대책을 수립 · 시행하여야 한다(법 제48조 제4항).
환경부장관은 다음의 사항이 포함된 기후변화 적응대책을 관계
중앙행정기관의 장과 협의하여 5년 단위로 수립·시행해야 한
다(동법 시행령 제38조 제1항).

ㄱ 기후변화 적응을 위한 국제협약 등에 관한 사항

ㄴ 기후변화에 대한 감시·예측·제공·활용 능력 향상에 관한

사항

ⓒ 부문별·지역별 기후변화의 영향과 취약성 평가에 관한 사항

ⓓ 부문별·지역별 기후변화 적응대책에 관한 사항

ⓜ 기후변화에 따른 재해 예방에 관한 사항

ⓗ 녹색생활운동과 기후변화 적응대책의 연계 추진에 관한 사항

ⓢ 그 밖에 기후변화 적응을 위하여 환경부장관이 필요하다고 인정하는 사항

② 관계 중앙행정기관의 장, 특별시장·광역시장·도지사 또는 특별자치도지사는 위의 기후변화 적응대책에 따라 소관 사항에 대하여 기후변화 적응대책 세부 시행계획을 수립·시행해야 한다(동법 시행령 제38조 제2항).

(5) 기후변화 적응대책 활동 지원(법 제48조 제5항)

관계 중앙행정기관의 장은 국민, 사업자 등이 위의 기후변화 적응대책에 따라 활동할 경우 이에 필요한 기술적 및 재정적 지원을 할 수 있다(법 제48조 제5항).

※ **기후변화대응을 위한 국가전략**
　ⓐ 경제·사회 각 부문별 탄소집약도(CI: Carbon Intensity)를 개선하고, 신·재생에너지 등 기후친화산업을 신성장동력으로 육성한다.
　ⓑ 저탄소형 국민의식 및 생활양식 확산을 추진하고, 부문별 적응대책 추진으로 기후변화로부터 안전한 사회를 구축한다.
　ⓒ 기후변화 대처를 위한 국제사회의 노력을 선도한다(출처: 환경부, 환경과 녹색성장, http://me.greengrowth.go.kr/).

☞ '탄소집약도(CI: Carbon Intensity, TC/TOE)'란 소비한 에너지에서 발생된 CO_2 양을 총에너지소비량으로 나눈 값을 말한다. 탄소집약도가 높다는 의미는 상대적으로 탄소함유량이

높은 에너지 사용 비율이 높다는 것을 말하는데, 예를 들어 같은 열량의 에너지를 얻기 위해 전체를 석탄으로 소비하는 경우와 전체를 천연가스로 소비하는 경우를 비교하면 전자의 경우가 후자에 비해 탄소집약도가 높다(TC: 탄소톤, TOE: 석유환산톤).[1]

※ 기후변화대응 방안[2]

  ㉠ (감축 분야) 산업, 국토, 교통 등 부문별 온실가스 감축정책과 산림 등 탄소흡수원의 확충을 추진하나.

  ㉡ (적응 분야) 기후변화 감시 위성 발사(2015년 예정) 및 생태계, 건강, 재해, 농업 등 부문별 적응대책을 추진한다.

  ㉢ (기후산업 분야) 신·재생에너지 핵심기술 개발 및 보급 확대, 해외 청정개발체제(CDM: Clean Development Mechanism) 추진 등 기후변화 위기를 기회로의 전환으로 추진한다.

  ㉣ (인프라 구축 분야) 국가 인벤토리 시스템 구축, 탄소세 도입한다.

  ㉤ (국제협력 분야) 아시아·태평양 파트너십, 한·중·일 기후변화협의체 등 선진국과 차별화된 국제협력 강화를 추진하고 선진국과 개도국의 가교 역할을 수행한다.

☞ '청정개발체제(CDM: Clean Development Mechanism)'란 2005년 2월 16일 발효된 교토의정서 제12조에 따라 선진국이 개발도상국의 온실가스 감축사업에 자본과 기술을 투자하는 체제를 말한다.

☞ '인벤토리'란 기업이 정한 조직경계 안에서 직·간접적인 온실가스 배출원을 규명하고, 배출원으로 인한 각각의 온실가스 배출량을 산출·목록화하여 온실가스 배출현황을 파악하는 것을 말한다.

☞ '탄소세'란 대표적인 온실기체인 탄산가스의 방출을 줄여 지구온난화를 막자는 뜻에서 석유와 석탄 등 화석연료의 소비를 억제하기 위해 도입된 세제를 말하며, 핀란드가 1990년 1월 처음 도입한 데 이어 네덜란드(1990년 2월), 노르웨이(1991년 1월), 스웨덴(1991년 1월), 덴마크(1992년 5월) 등 북유럽 국가를 중심으로 시행되고 있다.[3]

제7절 기후변화대응과 물 관리

1. 개관

정부는 기후변화로 인한 가뭄 등 자연재해와 물 부족 및 수질악화

---

1) 녹색성장위원회(http://www.greengrowth. go.kr).

2) 환경부, 환경과 녹색성장(http://me.greengrowth.go.kr).

3) 녹색성장위원회(http://www.greengrowth.go.kr).

와 수생태계 변화에 효과적으로 대응하고 모든 국민이 물의 혜택을 고루 누릴 수 있도록 하는 시책을 수립·시행해야 한다.

이에 따라 정부는 4대강 사업을 통해 홍수, 가뭄을 방지하여 물 문제를 해결하고, 하천생태계를 복원·활용하며, 지역균형발전과 지역경제 및 문화, 관광을 활성화를 추진하려 하고 있다.

그 밖에 국가는 기후변화에 따라 발생할 수 있는 물 부족에 대비하여 안정적인 물 공급체계를 구축해야 한다. 이를 위해 국가 및 지방자치단체는 물의 효율적 이용 및 절약 촉진을 위하여 물 수요 관리목표제, 절수 설비 확대, 빗물이용시설확대, 재이용수 사용 확대, 중수도 설치 확대 등의 시책을 추진하고 있다.

2. 기후변화 대응을 위한 물 관리시책

(1) 물 관리 시책의 수립·시행(법 제52조)

관계 중앙행정기관의 장은 기후변화로 인한 가뭄 등 자연재해와 물 부족 및 수질악화와 수생태계 변화에 효과적으로 대응하고 모든 국민이 물의 혜택을 고루 누릴 수 있도록 하기 위해 다음의 사항이 포함된 시책을 수립·시행해야 한다(법 제52조).

① 깨끗하고 안전한 먹는 물 공급과 가뭄 등에 대비한 안정적인 수
　자원의 확보

② 수생태계의 보전·관리와 수질개선

③ 물 절약 등 수요관리, 빗물 이용·하수 재이용 등 순환체계의
정비 및 수해의 예방

④ 자연친화적인 하천의 보전·복원

⑤ 수질오염 예방·처리를 위한 기술 개발 및 관련 서비스 제공 등

(2) 기후변화대응을 위한 물 관리 정책의 추진방향[4]

① 4대강 살리기 사업을 통한 물 부족과 홍수피해의 근본적 해결
  ㉠ 홍수방어, 수량확보, 수질개선, 생태복원 등 수계별 특성에
  따라 차별화된 4대강 살리기 사업을 시행한다.
  ㉡ 4대강 등의 수질개선·생태복원을 통해 수질 2급수를 달성한다.

② 기후변화에 대응하는 안정적인 물 공급체계 구축
  ㉠ 가뭄, 홍수 등 시·공간적 물 분배 불균형에 따른 취약성을
  분석하고 이에 대응한 수자원 관리 기반을 강화한다.
  ㉡ 중소형 댐·저수지 건설, 저수지 개량, 보 설치 등 용수공급
  능력을 확대한다.
  ㉢ 해수담수화, 빗물 관리, 해양심층수 등 대체수자원의 개발을
  통해 도서, 해안, 산간 등 상습 가뭄지역의 물 부족을 해소한다.

③ 안전하고 깨끗한 물 환경 조성 및 생태계 보호
  ㉠ 유량변화와 기온·수온 상승, 염수 침입에 취약한 습지와 하

---

4) 출처: 녹색성장위원회(http://www.greengrowth.go.kr), 『녹색성장 국가전략』

천 생태계에 대한 모니터링을 확대하고 생물 서식지를 보전한다.

ⓛ 수질오염물질의 하천유입 차단 및 방류수 수질 관리의 강화를 통해 안전한 먹는 물을 공급하고 수질악화 대책을 마련한다.

ⓒ 상수전용 댐 건설, 강변여과 등 취수체계의 다원화와 물 처리 고도기술의 도입·확대로 고품질의 상수원이 확보되도록 추진한다.

④ 물을 효율적으로 이용하고 절약하기 위한 수요관리 강화

ⓐ 물 가격체계를 조정하고, 용수 관리 등 적극적인 물 수요 관리를 한다.

ⓛ 중수도, 절수기기 등을 보급하고 노후관을 교체하는 등 물 수요 감축 인프라를 구축한다.

⑤ 물산업 육성 등 능동적 수자원 관리·활용을 위한 환경조성

ⓐ 고도 물 처리산업, 해수담수화산업 등 물산업을 육성하고, 해외진출을 활성화한다.

ⓛ 댐 간 통합연계 운영, 수계·광역 단위 수자원 네트워킹, 복합 문화공간 창조 등 통합형 유역관리 개발을 추진한다.

ⓒ 댐, 하수처리장 등 수자원시설을 효율적으로 운영하고, 소수력 발전 등 수자원을 활용한 신·재생에너지 생산을 추진한다.

3. 4대강 사업

(1) 개관

4대강 사업은 홍수, 가뭄을 방지하여 물 문제를 해결하고, 하천생태계를 복원·활용하며, 지역균형발전과 지역경제 및 문화·관광의 활성화를 위해 실시되고 있다.

4대강 사업은 「하천법」에 따른 유역종합치수계획 및 하천기본계획, 「댐건설 및 주변지역지원 등에 관한 법률」에 따른 댐건설장기계획, 「수질 및 수생태계 보전에 관한 법률」에 따른 수생태계보전계획 등을 근거로 시행된다.

(2) 4대강 사업

'4대강'이란 한강, 낙동강, 금강, 영산강을 말한다(「4대강 살리기 추진본부의 구성 및 운영에 관한 규정」(국토해양부 대통령훈령 제269호, 2010. 5. 27. 발령·시행) 제2조 제1항).

'4대강 사업'이란 「하천법」에 따른 유역종합치수계획 및 하천기본계획, 그 밖의 관련 법령에 따라 4대강에 대하여 시행되는 사업 중 홍수, 가뭄을 방지하여 물 문제를 해결하고, 하천생태계를 복원·활용하며, 지역균형발전과 지역경제 및 문화, 관광을 활성화하기 위하여 체계적·중점적으로 관리·시행하는 사업을 말한다(「4대강 살리기 추진본부의 구성 및 운영에 관한 규정」 제2조 제2항).[5][6][7]

---

5) 4대강 살리기 사업의 기본방향은 사업계획 등을 바탕으로 계획·진행되며, 구체적인 내용은

(3) 하천정비사업

① 국가는 하천에 대한 효율적인 보전·관리를 위해 하천에 관한 종합적인 계획을 수립하고 합리적인 시책을 마련할 책무를 진다(「하천법」 제3조 제1항).

② 유역종합치수계획의 수립·시행: 국토해양부장관은 하천유역의 수자원 개발·이용의 적정화, 하천환경의 개선, 홍수예방 및 홍수발생 시 피해의 최소화 등을 위하여 필요한 사항 등을 내용으로 다음의 사항이 포함된 10년 단위의 유역종합치수계획을 수립·시행해야 한다(「하천법」 제24조 제1항 및 「하천법 시행령」 제20조 제2항).
   ㉠ 국토계획 등 각종 개발계획과의 연관성에 관한 사항
   ㉡ 도로, 철도 등 사회기반시설과의 연관성에 관한 사항
   ㉢ 하천유역의 주요 지점별 홍수량 할당에 관한 사항
   ㉣ 그 밖에 유역종합치수계획의 수립에 필요한 사항

③ 하천기본계획 수립·시행: 하천관리청은 그가 관리하는 하천에 대하여 하천의 이용 및 자연친화적 관리에 필요한 기본적인 사항 등 다음의 사항을 내용으로 하는 10년 단위의 하천기본계획

설계 및 시공과정 등에서 조정될 수 있다(국토해양부, 『4대강 살리기 마스터플랜』 참조).
6) 4대강 살리기 사업에 대한 보다 자세한 내용은 4대강 살리기 홈페이지(http://www.4rivers.go.kr/)에서 확인할 수 있다.
7) 환경건설일보, 장밋빛 청사진 녹색성장 어디로 가야 하나: 녹색성장기본법, 녹색뉴딜, 4대강 정비사업 등 뜨거운 감자 찬·반 양론 팽팽⋯⋯절충적 대안 필요성 부각, 환경건설일보, 환경IN 통권 제1호(2009년 4월).

을 공통유역도(국토해양부장관이 이수·치수·환경을 고려하여 전국을 권역별로 구분한 유역도를 말함)를 기본으로 권역별로 수립해야 한다(「하천법」 제25조 제1항, 「하천법 시행령」 제24조 제1항 및 제2항)

㉠ 하천기본계획의 목표

㉡ 하천의 개황(概況)에 관한 다음의 사항

　㉮ 유역의 특성 등 일반 현황

　㉯ 강우, 기상 등 자연조건

　㉰ 하천의 수질 및 생태

　㉱ 수해 및 가뭄의 피해 현황

　㉲ 하천수의 이용 현황

　㉳ 하천유역의 지형·지물 등을 파악하기 위한 측량기준점에 관한 사항

㉢ 제방, 댐, 저류지, 홍수조절지, 방수로 등 홍수방어시설의 홍수방어계획

㉣ 토지이용계획 등에 따른 홍수방어계획

㉤ 홍수방어계획의 연차별 시행방안

㉥ 하천공사의 시행에 관한 다음의 사항

　㉮ 기본 홍수량(제방, 댐, 저류지, 홍수조절지, 방수로 등 홍수방어시설의 홍수조절계획을 반영하지 않은 자연상태의 홍수량을 말함) 및 홍수량의 배분에 관한 사항

　㉯ 계획 홍수량

　㉰ 계획 홍수위

　㉱ 계획 하폭 및 그 경계

㉮ 하도(河道)와 유황(流況)의 개선

㉯ 하천구역, 하천예정지 및 홍수관리구역의 결정을 위한 기초
자료의 제공에 관한 사항

㉰ 자연친화적 하천 조성에 관한 사항

㉱ 폐천부지 등의 보전 및 활용에 관한 사항

㉲ 그 밖에 하천의 환경보전과 적절한 이용에 관한 사항

④ 위의 경우에도 불구하고 국토해양부장관은 유역종합치수계획
등과의 연계가 필요하다고 인정되는 경우에는 특별시장·광역
시장·도지사·특별자치도지사(이하 '시·도지사'라 함)가 하
천관리청인 하천에 대하여 하천기본계획을 수립할 수 있다. 이
경우 미리 관계 하천관리청과 협의해야 한다(「하천법」 제25조
제2항).

(4) 댐건설사업의 장기계획 수립·시행

국토해양부장관은 수자원을 효율적이고 환경친화적으로 개발하기
위하여 10년마다 다음의 사항이 포함된 댐건설장기계획을 수립·시
행해야 한다(「댐건설 및 주변지역지원 등에 관한 법률」 제4조 제1항
및 「댐건설 및 주변지역지원 등에 관한 법률 시행령」 제3조 제1항).

㉠ 댐건설의 기본방침

㉡ 각종 용수의 수급전망

㉢ 수계별 댐건설계획(농업용수댐은 저수량이 1천만 톤 이상인

것에 한함)

 ⓔ 재원조달계획

 ⓜ 입지선정기준

 ⓗ 댐건설이 환경에 미치는 영향을 최소화하기 위한 방안

 ⓢ 홍수조절계획

 ⓞ 기존 댐의 규모 및 용도의 변경에 관한 사항

4. 수질개선사업

(1) 수생태계 보전계획 수립

환경부장관, 유역환경청장·지방환경청장 또는 시장·군수·구청장은 수질 및 수생태계 변화 추이 및 목표기준, 상수원 및 물 이용현황, 오염원의 분포현황, 오염원에 의한 수질오염물질 발생량, 수질오염 예방 및 저감대책 등의 사항이 포함되어 있는 수질 및 수생태계 보전을 위한 기본계획을 수립해야 한다(「수질 및 수생태계 보전에 관한 법률」 제24조 제1항·제2항, 제25조 제1항 및 제26조 제1항).

(2) 수질오염물질의 총량관리제 실시

① 환경부장관은 다음의 어느 하나에 해당하는 지역에 대해서는 수계영향권별로 배출되는 수질오염물질을 총량으로 관리할 수 있다(「수질 및 수생태계 보전에 관한 법률」 제4조 제1항 본문).

 ㉠ 「수질 및 수생태계 보전에 관한 법률」 제10조의 2 제2항 및 제3항에 따라 수질 및 수생태계의 목표기준 달성 여부를 평

가한 결과 그 기준을 달성·유지하지 못한다고 인정되는 수
계의 유역에 속하는 지역
ⓛ 수질오염으로 주민의 건강·재산이나 수생태계에 중대한 위해
를 가져올 우려가 있다고 인정되는 수계의 유역에 속하는 지역
② 4대강 수계의 적용을 받는 지역의 경우에는 수계의 이용 상황
과 수질 상태 등을 고려하여 개별 수계구간별 목표 수질을 정하
고 다음의 사항이 포함된 오염총량관리기본방침을 세워 그에
따른 기본계획 등을 수립·시행해야 한다(「수질 및 수생태계
보전에 관한 법률」 제4조 제1항 단서, 「낙동강수계 물 관리 및
주민지원 등에 관한 법률」 제9조 제1항·제3항, 제10조 제1항,
제11조 제1항, 「금강수계 물 관리 및 주민지원 등에 관한 법률」
제9조 제1항·제3항, 제10조 제1항, 제11조 제1항, 「영산강·
섬진강수계물관리 및 주민지원 등에 관한 법률」 제9조 제1항·
제3항, 제10조 제1항, 제11조 제1항, 「한강수계 상수원수질개
선 및 주민지원 등에 관한 법률」 제8조 및 「한강수계 상수원수
질개선 및 주민지원 등에 관한 법률 시행령」 제6조 제2항).
㉠ 오염총량관리목표
㉡ 오염총량관리대상 오염물질의 종류
㉢ 오염총량관리계획의 기간
㉣ 오염부하량의 산정방법

(3) 비점오염원 관리

① 환경부장관은 비점오염원에서 유출되는 강우유출수로 인하여 하천·호소 등의 이용목적, 주민의 건강·재산이나 자연생태계에 중대한 위해가 발생하거나 발생할 우려가 있는 지역에 대해서는 관할 시·도지사와 협의하여 비점오염원 관리지역(이하 '관리지역'이라 함)으로 지정하여 고시할 수 있다(「수질 및 수생태계 보전에 관한 법률」 제54조 제1항 및 제5항).

② 환경부장관은 관리지역을 지정·고시한 경우에는 다음의 사항이 포함된 비점오염원 관리대책(이하 '관리대책'이라 함)을 관계 중앙행정기관의 장 및 시·도지사와 협의하여 수립하고, 이를 시·도지사에게 통보해야 한다(「수질 및 수생태계 보전에 관한 법률」 제55조 제1항·제2항 및 「수질 및 수생태계 보전에 관한 법률 시행규칙」 제80조).
  ㉠ 관리목표
  ㉡ 관리 대상 수질오염물질의 종류 및 발생량
  ㉢ 관리 대상 수질오염물질의 발생 예방 및 저감방안
  ㉣ 관리목표의 달성기간
  ㉤ 해당 관리지역 내의 비점오염물질이 유입되는 수계의 일반현황

㉯ 관계 중앙행정기관의 장, 시·도지사, 관계 기관·단체의 장
및 해당 관리지역 주민이 관리지역의 비점오염물질을 줄이기
위하여 추진하거나 협조해야 하는 사항

③ 시·도지사는 환경부장관으로부터 관리대책의 통보를 받은 경
우 다음의 사항이 포함된 관리대책의 시행을 위한 계획을 수립
하여 환경부장관의 승인을 얻어 시행해야 한다(「수질 및 수생
태계 보전에 관한 법률」 제56조 제1항).
㉠ 관리지역의 개발현황 및 개발계획
㉡ 관리지역의 대상 수질오염물질의 발생현황 및 지역개발계획
으로 예상되는 발생량 변화
㉢ 환경친화적 개발 등의 대상 수질오염물질 발생 예방
㉣ 방지시설의 설치·운영 및 불투수층 면적의 축소 등 대상 수
질오염물질 저감계획
㉤ 해당 관리지역에서 비점오염물질이 유입되는 수계의 오염원
분포 현황 및 특성의 분석에 관한 사항
㉯ 관할 시·도지사, 관계 시·군·구청장 및 해당 관리지역의
관계 기관·단체가 각각 추진하여야 할 비점오염저감사업 또
는 활동 등에 관한 사항
㉦ 해당 관리지역 주민이 참여할 수 있는 자발적인 비점오염저
감 활동에 관한 사항
㉧ 연차별 투자계획 및 재원조달 방안에 관한 사항

5. 안정적인 물 공급체계

(1) 개관

국가는 기후변화에 따라 발생할 수 있는 물 부족에 내비하여 안정적인 물 공급체계를 구축해야 한다.

이에 따라 국가는 댐건설, 하천의 효율적 이용 등을 통한 수자원 관리 기반을 보다 강화하고, 하천유지유량 확보, 지하수 개발 및 대체수원의 마련 등을 통해 용수공급 능력의 극대화에 힘쓰고 있다. 그밖에도 대체수자원으로서 해양심층수 개발에 대한 연구와 지원을 진행하고 있다.

(2) 수자원 관리 기반 강화

① 댐건설을 통한 수자원 관리

하천의 흐름을 막아 그 저수를 생활 및 공업용수, 농업용수, 환경개선용수 및 홍수발전으로 이용하기 위한 댐에 대하여 국토해양부장관은 10년마다 댐건설장기계획을 수립·실시하여 수자원 관리 기반을 강화해야 한다(「댐건설 및 주변지역지원 등에 관한 법률」제2조 제1호 및 제4조 제1항).

② 하천 이용을 통한 수자원 관리

국토해양부장관은 수자원의 안정적인 확보와 하천의 효율적인 이

용·개발 및 보전을 위해 물 수급의 현황 및 전망, 수자원의 개발·
공급 및 관리계획, 기후변화에 따른 국가의 물 확보 방안 등을 내용
으로 하는 20년 단위의 수자원장기종합계획을 수립·시행해야 한다
(「하천법」 제23조 제1항 및 「하천법 시행령」 제19조).

③ 수자원 정보체계 구축

국토해양부장관은 수자원 관리기반 강화의 일환으로, 「하천법」에
따른 유역조사의 자료, 댐·광역상수도 등의 이용·관리에 관한 자
료, 하천 및 지하수의 이용·관리에 관한 자료, 그 밖에 하천관리에
필요한 자료 등을 효율적으로 이용하기 위해 수자원 정보체계를 구
축·운영해야 한다(「하천법」 제22조 제1항 및 「하천법 시행령」 제18
조 제1항).

6. 용수 공급능력의 확대

(1) 하천유지유량 확보

① 국토해양부장관은 생활, 공업, 농업, 환경개선, 발전, 주운 등
의 하천수 사용을 고려하여 하천의 정상적인 기능 및 상태를 유
지하기 위해 필요한 최소한의 유량(이하 '하천유지유량'이라
함)을 정하여 「하천법」에 따른 중앙하천관리위원회의 심의를
거쳐 이를 고시해야 한다(「하천법」 제51조 제1항).
② 국토해양부장관, 특별시장·광역시장·도지사·특별자치도지
사는 하천유지유량의 확보를 위해 노력해야 한다(「하천법」 제

51조 제3항).

(2) 안정적인 용수공급을 위한 시책·계획의 수립

① 환경부장관은 국가 수도정책의 체계적 발전, 용수의 효율적 이용 및 수돗물의 안정적인 공급을 위해 수도정비기본계획을 바탕으로 다음의 사항이 포함된 전국수도종합계획을 10년마다 수립해야 한다(「수도법」 제5조).

  ㉠ 인구, 산업, 토지 등 수도 공급의 여건에 관한 사항
  ㉡ 수도 공급 목표 및 정책 방향
  ㉢ 광역상수도의 수요 전망 및 개발계획
  ㉣ 지방상수도의 수요 전망 및 개발계획
  ㉤ 마을상수도의 수요 전망 및 개발계획
  ㉥ 농어촌생활용수의 수요 전망 및 개발계획
  ㉦ 공업용수도의 수요 전망 및 개발계획
  ㉧ 상수원의 확보 및 대체수원(代替水源)의 개발계획

② 농림수산식품부장관은 농어촌용수의 효율적인 개발·이용 및 보전 등을 위해 농어촌용수 이용 합리화계획을 세우고 추진해야 하며, 농어촌용수가 오염되는 것을 방지하기 위해 수질개선 대책 등을 수립해야 한다(「농어촌정비법」 제15조 제1항 및 제21조).

(3) 지하수관리 등을 위한 계획수립 등

① 국토해양부장관은 전국의 지하수에 대하여 부존특성 및 개발
가능성 등에 대한 기초적인 조사를 실시해야 하며, 지하수의
이용실태・이용계획・보전계획의 사항이 포함된 10년 단위의
지하수관리계획을 수립해야 한다(「지하수법」 제5조 제1항 및
제6조 제1항).

② 환경부장관과 미리 협의를 마친 국토해양부장관은 지하수 조사
자료와 그 밖에 지하수보전・관리에 필요한 자료의 효율적인
활용을 위해 지하수정보체계를 구축・운영할 수 있다(「지하수
법」 제5조의 2 제1항 및 제2항).

(4) 대체수자원의 개발 등을 통한 수자원 확보

① 해양심층수의 연구개발 및 지원
해양심층수란 수심 200미터 아래(수입하는 해양심층수의 경우
는 해당 국가에서 정하는 수심을 말함)의 바다에 존재하면서
수질의 안전성을 계속 유지할 수 있는 바닷물로서 법에 따른
수질기준에 적합한 것을 말한다(「해양심층수의 개발 및 관리에
관한 법률」 제2조 제1호, 제24조 제1항 및 「해양심층수의 개발
및 관리에 관한 법률 시행규칙」 제2조).

② 국토해양부장관은 먹는 해양심층수제조업자, 먹는 해양심층수수
입업자 및 상업용 목적으로 해양심층수개발업자로부터 해양심층
수를 구입하는 자에 대하여 해양심층수이용부담금을 부과・징수

하여, 이를 다음의 사업에 사용한다(「해양심층수의 개발 및 관리에 관한 법률」 제40조 제1항 및 제6항).

㉠ 해양심층수 등 해양자원에 대한 연구개발사업
㉡ 해양심층수와 먹는 해양심층수 수질의 안정성 확보를 위한 사업
㉢ 해양심층수 관련 산업의 육성을 위한 사업
㉣ 취수해역에 대한 수질검사 등 해양생태계 훼손방지를 위한 사업
㉤ 해양심층수 취수로 인하여 훼손된 해양생태계의 복원을 위한 사업
㉥ 해양심층수의 담수화와 관련된 기술개발사업

③ 국토해양부장관은 예산의 범위에서 해양심층수의 개발, 해양심층수의 실용화에 관한 연구 및 해양심층수 관련업의 육성 등을 지원할 수 있다(「해양심층수의 개발 및 관리에 관한 법률」 제48조).

7. 물의 효율적 이용 및 절약 촉진

국가 및 지방자치단체는 물의 효율적 이용 및 절약 촉진을 위하여 물 수요 관리 목표제, 절수설비 확대, 빗물이용시설 확대, 재이용수 사용 확대, 중수도(中水道) 설치 확대 등의 시책을 추진하고 있다.
이러한 국가 및 지방자치단체의 시책에 따라 일정한 건축물 또는 시설물은 빗물 이용시설 또는 중수도시설을 설치해야 한다.

(1) 물 절약 인프라 구축

① 물 수요 관리 목표제 실시

    ㉠ 특별시장·광역시장·도지사 또는 특별자치도지사(이하 '시·도지사'라 함)는 물의 효율적 이용을 위하여 1인당 적정 물 사용량을 고려하여 관할 시·군·구(자치구를 말함)별 물 수요 관리 목표를 정하고 이를 달성하기 위한 종합적인 계획(이하 '종합계획'이라 함)을 5년마다 수립하여 환경부장관의 승인을 받아야 한다(「수도법」 제6조 제1항).

    ㉡ 시장·군수·구청장은 종합계획을 시행하기 위해 다음의 사항이 포함된 계획을 수립하여 시·도지사의 승인을 받아 시행해야 한다(「수도법」 제6조 제2항 및 「수도법 시행령」 제10조).

      ㉮ 연차별 누수량(漏水量) 줄이기 목표 및 사업계획(특별시·광역시의 경우 특별시장·광역시장이 수립·시행)

      ㉯ 연차별 유수 수량 늘리기 목표 및 사업계획(특별시·광역시의 경우 특별시장·광역시장이 수립·시행)

      ㉰ 중수도 및 절수설비 등 물 절약 시설의 연차별 보급목표 및 추진계획

      ㉱ 수도요금체계의 확립계획(시장·군수가 수립하는 확립계획만을 말함)

      ㉲ 불량 계량기의 교체 및 보수·정비계획(시장·군수가 수립하는 계획만을 말함)

② 절수설비 등의 설치

　　㉠ 건축주는 건축물 및 그 밖에 물의 절약과 효율적인 이용을 위하여 특히 필요하다고 인정하여 지방자치단체의 조례로 정하는 시설을 건축하려는 경우에는 수도물의 절약과 효율적 이용을 위하여 절수설비(節水設備)를 설치해야 한다(「수도법」 제15조 제1항).

　　㉡ 숙박업(객실이 10실 이하인 경우는 제외) 및 목욕장업 또는 골프장업을 영위하는 자는 절수설비 및 절수기기를 설치해야 하며, 이를 위반하면 시장, 군수 또는 구청장으로부터 그 설치의 이행명령을 받을 수 있다(「수도법」 제15조 제2항 및 제4항).

(2) 물의 재이용

① 빗물이용시설 설치

　　㉠ 종합운동장, 실내체육관 등 지붕의 면적이 넓은 시설물 중 지붕 면적이 2,400제곱미터 이상이고, 관람석 수가 1,400석 이상인 시설물을 신축·증축·개축 또는 재축하려는 자는 빗물이용시설을 설치·운영해야 한다(「수도법」 제16조 제1항).

　　㉡ 국가와 지방자치단체는 빗물이용시설을 설치한 시설물의 소유자에게 그 빗물이용시설의 설치비용을 지원할 수 있고, 지방자치단체는 조례로 정하는 바에 따라 수도 요금을 경감할 수 있다(「수도법」 제16조 제3항).

② 하수·폐수 처리수 재이용

   ㉠ 공공하수도관리청은 공공하수처리시설의 처리수를 공업용수, 화장실용수, 살수용수, 세차용수, 청소용수, 조경용수 등(이하 '재이용수'라 함)으로 이용하거나 이를 필요로 하는 자에게 공급해야 한다(「하수도법」 제21조 제1항).

   ㉡ 공공하수도관리청은 위에 따라 재이용수를 공급받는 자로부터 지방자치단체의 조례가 정하는 바에 따라 요금을 받을 수 있다(「하수도법」 제21조 제3항).

(3) 중수도 설치

※ '중수도(中水道)'란 건물, 시설 등에서 발생하는 오수(汚水: 오염된 물)를 다시 처리하여 생활용수, 공업용수 등으로 재이용하는 시설을 말한다(「하수도법」 제2조 제11호).

① 물을 효율적으로 이용하기 위해 다음의 어느 하나에 해당하는 시설물을 신축(증축·개축 또는 재축되는 부분이 다음의 어느 하나에 해당하는 경우 포함)하려는 자(공공하수도관리청으로부터 재이용수를 사용수량의 100분의 10 이상 공급받는 경우는 제외함)는 단독 또는 공동으로 사용수량의 100분의 10 이상을 재이용할 수 있는 중수도를 설치·운영해야 하며, 중수도의 설치결과를 시장·군수·구청장에게 통보해야 한다(「하수도법」 제26조 제1항).

   ㉠ 「공중위생관리법」에 따른 숙박업 또는 목욕장업에 사용되는 시설로서 건축 연면적이 6만 제곱미터 이상인 시설물

© 「산업집적활성화 및 공장설립에 관한 법률」에 따른 공장으로
서 1일 폐수배출량이 1,500세제곱미터 이상인 시설물
© 그 밖에 「하수도법 시행령」 제21조에 따른 시설물

② 환경부장관 또는 지방자치단체의 장은 위의 시설물을 신축하는
자가 중수도를 설치·운영하지 않은 경우에는 그 이행을 명할
수 있다(「하수도법」 제26조 제4항).

③ 국가는 중수도의 설치비용을 지원할 수 있으며, 지방자치단체
는 조례가 정하는 바에 따라 중수도를 설치한 시설물의 소유자
등에 대하여 수도요금 또는 하수도 사용료를 경감할 수 있다
(「하수도법」 제26조 제3항).

제8절 기후친화형 식량생산·기후변화대응과 안정적인 식량 수급

1. 개관

정부는 기후변화에 적극 대응할 수 있는 신품종 개량 등 친환경 농
산물 생산기술을 개발하여, 기후변화, 자연재해 등으로 발생할 수 있
는 식량수급 문제에 대하여 대비를 해야 한다.

2. 기후친화형 식량생산 및 안정적인 식량수급

관계 중앙행정기관의 장은 기후변화에 적극 대응할 수 있는 신품
종의 개발·개량 등 친환경 농산물 생산기술을 개발하여, 기후변화,
자연재해 등으로 발생할 수 있는 식량수급 문제에 대하여 대비를 해
야 한다.

(1) 환경친화형 식량생산 등

① 친환경 농어업 육성

　㉠ 국가와 지방자치단체는 농어업의 환경보전기능을 증진하고
　　 안전한 농수산물과 품질 좋은 식품의 생산 및 소비를 촉진
　　 하기 위해 지속 가능한 친환경 농어업 등을 육성해야 한다(「
　　 농어업·농어촌 및 식품산업 기본법」 제8조 제2항).

　㉡ 이에 따라 국가와 지방자치단체는 친환경 농어업 등의 생산
　　 기반 구축, 생산기술, 생산방법 및 어법·어구·양식기술의
　　 개발, 친환경 농수산물 등의 인증 및 가축분뇨, 어패류의
　　 부산물의 자원화 등에 필요한 정책을 세우고 시행해야 한다
　　 (「농어업·농어촌 및 식품산업 기본법」 제38조).

② 농어업 및 식품 관련 기술 개발 등(법 제55조 제1항 및 제4항)

　㉠ 관계 중앙행정기관의 장은 기후변화에 적극적으로 대응할
　　 수 있는 신품종의 개발·개량 등 친환경 농산물 생산기술을
　　 개발해야 한다(법 제55조 제1항 및 제4항).

ⓛ 이에 따라 국가와 지방자치단체는 농어업 생산기술, 농어업 생산기반 정비기술, 농수산물 생산 이후의 관리기술 등에 관한 종합적인 계획을 세우고 시행해야 하며, 관련 연구기관 또는 단체 등에 필요한 자금을 지원함으로써 농어업 및 식품 관련 산업의 기술개발 연구를 수행하게 할 수 있다(「농어업·농어촌 및 식품산업 기본법」 제35조 제1항 및 제36조).

(2) 농어업에 대한 자연재해 등 대비

① 국가와 지방자치단체는 다음의 사항에 관하여 농어업에 대한 재해대책을 마련하고, 재해대책에 드는 비용을 전부 또는 최대한 보조하고, 재해를 입은 농가와 어가에 대한 지원을 해야 한다(「농어업재해대책법」 제3조 및 제4조 제1항).

　㉠ 재해를 예방하기 위한 장비, 기자재 또는 인력의 지원 및 동원에 관한 사항

　ⓛ 재해 발생 시의 농업용 시설, 농경지, 농작물 등의 복구에 관한 사항

　㉢ 재해 발생 시의 어업용 시설, 어장, 수산양식물 등의 복구에 관한 사항

　㉣ 재해를 입은 농가와 어가에 대한 지원에 관한 사항

　㉤ 그 밖에 재해대책의 시행에 관한 사항

② 국가와 지방자치단체는 자연재해로부터 안정적인 농어업 경영을 도모하기 위하여 한해(旱害), 수해, 풍해, 냉해, 기후변화,

적조(赤潮), 해일 등 농어업 재해 및 기름 유출, 오염물질 누출 등 내수면·해수면·갯벌오염에 대한 예방, 응급대책, 복구와 농어업 재해보험의 운영 등에 필요한 시책을 마련해야 한다(「농어업·농어촌 및 식품산업 기본법」 제41조).

3. 안정적인 식량 수급

(1) 농수산물과 식품의 안정적 공급

① 국가와 지방자치단체는 안전한 농수산물과 품질 좋은 식품의 안정적 공급을 위해 농수산물 생산 단계에서의 안정성 확보, 농어업과 식품산업의 발전, 적정한 식량 및 주요 식품의 자급 목표 설정·유지 등에 필요한 정책을 세우고 시행해야 한다 (「농어업·농어촌 및 식품산업 기본법」 제7조).

② 관계 중앙행정기관의 장은 식량과 주요 식품의 공급 및 가격이 국제적으로 불안정하거나 자연재해 등으로 안정적인 공급이 어려운 위기상황에 대비하기 위하여 식량 및 주요 식품을 국내에서 적정하게 생산하여 비축하거나 해외에서 확보하여 적정하게 공급하기 위한 정책을 세우고 시행해야 한다(「농어업·농어촌 및 식품산업 기본법」 제23조).

(2) 안정적 식량수급체계 구축을 위한 국제협력 강화

① 관계 중앙행정기관의 장은 농어업·농어촌 및 식품산업 분야의 국제협력을 증진시키기 위해 농어업·농어촌 및 식품산업 정책에 관한 정보의 교류, 농어업 및 식품산업 인력·기술의 교류, 농어

업 관련 국제기구 활동 참여 등에 필요한 정책을 세우고 시행해야 한다(「농어업·농어촌 및 식품산업 기본법」 제57조 제1항).

② 관계 중앙행정기관의 장은 수입 의존도가 높은 식량 및 식품과 사료 원료 및 수산자원과 해외 어장을 안정적으로 확보하기 위한 기반을 확대하고, 세계의 농어업·농어촌이 균형적으로 발전할 수 있도록 하기 위해 개발도상국가에 대한 농어업·농어촌 및 식품산업 부문의 인적·물적·기술적 지원에 필요한 정책을 세우고 시행해야 한다(「농어업·농어촌 및 식품산업 기본법」 제57조 제2항).

③ 관계 중앙행정기관의 장은 농어업 및 농어업 관련 산업의 해외 투자에 관한 조사·연구와 농어업경영체 등의 해외투자를 지원하고 해외 어장을 확보하는 데에 필요한 정책을 세우고 시행해야 한다(「농어업·농어촌 및 식품산업 기본법」 제58조).

제9절 기후변화대응과 재해관리 강화

1. 개관

국가는 기후변화로 인해 발생할 수 있는 자연재해에 대비하여 국민의 생명, 신체 및 재산과 주요 기간시설을 보호하기 위한 자연재해의 예방 및 대비에 관한 종합계획을 수립하여 이를 시행해야 한다.

2. 기후변화대비 재해관리 강화

국가는 기후변화로 인해 발생할 수 있는 자연재해에 대비하여 국민의 생명, 신체 및 재산과 주요 기간시설을 보호하기 위한 자연재해의 예방 및 대비에 관한 종합계획을 수립하여 이를 시행해야 한다.

(1) 재해예방을 위한 시스템 구축

① 재해예방 종합계획 수립

국가는 자연현상으로 인한 재난으로부터 국민의 생명, 신체 및 재산과 주요 기간시설을 보호하기 위하여 자연재해의 예방 및 대비에 관한 종합계획을 수립하여 이를 시행해야 하며, 그 시행을 위한 최대한의 재정적·기술적 지원을 해야 한다(「자연재해대책법」 제3조 제1항).

② 재해정보체계 구축

재난관리책임기관의 장은 자연재해의 예방·대비·대응·복구 등에 필요한 다음의 시스템이 포함된 재해정보의 관리 및 이용체계(이하 '재해정보체계'라 함)를 구축·운영해야 한다(「자연재해대책법」 제34조 제1항 및 「자연재해대책법 시행령」 제25조 제3항).

    ㉠ 풍수해로 인한 피해의 예측·관리 등을 위하여 필요한 시스템

    ㉡ 「재해구호법」 제2조 제1호에 따른 이재민의 보호와 생활 안전 등의 관리를 위하여 필요한 시스템

    ㉢ 풍수해보험사업의 적정한 운영을 위한 통계관리에 필요한 시스템

ⓔ 자연재해 발생 시 긴급한 상황에서 인명보호, 방역, 의료 제공, 재해쓰레기 처리, 공공시설물 관리 등 행정서비스를 연속적으로 제공하기 위하여 필요한 재난대응 시스템

ⓜ 지진재해 발생 시 신속한 초기 내응에 필요한 시스템

ⓗ 수습상황 보고, 재난지역지원, 국고보조 등을 신속·정확하고 효율적으로 처리하기 위한 복구계획 수립, 복구 진도 관리 등에 필요한 시스템

ⓢ 그 밖에 자연재해의 효율적인 관리를 위하여 소방방재청장이 필요하다고 인정하는 시스템

(2) 재해예방을 위한 기술개발 및 국제교류 확대

① 재해예방 등을 위한 연구개발사업 육성

관계 중앙행정기관의 장은 국민의 생명, 재산 및 주요기간시설의 보호를 위한 자연재해 예방기법 등의 발전을 촉진하기 위하여 자연재해 예방기법 개발 등에 관한 연구개발사업 및 관련산업을 육성해야 하며, 이를 육성하기 위해 행정·재정적인 지원을 할 수 있다(「자연재해대책법」 제58조).

② 재해예방 등을 위한 국제교류 확대

관계 중앙행정기관의 장은 자연재해 저감기술 및 자연재해 저감산업에 관한 국제공동연구를 촉진하기 위해 국제협력을 위한 조사·연구, 인력·정보의 국제교류, 해외시장 개척 등의 시책을 강구·추진해야 한다(「자연재해대책법」 제62조).

제10절 기후변화대응과 국민건강관리 강화

1. 개관

국가는 기후변화, 환경여건 변화에 따라 전염병의 전파 가능성이 보다 높아짐에 따라 전염병의 예방 및 관리대책을 수립·시행해야 한다.

환경부장관은 전국적인 대기오염 측정망을 설치하고 대기오염도 등을 상시 측정해야 하며, 국민 건강에 영향을 미치는 오염물질에 대하여 예보·특보를 발령하여 적절한 조치를 취해야 한다.

2. 기후변화대응 국민건강관리 강화

국가는 기후변화, 환경여건 변화에 따라 전염병의 전파 가능성이 보다 높아짐에 따라 전염병의 예방 및 관리대책을 수립·시행해야 한다.

환경부장관은 전국적인 대기오염 측정망을 설치하고 대기오염도 등을 상시 측정해야 하며, 국민건강에 영향을 미치는 오염물질에 대하여 예보·특보를 발령하여 적절한 조치를 취해야 한다.

3. 기후변화에 따른 국민건강관리 대응전략 수립

(1) 전염병 예방·관리능력 강화

보건복지부 및 특별시장·광역시장·도지사·특별자치도지사와 시장·군수·구청장은 감염병의 예방 및 관리를 위하여 기후변화에 따른 감염병 발생조사·연구 및 예방대책을 수립·수행하여야 한다(「감염병의 예방 및 관리에 관한 법률」 제4조 제12호).

(2) 기후변화에 따른 대기오염 예·경보시스템 구축 등

① 환경부장관은 전국적인 대기오염 및 기후·생태계 변화유발물질의 실태를 파악하기 위하여 환경부령으로 정하는 바에 따라 측정망을 설치하고 대기오염도 등을 상시 측정하여야 한다(「대기환경보전법」 제3조 제1항).

② 특별시장·광역시장·도지사 또는 특별자치도지사(이하 "시·도지사"라 한다)는 해당 관할 구역 안의 대기오염 실태를 파악하기 위하여 환경부령으로 정하는 바에 따라 측정망을 설치하여 대기오염도를 상시 측정하고, 그 측정 결과를 환경부장관에게 보고하여야 한다(「대기환경보전법」 제3조 제2항).

③ 시·도지사는 대기오염도가 「환경정책기본법」 제10조에 따른 대기에 대한 환경기준을 초과하여 주민의 건강·재산이나 동식물의 생육에 심각한 위해를 끼칠 우려가 있다고 인정되면 그 지역에 대기오염경보를 발령할 수 있다. 대기오염경보의 발령 사유가 없어진 경우 시·도지사는 대기오염경보를 즉시 해제하여

야 한다(「대기환경보전법」제8조 제1항).

④ 시·도지사는 대기오염경보가 발령된 지역의 대기오염을 긴급
하게 줄일 필요가 있다고 인정하면 기간을 정하여 그 지역에서
자동차의 운행을 제한하거나 사업장의 조업 단축을 명하거나,
그 밖에 필요한 조치를 할 수 있다(「대기환경보전법」제8조 제2항).

⑤ 자동차의 운행 제한이나 사업장의 조업 단축 등을 명령받은 자
는 정당한 사유가 없으면 따라야 한다(「대기환경보전법」제8조
제3항).

⑥ 대기오염경보의 대상 지역, 대상 오염물질, 발령 기준, 경보 단
계 및 경보 단계별 조치 등에 필요한 사항은 대통령령으로 정한
다(「대기환경보전법」제8조 제4항, 「동법 시행령」제2조, 「동법
시행규칙」제14조 별표 7).

〈별표 7〉

경보단계	발령기준	단계별 조시사항
주의보	기상조건 등을 검토하여 해당 지역의 대기 자동측정소 오존농도가 0.12ppm 이상일 때	주민의 실외활동 및 자동차 사용의 자제 요청 등
경보	기상조건 등을 검토하여 해당 지역의 대기 자동측정소 오존농도가 0.3ppm 이상일 때	주민의 실외활동 제한 요청, 자동차 사용의 제한명령 및 사업장의 연료사용량 감축 권고 등
중대경보	기상조건 등을 검토하여 해당 지역의 대기 자동측정소 오존농도가 0.5ppm 이상일 때	주민의 실외활동 금지 요청, 자동차의 통행금지 및 사업장의 조업시간 단축 명령 등

(3) 기후·생태계 변화유발물질 배출 억제

정부는 기후·생태계 변화유발물질의 배출을 줄이기 위하여 국가
간에 환경정보와 기술을 교류하는 등 국제적인 노력에 적극 참여하

고, 기후·생태계 변화유발물질의 배출을 줄이기 위하여 조사·연구, 회수·재사용, 대체물질 개발 등의 시책을 강구하여야 한다(「대기환경보전법」제9조).

(4) 대기순환 장애의 방지

관계 중앙행정기관의 장, 지방자치단체의 장 및 사업자는 각종 개발계획을 수립·이행할 때에는 계획지역 및 주변 지역의 지형, 풍향·풍속, 건축물의 배치·간격 및 바람의 통로 등을 고려하여 대기오염물질의 순환에 장애가 발생하지 아니하도록 하여야 한다(「대기환경보전법」제10조).

(5) 대기환경개선 종합계획의 수립

① 환경부장관은 대기오염물질과 온실가스를 줄여 대기환경을 개선하기 위하여 대기환경개선 종합계획(이하 "종합계획"이라 한다)을 10년마다 수립하여 시행하여야 한다(「대기환경보전법」제11조 제1항).

(6) 황사피해방지 종합대책의 수립 등

① 환경부장관은 황사피해방지를 위하여 5년마다 관계 중앙행정기관의 장과 협의하고 시·도지사의 의견을 들은 후 황사대책위원회의 심의를 거쳐 황사피해방지 종합대책(이하 "종합대책"이라 한다)을 수립하여야 한다(「대기환경보전법」제13조 제1항).
② 기상청장은 기상현상에 대하여 일반인이 이용할 수 있도록 필요한 예보 및 특보를 해야 하며, 이에 따라 일정한 기준에 따른 황사주

의보 또는 황사경보를 발할 수 있다(「기상법」 제13조 제1항,「기상
법 시행령」 제8조 제2항 제8호 및 『황사피해방지 종합대책』).

구분	발령기준치	행동요령
주의보	황사로 인해 1시간 평균 미세먼지 농도 400μg/㎥ 이상, 2시간 이상 지속	㉠ 노약자, 어린이, 호흡기 질환자의 실외활동 금지 권고 ㉡ 유치원과 초등학교의 실외활동(운동, 실외학습 등) 금지 권고 ㉢ 일반인(중고생 포함)의 과격한 실외운동 금지 및 실외활동 자제 권고
경보	황사로 인해 1시간 평균 미세먼지 농도 800μg/㎥ 이상, 2시간 이상 지속	㉠ 노약자, 어린이, 호흡기 질환자의 외출금지 권고 ㉡ 유치원과 초등학교의 실외활동(운동, 실외학습 등) 금지 및 수업단축, 휴업 등의 학생 보호조치 강구 권고 ㉢ 일반인(중고생 포함)의 실외활동 금지 및 외출자제 권고 ㉣ 실외운동경기 중지 및 연기 권고

③ 관계 중앙행정기관의 장은 황사피해 방지를 위해 관련 국가 간에
협력하도록 노력해야 한다(「대기환경보전법」 제15조).

온실가스 감축

제1절 개관

정부는 범지구적인 온실가스 감축에 적극 대응하고 저탄소 녹색성장을 효율적·체계적으로 추진하기 위하여 2020년의 국가 온실가스 총배출량을 2020년의 온실가스 배출 전망치 대비 100분의 30까지 감축하도록 설정한 목표를 달성하기 위해 이에 필요한 조치를 강구해야 한다.

그 밖에 정부는 온실가스의 배출량 관리 등을 위해 국가 온실가스 배출량·흡수량, 배출·흡수 계수(係數), 온실가스 관련 각종 정보 및 통계를 개발·검증·관리하는 온실가스 종합정보관리체계를 구축해야 한다.

제2절 온실가스 개념, 배출 현황

1. 온실가스의 개념

(1) 온실가스(법 제2조 제9호)

'온실가스'란 이산화탄소(CO_2), 메탄(CH_4), 아산화질소(N_2O), 수소불화탄소(HFCs), 과불화탄소(PFCs), 육불화황(SF_6)으로 적외선 복사열을 흡수하거나 재방출하여 온실효과를 유발하는 대기 중의 가스 상태의 물질을 말한다(법 제2조 제9호).

※ 수소불화탄소(HFCs)와 과불화탄소(PFCs)는 다음과 같다(「저탄소 녹색성장 기본법 시행령」 제2조 및 별표 1).

〈별표 1〉

1. 수소불화탄소(HFCs)	HFC−23, HFC−32, HFC−41, HFC−43−10mee, HFC−125, HFC−134, HFC−134a, HFC−143, HFC−143a, HFC−152a, HFC−227ea, HFC−236fa, HFC−245ca
2. 과불화탄소(PFCs)	PFC−14, PFC−116, PFC−218, PFC−31−10, PFC−c318, PFC−41−12, PFC−51−14

※ '온실효과(Greenhouse Effect)'란 태양으로부터 지구로 유입되었다가 다시 우주로 보내지는 열의 일부를 대기 중의 수증기나 이산화탄소와 같은 온실가스가 흡수하여 대기를 따뜻하게 유지시켜 지구를 마치 온실의 유리처럼 보온해 주는 효과를 일으키는 것을 말한다. 온실효과는 지구의 평균기온을 유지시키는 데 도움을 준다. 만약 자연적인 온실효과가 없다면 지구표면에서 반사된 열들이 모두 우주로 빠져나가게 되어 결국 지구의 온도는 현재보다 약 30℃ 정도 낮아져서 대부분의 생물들이 살기에는 너무 추운 환경이 될 것이다. 그러나 산업화 이후 화석연료 사용의 증가로 이산화탄소, 메탄, 아산화질소, 프레온, 오존 등의 온실가스가 공기 중에 급격하게 증가하였다. 온실가스가 증가하여 온실효과가 더욱 진전되면 대륙의 내륙지방은 더욱 건조해지고, 해안지대는 더욱 많은 비가 오게 되고 추

운 계절이 짧아지고 따뜻한 계절은 길어진다. 마지막으로 제일 큰 피해는 극지의 빙산들이 녹아 해수면이 상승해서 지대가 낮은 나라들은 완전히 바다에 잠기게 된다.[8]

(2) 온실가스 배출(법 제2소 세10호)

'온실가스 배출'이란 사람의 활동에 수반하여 발생하는 온실가스를 대기 중에 배출, 방출 또는 누출시키는 직접배출과 다른 사람으로부터 공급된 전기 또는 열(연료 또는 전기를 열원으로 하는 것만 해당)을 사용함으로써 온실가스가 배출되도록 하는 간접배출을 말한다(법 제2조 제10호).

2. 온실가스 배출 현황

(1) 우리나라 온실가스 배출 현황(2007년 기준, 2009년 지식경제부 발표 기준)

① 우리나라의 온실가스 배출 현황은 2007년 기준 620.0백만tCO$_2$로 2006년의 602.6백만tCO$_2$ 대비 2.9% 증가하였다.

② 이는 선진국 의무감축 기준연도인 1990년 배출량과 비교하였을 때 103% 증가한 규모로서 연평균 4.3% 증가세를 기록하고 있다.

---

8) 녹색성장위원회(http://www.greengrowth.go.kr).

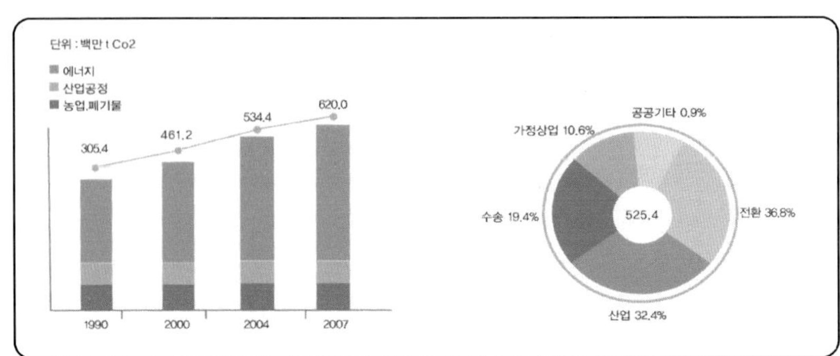

〈그림 2-1〉[9]

(2) 우리나라 부문별 온실가스 배출량 현황(2007년 기준, 2009년 지식
경제부 발표 기준)[10]

(단위: 백만tCO_2)

부문	1990	2000	2004	2005	2006	비중	1990~2006 증가율
총배출량	305.4 (100)	461.2 (151.0)	534.4 (175.0)	596.7 (195.0)	602.6 (197.0)	620.0 (203.0)	4.3
● 에너지	247.8 (81.1)	372.2 (80.7)	438.8 (82.1)	498.9 (83.6)	505.9 (83.9)	525.4 (84.7)	4.5
● 전환	37.9 (15.9)	83.0 (22.6)	125.7 (29.1)	170.8 (34.8)	179.3 (36.1)	189.8 (36.8)	9.9
● 산업	87.2 (36.5)	132.8 (36.2)	152.4 (35.3)	156.2 (31.8)	157.5 (31.7)	167.2 (32.4)	3.9
● 수송	42.2 (17.7)	76.7 (20.9)	86.6 (20.0)	97.5 (19.9)	99.3 (20.0)	100.2 (19.4)	5.2
● 가정상업	64.7 (27.1)	69.7 (19)	63.5 (14.7)	61.1 (12.5)	56.7 (11.4)	54.5 (10.6)	△1.0
● 공공 기타	7.0 (2.9)	4.6 (1.3)	4.0 (0.9)	4.9 (1.0)	4.3 (0.9)	4.5 (0.9)	△2.5

---

9) 녹색성장위원회(http://www.greengrowth.go.kr).

10) 녹색성장위원회(http://www.greengrowth.go.kr).

	19.9	47.1	58.3	64.8	63.7	60.9	
• 산업공정	(6.5)	(10.2)	(10.9)	(10.9)	(10.6)	(9.8)	6.8
• 농업	15.2	22.4	20.6	18.2	17.5	18.4	1.1
	(5.0)	(4.9)	(3.9)	(3.1)	(2.9)	(3.0)	
• 폐기물	22.5	19.5	16.7	14.7	15.6	15.3	△2.2
	(7.4)	(4.2)	(3.1)	(2.5)	(2.6)	(2.5)	

1. ( )는 구성비임
2. 온실가스 총배출량/순 배출량지수는 1990년 100일 때 상대지수
3. tCO$_2$: Tons of Carbon Dioxide(이산화탄소톤)
4. 1990~2007 증가율 %는 연평균 증가율임
5. 에너지부문 중 탈루성 배출(2007년, 6.7백만 톤)은 제외됨

제3절 국가 온실가스 감축목표 설정·관리

정부는 범지구적인 온실가스 감축에 적극 대응하고 저탄소 녹색성장을 효율적·체계적으로 추진하기 위하여 2020년의 국가온실가스 총배출량을 2020년의 온실가스 배출 전망치 대비 100분의 30까지 감축하도록 설정한 목표를 달성하기 위해 이에 필요한 조치를 강구해야 한다(동법 시행령 제25조 제1항).

1. 국가 온실가스 감축목표 설정·조치 등

(1) 감축목표 달성을 위한 설정·조치 등(법 제42조 제1항 제1호, 제2항, 제4항)

① 정부는 범지구적인 온실가스 감축에 적극 대응하고 저탄소 녹색성장을 효율적·체계적으로 추진하기 위해 국내 여건 및 각국의 동향 등을 고려하여 온실가스 감축 목표에 대한 중장기 및

단계별 목표를 설정하고 그 달성을 위해 필요한 조치를 강구해
야 한다(법 제42조 제1항 제1호).

㉠ 온실가스 감축 목표는 2020년의 국가 온실가스 총배출량을
2020년의 온실가스 배출 전망치 대비 100분의 30까지 감축하
는 것이다(동법 시행령 제25조 제1항).

㉡ 녹색성장위원회(이하 '위원회'라 함)가 온실가스 감축 목표의
세부 감축 목표 및 부문별 목표의 설정 및 그 이행의 지원을 위
해 필요한 조치에 관한 사항을 심의하는 경우에는 위원회의 심
의 전에 「경제정책조정회의 규정」 제2조에 따른 경제정책조정
회의를 거쳐야 한다(동법 시행령 제25조 제2항).

㉢ 녹색성장위원회는 저탄소 녹색성장 정책의 기본방향을 심의할
때 감축 목표가 달성될 수 있도록 녹색성장 국가전략, 중앙추
진계획 및 지방추진계획 간의 정합성과 기후변화대응 기본계
획, 에너지기본계획 및 지속가능발전 기본계획이 체계적으로
연계될 수 있는 방안을 우선적으로 고려해야 한다(동법 시행령
제25조 제3항).

② 정부는 온실가스 감축 목표를 설정할 때 국내 여건 및 각국의
동향 등을 고려하여야 한다(법 제42조 제2항).

---

11) 녹색성장위원회(http://www.greengrowth.go.kr).

③ 관계 중앙행정기관의 장은 온실가스 감축 목표를 달성할 수 있
도록 산업, 교통·수송, 가정·상업 등 부문별 목표를 설정하
고 그 달성을 위하여 필요한 조치를 적극 마련해야 한다(법 제
42조 제4항).

(2) 온실가스 감축목표에 대한 행정기관의 역할

① 환경부장관은 온실가스 감축 목표의 설정·관리 및 필요한 조
치에 관하여 총괄·조정 기능을 수행한다(동법 시행령 제26조
제1항).

② 환경부장관은 온실가스 및 에너지 목표관리의 통합·연계, 국
내산업의 여건, 국제적인 동향, 이중 규제의 방지 등 관련 규제
의 선진화 등을 고려하여 부문별 관계 중앙행정기관의 장(이하
'부문별 관장기관'이라 함)과의 협의 및 위원회의 심의를 거친
후, 온실가스 배출량 규제 대상 지정기업에 대한 감축 목표의
설정·관리 및 검증 등에 관한 종합적인 기준 및 지침을 마련하
여 이를 관보에 고시한다(동법 시행령 제26조 제2항).

③ 부문별 관장기관은 다음의 구분에 따라 소관 부문별로 목표의
설정·관리 및 필요한 조치에 관한 사항을 관장하며, 이 경우
부문별 관장기관은 환경부장관의 총괄·조정 업무에 최대한 협
조해야 한다(동법 시행령 제26조 제3항).

관계 중앙행정기관	소관 부문
농림수산식품부	농업·축산 분야
지식경제부	산업·발전($發電$) 분야
환경부	폐기물 분야
국토해양부	건물·교통 분야

2. 기관별 온실가스 감축 목표 설정

(1) 해당 기관별 목표 설정(법 제42조 제3항)

정부는 2020년의 국가 온실가스 총배출량을 2020년의 온실가스 배출 전망치 대비 100분의 30까지 감축하는 것을 내용으로 하는 국가목표의 달성을 위해 관계 중앙행정기관, 지방자치단체 및 다음의 대통령령으로 정하는 공공기관에 대하여 해당 기관별로 온실가스 감축목표를 설정하도록 하고 그 이행사항을 지도·감독할 수 있다(법 제42조 제3항 및 동법 시행령 제27조).

　㉠ 「공공기관의 운영에 관한 법률」 제4조에 따른 공공기관
　㉡ 「지방공기업법」 제49조에 따른 지방공사 및 같은 법 제76조에 따른 지방공단
　㉢ 「국립대학병원 설치법」, 「국립대학치과병원 설치법」, 「서울대학교병원 설치법」 및 「서울대학교치과병원 설치법」에 따른 병원
　㉣ 「고등교육법」 제3조에 따른 국립대학 및 공립대학

(2) 감축 목표 이행계획 제출

국가 온실가스 감축목표의 달성을 위해 해당 기관별 온실가스 감축 목표를 설정한 중앙행정기관, 지방자치단체와 공공기관(이하 '중앙행정기관 등'이라 한다)장은 매년 12월 31일까지 다음의 사항이 포함된 다음 연도 온실가스 감축 목표 이행계획(이하 '이행계획'이라 함)을 전자적 방식으로 온실가스 종합정보센터(이하 '센터'라 함)에 제출해야 한다(동법 시행령 제28조 제1항).

> ㉠ 연차별 온실가스 감축 목표와 그 이행계획
> ㉡ 온실가스 배출량
> ㉢ 온실가스 배출 시설
> ㉣ 시설별 온실가스 배출량
> ㉤ 그 밖에 온실가스 감축 목표를 달성하기 위하여 환경부장관
>   이 정하는 사항

(3) 이행계획의 개선·보완

① 환경부장관은 해당 기관별 이행계획이 적절하지 않다고 인정될 경우에는 행정안전부장관 및 지식경제부장관과 협의하여 중앙행정기관 등의 장에게 이행계획의 개선·보완을 요구할 수 있다(동법 시행령 제28조 제2항).
② 개선·보완을 요구받은 중앙행정기관 등의 장은 요구를 받은 날부터 1개월 이내에 이를 반영한 이행계획을 센터에 제출해야 한다(동법 시행령 제28조 제3항).

(4) 이행결과 보고

① 중앙행정기관 등의 장은 해당 기관별 이행계획을 실행한 이행
   결과보고서를 전자적 방식으로 다음 연도 3월 31일까지 센터에
   제출해야 한다(동법 시행령 제28조 제4항).
② 행정안전부장관, 지식경제부장관 및 환경부장관은 이행결과보고
   서를 받은 날부터 3개월 이내에 이를 공동으로 평가하고, 그 결
   과를 국무총리에게 보고해야 한다(동법 시행령 제28조 제5항).
③ 국무총리는 평가 결과에 따라 필요한 경우 중앙행정기관 등의
   장에게 온실가스 감축 및 에너지절약을 촉진하기 위한 조치를
   명할 수 있다(동법 시행령 제28조 제6항).

제4절 국가 온실가스 종합정보관리체계 구축

정부는 국가 온실가스 배출량·흡수량, 배출·흡수계수(係數), 온
실가스 관련 각종 정보 및 통계를 개발·검증·관리하는 온실가스
종합정보관리체계를 구축해야 한다.

1. 온실가스 종합정보관리체계 구축

(1) 온실가스 종합정보센터 구축(법 제45조 제1항)

① 정부는 국가 온실가스 배출량·흡수량, 배출·흡수 계수(係數),
   온실가스 관련 각종 정보 및 통계를 개발·검증·관리하는 온

실가스 종합정보관리체계를 구축해야 한다(법 제45조 제1항).

② 국가 온실가스 종합정보관리체계를 구축·관리하기 위하여 환경
부장관 소속으로 다음의 사항을 관장하는 온실가스 종합정보센
터(이하 '센터'라 함)를 둔다(동법 시행령 제36조 제1항 및 제2항).
  ㉠ 국가 및 부문별 온실가스 감축 목표 설정의 지원
  ㉡ 국제기준에 따른 국가 온실가스 종합정보관리체계 운영
  ㉢ 온실가스 감축 목표 설정 및 온실가스 배출량 규제에 따른 관
    리업체 지정 및 관리 등에 대한 업무협조 지원 및 관계 중앙
    행정기관에 대한 정보 제공
  ㉣ 국내외 온실가스 감축 지원을 위한 조사·연구
  ㉤ 저탄소 녹색성장 관련 국제기구·단체 및 개발도상국과의 협력

③ 온실가스 종합정보센터는 효율적으로 업무를 수행하기 위해 필
요하다고 인정되는 경우에는 관계 중앙행정기관의 장과 협의하
여 기후변화·에너지·지속가능발전 등 저탄소 녹색성장과 관
련된 다음의 기관에 인력, 정보 제공 및 분석 등 필요한 지원을
요청할 수 있다(동법 시행령 제36조 제6항).
  ㉠ 「정부출연연구기관 등의 설립·운영 및 육성에 관한 법률」
    제8조 제1항에 따른 연구기관
  ㉡ 「과학기술분야 정부출연연구기관 등의 설립·운영 및 육성에
    관한 법률」 제8조 제1항에 따른 연구기관
  ㉢ 「공공기관의 운영에 관한 법률」 제4조에 따른 공공기관

(2) 관계 중앙행정기관의 협력(법 제45조 제2항)

관계 중앙행정기관의 장은 온실가스 종합정보센터가 원활히 운영
될 수 있도록 에너지, 산업공정, 농업, 폐기물, 산림 등 부문별 소관
분야의 정보 및 통계를 작성하여 제공하는 등 적극 협력해야 한나(법
제45조 제2항).

㉠ 환경부장관은 온실가스 종합정보센터의 효율적·체계적 업무
　수행을 위하여 행정안전부, 농림수산식품부, 지식경제부, 국토
　해양부 등 관계 중앙행정기관의 고위공무원단에 속하는 공무원
　및 기획단의 단장으로 구성된 협의체를 구성·운영한다(동법
　시행령 제36조 제3항).
㉡ 부문별 관장기관은 다음의 구분에 따른 소관 부문별 전년도 온
　실가스 정보 및 통계를 매년 6월 30일까지 센터에 제출해야 한
　다(동법 시행령 제36조 제4항).

2. 온실가스 정보 및 통계

(1) 국제기준 반영 등(법 제45조 제3항)

관계 중앙행정기관의 장은 각종 정보 및 통계를 작성·관리하거나
온실가스 종합정보관리체계를 구축함에 있어 국제기준을 최대한 반영
하여 전문성, 투명성 및 신뢰성을 제고해야 한다(법 제45조 제3항).

(2) 정보 및 통계 공표(법 제45조 제4항)

① 관계 중앙행정기관의 장은 각종 정보 및 통계를 분석·검증하
여 그 결과를 매년 공표해야 한다(법 제45조 제4항).

② 국가 온실가스 종합정보관리체제의 국제적 신뢰성을 확보하기
위하여 환경부장관은 온실가스 정보 및 통계에 관하여 검증을
하고 대외적으로 국가 온실가스 종합정보관리기관으로서의 지
위를 가지고, 온실가스 통계의 공정성 및 신뢰성을 확보하기
위해 통계청장과 협의해야 한다(동법 시행령 제36조 제5항).

제5절 온실가스 배출량 규제

1. 개관

정부는 기준량 이상의 온실가스 배출업체 및 에너지소비업체를 대
상으로 관리업체를 선정하고 이를 지정·고시해야 한다(동법 시행령
제29조 제1항·제2항).

정부는 온실가스 국가목표 및 에너지 국가목표를 달성하기 위해
관리업체별로 매년 9월 30일까지 관리업체의 다음 연도 온실가스 감
축, 에너지절약 및 에너지 이용효율 목표를 설정하고, 이를 관리업체
및 온실가스 종합정보센터에 통보해야 한다(법 제42조 제5항 및 동
법 시행령 제30조 제1항).

관리업체는 온실가스 감축, 에너지절약 및 에너지 이용효율 목표를 설정·준수해야 하며, 제출한 그 실적을 이행계획을 실행한 실적을 부문별 관장기관에 보고해야 한다(법 제42조 제7항).

또한 관리업체는 사업장별로 매년 온실가스 배출량 및 에너지 소비량에 대하여 측정·보고·검증 가능한 방식으로 명세서를 작성하여 정부에 보고해야 한다(법 제44조 제1항).

2. 온실가스 배출 관리업체 선정기준 등

(1) 온실가스 배출 관리업체 선정

① 관리업체 선정 기준

  ㉠ 부문별 관계 중앙행정기관의 장(이하 '부문별 관장기관'이라 함)은 다음의 어느 하나에 해당하는 업체를 대상으로 기준량 이상의 온실가스 배출업체 및 에너지 소비업체(이하 '관리업체'라 함)를 선정하고, 관련 자료를 첨부하여 매년 3월 31일까지 환경부장관에게 통보해야 한다(동법 시행령 제29조 제1항·제2항,

  ㉡ 해당 연도 1월 1일을 기준으로 최근 3년간 업체의 모든 사업장에서 배출한 온실가스와 소비한 에너지의 연평균 총량이 다음의 기준 모두에 해당하는 업체(동법 시행령 제29조 제1항 제1호 별표 2, 3).

〈별표 2, 3〉

구분	온실가스 배출량 기준	에너지 소비량 기준
2011년 12월 31일까지 적용되는 기준	125,000톤 CO_2-eq 이상	500terajoules 이상
2012년 1월 1일부터 적용되는 기준	87,500톤 CO_2-eq 이상	350terajoules 이상
2014년 1월 1일부터 적용되는 기준	50,000톤 CO_2-eq 이상	200terajoules 이상

※ terajoules, 1TJ는 1조J을 말한다.

   ⓒ 업체의 사업장 중 최근 3년간 온실가스 배출량과 에너지 소비량의 연평균 총량이 다음의 기준 모두에 해당하는 사업장이 있는 업체의 해당 사업장(동법 시행령 제29조 제1항 2호 별표 4, 5).

〈별표 4, 5〉

	사업장 온실가스 배출량 기준	사업장 에너지 소비량 기준
2011년 12월 31일까지 적용되는 기준	25,000톤 CO_2-eq 이상	100terajoules 이상
2012년 1월 1일부터 적용되는 기준	20,000톤 CO_2-eq 이상	90terajoules 이상
2014년 1월 1일부터 적용되는 기준	15,000톤 CO_2-eq 이상	80terajoules 이상

※ 관리업체는 해당 업체의 모든 사업장에서 배출한 온실가스와 소비한 에너지의 연평균 총량이 위의 기준에 모두에 해당하는 업체로서 두 가지 요건 모두를 충족해야 한다. 그리고 온실가스 배출 관리업체와 에너지 소비 관리업체의 지정기준, 지정 절차, 배출량·소비량 보고 절차 등은 같다.

② 관리업체 선정·고시

   ㉠ 부문별 관장기관으로부터 관리업체 선정을 통보받은 환경부 장관은 관리업체 선정의 중복·누락, 규제의 적절성 등을 확인하고 그 결과를 부문별 관장기관에 통보하며, 통보를

받은 부문별 관장기관은 매년 6월 30일까지 관리업체를 지
정하여 관보에 고시한다(동법 시행령 제29조 제3항).

ⓛ 환경부장관은 각 부문별 관장기관이 지정·고시한 관리업체를
종합하여 이를 공표할 수 있다(동법 시행령 제29조 제6항).

③ 관리업체 선정에 대한 이의신청

㉠ 관리업체는 관리업체 지정에 이의가 있는 경우 고시된 날부
터 30일 이내에 부문별 관장기관에 소명 자료를 첨부하여
이의를 신청할 수 있다(동법 시행령 제29조 제4항).

ⓛ 이의신청을 받은 부문별 관장기관은 이에 관하여 재심사하
고, 환경부장관의 확인을 거쳐 이의신청을 받은 날부터 30
일 이내에 그 결과를 해당 관리업체에 통보해야 하며, 부문
별 관장기관은 관리업체의 지정에 변경이 있는 경우에는 그
내용을 관보에 고시한다(동법 시행령 제29조 제5항).

(2) 관리업체별 온실가스 감축 목표 설정·관리

① 관리업체별 목표 설정·관리(법 제42조 제5항)

㉠ 부문별 관장기관은 온실가스 국가목표 및 에너지 국가목표
를 달성하기 위해 관리업체별로 측정·보고·검증이 가능
한 방식으로 목표를 설정·관리하여야 한다. 매년 9월 30일
까지 관리업체의 다음 연도 온실가스 감축, 에너지절약 및
에너지 이용효율 목표를 설정하고, 이를 관리업체 및 온실
가스 종합정보센터(이하 '센터'라 함)에 통보해야 한다(전문

동법 시행령 제30조 제1항).

ⓛ 이 경우 부문별 관장기관은 관리업체와 미리 협의해야 하며, 관계 중앙행정기관, 민간 전문가 등으로 구성된 협의체를 구성·운영하여 온실가스 배출 및 에너지 사용 등의 이력, 기술수준, 국제경쟁력, 국가목표 등을 고려해야 한다(법 제42조 제5항 후문 및 동법 시행령 제30조 제2항).

② 목표 이행계획 제출

온실가스 감축, 에너지절약 및 에너지 이용효율 목표를 통보받은 관리업체는 다음의 사항을 포함한 다음 연도 이행계획을 전자적 방식으로 매년 12월 31일까지 부문별 관장기관에 제출해야 하며, 부문별 관장기관은 이를 지체 없이 온실가스 종합정보센터에 제출해야 한다(동법 시행령 제30조 제3항).

ⓖ 5년 단위의 연차별 목표와 이행계획
ⓛ 사업장별 생산설비 현황 및 가동률
ⓒ 사업장별 배출 온실가스의 종류·배출량 및 사용 에너지의 종류·사용량 현황
ⓔ 사업장별 온실가스 감축, 에너지절약 및 에너지 이용효율 목표와 이행방법
ⓜ 주요 생산 공정별 온실가스 배출 현황 및 에너지 소비량
ⓗ 주요 생산 공정별 온실가스 감축, 에너지절약 및 에너지 이용효율 목표와 이행방법
ⓢ 사업장별 온실가스 배출량 및 에너지 소비량 산정방법(계산

방식 및 측정방식 포함)

◎ 온실가스 감축·흡수·제거 실적

(3) 관리업체별 온실가스 감축 목표 준수

① 목표 준수 및 실적 보고(법 제42조 제6항)

　　㉠ 관리업체는 온실가스 감축, 에너지절약 및 에너지 이용효율
　　목표를 준수해야 하며, 이행계획을 실행한 실적을 전자적
　　방식으로 다음 연도 3월 31일까지 부문별 관장기관에 보고
　　해야 한다(법 제42조 제6항 및 동법 시행령 제30조 제4항).
　　보고를 하지 않거나 거짓으로 보고한 자에게는 1천만원 이
　　하의 과태료를 부과한다(법 제64조 제1호).

　　㉡ 보고를 받은 부문별 관장기관은 실적에 대하여 다음의 사항
　　이 포함된 등록부를 작성하여 전자적 방식으로 통합 관리·
　　운영해야 한다. 또한 실적보고서의 정확성과 측정·보고·
　　검증이 가능한 방식으로 작성되었는지 여부 등을 확인하고
　　이를 센터에 제출해야 한다(법 제42조 제7항, 동법 시행령
　　제30조 제4항 및 제31조).

　　㉮ 관리업체의 상호 또는 명칭

　　㉯ 관리업체의 대표

　　㉰ 관리업체의 본점 및 사업장 소재지

　　㉱ 관리업체 지정에 관한 사항

　　㉲ 관리업체 목표 설정에 따른 이행계획, 실적 보고 및 개선명
　　령 등에 관한 사항

ⓑ 관리업체가 매년 제출하는 온실가스 배출량, 에너지 사용량 등의 명세서에 관한 사항

ⓒ 환경부장관은 관리업체의 목표 등의 이행실적에 중대한 문제가 있다고 인정되는 경우 부문별 관장기관과 공동으로 관리업체에 대한 실태조사를 할 수 있다(동법 시행령 제26조 제5항).

② 개선명령(법 제42조 제8항, 제9항)

ⓐ 환경부장관은 관리업체별 목표관리의 신뢰성을 높이기 위해 필요한 경우 부문별 관장기관의 소관 사무에 대하여 종합적인 점검·평가를 할 수 있으며, 그 결과에 따라 부문별 관장기관에 온실가스 배출업체 및 에너지 소비업체에 대한 개선명령 등 필요한 조치를 요구할 수 있고 부문별 관장기관은 특별한 사정이 없으면 이에 따라야 하며, 이 경우 환경부장관은 부문별 관장기관에 필요한 자료를 요청할 수 있다(동법 시행령 제26조 제4항 및 제6항).

ⓑ 부문별 관장기관은 관리업체의 이행실적이 목표에 미달하거나 보고의 내용 중 측정·보고·검증 방법의 적용에 미흡한 사실이 발견되는 경우에는 개선명령 등 필요한 조치를 하고, 이를 환경부장관에게 통보해야 한다(법 제42조 제8항 및 동법 시행령 제30조 제5항). 개선명령을 이행하지 아니한 자에게는 1천만원 이하의 과태료를 부과한다(법 제64조 제2호).

ⓒ 개선명령을 받은 관리업체는 개선명령을 반영하여 개선명령에 따른 이행계획을 작성하고, 이를 성실히 이행해야 하며,

이행결과를 측정·보고·검증이 가능한 방식으로 작성하여 환경부장관이 지정·고시한 외부 전문기관(이하 '검증기관'이라 함)의 검증을 받아 정부에 보고하고 공개해야 한다(법 제42조 제9항, 동법 시행령 제30소 세6항 및 제32조). 공개를 하지 아니하거나 거짓으로 공개한 자에게는 1천만원 이하의 과태료를 부과한다(법 제64조 제1호).

㉣ 부문별 관장기관은 관리업체가 온실가스 감축, 에너지절약 및 에너지 이용효율 목표를 달성하고 개선명령 이행계획을 차질 없이 이행할 수 있도록 하기 위해 필요한 경우 재정·세제·경영·기술지원, 실태조사 및 진단, 자료 및 정보의 제공 등을 할 수 있다(법 제42조 제10항).

(4) 온실가스 감축의 조기행동 촉진(법 제43조)

① 부문별 관장기관은 관리업체가 온실가스 감축 목표 관리를 받기 전에 자발적으로 행한 실적에 대해서는 이를 목표관리 실적으로 인정하거나 그 실적을 거래할 수 있도록 하는 등 자발적으로 온실가스를 미리 감축하는 행동을 하도록 촉진해야 한다(법 제43조 제1항).

② 이에 따른 온실가스의 자발적 감축은 검증기관의 검증을 받은 실적에 대하여 온실가스 배출권거래제의 온실가스 배출 할당량 설정에 이를 인정할 수 있다(동법 시행령 제33조).

(5) 온실가스 배출량 등의 보고(법 제44조)

① 사업장별 온실가스 배출량 등의 보고(법 제44조 제1항)

온실가스 감축, 에너지절약 및 에너지 이용효율 목표를 달성하기 위해 관리업체는 사업장별로 매년 온실가스 배출량 및 에너지 소비량에 대하여 측정·보고·검증 가능한 방식으로 명세서를 작성하여 정부에 보고해야 한다(법 제44조 제1항). 보고를 하지 아니하거나 거짓으로 보고한 자에게는 1천만원 이하의 과태료를 부과한다(법 제64조 제1호).

② 명세서 제출(법 제44조 제2항)

관리업체는 해당 연도 온실가스 배출량 및 에너지 소비량을 비롯한 다음의 사항이 포함된 명세서를 작성하고, 명세서의 신뢰성 여부에 대하여 검증기관의 검증을 받아 그 결과를 첨부하여 부문별 관장기관에 다음 연도 3월 31일까지 전자적 방식으로 제출해야 한다(법 제44조 제2항, 동법 시행령 제34조 제1항 및 제2항).

ㄱ 업체의 규모, 생산설비, 제품원료 및 생산량

ㄴ 사업장별 배출 온실가스의 종류 및 배출량, 온실가스 배출시설의 종류, 규모, 수량 및 가동시간

ㄷ 사업장별 사용 에너지의 종류 및 사용량, 사용연료의 성분, 에너지 사용시설의 종류, 규모, 수량 및 가동시간

ㄹ 생산공정과 생산설비로 구분한 온실가스 배출량, 종류 및 규모

ㅁ 생산공정에서 사용된 온실가스 배출 방지시설의 종류, 규모,

처리효율, 수량 및 가동시간

ⓗ 포집(捕執)·처리한 온실가스의 종류 및 양

ⓢ ⓛ부터 ⓗ까지의 부문별 온실가스 배출량 및 에너지 사용량
의 계산·측정 방법

ⓞ 명세서에 관한 품질관리 절차

ⓩ 온실가스 감축·흡수·제거 실적

ⓒ 그 밖에 관리업체의 온실가스 배출량 및 에너지 소비량의 관
리를 위하여 부문별 관장기관이 환경부장관과의 협의를 거쳐
필요하다고 인정한 사항

③ 명세서 검증(법 제44조 제2항 후단)

　㉠ 환경부장관은 명세서의 신뢰 등에 중대한 문제가 있다고 인
정되는 경우 부문별 관장기관과 공동으로 관리업체에 대한
실태조사를 할 수 있다(동법 시행령 제26조 제5항).

　㉡ 명세서의 신뢰성 여부에 대하여 검증기관의 검증을 받는 경
우 부문별 관장기관은 명세서에 흠이 있거나 빠진 부분에
대하여 시정 또는 보완을 명할 수 있다(법 제44조 제2항 후
단 및 동법 시행령 제34조 제4항). 시정이나 보완명령을 이
행하지 아니한 자에게는 1천만원 이하의 과태료를 부과한다
(법 제64조 제4호).

　㉢ 명세서의 작성방법, 보고절차 등에 관한 사항은 부문별 관
장기관과의 협의를 거쳐 환경부장관이 정하여 관보에 고시
한다(동법 시행령 제34조 제5항).

④ 명세서 관리

명세서를 제출받은 부문별 관장기관은 그 내용을 확인한 후 지체 없이 명세서와 관련 자료를 센터에 제출해야 하며, 센터는 이를 관리업체별 목표 설정에 따른 이행계획 등을 기재한 등록부에 포함하여 관리한다(동법 시행령 제34조 제3항).

⑤ 명세서 공개(법 제44조 제3항 본문)

부문별 관장기관은 명세서를 체계적으로 관리하고, 특별한 사유가 없으면 공개하는 것을 원칙으로 명세서에 포함된 주요 정보를 관리업체별로 부문별 관장기관의 홈페이지 및 센터의 온실가스 종합정보 관리체계를 통하여 전자적 방식으로 공개할 수 있다(법 제44조 제3항 본문, 동법 시행령 제35조 제1항 전단 및 제3항).

　㉠ 부문별 관장기관 및 센터는 관련 행정기관 또는 공공기관의 요청이 있는 경우에는 녹색성장위원회의 심의를 거쳐 명세서를 제공할 수 있다(동법 시행령 제35조 제1항).
　㉡ 센터는 「자본시장과 금융투자업에 관한 법률」 제163조에 따라 주권상장법인의 사업보고서 공시를 위하여 금융위원회 또는 한국거래소의 요청이 있는 경우에는 해당 관리업체의 명세서를 통보할 수 있다(동법 시행령 제35조 제2항).

⑥ 명세서 비공개(법 제44조 제3항, 제4항)
　㉠ 관리업체는 정보공개로 인하여 그 관리업체의 권리나 영업상의 비밀이 현저히 침해되는 특별한 사유가 있는 경우에는

명세서를 제출할 때에 비공개 사유서를 함께 제출함으로써
비공개를 요청할 수 있다(법 제44조 제3항, 동법 시행령 제
35조 제4항).

ⓛ 부문별 관장기관은 관리업체로부터 정보의 비공개 요청을
받았을 경우에는 비공개 요청 대상 정보의 전부 또는 일부
의 공개 여부를 심사·결정하기 위해 센터에 명세서 공개
심사위원회를 구성하여 30일 이내에 그 결과를 통지해야 한
다(법 제44조 제4항 및 동법 시행령 제35조 제5항).

⑦ 심사위원회의 구성·운영 등(법 제44조 제5항)

심사위원회의 구성·운영 등에 필요한 사항은 대통령령으로 정한
다(법 제44조 제5항).

ⓐ 심사위원회는 위원장 1명을 포함하여 7명 이내의 위원으로
구성한다(동법 시행령 제35조 제6항).

ⓛ 위원은 부문별 관장기관의 소속 공무원 중에서 부문별 관장
기관의 장이 각각 지명하는 4명과 녹색성장 및 정보공개에
관하여 학식과 경험이 풍부한 사람 중에서 환경부장관이 부
문별 관장기관과 협의하여 위촉하는 민간위원으로 구성하고,
위원장은 환경부장관이 위원 중에서 지명한다(동법 시행령
제35조 제7항).

ⓒ 회의는 재적위원 과반수의 출석으로 개의(開議)하고, 출석위
원 과반수의 찬성으로 의결한다(동법 시행령 제35조 제8항).

ⓓ 심사위원회의 구성·운영에 필요한 사항은 심사위원회의 의

결을 거쳐 위원장이 정한다(동법 시행령 제35조 제9항).

3. 교통부문의 온실가스관리(법 제47조)

① 자동차 등 교통수단을 제작하려는 자는 그 교통수단에서 배출되는 온실가스를 감축하기 위한 방안을 마련하여야 하며, 온실가스 감축을 위한 국제경쟁 체제에 부응할 수 있도록 적극 노력하여야 한다(법 제47조 제1항).

② 정부는 자동차의 평균에너지소비효율을 개선함으로써 에너지절약을 도모하고, 자동차 배기가스 중 온실가스를 줄임으로써 쾌적하고 적정한 대기환경을 유지할 수 있도록 자동차 평균에너지소비효율기준 및 자동차온실가스 배출허용기준을 각각 정하되, 이중규제가 되지 않도록 자동차 제작업체(수입업체를 포함한다)로 하여금 어느 한 기준을 택하여 준수토록 하고 측정방법 등이 중복되지 않도록 하여야 한다(법 제47조 제2항).

　　㉠ 교통부문의 온실가스 관리를 위한 업무를 추진할 때 자동차 평균에너지소비효율기준은 지식경제부장관이, 자동차 온실가스 배출허용기준은 환경부장관이 각각 정하되, 자동차 제작업체(수입업체를 포함한다. 이하 같다)에 대한 자동차 평균에너지소비효율기준 및 자동차 온실가스 배출허용기준의 적용·관리는 환경부장관이 관장한다. 이 경우 환경부장관은 해당 기준의 적용·관리에 관한 자료를 지식경제부장관에게 제공하여야 한다(동법 시행령 제37조 제1항).

ⓛ 환경부장관은 국내외 자동차 산업의 여건, 국제적인 규제 동향, 측정 방법·절차 및 제재의 단일화 등을 고려하여 자동차 제작업체가 자동차 평균에너지소비효율기준 및 자동차 온실가스 배출허용기준을 선택적으로 준수할 수 있도복하는 기준 등을 지식경제부장관과의 협의를 거쳐 관보에 고시한다(동법 시행령 제37조 제2항).

③ 정부는 온실가스 배출량이 적은 자동차 등을 구매하는 자에 대하여 재정적 지원을 강화하고 온실가스 배출량이 많은 자동차 등을 구매하는 자에 대해서는 부담금을 부과하는 등의 방안을 강구할 수 있다(법 제47조 제3항).

④ 정부는 하이브리드자동차, 수소연료전지자동차 등 저탄소·고효율 교통수단의 제작·보급을 촉진하기 위하여 재정·세제 지원, 연구개발 및 관련 제도 개선 등의 방안을 강구할 수 있다(법 제47조 제4항).

제6절 온실가스 배출권거래제

1. 개관

'배출권거래제(ET: Emission Trading)'란 국가마다 할당된 감축량 의무달성을 위해 자국의 기업별, 부문별로 배출량을 할당하고 기업들은 할당된 온실가스 감축의무를 이행하지 못할 경우 다른 나라 기업으로부터 할당량을 매입할 수 있도록 하는 제도를 말한다.

정부는 시장기능을 활용하여 효율적으로 국가의 온실가스 감축목표를 달성하기 위해 온실가스 배출권을 거래하는 제도를 운영할 수 있다.

2. 배출권거래제

(1) 탄소배출거래소 현황

① 온실가스 배출권거래소란 온실가스의 배출을 규제하기 위해 탄소배출권에 가격을 책정해 상품으로 거래하는 시장으로 온실가스 중에서도 이산화탄소가 80% 정도를 차지하기 때문에 '탄소배출권거래제도 또는 탄소시장'이라고도 부른다. UN기후변화협약의 구체적인 이행방안인 교토의정서가 2005년 발효되면서 설치되기 시작하여 현재 각국에서 운영 중이거나 준비단계에 있는 기후거래소는 약 15개 정도며, 한국정부도 2011년까지 탄소배출권거래소를 설립할 예정이다.

② 우리나라는 탄소시장 활성화 추진하기 위해 탄소배출권 관련 제도를 정비하고, 탄소배출권 전문거래기관 육성 및 파생상품을 개발하고, 해외 탄소배출권 확보를 위한 인센티브 제공 및 개도국의 CDM(Clean Development Mechanism, 청정개발체

제)사업에 대한 신용보증한도를 확대하는 등 금융서비스를 지
원한다. 또한 아시아 탄소시장의 허브 육성하여 주요 아시아 개
도국에 우리의 거래제도 및 운용 노하우를 전수하고, 우리 주도
로 범아시아 지역을 통합하는 탄소배출권거래소 및 탄소은행
설립을 검토 중이다.[12]

③ 국가별로 배출가능한 온실가스량이 배정되면 기업들도 일정기
준의 규제를 받게 된다. 허용량보다 온실가스를 많이 배출한 국
가나 기업은 초과분만큼의 탄소배출권을 탄소배출권거래소에
서 구입해야 하며 허용량보다 적게 배출한 국가나 기업은 미달
분만큼 탄소배출권을 팔 수 있다.

④ 유럽연합(EU)에서 최초로 배출권거래제도(ETS: Emission
Trading Scheme)를 만들고 회원국별로 온실가스 배출량 할당
및 거래에 관한 규정을 두면서, 유럽기후거래소가 가장 발전했
다. 세계 최초 탄소배출권거래소는 2003년 설립된 미국 시카
고의 시카고기후거래소(CCX)며, 유럽 최초 거래소는 2005년
EU에 의해 설립된 노르웨이 오슬로의 노드풀(Nord pool)이다.

⑤ 탄소배출권거래소의 현황은 유럽기후거래소(ECX), 블루넥스트
(Bluenext), 유럽에너지거래소(EEX), 시카고의 거래소들(CCX,
CCFE)에 대하여 대략적으로 검토한다.

---

12) 녹색성장위원회(http://www.greengrowth.go.kr), 한국환경공단(http://www.keco.or.kr).

㉠ 유럽기후거래소(European Climate Exchange, ECX[13])는 Climate Exchange(CLE) 그룹의 자회사로, EU ETS에 기반하여 배출권만 전문으로 거래하는 거래소이다.

㉡ 프랑스의 블루넥스트(BlueNext[14])는 NYSE Euronoxt(60%)와 Caisse des Depots(40%)가 공동으로 Power Next의 탄소거래부문을 인수하여 2008년1월에 설립한 거래소이다.

㉢ 독일의 유럽에너지거래소(European Energy Exchange, EEX[15])는 2002년에 독일의 라이프찌히와 프랑크푸르트의 에너지거래소 두 곳이 합병하면서 설립되었다. EEX는 에너지관련 상품의 거래 및 청산업무와 함께 이산화탄소배출권을 거래할 수 있는 곳으로 유럽 최대의 에너지거래소이다.

㉣ 시카고기후거래소(Chicago Climate Exchange, CCX[16])와 시카고기후선물거래소(Chicago Climate Futures Exchange, CCFE[17])는 Climate Exchange plc의 자회사들로 2003년 12월에 설립되어 6 가지 온실가스를 모두 포함하는 북미유일의 총량제한시스템(Cap and Trade)으로 시작되었다. 참여회원사들은 발전회사나 발전 관련회사들로 직접적으로 온실가스를 배출하는 자들로서 자발적이기는 하나 법적으로 CCX의 배출량감축계획에 구속된다. 배출량에 관한 자료는 자율규제기관(Self-Regulatory Organization, SRO)인 FINRA(Financial

---

13) ECX 홈페이지 참조, http://www.ecx.eu.

14) Bluenext 홈페이지 참조, http://www.bluenext.eu.

15) EEX 홈페이지 참조, http://www.eex.com.

16) CCX 홈페이지 참조, http://www.chicagoclimatex.com.

17) CCFE 홈페이지 참조, http://www.ccfe.com.

Industry Regulatory Authority)가 관리한다.

ⓜ 여기에서 ECX는 최대의 파생상거래소이고 블루넥스트는 최대의 현물거래소이다. 두 거래소가 탄소배출권을 전문적으로 취급하고 있는데 반해, EEX는 전력거래소의 한 상품으로 탄소배출권을 거래하고 있다. CCX와 CCFE는 자발적 시장으로 각각 현물과 파생상품을 거래하고 있다.

(2) 배출권거래제의 의의

‘배출권거래제’는 교토의정서를 이행하기 위한 경제적 수단 3가지(배출권거래제, 청정개발체제, 공동이행체제) 중 주된 수단으로 국가마다 할당된 감축량 의무달성을 위해 자국의 기업별, 부문별로 배출량을 할당하고 기업들은 할당된 온실가스 감축의무를 이행하지 못할 경우 다른 나라 기업으로부터 할당량을 매입할 수 있도록 하는 제도이다.

※ ‘청정개발체제(CDM: Clean Development Mechanism)’란 2005년 2월 16일 발효된 교토의정서 제12조에 따라 선진국이 개발도상국의 온실가스 감축사업에 자본과 기술을 투자하는 체제를 말한다.

※ ‘공동이행체제(JI: Joint Implementation)’란 지구온실효과 가스에 의한 기후변화를 방지하기 위하여 배출량이 제한되는 선진국들이 협조하여 주어진 공약사항(commitment)을 공동으로 이행할 수 있도록 하는 규정이다. 기후변화 후속 협상 시 각국의 온실가스 의무감축량이 결정되고, 공동이행이 인정될 경우 감축실적이전(한 국가가 다른 국가에 투자하여 온실가스 배출을 감소시키고 그 실적을 자국 감축분으로 인정해 줌)을 인정하는 것이다. 즉 투자국가는 감축량만큼 ERU를 받게 되고 유치국가는 ERU만큼 감축량에서 제외시키게 된다. 따라서 감축비용이 높은 국가는 감축비용이 낮은 국가의 온실가스 배출감축사업에 투자하게 되어 온실가스를 일정수준으로 감축시키는 데 소요되는 비용을 줄이려 한다.

※ ‘배출감소단위(ERU: Emmision Reduction Unit)’란 공동이행(JI)계획에서 부속서 I의 투자국가들은 각각의 프로젝트가 줄이는 온실가스 감축량에 비례해 ERUs를 받게 된다. 투자국가들은 교토의정서에서 할당된 양에 이 ERUs를 더할 수 있고 반면에 투자를 유치하게 되는 나라는 이 ERUs만큼 할당량에서 빼게 된다.[18]

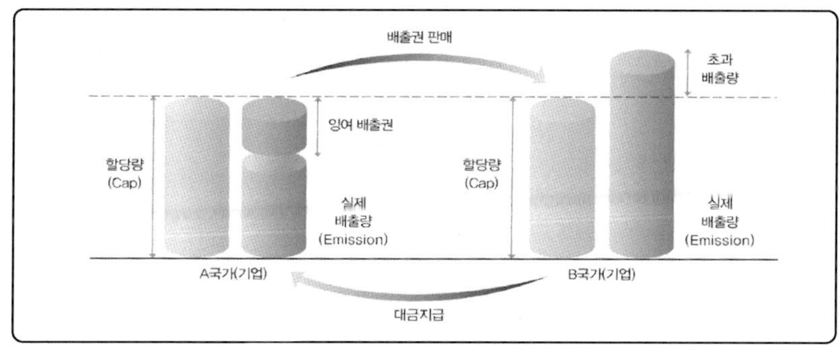

〈그림 2 - 2〉[19]

(3) 배출권거래제 등의 도입(법 제46조)

① 정부는 시장기능을 활용하여 효율적으로 국가의 온실가스 감축 목표를 달성하기 위하여 온실가스 배출권을 거래하는 제도를 운영할 수 있다(법 제46조 제1항).[20]

② 이는 온실가스 배출허용 총량을 설정하고 배출권을 거래하는 제도 및 기타 국제적으로 인정되는 거래 제도를 포함한다(법 제46조 제2항).

③ 정부는 제도를 실시할 경우 기후변화 관련 국제협상을 고려해야 하고, 국제경쟁력이 현저하게 약화될 우려가 있는 관리업체에 대해서는 필요한 조치를 강구할 수 있다(법 제46조 제3항).

④ 제도의 실시를 위한 배출허용량의 할당방법, 등록·관리방법 및 거래소 설치·운영 등은 따로 법률로 정한다(법 제46조 제4항).

---

18) 녹색성장위원회(http://www.greengrowth.go.kr)

19) 녹색성장위원회(http://www.greengrowth.go.kr)

20) 2010년 5월 현재 환경부 및 한국환경공단(http://www.keco.or.kr)에 의해 배출권거래 제도 시범사업을 실시하고 있다.

제7절 온실가스 감축과 환경친화적 자동차 제작·보급·지원

1. 개관

자동차 등 교통수단을 제작하려는 자는 그 교통수단에서 배출되는 온실가스를 감축하기 위한 방안을 마련해야 하며, 온실가스 감축을 위한 국제경쟁 체제에 부응할 수 있도록 적극 노력해야 한다.

정부는 하이브리드자동차, 수소연료전지자동차 등 저탄소·고효율 교통수단의 제작·보급을 촉진하기 위하여 재정·세제 지원, 연구개발 및 관련 제도 개선 등의 방안을 강구할 수 있다.

2. 환경친화적 자동차(Green-Car)

(1) 환경친화적 자동차를 통한 온실가스 감축

① 자동차 제작자의 온실가스 감축 노력(법 제47조 제1항)

자동차 등 교통수단을 제작하려는 자는 그 교통수단에서 배출되는 온실가스를 감축하기 위한 방안을 마련해야 하며, 온실가스 감축을 위한 국제경쟁 체제에 부응할 수 있도록 적극 노력해야 한다(법 제47조 제1항).

② 환경친화적 자동차 확대를 통한 온실가스 감축(법 제47조 제3
항, 제4항)

  ㉠ 관계 중앙행정기관의 장은 온실가스 배출량이 적은 자동차
등을 구매하는 자에 대하여 재정적 지원을 강화하고 온실가
스 배출량이 많은 자동차 등을 구매하는 자에 대해서는 부
담금을 부과하는 등의 방안을 강구할 수 있다(법 제47조 제
3항).

  ㉡ 관계 중앙행정기관의 장은 하이브리드자동차, 수소연료전지
자동차 등 저탄소·고효율 교통수단의 제작·보급을 촉진하
기 위하여 재정·세제 지원, 연구개발 및 관련 제도 개선 등
의 방안을 강구할 수 있다(법 제47조 제4항).

(2) 환경친화적 자동차 개발 및 보급

① 환경친화적 자동차

'환경친화적 자동차(Green-Car)'란 전기자동차, 태양광자동차,
하이브리드자동차, 연료전지자동차, 천연가스자동차 또는 클린디젤
자동차로서 다음의 요건을 갖춘 자동차 중 지식경제부장관이 환경부
장관과 협의하여 고시한 자동차를 말한다(「환경친화적 자동차의 개
발 및 보급촉진에 관한 법률」 제2조 제2호).

  ㉠ 에너지소비효율이 지식경제부장관이 정한 『자동차의 에너지소
비효율 및 등급표시에 관한 규정』(지식경제부 고시 제2010-
93호)에 따른 기준에 적합할 것

ⓛ「수도권 대기환경개선에 관한 특별법」제2조 제6호에 따라 저
공해자동차의 기준에 적합할 것
ⓒ 자동차의 성능 등 기술적 세부사항에 대하여 지식경제부장관이
정하는 기준에 적합할 것

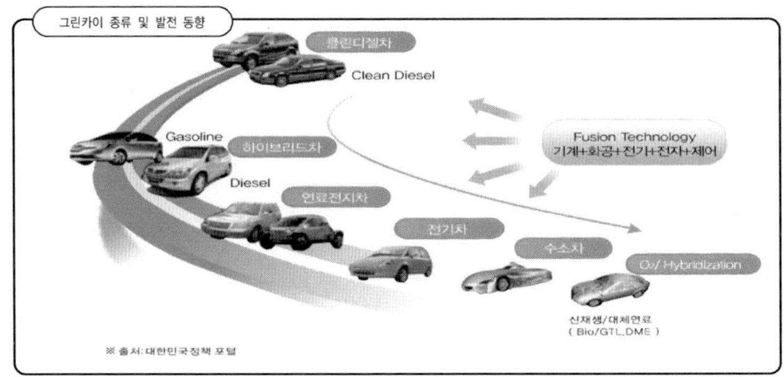

〈그림 2-3〉[21]

② 환경친화적 자동차의 개발·보급을 위한 계획
㉠ 지식경제부장관은 환경친화적 자동차의 개발 및 보급을 촉
진하기 위한 기본계획을 5년마다 수립하고, 기본계획의 추
진을 위하여 관계 중앙행정기관 장의 의견을 들어 매년 환
경친화적 자동차의 개발에 관한 시행계획을 수립·추진해
야 한다(「환경친화적 자동차의 개발 및 보급촉진에 관한 법
률」제3조 제1항 및 제4조 제1항).
ⓛ 환경부장관은 위 기본계획의 추진을 해당 관계 중앙행정기
관의 장 및 시·도지사의 의견을 들어 매년 다음의 사항이

---

21) 녹색성장위원회(http://www.greengrowth.go.kr)

포함된 환경친화적 자동차의 보급에 관한 시행계획을 지식
경제부장관과 협의하여 수립·추진해야 한다(「환경친화적
자동차의 개발 및 보급촉진에 관한 법률」 제5조 제1항).

㉮ 환경친화적 자동차의 보급대상지역

㉯ 환경친화적 자동차의 차종 및 차종별 보급물량

㉰ 수소연료공급시설 등 기반시설구축에 관한 사항

㉱ 재원조달방안 및 재정지원의 기준에 관한 사항

㉲ 그 밖에 환경친화적 자동차의 보급을 위하여 필요한 사항

③ 저속전기자동차의 도로주행 허용

㉠ 시장·군수·구청장은 전기에너지를 동력원으로 사용하는
전기자동차 중 최고속도가 60㎞/h를 초과하지 않고, 차량
총중량이 1,361kg을 초과하지 않는 전기자동차(이하 '저속
전기자동차'라 함)를 운행하려는 자의 신청에 따라 최고속
도가 시속 60㎞ 이하인 도로 중에서 교통안전 및 교통흐름
등을 고려하여 관할 경찰서장과 협의한 후 저속전기자동차
의 운행구역(이하 '운행구역'이라 함)을 지정하거나 변경 또
는 해제할 수 있다(「자동차관리법」 제35조의 2, 제35조의 3
제1항 및 「자동차관리법 시행규칙」 제57조의 2).

㉡ 저속전기자동차는 저속전기자동차의 점검·검사 등을 위해
시장·군수·구청장의 허가를 받아 운행하는 경우 외에는
운영구역 외의 도로에서 운행할 수 없다(「자동차관리법」 제
35조의 3 제2항).

(3) 자동차 에너지효율 및 배출가스 규제

① 자동차 평균에너지소비효율기준 등(법 제47조 제2항)

　㉠ 지식경제부장관 및 환경부장관은 자동차의 평균에너지소비
　　효율을 개선함으로써 에너지절약을 도모하고, 자농자 배기
　　가스 중 온실가스를 줄임으로써 쾌적하고 적정한 대기환경을
　　유지할 수 있도록 자동차 평균에너지소비효율기준 및 자동차
　　온실가스 배출허용기준을 각각 정하되, 이중규제가 되지 않
　　도록 자동차 제작업체(수입업체 포함)로 하여금 어느 한 기
　　준을 택하여 준수토록 하고 측정방법 등이 중복되지 않도록
　　해야 한다(법 제47조 제2항).

　㉡ 자동차 평균에너지소비효율기준은 지식경제부장관이, 자동
　　차 온실가스 배출허용기준은 환경부장관이 각각 정하되, 자
　　동차 제작업체(수입업체 포함)에 대한 자동차 평균에너지소
　　비효율기준 및 자동차 온실가스 배출허용기준의 적용·관
　　리는 환경부장관이 관장한다. 이 경우 환경부장관은 해당
　　기준의 적용·관리에 관한 자료를 지식경제부장관에게 제
　　공해야 한다(동법 시행령 제37조 제1항).

② 자동차배출 허용기준 준수

　㉠ 자동차를 제작(수입 포함)하려는 자는 그 자동차에서 나오는
　　오염물질이 「대기환경보전법 시행규칙」 별표 17에 따른 자
　　동차 배출허용기준에 맞도록 제작해야 한다(「대기환경보전
　　법」 제46조 제1항 및 「대기환경보전법 시행규칙」 제62조).

ⓛ 자동차의 소유자는 그 자동차에서 배출되는 배출가스가 「대기환경보전법 시행규칙」 별표 21에 따른 운행차 배출가스허용기준에 맞게 운행하거나 운행하게 해야 한다(「대기환경보전법」 제57조 및 「대기환경보전법 시행규칙」 제78조).

제8절 온실가스 감축과 탄소흡수원 확충

1. 개관

정부는 온실가스 감축을 위해 산림의 보전 및 조성, 농지의 보전·조성 및 바다숲의 조성 등을 통하여 탄소흡수원을 대폭 확충하고, 산림바이오매스 활용을 촉진해야 한다.

정부는 자원을 절약하고 효율적으로 이용하며 폐기물의 발생을 줄이는 등 자원순환의 촉진과 자원생산성 제고를 위하여 자원순환 산업의 육성·지원 시책을 마련해야 한다.

2. 탄소흡수원 확충

관계 중앙행정기관의 장은 온실가스 감축을 위해 산림의 보전 및 조성, 농지의 보전·조성 및 바다숲의 조성 등을 통하여 탄소흡수원을 대폭 확충하고, 산림바이오매스 활용을 촉진해야 한다.

(1) 산림의 확대(법 제55조 제3항)

① 관계 중앙행정기관의 장은 산림의 보전 및 조성을 통하여 탄소
  흡수원을 대폭 확충하고, 산림바이오매스 활용을 촉진해야 한
  다(법 제55조 제3항).

② 지속 가능한 산림경영 실시

  ㉠ 국가 및 지방자치단체는 지속 가능한 산림경영을 위해 다음과
    같은 지속 가능성 측정·평가기준 및 지표를 설정·운영해야 한
    다(「산림기본법」 제13조 제1항 및 「산림기본법 시행령」 제11조).
    ㉮ 산림생태계의 생물 다양성의 보전
    ㉯ 산림생태계의 생산성 유지
    ㉰ 산림생태계의 건강성 및 활력도
    ㉱ 산림생태계의 토양 및 수자원의 보전
    ㉲ 산림생태계의 온실가스 흡수 기여도
    ㉳ 산림의 사회경제적 편익의 유지 및 강화
    ㉴ 그 밖에 지속 가능한 산림경영의 평가에 관하여 국제적으
      로 인정되는 기준
  ㉡ 산림소유자는 위와 같은 지속 가능한 산림경영의 평가기준
    및 평가지표에 맞게 산림을 관리하도록 노력해야 한다(「산

림자원의 조성 및 관리에 관한 법률」 제6조).

③ 산림자원의 조성 확대

ㄱ 국가 및 지방자치단체는 지속 가능한 산림경영을 위해 지여
적 특성을 고려한 조림·육림 등의 산림자원 조성시책을 수
립·시행해야 한다(「산림기본법」 제16조 제1항).

ㄴ 벌채를 하거나 조림지(造林地)를 훼손한 자는 벌채지나 훼손
지에 조림(造林)을 해야 하며, 시장·군수·구청장은 다음의
어느 하나에 해당하는 자에게 기간을 정하여 조림을 명할 수
있다(「산림자원의 조성 및 관리에 관한 법률」 제10조 제1항
및 제2항).

㉮ 벌채를 하거나 조림지를 훼손한 자로서 조림을 하지 아니한 자
㉯ 산불이나 산림병해충 등으로 입목이 말라죽은 산림의 소유자
㉰ 산사태나 토사유출(土砂流出) 등 산림재해가 발생하였거나
발생할 우려가 있는 산림의 소유자

ㄷ 국가와 지방자치단체는 산림소유자가 임목(林木)의 성장단
계에 따라 적절한 시기에 소유 산림에 대하여 숲 가꾸기를
하도록 그 비용을 지원할 수 있다(「산림자원의 조성 및 관
리에 관한 법률」 제11조).

ㄹ 산림청장은 유휴토지(遊休土地)를 산림으로 전환하려는 자
에 대하여 그 토지의 용도와 지리적 여건 등을 고려하여 산
림으로 전환하는 것이 타당하다고 판단되면 산림으로의 전
환에 드는 비용의 전부 또는 일부를 지원할 수 있다(「산림
자원의 조성 및 관리에 관한 법률」 제12조).

④ 산림과학기술의 연구개발을 촉진

    ㉠ 산림청장은 산림자원의 조성·육성 등과 관련된 산림과학기술의 연구개발을 촉진하기 위해 산림과학기술 기본계획을 10년 단위로 수립·시행해야 한다(「산림자원의 조성 및 관리에 관한 법률」 제34조 제1항).

    ㉡ 산림청장이나 특별시장·광역시장·도지사·특별자치도지사는 관할 국유림 또는 공유림 중에서 조림용 우량종자를 채취할 수 있는 산림이나 수목을 채종림(採種林)이나 수형목으로 지정하여 보호·관리할 수 있으며, 산림자원 조성에 필요한 종자를 공급하기 위하여 채종원(採種園: 종자채취를 목적으로 하는 수목원)이나 채수포(採穗圃: 꺾꽂이, 접목 등 영양번식을 위한 유전자의 채집을 목적으로 하는 수목원)를 조성할 수 있다(「산림자원의 조성 및 관리에 관한 법률」 제19조 제1항).

⑤ 산림바이오매스 확대

    ㉠ 국가와 지방자치단체는 바이오에너지에 이용되는 농작물, 산림자원 및 수산자원을 생산·공급하기 위하여 필요한 정책을 세우고 시행해야 한다(「농어업·농어촌 및 식품산업 기본법」 제47조 제2항).

    ㉡ 산림바이오매스(산림에서 생산된 목질 임산물을 말함)를 에너지로 활용하는 난방시설의 설치사업과 산림바이오매스를 수집·유통·가공하는 사업에 대하여 국가 및 지방자치단체는 해당 사업을 하는 자에게 그 사업비의 전부 또는 일부를 융자하거나 보조할 수 있다(「임업 및 산촌 진흥촉진에 관한 법률」 제4조 및

「임업 및 산촌 진흥촉진에 관한 법률 시행령」제4조 제15호).

⑥ 북한의 산림복구를 위한 노력 등

국가 및 지방자치단체는 지구의 산림 보전을 위한 국제협력을 강화하고 통일에 대비하기 위해 필요한 산림에 관한 시책을 조사·연구해야 한다(「산림기본법」제9조).

(2) 농지 및 바다숲 조성(법 제55조 제2항)

관계 중앙행정기관의 장은 농지의 보전·조성 및 바다숲(대기의 온실가스를 흡수하기 위하여 바닷속에 조성하는 우뭇가사리 등의 해조류군을 말함)의 조성 등을 통하여 탄소흡수원을 확충해야 한다(법 제55조 제2항).

제9절 온실가스 감축과 자원순환 촉진

1. 개관

정부는 자원을 절약하고 효율적으로 이용하며 폐기물의 발생을 줄이는 등 자원순환의 촉진과 자원생산성 제고를 위하여 자원순환 산업의 육성·지원 시책을 마련해야 한다.

2. 자원순환 촉진과 자원절약

관계 중앙행정기관의 장은 자원을 절약하고 효율적으로 이용하며 폐기물의 발생을 줄이는 등 자원순환의 촉진과 자원생산성 제고를 위하여 자원순환 산업의 육성·지원 시책을 마련해야 한다.

(1) 자원순환의 촉진

① 자원순환의 촉진과 자원생산성 제고(법 제24조)

관계 중앙행정기관의 장은 자원을 절약하고 효율적으로 이용하며 폐기물의 발생을 줄이는 등 자원순환의 촉진과 자원생산성 제고를 위하여 다음의 사항이 포함된 자원순환 산업의 육성·지원 시책을 마련해야 한다(법 제24조).

> ㉠ 자원순환 촉진 및 자원생산성 제고 목표설정
> ㉡ 자원의 수급 및 관리
> ㉢ 유해하거나 재제조·재활용이 어려운 물질의 사용억제
> ㉣ 폐기물 발생의 억제 및 재제조·재활용 등 재자원화
> ㉤ 에너지자원으로 이용되는 목재, 식물, 농산물 등 바이오매스
>   의 수집·활용
> ㉥ 자원순환 관련 기술개발 및 산업의 육성
> ㉦ 자원생산성 향상을 위한 교육훈련·인력양성 등에 관한 사항

※ '자원순환'이란 환경정책상의 목적을 달성하기 위해 필요한 범위에서 폐기물의 발생을 억제하고 발생된 폐기물을 적정하게 재활용 또는 처리하는 등 자원의 순환과정을 환경친화적으로 이용·관리하는 것을 말한다(「자원의 절약과 재활용촉진에 관한 법률」 제2조 제1호).

※ '바이오매스(생물에너지: Biomass)'란 나무, 곡물, 식물, 농작물 찌꺼기, 축산 분뇨, 음식쓰레기 등 생물체를 태우거나 열분해, 발효, 또는 에스테르화시켜 발생하는 에너지를 다양하게 이용할 수 있다(바이오가스, 바이오 디젤 등). 바이오매스를 이용할 때 배출되는 이산화탄소는 탄소순환의 한 과정으로 볼 수 있기 때문에 이산화탄소배출을 줄이는 대안적인 에너지로 여겨지고 있다. 또한 지구 상에서 1년간에 생산되는 바이오매스는 석유의 전체 매장량과 맞먹으며, 적정하게 이용하면 고갈될 염려도 없다.[22]

② 자원순환 기본계획 수립·시행

환경부장관은 관계 중앙행정기관의 장 및 특별시장·광역시장·도지사·특별자치도지사(이하 '시·도지사'라 함)와 협의하여 다음의 사항이 포함된 자원순환 기본계획(이하 '기본계획'이라 함)을 5년마다 수립하고, 관계 중앙행정기관의 장과 시·도지사는 기본계획의 연차별 시행계획(이하 '시행계획'이라 함)을 수립하여 환경부장관에게 알리고 이를 시행해야 한다(「자원의 절약과 재활용촉진에 관한 법률」 제7조).

　ㄱ 자원순환을 촉진하기 위한 기본방침 및 추진목표
　ㄴ 폐기물의 발생·재활용 및 재활용산업 현황 등 자원순환 여건에 관한 사항
　ㄷ 자원순환 목표 설정에 관한 사항
　ㄹ 자원순환 목표를 달성하는 데 사용되는 재원조달 및 투자계획
　ㅁ 그 밖에 자원순환을 촉진하기 위해 필요한 사항

③ 국제협력사업 추진

국가는 자원순환 촉진을 위한 국제협력을 증진하기 위하여 정보의

---

22) 녹색성장위원회(http://www.greengrowth.go.kr).

교류 및 제공과 국제회의의 유치 등 필요한 조치를 강구해야 하며, 이를 위해 다음의 사업을 추진할 수 있다(「자원의 절약과 재활용촉진에 관한 법률」 제34조의 9).

　　㉠ 자원순환과 관련된 국제협력을 위한 조사·연구
　　㉡ 자원순환에 관한 인력·정보의 국제교류
　　㉢ 자원순환에 관한 전시회·세미나의 개최
　　㉣ 재활용산업 육성을 위한 해외시장 개척
　　㉤ 그 밖에 국제협력을 증진하기 위하여 필요하다고 인정하는 사업

(2) 자원의 절약

① 자원의 절약

관계 중앙행정기관의 장은 생산자나 소비자에게 자원을 절약하고 폐기물의 발생을 억제하며 폐기물의 재활용을 위해 필요한 사항을 권고하거나 지도할 수 있으며, 주무부장관(主務部長官)은 자원의 절약과 폐기물의 발생억제를 위한 장치·기술의 보급을 확대하기 위하여 관계 행정기관의 장에게 협조를 요청할 수 있다(「자원의 절약과 재활용촉진에 관한 법률」 제8조).

② 포장폐기물 발생 억제

포장재를 사용하는 제품을 제조·수입 또는 판매하는 자(이하 '제품의 제조자 등'이라 함)는 포장폐기물의 발생을 억제하고 재활용을

촉진하기 위하여 다음의 어느 하나에 해당하는 사항을 지켜야 하며, 이를 위반한 경우에는 300만 원 이하의 과태료가 부과된다(「자원의 절약과 재활용촉진에 관한 법률」 제9조 제1항, 제41조 제1항 제1호 및 「자원의 절약과 재활용촉진에 관한 법률 시행령」 제7조 제1항).

   ㉠ 포장재질·포장방법(포장공간비율과 포장횟수를 말함)에 관한 기준
   ㉡ 합성수지재질(생분해성수지제품은 제외함)로 된 포장재의 연차별 줄이기에 관한 기준

> ※ 제품의 포장재질·포장방법에 관한 기준 및 합성수지재질로 된 포장재의 연차별 줄이기 목표 등 구체적인 기준은 환경부장관이 주무부장관과 협의하여 정하며, 이에 대한 자세한 내용은 「제품의 포장재질·포장방법에 관한 기준 등에 관한 규칙」(환경부령 제355호, 2009. 12. 31. 공포, 2010. 1. 1. 시행)에서 확인할 수 있다(「자원의 절약과 재활용촉진에 관한 법률」 제9조 제2항).

③ 1회용품의 사용 억제

음식점, 목욕장, 백화점, 그 밖의 업종을 경영하는 사업자는 1회용품의 사용을 억제하고 생분해성 수지제품인 경우를 제외하고는 무상으로 제공하지 않아야 하며, 이를 위반한 경우에는 300만 원 이하의 과태료가 부과된다(「자원의 절약과 재활용촉진에 관한 법률」 제10조, 제41조 제1항 제3호, 「자원의 절약과 재활용촉진에 관한 법률 시행령」 제8조, 「자원의 절약과 재활용촉진에 관한 법률 시행규칙」 제4조 및 별표 2).

(3) 폐기물의 재사용 촉진 등

① 재활용센터의 설치·운영

특별자치도지사·시장·군수·구청장은 중고물품의 교환과 재사용 가능한 대형폐기물의 재활용을 촉진하기 위해 필요한 재활용센터를 한 군데 이상 설치·운영해야 한다(「자원의 절약과 재활용촉진에 관한 법률」 제13조의 2 제1항 및 제2항).

② 부품 등의 재사용 촉진

제품의 제조자 등은 유통된 제품이 폐기물이 되는 경우 그 제품이나 부품을 회수하여 새로운 제품의 제조에 사용하거나 재사용할 수 있도록 하는 등의 노력을 해야 하며, 관계 중앙행정기관의 장은 제품의 제조자 등이 이를 달성할 수 있도록 하기 위한 기술지원 등 필요한 조치를 해야 한다(「자원의 절약과 재활용촉진에 관한 법률」 제15조).

③ 폐기물의 재활용 의무

생산·유통단계에서 재질, 구조 또는 회수체계의 개선 등을 통하여 회수·재활용을 촉진할 수 있거나 사용 후 발생되는 폐기물의 양이 많은 제품·포장재 중 일정한 제품·포장재의 제조업자나 수입업자(포장재는 포장재를 이용한 제품의 판매업자를 포함하되, 일정한 업종 및 규모의 사업장을 운영하는 자로 한정함)는 그 제품·포장재의 폐기물을 회수하여 재활용하거나 재활용사업공제조합에 분담금을 내야 한다(「자원의 절약과 재활용촉진에 관한 법률」 제16조 제1항, 「자원의 절약과 재활용촉진에 관한 법률 시행령」 제18조 및 별표 4).

④ 재활용산업 육성

국가나 지방자치단체는 재활용산업을 육성하기 위하여 다음의 사업을 하는 재활용사업자에게 자원순환에 필요한 자금을 보조하거나 융자할 수 있으며, 필요한 경우에는 차관(借款)을 알선할 수 있다(「자원의 절약과 재활용촉진에 관한 법률」 제31조 제1항).

    ㉠ 재활용시설의 설치 사업
    ㉡ 재활용지정사업자, 지정부산물배출사업자의 자원재활용사업
    ㉢ 에너지회수시설의 설치·운영
    ㉣ 재활용단지 조성 사업
    ㉤ 「폐기물관리법」 제25조 제5항에 따른 폐기물중간처리업이나 폐기물종합처리업의 허가를 받은 자 및 폐기물재활용신고자의 재활용사업
    ㉥ 자원순환 촉진을 위한 연구 및 기술개발 사업
    ㉦ 그 밖에 재활용산업의 육성을 위하여 필요한 사업

녹색에너지 보급 확대

제1절 개관

저탄소 녹색성장을 추진하기 위해 수립·시행하는 에너지정책 및 에너지와 관련된 계획은 에너지정책 기본원칙에 따라 수립·시행되어야 한다.

정부는 에너지정책 기본원칙에 따라 20년을 계획기간으로 하는 에너지 기본계획을 5년마다 수립·시행해야 한다.

정부는 범지구적인 온실가스 감축에 적극 대응하고 저탄소 녹색성장을 효율적·체계적으로 추진하기 위해 국내 여건 및 각국의 동향 등을 고려한 에너지 관련 중장기 및 단계별 목표를 설정하고 그 달성을 위하여 필요한 조치를 강구해야 한다.

제2절 에너지정책

1. 에너지정책의 기본원칙(법 제39조)

저탄소 녹색성장을 추진하기 위해 수립·시행하는 에너지정책 및 에너지와 관련된 계획(이하 '에너지정책 등'이라 함)은 다음의 원칙에 따라 수립·시행되어야 한다(법 제39조).

　㉠ 석유·석탄 등 화석연료의 사용을 단계적으로 축소하고 에너지 자립도를 획기적으로 향상시킨다.

　㉡ 에너지 가격의 합리화, 에너지의 절약, 에너지 이용효율 제고 등 에너지 수요관리를 강화하여 지구온난화를 예방하고 환경을 보전하며, 에너지 저소비·자원순환형 경제·사회구조로 전환한다.

　㉢ 친환경 에너지인 태양에너지, 폐기물·바이오에너지, 풍력, 지열, 조력, 연료전지, 수소에너지 등 신·재생에너지의 개발·생산·이용 및 보급을 확대하고 에너지 공급원을 다변화한다.

　㉣ 에너지가격 및 에너지산업에 대한 시장경쟁 요소의 도입을 확대하고 공정거래 질서를 확립하며, 국제규범 및 외국의 법제도 등을 고려하여 에너지산업에 대한 규제를 합리적으로 도입·개선하여 새로운 시장을 창출한다.

　㉤ 국민이 저탄소 녹색성장의 혜택을 고루 누릴 수 있도록 저소득층에 대한 에너지 이용 혜택을 확대하고 형평성을 제고하는 등

에너지와 관련한 복지를 확대한다.

ⓑ 국외 에너지자원 확보, 에너지의 수입 다변화, 에너지 비축 등을 통하여 에너지를 안정적으로 공급함으로써 에너지에 관한 국가안보를 강화한다.

※ '에너지자립도'란 국내 총소비에너지량에 대하여 신·재생에너지 등 국내 생산에너지량 및 우리나라가 국외에서 개발(지분 취득 포함)한 에너지량을 합한 양이 차지하는 비율을 말한다(「저탄소 녹색성장 기본법」 제2조 제15호).

2. 에너지정책 기본계획의 수립·시행(법 제41조)

(1) 에너지 기본계획의 수립·시행(법 제41조 제1항 및 제3항)

관계 중앙행정기관의 장은 위와 같은 에너지정책 등의 기본원칙에 따라 20년을 계획기간으로 다음의 사항이 포함된 에너지기본계획(이하 '에너지기본계획'이라 함)을 5년마다 수립·시행해야 한다(법 제41조 제1항 및 제3항).

ⓐ 국내외 에너지 수요와 공급의 추이 및 전망에 관한 사항

ⓑ 에너지의 안정적 확보, 도입·공급 및 관리를 위한 대책에 관한 사항

ⓒ 에너지 수요 목표, 에너지원 구성, 에너지절약 및 에너지 이용효율 향상에 관한 사항

ⓓ 신·재생에너지 등 환경친화적 에너지의 공급 및 사용을 위한 대책에 관한 사항

　　㉢ 에너지 안전관리를 위한 대책에 관한 사항

　　㉣ 에너지 관련 기술개발 및 보급, 전문인력 양성, 국제협력, 부
　　　존 에너지자원 개발 및 이용, 에너지 복지 등에 관한 사항

(2) 녹색성장위원회 및 국무회의의 심의(법 제41조 제2항 본문)

① 에너지 기본계획을 수립하거나 변경하는 경우에는「에너지법」
　제9조에 따른 에너지위원회의 심의를 거친 다음 녹색성장위원
　회와 국무회의의 심의를 거쳐야 한다(법 제41조 제2항 본문).
② 다만, 위의 에너지 기본계획 사항 중 에너지 기본계획의 본질적
　인 내용에 영향을 미치지 않는 사항으로서 소요되는 총재원의
　100분의 10 이내에서 에너지 기본계획의 일부를 변경하는 경우
　에는 위의 심의절차를 생략할 수 있다(법 제41조 제2항 단서 및
　동법 시행령 제24조).

제3절 에너지목표의 설정 · 관리

　부문별 관장기관은 범지구적인 저탄소 녹색성장을 효율적 · 체계적
으로 추진하기 위해 국내 여건 및 각국의 동향 등을 고려한 에너지 관
련 중장기 및 단계별 목표를 설정하고 그 달성을 위하여 필요한 조치
를 강구해야 한다.

1. 에너지 국가목표 설정

(1) 국가목표 설정(법 제42조 제1항 및 제2항)

① 아래와 같은 부문별 관계 중앙행정기관의 장(이하 '부문별 관상기관'이라 함)은 저탄소 녹색성장을 효율적·체계적으로 추진하기 위하여 국내 여건 및 각국의 동향 등을 고려한 다음의 사항에 대한 중장기 및 단계별 목표를 설정하고 그 달성을 위해 필요한 조치를 강구해야 한다(법 제42조 제1항 및 제2항).

  ㉠ 에너지절약 목표 및 에너지 이용효율 목표
  ㉡ 에너지 자립 목표
  ㉢ 신·재생에너지 보급 목표

② 부문별 관장기관은 에너지절약 목표 및 에너지 이용효율 목표를 달성할 수 있도록 산업, 교통·수송, 가정·상업 등 부문별 목표를 설정하고 그 달성을 위하여 필요한 조치를 적극적으로 마련해야 한다(법 제42조 제4항).

(2) 에너지 목표관리의 원칙

① 환경부장관은 온실가스 및 에너지 목표관리의 통합·연계, 국내산업의 여건, 국제적인 동향, 이중 규제의 방지 등 관련 규제의 선진화 등을 고려하여 부문별 관장기관과의 협의 및 녹색성장위원회의 심의를 거친 후, 에너소비량 규제대상 지정기업에

대한 감축 목표의 설정·관리 및 검증 등에 관한 종합적인 기준
및 지침을 마련하여 이를 관보에 고시한다(동법 시행령 제26조
제2항).

② 부문별 관장기관은 소관 부문별로 에너지 관련 목표의 설정·
  관리 및 필요한 조치에 관한 사항을 관장한다(동법 시행령 제
  26조 제3항).
   ㉠ 농림수산식품부: 농업·축산 분야
   ㉡ 지식경제부: 산업·발전(發電) 분야
   ㉢ 환경부: 폐기물 분야
   ㉣ 국토해양부: 건물·교통 분야

③ 환경부장관은 목표관리의 신뢰성을 높이기 위하여 필요한 경우
  에는 부문별 관장기관의 소관 사무에 대하여 종합적인 점검·평
  가를 할 수 있으며, 그 결과에 따라 부문별 관장기관에게 온실
  가스 배출업체 및 에너지 소비업체(이하 "관리업체"라 함)에 대
  한 개선명령 등 필요한 조치를 요구할 수 있고 부문별 관장기관
  은 특별한 사정이 없으면 이에 따라야 한다(동법 시행령 제26
  조 제4조).

④ 환경부장관은 관리업체의 온실가스 감축 및 에너지 절약 목표
  등의 이행실적, 명세서의 신뢰성 여부 등에 중대한 문제가 있
  다고 인정되는 경우 부문별 관장기관과 공동으로 관리업체에
  대한 실태조사를 할 수 있다(동법 시행령 제26조 제5조).

⑤ 환경부장관은 점검·평가를 위하여 부문별 관장기관에게 필요
한 자료를 요청할 수 있다(동법 시행령 제26조 제6조).

2. 기관별 에너지절약 목표 실정

(1) 기관별 목표 설정

부문별 관장기관은 국가목표 달성을 위해 관계 중앙행정기관, 지
방자치단체 및 다음의 기관(이하 '중앙행정기관 등'이라 함)에 대하
여 해당 기관별로 에너지절약 목표를 설정하도록 하고 그 이행사항
을 지도·감독할 수 있다(법 제42조 제3항 및 동법 시행령 제27조).

    ㉠ 「공공기관의 운영에 관한 법률」 제4조에 따른 공공기관
    ㉡ 「지방공기업법」 제49조에 따른 지방공사 및 같은 법 제76조
      에 따른 지방공단
    ㉢ 「국립대학병원 설치법」, 「국립대학치과병원 설치법」, 「서울
      대학교병원 설치법」 및 「서울대학교치과병원 설치법」에 따
      른 병원
    ㉣ 「고등교육법」 제3조에 따른 국립대학 및 공립대학

(2) 중앙행정기관 등의 에너지절약 목표 이행계획의 제출

기관별 에너지절약 목표를 설정한 중앙행정기관 등의 장은 매년
12월 31일까지 다음의 사항이 포함된 다음 연도 에너지절약에 관한
목표 이행계획(이하 '이행계획'이라 함)을 전자적 방식으로 온실가스

종합정보센터(이하 '센터'라 함)에 제출해야 한다(동법 시행령 제28
조 제1항).

    ㉠ 연차별 에너지절약 목표와 그 이행계획

    ㉡ 에너지 사용량

    ㉢ 에너지 사용 시설

    ㉣ 시설별 에너지 사용량

    ㉤ 그 밖에 에너지절약 목표를 달성하기 위하여 환경부장관이
       정하는 사항

(3) 이행계획의 개선 · 보완

① 환경부장관은 기관별 이행계획이 적절하지 않다고 인정될 때에
는 행정안전부장관 및 지식경제부장관과 협의하여 중앙행정기
관 등의 장에게 이행계획의 개선 · 보완을 요구할 수 있다(동법
시행령 제28조 제2항).

② 개선 · 보완을 요구받은 중앙행정기관 등의 장은 요구를 받은
날부터 1개월 이내에 이를 반영한 이행계획을 센터에 제출해야
한다(동법 시행령 제28조 제3항).

(4) 이행결과 보고 · 평가 등

① 중앙행정기관 등의 장은 기관별 이행계획을 실행한 이행결과보
고서를 전자적 방식으로 다음 연도 3월 31일까지 센터에 제출
해야 한다(동법 시행령 제28조 제4항).

② 행정안전부장관, 지식경제부장관 및 환경부장관은 이행결과보고
서를 받은 날부터 3개월 이내에 이를 공동으로 평가하고, 그 결
과를 국무총리에게 보고해야 한다(동법 시행령 제28조 제5항).
③ 국무총리는 평가 결과에 따라 필요한 경우 중앙행정기관 등의
장에게 온실가스 감축 및 에너지절약을 촉진하기 위한 조치를
명할 수 있다(동법 시행령 제28조 제6항).

제4절 에너지소비 규제

1. 개관

정부는 기준량 이상의 온실가스 배출업체 및 에너지 소비업체를
대상으로 관리업체를 선정하고, 이를 지정·고시해야 한다.

정부는 온실가스 국가목표 및 에너지 국가목표를 달성하기 위하여
지정된 관리업체별로 매년 9월 30일까지 관리업체의 다음 연도 온실
가스 감축, 에너지절약 및 에너지 이용효율 목표를 설정하고, 이를
관리업체 및 온실가스 종합정보센터에 통보해야 한다.

관리업체는 사업장별로 매년 온실가스 배출량 및 에너지 소비량에
대하여 측정·보고·검증 가능한 방식으로 명세서를 작성하여 정부
에 보고해야 한다.

에너지소비 관리업체의 선정기준·보고·절차 등의 위반시 과태료 부과하는 전술한 제2편의 제1장 제5절 2. 이하의 내용과 같다.

2. 에너지소비 관리업체 선정·관리

부문별 관장기관은 기준량 이상의 온실가스 배출업체 및 에너지소비업체를 대상으로 관리업체를 선정하고, 환경부장관은 이를 지정·고시해야 한다(동법 시행령 제29조 제1항·제2항).
　부문별 관장기관은 온실가스 국가목표 및 에너지 국가목표를 달성하기 위하여 지정된 관리업체별로 매년 9월 30일까지 관리업체의 다음 연도 온실가스 감축, 에너지절약 및 에너지 이용효율 목표를 설정하고, 이를 관리업체 및 온실가스 종합정보센터에 통보해야 한다(법 제42조 제5항 및 동법 시행령 제30조 제1항).

온실가스 감축, 에너지절약 및 에너지 이용효율 목표를 달성하기 위하여 관리업체는 사업장별로 매년 온실가스 배출량 및 에너지 소비량에 대하여 측정·보고·검증 가능한 방식으로 명세서를 작성하여 관계 중앙행정기관의 장에게 보고해야 한다(법 제44조 제1항).

(1) 에너지 관리업체 선정기준

※ 관리업체는 해당 업체의 모든 사업장에서 배출한 온실가스와 소비한 에너지의 연평균 총량이 위의 기준에 모두에 해당하는 업체로서 두 가지 요건 모두를 충족해야 한다.
이에 따라 온실가스 배출 관리업체와 에너지 소비 관리업체의 지정기준, 지정 절차, 배출량·소비량 보고 절차 등은 같다. 따라서 에너지소비 관리업체의 선정기준보고 절차 등은 전술한 제2편의 제1장 제3절의 온실가스 배출 관리업체의 선정기준보고 절차 등 위반시 부과되는 과태료는 같다.

① 아래와 같은 부문별 관계 중앙행정기관의 장(이하 '부문별 관장 기관'이라 함)은 다음의 어느 하나에 해당하는 업체를 대상으로 기준량 이상의 온실가스 배출업체 및 에너지 소비업체(이하 '관리업체'라 함)를 선정하기, 관련 자료를 첨부하여 매년 3월 31일까지 환경부장관에게 통보해야 한다(동법 시행령 제29조 제1항·제2항).

㉠ 해당 연도 1월 1일을 기준으로 최근 3년간 업체의 모든 사업장에서 배출한 온실가스와 소비한 에너지의 연평균 총량이 다음의 기준 모두에 해당하는 업체(동법 시행령 제29조 제1항 제1호 별표 2, 3).

〈별표 2, 3〉

구분	온실가스 배출 기준	에너지 소비량 기준
2011년 12월 31일까지 적용되는 기준	125,000톤 CO_2-eq 이상	500terajoules 이상
2012년 1월 1일부터 적용되는 기준	87,500톤 CO_2-eq 이상	350terajoules 이상
2014년 1월 1일부터 적용되는 기준	50,000톤 CO_2-eq 이상	200terajoules 이상

㉡ 업체의 사업장 중 최근 3년간 온실가스 배출량과 에너지 소비량의 연평균 총량이 다음의 기준 모두에 해당하는 사업장이 있는 업체의 해당 사업장 (동법 시행령 제29조 제1항 제2호 별표 4, 5).

〈별표 4, 5〉

구분	사업장 온실가스 배출 기준	사업장 에너지 소비량 기준
2011년 12월 31일까지 적용되는 기준	25,000톤 CO_2-eq 이상	100terajoules 이상
2012년 1월 1일부터 적용되는 기준	20,000톤 CO_2-eq 이상	90terajoules 이상
2014년 1월 1일부터 적용되는 기준	15,000톤 CO_2-eq 이상	80terajoules 이상

② 관리업체의 선정·고시(동법 시행령 제29조 제3항)

(2) 관리업체별 에너지 목표설정·관리(법 제42조 제5항)

－자세한 내용은 제2편 제1장 제5절 2.(2)이하 참조－

(3) 관리업체별 에너지 목표준수(법 제42조 제6항~제11항)

－자세한 내용은 제2편 제1장 제5절 2.(3)이하 참조－

(4) 관리업체별 에너지 사용량 등의 보고(법 제44조)

－자세한 내용은 제2편 제1장 제5절 2.(5)이하 참조－

제5절 에너지소비 합리화 촉진

1. 개관

정부는 에너지 관련 기술의 개발과 보급을 촉진하기 위하여 10년 이상을 계획기간으로 에너지기술개발계획을 5년마다 수립하고, 이에 따른 연차별 실행계획을 수립·시행해야 한다.

지식경제부장관은 에너지를 합리적으로 이용하게 하기 위해 에너지이용 합리화에 관한 기본계획을 수립해야 하고 관계 행정기관의 장과 특별시장·광역시장·도지사 또는 특별자치도지사는 기본계획에 따라 에너지이용 합리화에 관한 실시계획을 수립하고 시행해야 한다.

정부는 에너지이용을 합리화하고 이를 통하여 온실가스의 배출을 줄이기 위하여 에너지절약형 시설투자, 에너지절약형 기자재의 제조·설치·시공, 그 밖에 에너지이용합리화와 이를 통한 온실가스 배출의 감축에 관한 사업에 대하여 금융·세제상의 지원 또는 부조금이 지급, 그 밖에 필요한 지원을 할 수 있다.

정부는 에너지이용 합리화를 위하여 필요하다고 인정하는 경우에는 에너지를 소비하는 에너지 사용 기자재에 대하여 에너지효율등급제를 실시한다.

2. 에너지효율화 기술개발 촉진

관계 중앙행정기관의 장은 에너지 관련 기술의 개발과 보급을 촉진하기 위하여 10년 이상을 계획기간으로 에너지기술개발계획을 5년마다 수립하고, 지식경제부장관은 이에 따른 연차별 실행계획을 수립·시행해야 한다.

(1) 에너지기술 개발계획

관계 중앙행정기관의 장은 에너지 관련 기술의 개발과 보급을 촉진하기 위하여 10년 이상을 계획기간으로 다음의 사항이 포함된 에너지기술개발계획(이하 '에너지기술개발계획'이라 함)을 5년마다 수립하고, 지식경제부장관은 이에 따른 연차별 실행계획을 수립·시행해야 한다(「에너지법」 제11조 제1항 및 제3항).

㉠ 에너지의 효율적 사용을 위한 기술개발에 관한 사항

㉡ 신·재생에너지 등 환경친화적 에너지에 관련된 기술개발에
  관한 사항

㉢ 에너지 사용에 따른 환경오염 저감을 위한 기술개빌에 관힌
  사항

㉣ 온실가스 배출을 줄이기 위한 기술개발에 관한 사항

㉤ 개발된 에너지 기술의 실용화의 촉진에 관한 사항

㉥ 국제에너지기술협력의 촉진에 관한 사항

㉦ 에너지기술에 관련된 인력·정보·시설 등 기술개발자원의
  확대 및 효율적 활용에 관한 사항

(2) 에너지 기술개발 촉진

① 에너지기술개발사업비 조성

관계 중앙행정기관의 장은 에너지 기술개발사업을 종합적이고 효
율적으로 추진하기 위하여 에너지 기술개발계획 연차별 실행계획의
시행에 필요한 에너지기술개발사업비를 조성할 수 있으며, 이는 다
음의 사업에 대한 지원을 위해 사용해야 한다(「에너지법」 제14조 제1
항 및 제4항).

㉠ 에너지 기술의 연구·개발에 관한 사항

㉡ 에너지 기술의 수요조사에 관한 사항

㉢ 에너지 사용기자재와 에너지공급설비 및 그 부품에 관한 기
  술개발에 관한 사항

ⓔ 에너지 기술개발 성과의 보급 및 홍보에 관한 사항

ⓜ 에너지 기술에 관한 국제협력에 관한 사항

ⓗ 에너지에 관한 연구인력 양성에 관한 사항

ⓢ 에너지 사용에 따른 대기오염 저감을 위한 기술개발에 관한
사항

ⓞ 온실가스 배출을 줄이기 위한 기술개발에 관한 사항

ⓩ 에너지 기술에 관한 정보의 수집·분석 및 제공과 이와 관련
된 학술활동에 관한 사항

ⓒ 한국에너지기술평가원의 에너지기술개발사업 관리에 관한
사항

② 에너지기술개발투자 등의 권고

관계 중앙행정기관의 장은 에너지기술개발을 촉진하기 위하여 필
요한 경우 에너지 관련 사업자에게 에너지기술개발을 위한 사업에
투자 또는 출연할 것을 권고할 수 있다(「에너지법」 제15조).

③ 에너지 및 에너지자원기술 전문인력의 양성

지식경제부장관은 에너지 및 에너지자원기술 분야의 전문인력을
양성하기 위하여 필요한 사업을 할 수 있으며, 이를 수행하기 위해
자금지원 등 필요한 지원을 할 수 있다(「에너지법」 제16조).

3. 에너지이용 합리화·효율화

(1) 개념

지식경제부장관은 에너지를 합리적으로 이용하게 하기 위해 에너지이용 합리화에 관한 기본계획을 수립해야 하고 관계 행정기관의 장과 특별시장·광역시장·도지사 또는 특별자치도지사는 기본계획에 따라 에너지이용 합리화에 관한 실시계획을 수립하고 시행해야 한다.

관계 중앙행정기관의 장은 에너지이용을 합리화하고 이를 통하여 온실가스의 배출을 줄이기 위하여 에너지절약형 시설투자, 에너지절약형 기자재의 제조·설치·시공, 그 밖에 에너지이용 합리화와 이를 통한 온실가스 배출의 감축에 관한 사업에 대하여 금융·세제상의 지원 또는 보조금의 지급, 그 밖에 필요한 지원을 할 수 있다.

(2) 에너지이용 합리화 계획의 수립·실시

① 기본계획의 수립

지식경제부장관은 에너지를 합리적으로 이용하게 하기 위해 다음의 사항이 포함된 에너지이용합리화에 관한 기본계획(이하 '기본계획'이라 함)을 수립해야 한다(「에너지이용 합리화법」 제4조).

   ㉠ 에너지절약형 경제구조로의 전환
   ㉡ 에너지이용 효율의 증대

ⓒ 에너지이용 합리화를 위한 기술개발

ⓔ 에너지이용 합리화를 위한 홍보 및 교육

ⓜ 에너지원 간 대체(代替)

ⓗ 열사용기자재의 안전관리

ⓢ 에너지이용 합리화를 위한 가격예시제(價格豫示制)의 시행에
  관한 사항

ⓞ 에너지의 합리적인 이용을 통한 온실가스의 배출을 줄이기
  위한 대책

② 실시계획의 수립·시행

관계 행정기관의 장과 특별시장·광역시장·도지사 또는 특별자
치도지사는 기본계획에 따라 에너지이용 합리화에 관한 실시계획을
수립하고 시행해야 한다(「에너지이용 합리화법」 제6조 제1항).

(3) 에너지이용 합리화 사업에 대한 금융·세제 지원

① 관계 중앙행정기관의 장은 에너지이용을 합리화하고 이를 통하
  여 온실가스의 배출을 줄이기 위하여 아래의 에너지절약형 시설
  투자, 에너지절약형 기자재의 제조·설치·시공, 그 밖에 에너
  지이용 합리화와 이를 통한 온실가스 배출의 감축에 관한 사업
  에 대하여 금융·세제상의 지원 또는 보조금의 지급, 그 밖에 필
  요한 지원을 할 수 있다(「에너지이용 합리화법」 제14조 제1항).

② 에너지절약형 시설투자, 에너지절약형 기자재의 제조·설치·

시공은 다음의 시설투자로서 지식경제부장관이 정하여 공고하는 것으로 한다(「에너지이용 합리화법 시행령」 제27조 제1항).

㉠ 노후 보일러 및 산업용 요로(燎爐) 등 에너지 다소비 설비의 대체

㉡ 집단에너지사업, 열병합발전사업, 폐열이용사업과 대체연료 사용을 위한 시설 및 기기류의 설치

㉢ 그 밖에 에너지절약 효과 및 보급 필요성이 있다고 지식경제부장관이 인정하는 에너지절약형 시설투자, 에너지절약형 기자재의 제조·설치·시공

③ 그 밖에 에너지이용 합리화와 이를 통한 온실가스 배출의 감축에 관한 사업은 다음의 사업으로서 지식경제부장관이 인정하는 사업을 말한다(「에너지이용 합리화법 시행령」 제27조 제1항).

㉠ 에너지원의 연구개발사업

㉡ 에너지이용 합리화 및 이를 통하여 온실가스 배출을 줄이기 위한 에너지절약시설 설치 및 에너지기술개발사업

㉢ 기술용역 및 기술지도사업

㉣ 에너지 분야에 관한 신기술·지식집약형 기업의 발굴·육성을 위한 지원사업

④ 관계 중앙행정기관의 장은 위에 따른 지원을 하는 경우 「중소기업기본법」 제2조에 따른 중소기업에 대하여 우선하여 지원할 수 있다(「에너지이용 합리화법」 제14조 제2항).

(4) 에너지이용 합리화 시책

① 에너지절약 전문기업에 대한 지원

관계 중앙행정기관의 장은 제3자로부터 위탁을 받아 다음의 어느 하나에 해당하는 사업을 하는 자로서 지식경제부장관에게 등록을 한 에너지절약 전문기업이 에너지절약사업과 이를 통한 온실가스의 배출을 줄이는 사업을 하는 데에 필요한 지원을 할 수 있다(「에너지이용 합리화법」 제25조 제1항 및 「에너지이용 합리화법 시행령」 제29조).

    ㉠ 에너지사용시설의 에너지절약을 위한 관리·용역사업
    ㉡ 에너지절약형 시설투자에 관한 사업
    ㉢ 신·재생에너지원의 개발 및 보급사업
    ㉣ 에너지절약형 시설 및 기자재의 연구개발사업

② 폐열의 이용

    ㉠ 에너지사용자는 사업장에서 발생하는 폐열을 이용하기 위해 노력해야 하며, 사업장에서 이용하지 않는 폐열을 타인이 사업장 밖에서 이용하기 위해 공급받으려는 경우에는 이에 적극 협조해야 한다(「에너지이용 합리화법」 제36조 제1항).

    ㉡ 지식경제부장관은 폐열의 이용을 촉진하기 위해 필요하다고 인정하면 폐열을 발생시키는 에너지사용자에게 폐열의 공동이용 또는 타인에 대한 공급 등을 권고할 수 있다. 다만, 폐열의 공동이용 또는 타인에 대한 공급 등에 관하여 당사자 간에 협의가 이루어지지 않거나 협의를 할 수 없는 경우에는 조

정을 할 수 있다(「에너지이용 합리화법」 제36조 제2항).

③ 냉난방온도 제한건물의 지정 등

　㉠ 지식경제부장관은 에너지의 절약 및 합리적인 이용을 위하여 필요하다고 인정하면 냉난방온도의 제한온도(냉방: 26℃ 이상(판매시설 및 공항의 경우에 냉방온도는 25℃ 이상), 난방: 20℃ 이하에 한함) 및 제한기간을 정하여 다음의 건물 중에서 냉난방온도를 제한하는 건물을 지정할 수 있다(「에너지이용 합리화법」 제36조의 2 제1항, 「에너지이용 합리화법 시행령」 제42조의 2 및 「에너지이용 합리화법 시행규칙」 제31조의 2).

　　㉮ 국가, 지방자치단체, 「공공기관의 운영에 관한 법률」 제4조 제1항에 따른 공공기관이 업무용으로 사용하는 건물

　　㉯ 에너지 다소비 사업자의 에너지사용시설 중 연간 에너지사용량이 2천티오이 이상인 건물

④ 냉난방온도를 제한하는 건물로 지정된 건물의 관리기관 또는 에너지 다소비 사업자는 해당 건물의 냉난방온도를 제한온도에 적합하도록 유지·관리해야 한다(「에너지이용 합리화법」 제36조의 2 제3항).

4. 에너지효율등급

관계 중앙행정기관의 장은 에너지이용 합리화를 위하여 필요하다고 인정하는 경우에는 에너지를 소비하는 에너지 사용 기자재에 대

하여 에너지효율등급제를 실시한다.

관계 중앙행정기관의 장은 건축물에 관한 효율적인 에너지 이용과 건축 폐자재의 활용을 위한 종합대책을 수립·시행하고, 에너지효율 등급 인증제를 실시한다.

(1) 에너지 사용기자재에 대한 에너지 소비효율 등급

① 에너지 소비효율 표시

　㉠ 지식경제부장관은 에너지이용 합리화를 위하여 필요하다고 인정하는 경우에는 일반적으로 널리 보급되어 있고 상당량의 에너지를 소비하는 에너지 사용기자재(이하 '효율관리기자재'라 함)에 대하여 다음의 사항을 정하여 고시해야 한다(「에너지이용 합리화법」 제15조 제1항, 「에너지이용 합리화법 시행규칙」 제7조 제3항).

　　㉮ 에너지의 목표소비효율 또는 목표사용량의 기준

　　㉯ 에너지의 최저소비효율 또는 최대사용량의 기준

　　㉰ 에너지의 소비효율 또는 사용량의 표시

　　㉱ 에너지의 소비효율 등급기준 및 등급표시

　　㉲ 에너지의 소비효율 또는 사용량의 측정방법

　　㉳ 효율관리시험기관 또는 자체 측정의 승인을 받은 자가 측정할 수 있는 효율관리기자재의 종류, 측정 결과에 관한 시험성적서의 기재사항 및 기재방법과 측정결과의 기록 유지에 관한 사항

ⓛ 효율관리기자재의 제조업자 또는 수입업자는 효율관리시험
기관에서 해당 효율관리기자재의 에너지 사용량을 측정받아
에너지소비효율등급 또는 에너지소비효율을 해당 효율관리
기자재에 표시해야 한다(「에너지이용 합리화법」 제15조 제2
항 본문).

② 대기전력 저감대상제품의 저감기준 등[23]

지식경제부장관은 외부의 전원과 연결만 되어 있고, 주 기능을 수
행하지 아니하거나 외부로부터 켜짐 신호를 기다리는 상태에서 소비
되는 전력(이하 '대기전력'이라 함)의 저감(低減)이 필요하다고 인정
되는 에너지사용기자재로서 다음의 제품(이하 '대기전력 저감대상제
품'이라 함)에 대하여 각 제품별 적용범위, 저감기준 등을 고시해야
한다(「에너지이용 합리화법」 제18조, 「에너지이용 합리화법 시행규
칙」 제13조 제1항 및 별표 2).

● 컴퓨터	● 비디오테이프레코더
● 모니터	● 오디오
● 프린터	● DVD플레이어
● 복합기	● 라디오카세트
● 텔레비전	● 도어폰
● 셋톱박스	● 유무선전화기
● 전자레인지	● 비데
● 팩시밀리	● 모뎀
● 복사기	● 홈 게이트웨이
● 스캐너	● 자동절전제어장치

---

23) 대기전력저감대상제품 및 우수제품의 각 제품별 적용범위, 저감기준, 대기전력 측정방법 등
　　에 대한 자세한 내용은 「대기전력 저감 프로그램 운용 규정」(지식경제부고시 제2010－
　　49호, 2010. 2. 25. 발령·시행)에서 확인할 수 있다.

③ 고효율에너지 인증대상기자재의 인증

　㉠ 지식경제부장관은 에너지이용의 효율성이 높아 보급을 촉진
　　할 필요가 있는 에너지사용기자재로서 펌프, 산업건물용 보
　　일러, 무정전전원장치, 폐열회수형 환기장치, 발광다이오드
　　(LED) 등 조명기기 등의 기자재(이하 '고효율에너지 인증대
　　상기자재'라 함)에 대하여 다음의 사항을 정하여 고시해야 한
　　다(「에너지이용 합리화법」 제22조 제1항, 「에너지이용 합리
　　화법 시행규칙」 제20조).

　　㉮ 고효율에너지 인증대상기자재의 각 기자재별 적용범위

　　㉯ 고효율에너지 인증대상기자재의 인증 기준, 방법 및 절차

　　㉰ 고효율에너지 인증대상기자재의 성능 측정방법

　　㉱ 에너지이용의 효율성이 우수한 고효율에너지 인증대상기
　　　자재(이하 '고효율에너지 기자재'라 함)의 인증 표시

　　㉲ 고효율시험기관이 측정할 수 있는 고효율에너지 인증대상
　　　기자재의 종류, 측정 결과에 관한 시험성적서의 기재사항
　　　및 기재방법과 측정결과의 기록 유지에 관한 사항

　㉡ 고효율에너지 인증대상기자재의 제조업자 또는 수입업자가 해
　　당 기자재에 고효율에너지기자재의 인증 표시를 하려면 해당
　　에너지사용기자재가 인증기준에 적합한지 여부에 대하여 고효
　　율시험기관의 측정을 받아 지식경제부장관으로부터 인증을 받
　　아야 한다(「에너지이용 합리화법」 제22조 제2항).[24]

---

24) 고효율에너지기자재의 적용범위, 인증 기준, 방법 및 절차 등에 대한 자세한 내용은 「고효
　　율에너지기자재 보급촉진에 관한 규정」(지식경제부 고시 제2009-202호, 2009. 9. 2.
　　발령·시행)에서 확인할 수 있다.

(2) 건축물에 대한 에너지효율등급 등

① 건축물 에너지효율등급 인증제 실시

국토해양부장관과 지식경제부장관은 에너지 성능이 높은 건축물의 건축을 확대하고, 건축물의 효과적인 에너지관리를 위하여 공동으로 건축물 에너지효율등급 인증제를 시행한다(「건축법」 제66조의2 제1항).

② 건축물의 에너지 관리 기준 등

㉠ 국토해양부장관은 지식경제부장관이나 환경부장관과 협의하여 건축물에 관한 효율적인 에너지 이용과 건축폐자재의 활용을 위한 종합대책을 수립·시행해야 한다(「건축법」 제66조 제1항).

㉡ 국토해양부장관은 연면적 500제곱미터 이상인 건축물로서 다음의 어느 하나에 해당하는 건축물에 대한 효율적인 에너지관리와 건축폐자재의 활용을 위하여 필요한 설계·시공·감리 및 유지·관리에 관한 기준을 정하여 고시할 수 있다(「건축법」 제66조 제2항 및 「건축법 시행령」 제91조 제2항).[25]

---

25) 건축물의 에너지절약을 위한 설계·시공·감리 및 유지·관리에 관한 기준에 대한 자세한 내용은 「건축물의 에너지절약설계기준」(국토해양부 고시 제2008-652호, 2008. 11. 18. 발령·시행)에서 확인할 수 있다.

제6절 신·재생에너지의 개발·이용·보급 확대

1. 개관

'신·재생에너지'란 기존의 화석연료를 변환시켜 이용하거나 햇빛, 물, 지열(地熱), 강수(降水), 생물유기체 등을 포함하는 재생 가능한 에너지를 변환시켜 이용하는 에너지를 말한다.

지식경제부장관은 관계 중앙행정기관의 장과 협의를 한 후 신·재생에너지정책심의회의 심의를 거쳐 신·재생에너지의 기술개발 및 이용·보급을 촉진하기 위한 기본계획을 수립해야 한다.

지식경제부장관은 신·재생에너지의 이용·보급을 촉진하기 위하여 필요하다고 인정하면 신기술의 적용사업 및 시범사업 등 각종 보급사업을 할 수 있으며, 국내에서 개발되었거나 개발 중인 신·재생에너지 관련 기술이 국제표준에 부합되도록 하기 위해 신·재생에너지센터에 대하여 표준화 기반구축, 국제활동 등 필요한 지원을 할 수 있다.

2. 신·재생에너지의 사업화 촉진

(1) 신·재생에너지의 개념

"신에너지 및 재생에너지(이하 '신·재생에너지'라 함)"란 기존의 화석연료를 변환시켜 이용하거나 햇빛, 물, 지열(地熱), 강수(降水), 생물유기체 등을 포함하는 재생 가능한 에너지를 변환시켜 이용하는 에너지로서 다음의 어느 하나에 해당하는 것을 말한다(「신에너지 및 재생에너지 개발·이용·보급 촉진법」 제2조 제1호, 「신에너지 및 재생에너지 개발·이용·보급 촉진법 시행령」 제2조 및 별표 1).

연번	종류	기준	범위
1	태양에너지	−	−
2	바이오에너지	1. 생물유기체를 변환시켜 얻어지는 기체, 액체 또는 고체의 연료 2. 1.의 연료를 연소 또는 변환하여 얻어지는 에너지 ※ 1. 또는 2.의 에너지가 신·재생에너지가 아닌 석유제품 등과 혼합된 경우에는 생물유기체로부터 생산된 부분만을 바이오에너지로 본다.	1. 생물유기체를 변환시킨 바이오가스, 바이오에탄올, 바이오액화유 및 합성가스 2. 쓰레기매립장의 유기성 폐기물을 변환시킨 매립지가스 3. 동·식물의 유지를 변환시킨 바이오디젤 4. 생물유기체를 변환시킨 땔감, 우드칩, 펠렛 및 목탄 등의 고체연료
3	풍력	−	−
4	수력	−	−
5	연료전지	−	−
6-1	석탄을 액화·가스화한 에너지	석탄을 액화 및 가스화하여 얻어지는 에너지로서 다른 화합물과 혼합되지 않은 에너지	1. 증기공급용 에너지 2. 발전용 에너지
6-2	중질잔사유(重質殘渣油)를 가스화한 에너지	1. 중질잔사유를 가스화한 공정(工程)에서 얻어지는 연료 2. 1.의 연료를 연소 또는 변환해서 얻어지는 에너지	합성가스
7	해양에너지	−	−
8	폐기물에너지	1. 각종 사업장 및 생활시설의 폐기물을 변환시켜 얻어지는 기체, 액체 또는 고체의 연료 2. 1.의 연료를 연소 또는 변환시켜 얻어지는 에너지 3. 폐기물의 소각열을 변환시킨 에너지 ※ 1.부터 3.까지의 에너지가 신·재생에너지가 아닌 석유제품 등과 혼합되는 경우에는 각종 사업장 및 생활시설의 폐기물로부터 생산된 부분만을 폐기물에너지로 본다.	−
9	지열에너지	−	−
10	수소에너지	−	−

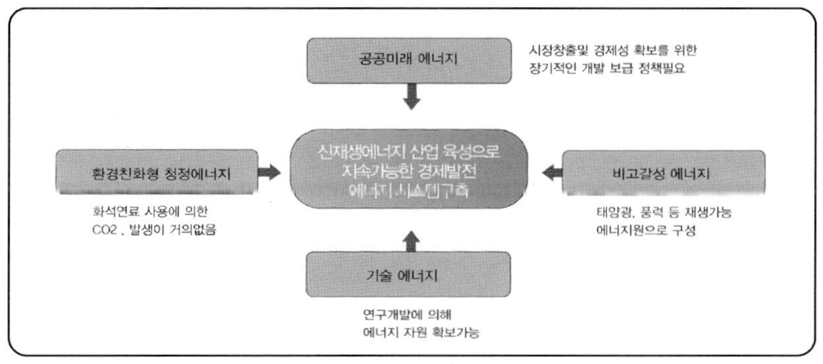

〈그림 2 - 4〉[26]

(2) 신·재생에너지 기술개발 등을 위한 기본계획의 수립·실시

① 기본계획의 수립

지식경제부장관은 관계 중앙행정기관의 장과 협의를 한 후 신·재생에너지정책심의회의 심의를 거쳐 신·재생에너지의 기술개발 및 이용·보급을 촉진하기 위해 10년 이상의 계획기간으로 다음의 사항이 포함된 기본계획(이하 '기본계획'이라 함)을 수립해야 한다(「신에너지 및 재생에너지 개발·이용·보급 촉진법」 제5조 제1항 및 제2항).

　㉠ 기본계획의 목표 및 기간

　㉡ 신·재생에너지원별 기술개발 및 이용·보급의 목표

　㉢ 총전력생산량 중 신·재생에너지 발전량이 차지하는 비율의
　　 목표

　㉣ 「에너지법」 제2조 제10호에 따른 온실가스의 배출 감소 목표

---

26) 녹색성장위원회(http://www.greengrowth.go.kr)

㉤ 기본계획의 추진방법

신·재생에너지 기술수준의 평가와 보급전망 및 기대효과

㉥ 신·재생에너지 기술개발 및 이용·보급에 관한 지원방안

㉦ 신·재생에너지 분야 전문인력 양성계획

㉧ 그 밖에 기본계획의 목표달성을 위하여 지식경제부장관이 필요하다고 인정하는 사항

② 연차별 실행계획 수립·시행

지식경제부장관은 기본계획에서 정한 목표를 달성하기 위하여 미리 관계 중앙행정기관의 장과 협의하여 신·재생에너지의 종류별로 신·재생에너지의 기술개발 및 이용·보급과 신·재생에너지 발전에 의한 전기의 공급에 관한 실행계획(이하 '실행계획'이라 함)을 매년 수립·시행해야 한다(「신에너지 및 재생에너지 개발·이용·보급 촉진법」 제6조 제1항 및 제2항).

(3) 신·재생에너지 기술의 사업화 촉진

지식경제부장관은 자체 개발한 기술이나 신·재생에너지 기술개발 및 이용·보급 사업비를 받아 개발한 기술의 사업화를 촉진시킬 필요가 있다고 인정하면 다음의 지원을 할 수 있다(「신에너지 및 재생에너지 개발·이용·보급 촉진법」 제28조 제1항).

㉠ 시험제품 제작 및 설비투자에 드는 자금의 융자

㉡ 신·재생에너지 기술의 개발사업을 하여 정부가 취득한 산업재산권의 무상 양도

ⓒ 개발된 신·재생에너지 기술의 교육 및 홍보

ⓔ 그 밖에 개발된 신·재생에너지 기술을 사업화하기 위하여
필요하다고 인정하여 지식경제부장관이 정하는 지원사업

3. 신·재생에너지 보급 확대

(1) 개념

지식경제부장관은 신·재생에너지의 이용·보급을 촉진하기 위하여 필요하다고 인정하면 신기술의 적용사업 및 시범사업 등 각종 보급사업을 할 수 있다.

국내에서 개발되었거나 개발 중인 신·재생에너지 관련 기술이 국제표준에 부합되도록 하기 위해 신·재생에너지센터에 대하여 표준화 기반구축, 국제활동 등 필요한 지원을 할 수 있다.

(2) 신·재생에너지 보급 확대

① 신·재생에너지 보급사업

ⓒ 지식경제부장관은 신·재생에너지의 이용·보급을 촉진하기
위하여 필요하다고 인정하면 다음의 보급사업을 할 수 있다(「신
에너지 및 재생에너지 개발·이용·보급 촉진법」 제27조 제1항).

㉮ 신기술의 적용사업 및 시범사업

㉯ 환경친화적 신·재생에너지 집적화단지(集積化團地) 및 시
범단지 조성사업

㉰ 지방자치단체와 연계한 보급사업

㉣ 실용화된 신·재생에너지 설비의 보급을 지원하는 사업

㉤ 그 밖에 신·재생에너지 기술의 이용·보급을 촉진하기 위
하여 필요한 사업으로서 지식경제부장관이 정하는 사업

ⓛ 지식경제부장관은 개발된 신·재생에너지 설비가 설비인증
을 받거나 신·재생에너지 기술의 국제표준화 또는 신·재
생에너지 설비와 그 부품의 공용화가 이루어진 경우에는 우
선적으로 보급사업을 추진할 수 있다(「신에너지 및 재생에
너지 개발·이용·보급 촉진법」 제27조 제2항).

② 신·재생에너지설비 설치 전문기업의 지원

신·재생에너지설비의 설치를 전문으로 하고, 지식경제부에 등록
된 신·재생에너지설비 설치전문기업은 국가에서 시행하는 각종 보급
사업에 참가할 수 있으며, 신·재생에너지설비의 설치 및 보수에 드
는 비용 및 공용화품목을 사용하는 경우 공용화품목의 비축에 드는
비용의 일부를 지원받을 수 있다(「신에너지 및 재생에너지 개발·이
용·보급 촉진법」 제22조 제3항 및 「신에너지 및 재생에너지 개발·
이용·보급 촉진법 시행령」 제26조).

③ 신·재생에너지설비 사용의무 및 이용권고 등

㉠ 지식경제부장관은 신·재생에너지의 기술개발 및 이용·보
급을 촉진하기 위하여 필요하다고 인정하는 경우에는 에너지
관련 사업을 하는 자에 대하여 신·재생에너지의 자원조사
사업 등 「신에너지 및 재생에너지 개발·이용·보급 촉진법」
제10조에 따른 사업을 하거나 그 사업에 투자 또는 출연할

것을 권고할 수 있다(「신에너지 및 재생에너지 개발·이용·
보급 촉진법」 제12조 제1항).

ⓛ 지식경제부장관은 신·재생에너지의 이용·보급을 촉진하기
위하여 필요하다고 인정하는 경우에는 다음이 어느 하나에 해
당하는 자가 신축·증축 또는 개축하는 건축물에 대하여 총건
축공사비의 일정비율을 신·재생에너지설비에 의무적으로 사
용하게 할 수 있다(「신에너지 및 재생에너지 개발·이용·보
급 촉진법」 제12조 제2항, 「신에너지 및 재생에너지 개발·이
용·보급 촉진법 시행령」 제15조 및 제16조).

㉮ 국가 및 지방자치단체

㉯ 「공공기관의 운영에 관한 법률」 제5조에 따른 공기업(이하
'공기업'이라 함)

㉰ 정부가 연간 50억 원 이상 출연한 정부출연기관

㉱ 「국유재산법」 제2조 제6항에 따른 정부출자기업체

㉲ 지방자치단체 및 공기업·정부출연기관·정부출자기업체
가 납입자본금의 100분의 50 이상을 출자하거나 납입자본
금으로 50억 원 이상을 출자한 법인

㉳ 특별법에 의하여 설립된 법인

ⓒ 지식경제부장관은 신·재생에너지의 활용여건 등을 고려할
때 신·재생에너지를 이용하는 것이 적절하다고 인정되는 공
장, 사업장 및 집단주택단지 등에 대하여 신·재생에너지의
종류를 지정하여 이용하도록 권고하거나 그 이용설비를 설치
하도록 권고할 수 있다(「신에너지 및 재생에너지 개발·이용
·보급 촉진법」 제12조 제3항).

(3) 신·재생에너지기술의 표준화·인증제도 강화

① 신·재생에너지 기술의 국제표준화 지원

지식경제부장관은 국내에서 개발되었거나 개발 중인 신·재생에너지 관련 기술이 「국가표준기본법」 제3조 제2호에 따른 국제표준에 부합되도록 하기 위해 신·재생에너지센터에 대하여 다음과 같은 표준화 기반구축, 국제활동 등에 필요한 지원을 할 수 있다(「신에너지 및 재생에너지 개발·이용·보급 촉진법」 제20조 및 「신에너지 및 재생에너지 개발·이용·보급 촉진법 시행령」 제23조).

    ㉠ 국제표준적합성의 평가 및 상호인정의 기반구축에 필요한 장비·시설 등의 구입비용

    ㉡ 국제표준개발 및 국제표준제안 등에 소요되는 비용

    ㉢ 국제표준화 관련 국제협력의 추진에 소요되는 비용

    ㉣ 국제표준화 관련 전문인력양성에 소요되는 비용

② 신·재생에너지 설비의 인증

    ㉠ 보급촉진을 위해 일정기준 이상의 신·재생에너지설비를 제조하거나 수입해서 판매하려는 사람은 신·재생에너지센터로부터 해당 설비에 대해 인증을 받을 수 있다(「신에너지 및 재생에너지 개발·이용·보급 촉진법」 제13조 제1항).

    ㉡ 신·재생에너지센터로부터 설비인증을 받을 수 있는 신·재생에너지설비(신·재생에너지설비를 구성하는 단위설비를 포함함)는 다음과 같다(「신에너지 및 재생에너지 개발·이용·보급 촉진법 시행규칙」 제4조 및 「신·재생에너지설비 인증

에 관한 규정」(지식경제부 고시 제2009-310호, 2009. 12. 15. 발령·시행) 별표 1).

〈별표 1〉

신·재생에너지설비	인증대상설비
태양열설비	●평판형 태양열집열기 ●고정집광형 태양열집열기 ●진공관형 태양열집열기 ●자연순환식 태양열온수기(저탕용량 600 L 이하) ●강제순환식 태양열온수기(저탕용량 600 L 이하) ●진공관 일체형 태양열온수기(저탕용량 600 L 이하)
태양광설비	●태양광발전용 계통연계형 인버터(정격출력 10kW 이하) ●태양광발전용 독립형 인버터(정격출력 10kW 이하) ●결정질 태양전지 모듈 ●박막 태양전지 모듈 ●태양전지 셀 ●태양광 집광채광기
풍력설비	●소형 풍력발전시스템(용량 30kW 미만) ●소형 풍력발전용 인버터(정격출력 10kW 이하) ●중대형 풍력발전시스템(용량 30kW 이상)
지열설비	●물-물 지열 열펌프 유니트(280kW 이하) ●물-공기 지열 열펌프 유니트(105kW 이하)
연료전지설비	●고분자연료전지시스템(5kW 이하)
그 밖의 설비	●축전지(4,000A 이하) ●모니터링설비 ●충전제어시스템(5kW 이하)

※ 인증대상 설비는 신·재생에너지설비의 보급상황. 기술개발의 수준 등에 따라 변경될 수 있다(「신·재생에너지설비 인증에 관한 규정」 제8조).

제7절 원자력 에너지 건설 · 비중 확대

1. 개관

국가 및 발전용 원자로 운영자 등은 발전용 원자로 및 관계시설에 대한 주기적인 안전성 평가, 일반국민 대상 홍보사업 실시, 발전소 주변지역에 대한 지원사업 확대 등을 통해 원자력에 대한 신뢰도를 높이고 있다.

국가 및 원자력 발전사업자에게 원자력 발전 연료를 제조·공급하려는 자는 장기적인 원자력발전연료의 제조·공급계획을 작성하여 원자력발전연료의 안정적 확보에 힘써야 한다.

2. 원자력에너지의 역할 강화

국가 및 발전용 원자로 운영자 등은 발전용 원자로 및 관계시설에 대한 주기적인 안전성 평가, 일반국민 대상 홍보사업 실시, 발전소 주변지역에 대한 지원사업 확대 등을 통해 원자력에 대한 신뢰도를 높이고 있다.

국가 및 원자력 발전사업자에게 원자력 발전연료를 제조·공급하려는 자는 장기적인 원자력발전연료의 제조·공급계획을 작성하여 원자력발전연료의 안정적 확보에 힘써야 한다.

(1) 원자력 신뢰도 제고

① 안전한 원자력 발전소의 건설

　㉠ 발전용 원자로 및 관계시설을 건설하려는 자(원자력 발전소의 건설자)는 허가신청서, 방사선환경영향평가서, 예비안전성분석보고서 및 건설에 관한 품질보증계획서를 제출하여 교육과학기술부장관의 허가를 받아야 한다(「원자력법」 제11조 제1항 및 제2항).

　㉡ 허가신청을 받은 교육과학기술부장관은 허가신청자가 다음의 허가기준을 갖추고 있는지 확인해야 한다(「원자력법」 제12조).

　　㉮ 발전용 원자로 및 관계 시설의 건설에 필요한 기술능력을 확보하고 있을 것

　　㉯ 발전용 원자로 및 관계 시설의 위치, 구조 및 설비가 「원자력법 시행규칙」에 따른 기술기준에 적합하여 방사성 물질 등에 의한 인체·물체 및 공공의 재해방지에 지장이 없을 것

　　㉰ 발전용 원자로 및 관계시설의 건설로 인하여 발생되는 방사성 물질 등으로부터 국민의 건강 및 환경상의 위해를 방지하 기 위하여 위해방지기준에 적합할 것

　　㉱ 품질보증계획서의 내용이 『원자력법 시행규칙』에 따른 기준에 적합할 것

　㉢ 교육과학기술부장관은 원자로 시설의 건설허가를 하려 할 경우에는 그 허가 전에 수탁기관의 심사 보고서를 첨부하여 원자력안전위원회의 심의를 거쳐야 한다(「원자력법 시행령」 제22조).

㉣ 발전용 원자로 설치자는 원자로 시설의 공사 및 성능에 대하여 공정별로 교육과학기술부장관의 검사를 받아 이에 합격한 후가 아니면 해당 시설을 사용해서는 안 된다(「원자력법」 제16조 제1항, 「원자력법 시행령」 제27조 제1항 및 제29조 제1항).

② 주기적 안전성 평가

발전용 원자로 운영자는 10년마다 주기적으로 발전용 원자로 및 관계시설의 안전성을 다음과 같은 사항을 종합적으로 평가하고, 그 결과를 기재한 평가보고서를 교육과학기술부장관에게 제출해야 한다(「원자력법」 제23조의 3 제1항, 「원자력법 시행령」 제42조의 2 제1항 및 제42조의 3 제1항).

㉠ 원자로시설의 평가 당시의 물리적 상태에 관한 사항
㉡ 안전성 분석에 관한 사항
㉢ 기기검증에 관한 사항
㉣ 경년열화(시간 경과 또는 사용에 따라 원자력발전소의 계통·구조물·기기의 손상을 초래하는 물리적 또는 화학적 과정을 말함)에 관한 사항
㉤ 안전성능에 관한 사항
㉥ 원자력발전소 운전경험 및 연구결과의 활용에 관한 사항
㉦ 운영 및 보수(補修) 등의 절차서에 관한 사항
㉧ 조직 및 행정에 관한 사항
㉨ 인적 요소(원자로의 운전에 필요한 구성인원 등의 상태에 관한 사항 포함)에 관한 사항

ⓧ「원자력시설 등의 방호 및 방사능방재대책법」 제20조에 따른
방사선비상계획에 관한 사항
ⓚ 방사선환경영향에 관한 사항

③ 원자력에 대한 홍보사업 실시

원자력에 관한 홍보를 목적으로「민법」제32조에 따라 지식경제부
장관의 허가를 받아 설립된 법인은 원자력 관련 전력사업에 관하여
국민 일반을 대상으로 전력사업에 대한 이해 증진 사업을 실시한다(「발
전소주변지역 지원에 관한 법률」제10조 제1항 제3호, 제11조 제3호
및「발전소주변지역 지원에 관한 법률 시행령」제24조).

④ 발전소 주변지역 지원

원자력발전소를 운영하는 발전사업자(이하 '원자력발전사업자'라
함)는 자기 자금으로 다음과 같은 교육·장학지원사업, 지역경제협력
사업, 주변환경개선사업, 지역복지사업, 지역문화진흥사업, 그 밖의
사업자 지원사업을 할 수 있다(「발전소주변지역 지원에 관한 법률」
제13조의 2 제1항,「발전소주변지역 지원에 관한 법률 시행령」제27
조의 2 제1항 및 별표 4).

사업구분	지원사업 세부내용
교육·장학지원사업	지역우수인재 육성, 기숙사 마련, 영어마을 연수, 우수교사 유치 및 장학사업 등 교육 관련 지원사업
지역경제 협력사업	지역특산물 판로지원 및 지역산업의 경쟁력 강화 지원 등 지역경제 활성화를 지원하는 사업
주변환경 개선사업	바다정화, 도로정비 및 주거환경 개선 등 지역의 생활환경을 쾌적하게 조성하는 사업

지역복지사업	복지시설 지원, 육아시설 건립·운영, 체육시설 마련 및 마을버스 운영지원 등 지역주민의 생활여건을 개선하는 사업
지역문화진흥사업	문화행사 지원 및 문화시설 건립 지원 등 지역주민이 문화생활을 즐길 수 있는 환경을 조성하는 사업
그 밖의 사업자 지원사업	지역홍보 등 지역특성을 살리고 주민복지증진, 지역현안 해결 및 지역이미지 제고 등을 위한 사업, 사업자 지원사업의 계획 및 운영과 관련한 부대사업

(2) 원자력 비중 확대

① 표준설계인가를 통한 조속한 건설추진

동일한 설계의 발전용 원자로 및 관계시설을 반복적으로 건설하려는 자는 그 설계(이하 '표준설계'라 함)에 관하여 다음과 같은 기준으로 교육과학기술부장관의 인가를 받을 수 있으며, 인가받은 사항에 대해서는 10년 동안 허가신청서류에 기재할 사항 중 미리 인가를 받은 사항은 기재하지 않아도 된다(「원자력법」 제12조의 2 제1항, 제3항, 제5항 및 제7항).

    ㉠ 발전용 원자로 및 관계 시설의 위치, 구조, 설비 및 성능이 기술기준에 적합하여 방사성 물질 등에 의한 인체·물체 및 공공의 재해방지에 지장이 없을 것

    ㉡ 발전용 원자로 및 관계시설의 건설 및 운영으로 인하여 발생되는 방사성 물질 등으로부터 국민의 건강 및 환경상의 위해를 방지하기 위한 위해방지기준에 적합할 것

② 원자력발전원료의 안정성 확보

원자력발전연료를 원자력발전 사업자에게 제조·공급하려는 자

(원자력발전원료 공급자)는 다음의 기준에 충족되는 장기적인 원자력발전연료의 제조·공급계획을 작성하여 지식경제부장관의 승인을 받아야 한다(「전기사업법」 제28조 및 「전기사업법 시행령」 제18조 제2항).

 ㉠ 원자력발전연료 제조·공급계획이 국가의 원자력산업과 관련한 정책에 부합할 것
 ㉡ 원자력발전연료 제조시설의 공사 공정이 구체적이고 타당할 것
 ㉢ 원자력발전연료의 설계인력과 생산인력의 확보계획이 적절할 것
 ㉣ 원자력발전연료 제조·공급계획의 시행을 위한 자금조달 방법이 구체적이고 타당할 것

제8절 해외자원개발 확대

1. 개관

정부는 해외자원의 합리적인 개발을 위하여 해외자원개발에 관한 장기적이고 종합적인 기본계획을 수립·시행해야 한다.

정부는 해외자원의 개발을 촉진하기 위하여 필요한 경우에는 해외자원개발 등에 소요되는 비용을 보조할 수 있으며, 해외자원개발사업자, 해외자원개발투자회사 및 해외자원개발투자전문회사, 투자위

험보증기관에 해당 자금을 융자할 수 있다.

2. 해외자원개발 확대

관계 중앙행정기관의 장은 해외자원의 합리적인 개발을 위하여 해외자원개발에 관한 장기적이고 종합적인 기본계획을 수립·시행해야 한다.

관계 중앙행정기관의 장은 해외자원의 개발을 촉진하기 위하여 필요한 경우에는 해외자원개발 등에 소요되는 비용을 보조할 수 있으며, 해외자원개발사업자, 해외자원개발투자회사 및 해외자원개발투자전문회사, 투자위험보증기관에 해당 자금을 융자할 수 있다.

(1) 해외자원개발 기본계획 수립·시행

관계 중앙행정기관의 장은 해외자원의 합리적인 개발을 위해 10년의 계획기간으로 다음의 사항이 포함된 해외자원개발에 관한 장기적이고 종합적인 해외자원개발 기본계획을 3년마다 수립·시행해야 한다(「해외자원개발 사업법」 제4조, 「해외자원개발 사업법 시행령」 제4조 제1항 및 제2항).

　　㉠ 해외자원개발의 추진목표
　　㉡ 해외자원개발을 위한 기술수준의 향상
　　㉢ 해외자원개발 전문인력의 양성

㉣ 해외자원개발을 위한 정보유통의 원활화

㉤ 해외자원개발에 관한 국제협력

㉥ 해외자원개발의 합리적인 조정 및 관리

㉦ 그 밖에 해외자원의 효율적인 개발을 위하여 필요한 사항

(2) 해외자원개발사업의 지원

① 정부보조

㉠ 관계 중앙행정기관의 장은 해외자원의 개발을 촉진하기 위하
여 필요한 경우에는 다음의 비용을 보조할 수 있다(「해외자
원개발 사업법」 제10조 제1항 및 「해외자원개발 사업법 시행
령」 제9조 제3항).

㉮ 해외자원의 개발을 위한 조사에 소요되는 비용

㉯ 해외자원개발을 위한 기술개발 및 전문인력 양성에 소요되
는 비용

㉰ 해외자원의 개발에 따르는 외국과의 국제협력 및 기술교류비

㉱ 해외자원개발 사업 융자업무 대행기관이 그 귀책사유가 아
닌 사유로 인하여 융자와 관련하여 입은 결손의 보전에 소
요되는 비용

㉲ 해외자원개발 사업에 필요한 자금에 관련된 채무의 보증금
및 보증채무이행으로 인한 결손의 보전에 소요되는 비용

㉡ 관계 중앙행정기관의 장은 해외자원개발사업의 효율적 추진
을 위하여 필요하다고 인정하는 경우에는 한국석유공사, 한
국광물자원공사, 한국농어촌공사 또는 녹색사업단으로 하여

금 다음과 같은 해외자원개발 정보의 수집·분석 및 제공 업
무를 수행하게 하고 이에 소요되는 경비를 보조할 수 있다(「해
외자원개발 사업법」 제10조 제2항, 「해외자원개발 사업법 시
행령」 제9조 제4항 및 제5항).

㉮ 정보수집·조사 및 자료발간

㉯ 정보시스템의 개발·구축 및 유지관리

㉰ 해외사무소의 운영

㉱ 정보통신망 운영 등의 정보제공업무

② 자금융자

㉠ 관계 중앙행정기관의 장은 해외자원개발사업의 원활한 추진
을 위하여 해외자원개발사업자, 해외자원개발투자회사 및 해
외자원개발투자전문회사, 투자위험보증기관에 다음의 어느 하
나에 해당하는 자금을 융자할 수 있다(「해외자원개발 사업법」
제11조 제1항 및 「해외자원개발 사업법 시행령」 제11조 제1항).

㉮ 해외자원개발사업을 수행하는 데 필요한 조사 및 개발권리
의 취득에 필요한 자금

㉯ 해외자원개발사업에 소요되는 시설의 설치 및 운영 자금

㉰ 해외자원개발사업을 수행하는 데 필요한 토지의 임차 또는
매입 자금

㉱ 투자위험보증사업의 수행에 필요한 자금

㉲ 국내 실수요자의 개발해외자원 구매자금

㉳ 해외자원개발사업의 수행 중 발생되는 예상할 수 없었던
재난 또는 분쟁에 관련된 보상자금

ⓛ 다음의 어느 하나에 해당하는 사업을 이유로 자금을 융자받은 해외자원개발사업자, 해외자원개발투자회사 및 해외자원개발투자전문회사, 투자위험보증기관이 해당 사업의 실패로 인하여 융자금이 상환이 불가능한 경우에는 그 원리금의 전부 또는 일부를 면제할 수 있다(「해외자원개발 사업법」 제11조 제3항, 「해외자원개발 사업법 시행령」 제11조의 3 제1항 및 「해외자원개발 사업법 시행규칙」 제4조의 2).

㉮ 석유, 석탄, 우라늄광, 동광, 철광, 아연광, 연광, 알미늄광, 안티모니광, 망간광, 니켈광, 크롬광, 텅그스텐광, 코발트광, 몰리브덴광 또는 희토류광 개발사업

㉯ 은광, 티타늄광, 인광, 흑연, 운모, 유황, 형석, 석회석(대리석 포함), 규사, 규석, 질코늄광, 염, 마그네슘광, 고령토, 활석, 천연석고, 사문석 또는 퍼라이트 개발사업

㉰ 투자위험 보증사업 자금

※ 해외자원개발사업 및 투자위험보증사업에 대한 융자금 원리금의 전부 또는 일부 면제는 다음의 어느 하나에 해당하는 경우에 한한다(「해외자원개발 사업법 시행령」 제11조의 3 제2항).
① 상업적 생산에 이르지 못하고 종료한 경우
② 상업적 생산에 이른 경우로서 천재지변, 국내외 경제사정의 급변 등 사업경영상의 귀책사유가 아닌 사유로 인하여 융자금 원리금의 전부 또는 일부의 상환이 불가능하게 된 경우
③ 투자위험보증사업의 수행을 위하여 「해외자원개발 사업법」 제13조의 8 제2항에 따라 지원받은 경비를 「해외자원개발 사업법」 제12조의 7 제5항 제3호의 용도로 사용하여 융자금 원리금의 전부 또는 일부의 상환이 불가능하게 된 경우

③ 세제지원

국가는 해외자원개발사업을 촉진하기 위하여 「조세특례제한법」,

그 밖의 관계 법률에 따라 소득세, 법인세 등을 감면할 수 있다(「해외자원개발 사업법」 제12조).

녹색경제의 구현

제1절 개관

정부는 화석연료의 사용을 단계적으로 축소하고 녹색기술과 녹색산업을 육성함으로써 국가경쟁력을 강화하고 지속가능발전을 추구하는 녹색경제를 구현해야 한다.

정부는 녹색경제를 구현함으로써 국가경제의 건전성과 경쟁력을 강화하고 성장잠재력이 큰 새로운 녹색산업을 발굴·육성하는 등 다음의 사항이 포함된 녹색경제·녹색산업의 육성·지원 시책을 마련해야 한다.

제2절 녹색경제 구현(녹색기술·녹색산업 지원)

관계 중앙행정기관의 장은 화석연료의 사용을 단계적으로 축소하고 녹색기술과 녹색산업을 육성함으로써 국가경쟁력을 강화하고 지속가능발전을 추구하는 녹색경제를 구현해야 한다.

관계 중앙행정기관의 장은 녹색경제를 구현함으로써 국가경제의 건전성과 경쟁력을 강화하고 성장잠재력이 큰 새로운 녹색산업을 발굴·육성하는 등 녹색기술·녹색산업의 육성·지원 시책을 마련해야 한다.

1. 녹색경제 구현 기본원칙

(1) 녹색경제 구현(법 제22조 제1항)

정부는 화석연료의 사용을 단계적으로 축소하고 녹색기술과 녹색산업을 육성함으로써 국가경쟁력을 강화하고 지속가능발전을 추구하는 경제(이하 '녹색경제'라 함)를 구현해야 한다(법 제22조 제1항).

(2) 통합 균형 발전(법 제22조 제2항)

① 정부는 녹색경제 정책을 수립·시행할 때 금융, 산업, 과학기술, 환경, 국토, 문화 등 다양한 부문을 통합적 관점에서 균형 있게 고려해야 한다(법 제22조 제2항).

② 정부는 저탄소 녹색성장을 추진할 경우 지역 간 균형발전을 도

모하며 저소득층이 소외되지 않도록 지원 및 배려해야 한다(법 제22조 제4항).

(3) 저탄소 녹색산업 구소로의 전환

정부는 새로운 녹색산업의 창출, 기존 산업의 녹색산업으로의 전환 및 관련 산업과의 연계 등을 통하여 에너지·자원 다소비형 산업구조가 저탄소 녹색산업구조로 단계적으로 전환되도록 노력해야 한다(법 제22조 제3항).

2. 녹색경제 구현 기반 조성

(1) 녹색기술·녹색산업 육성시책 등 마련

관계 중앙행정기관의 장은 녹색경제를 구현함으로써 국가경제의 건전성과 경쟁력을 강화하고 성장잠재력이 큰 새로운 녹색산업을 발굴·육성하는 등 다음의 사항이 포함된 녹색경제·녹색산업의 육성·지원 시책을 마련해야 한다(법 제23조 제1항).

　㉠ 국내외 경제여건 및 전망에 관한 사항
　㉡ 기존 산업의 녹색산업 구조로의 단계적 전환에 관한 사항
　㉢ 녹색산업을 촉진하기 위한 중장기·단계별 목표, 추진전략에 관한 사항
　㉣ 녹색산업의 신성장동력으로의 육성·지원에 관한 사항
　㉤ 전기, 정보통신, 교통시설 등 기존 국가기반시설의 친환경 구

조로의 전환에 관한 사항

ⓑ 녹색경영을 위한 자문서비스 산업의 육성에 관한 사항

ⓢ 녹색산업 인력 양성 및 일자리 창출에 관한 사항

ⓞ 그 밖에 녹색경제·녹색산업의 촉진에 관한 사항

(2) 녹색기술·녹색산업에 대한 지원(법 제31조)

① 보조금 지급

국가 또는 지방자치단체는 녹색기술·녹색산업에 대하여 보조금
의 지급 등 필요한 지원을 할 수 있다(법 제31조 제1항).

② 보증조건 우대 등

「신용보증기금법」에 따라 설립된 신용보증기금 및 「기술신용보증
기금법」에 따라 설립된 기술신용보증기금은 녹색기술·녹색산업에
우선적으로 신용보증을 하거나 보증조건 등을 우대할 수 있다(법 제
31조 제2항).

③ 세제지원

국가나 지방자치단체는 녹색기술·녹색산업과 관련된 기업을 지
원하기 위하여 「조세특례제한법」과 「지방세법」에서 정하는 바에 따
라 소득세, 법인세, 취득세, 재산세, 등록세 등을 감면할 수 있다(법
제31조 제3항).

④ 외국인 투자유치 지원

국가나 지방자치단체는 녹색기술·녹색산업과 관련된 기업이 「외국인투자 촉진법」 제2조 제1항 제4호에 따른 외국인투자를 유치하는 경우에 이를 적대한 지원하기 위하여 노력해야 한다(법 제31조 제4항).

(3) 녹색기술·녹색산업 분야의 일자리 창출을 위한 정부의무 및 지원(법 제35조)

① 정부는 녹색기술·녹색산업에 대한 일자리를 창출·확대하여 모든 국민이 녹색성장의 혜택을 누릴 수 있도록 해야 한다(법 제35조 제1항).

② 관계 중앙행정기관의 장은 녹색기술·녹색산업에 대한 일자리를 창출하는 과정에서 산업 분야별 노동력의 원활한 이동·전환을 촉진하고 국민이 새로운 기술을 습득할 수 있는 기회를 확대하며, 녹색기술·녹색산업에 대한 일자리 창출을 위한 재정적·기술적 지원을 할 수 있다(법 제35조 제2항).

제3절 녹색기술 개발·확대

1. 개관

정부는 녹색기술의 연구개발 및 사업화 등을 촉진하기 위하여 녹색기술과 관련된 정보의 수집·분석 및 제공 등의 시책을 수립·시행할 수 있다.

정부는 정보통신·나노·생명공학 기술 등의 융합을 촉진하고 녹색기술의 지식재산권화를 통하여 저탄소 지식기반경제로의 이행을 신속하게 추진해야 한다.

정부는 에너지절약, 에너지 이용효율 향상 및 온실가스 감축을 위해 정보통신기술 및 서비스를 적극 활용하는 방송통신 네트워크 등 정보통신 기반 확대 등의 시책을 수립·시행해야 한다.

정부는 국내에서 개발되었거나 개발 중인 녹색기술이 국제표준에 부합되도록 표준화 기반을 구축하고 녹색기술의 국제표준화 활동 등에 필요한 지원을 할 수 있으며, 녹색기술에 대한 적합성 인증을 하거나 녹색전문기업 확인을 할 수 있다.

2. 녹색기술 개발 확대

관계 중앙행정기관의 장은 녹색기술의 연구개발 및 사업화 등을 촉진하기 위하여 녹색기술과 관련된 정보의 수집·분석 및 제공 등의 시책을 수립·시행할 수 있다.

관계 중앙행정기관의 장은 정보통신·나노·생명공학 기술 등의 융합을 촉진하고 녹색기술의 지식재산권화를 통하여 저탄소 지식기반경제로의 이행을 신속하게 추진해야 한다.

(1) 녹색기술의 연구개발 및 사업화 등의 촉진(법 제26조 제1항)

관계 중앙행정기관의 장은 녹색기술의 연구개발 및 사업화 등을 촉진하기 위하여 다음의 사항을 포함하는 시책을 수립·시행할 수 있다(법 제26조 제1항).

  ㉠ 녹색기술과 관련된 정보의 수집, 분석 및 제공
  ㉡ 녹색기술 평가기법의 개발 및 보급
  ㉢ 녹색기술 연구개발 및 사업화 등의 촉진을 위한 금융지원
  ㉣ 녹색기술 전문인력의 양성 및 국제협력 등

(2) 녹색기술 개발 사업 추진 및 지원

① 환경친화적 기술개발사업 추진 및 지원

  ㉠ 관계 중앙행정기관의 장은 환경친화적인 산업구조로의 전환을 촉진하기 위하여 다음의 기술을 개발하기 위한 사업(이하 '기술개발사업'이라 함)을 추진해야 한다(「환경친화적 산업구조로의 전환촉진에 관한 법률」 제6조 제1항).

    ㉮ 청정생산기술
    ㉯ 「환경친화적 산업구조로의 전환촉진에 관한 법률」 제4조 제3항에 따라 사업자단체가 지원 요청한 기술
    ㉰ 환경설비기술
    ㉱ 녹색제품의 생산기술
    ㉲ 생태산업단지의 구축을 위한 관련 기술
    ㉳ 제품서비스화산업의 육성을 위한 관련 기술

ⓛ 관계 중앙행정기관의 장은 다음의 어느 하나에 해당하는 기관·단체·사업자 등이 기술개발사업을 실시하는 데에 드는 자금을 출연하거나 그 밖에 필요한 지원을 할 수 있다(「환경친화적 산업구조로의 전환촉진에 관한 법률」 제6조 제2항).

㉮ 국·공립 연구기관

㉯ 「특정연구기관육성법」의 적용을 받는 특정연구기관

㉰ 「산업기술연구조합 육성법」에 따른 산업기술연구조합

㉱ 「고등교육법」 및 다른 법률에 따른 대학·전문대학·개방대학

㉲ 「과학기술분야 정부출연연구기관 등의 설립·운영 및 육성에 관한 법률」에 따라 설립된 한국생산기술연구원과 「산업기술혁신 촉진법」에 따른 전문생산기술연구소

㉳ 「환경친화적 산업구조로의 전환촉진에 관한 법률」 제7조에 따른 청정생산지원센터

㉴ 기술개발사업에 참여하는 사업자

㉵ 그 밖에 기술개발사업을 촉진하기 위해 필요하다고 지식경제부장관이 인정하는 법인·단체 또는 사업자

② 신·재생에너지산업 및 정보통신산업 등에 대한 산업기술개발사업 추진 및 지원

㉠ 지식경제부장관은 산업기술혁신계획 및 연도별 시행계획을 효율적으로 수행하기 위해 관계 중앙행정기관의 장과 협의하여 다음의 산업기술 분야에서 산업기술개발사업(산업기술개발을 위하여 필요한 기획 및 조사 포함)을 추진할 수 있다(「산업기술혁신 촉진법」 제11조 제1항).

㉮ 산업의 공통적인 기반이 되는 생산기반 기술, 부품·소재 및 장비·설비(플랜트 포함) 기술

㉯ 산업기술 분야의 미래 유망 기술

㉰ 산업의 고부가가치화를 위한 공정혁신, 청정생사 및 환경설비 등에 관련된 기술

㉱ 산업의 핵심기술의 집약에 필요한 엔지니어링·시스템 기술

㉲ 에너지절약 및 신·재생에너지 개발 등 에너지·자원기술

㉳ 항공우주산업기술 및 「민·군겸용기술사업 촉진법」 제2조 제1호 가목에 따른 민·군겸용기술

㉴ 디자인·표준 관련 기술, 유통·전자거래 및 마케팅 등 지식기반서비스 산업 관련 기술

㉵ 지역특화산업의 육성 및 지역산업의 혁신에 필요한 기술

㉶ 「산업발전법」 제5조에 따른 첨단기술·첨단제품의 개발 및 자본재의 시제품 개발

㉷ 「정보통신산업 진흥법」에 따른 정보통신기술

㉸ 개발된 산업기술의 사업화에 필요한 연계기술

㉹ ㉮부터 ㉷까지의 기술 간 결합을 통한 시장지향형 융합기술

㉺ 그 밖에 산업기술혁신을 위하여 우선적으로 개발이 필요한 기술로서 지식경제부장관이 정하는 기술

㉡ 지식경제부장관은 연구기관, 대학, 그 밖에 산업기술개발사업의 실시기관으로 하여금 산업기술개발사업을 수행하게 할 수 있으며, 이 경우 지식경제부장관은 산업기술개발사업을 주관하여 수행하는 자(이하 '주관연구기관'이라 함)와 산업기술개발사업에 관한 협약을 체결하고, 주관연구기관에 대하여

해당 사업의 수행에 드는 비용의 전부 또는 일부를 출연할 수 있다(「산업기술혁신 촉진법」 제11조 제2항).

3. 녹색기술 R&D 사업 확대 등

(1) 기술융합촉진(법 제26조 제2항, 제3항)

① 관계 중앙행정기관의 장은 정보통신·나노·생명공학 기술 등의 융합을 촉진하고 녹색기술의 지식재산권화를 통하여 저탄소 지식기반경제로의 이행을 신속하게 추진해야 한다(법 제26조 제2항).

② 「과학기술기본법」에 따른 과학기술기본계획에 기술융합 촉진 시책이 포함되는 경우에는 미리 녹색성장위원회의 의견을 들어야 한다(법 제26조 제3항).

(2) 한국화학융합시험연구원의 설립 및 지원

화학·환경, 바이오·나노, 부품·소재, 정보통신, 첨단융합 등에 대한 시험·연구·인증과 기술 개발 등을 효율적으로 수행하기 위하여 다음의 사업을 수행하는 한국화학융합시험연구원을 설립하고, 중앙행정기관의 장 및 지방자치단체의 장은 개별 사업을 수행하는 데 소요되는 비용의 전부 또는 일부를 보조할 수 있다(「국가표준기본법」 제30조의 2 제1항, 제3항 및 제6항).

㉠ 시험분석, 검사, 인증, 평가, 감정, 형식승인, 교정 등의 적합

성 평가 업무

ⓛ 적합성 평가를 위한 기술·연구개발 및 표준화 사업

ⓒ 기술규제의 대응 및 기술·경영요소에 대한 진단·조사·심사, 평가 업무

ⓔ 녹색제품 및 녹색기술의 적합성 평가 지원 사업

ⓜ 국내산업체에 대한 기술혁신지원, 기술정보제공, 교육훈련 및 홍보 등 지원 사업

ⓗ ㉠부터 ⓜ까지의 사업과 관련된 국제협력사업(상호인정 포함)

ⓢ 그 밖에 한국화학융합시험연구원의 목적 달성을 위하여 필요한 사업(㉠부터 ⓗ까지의 사업의 부대사업 포함)

(3) 녹색기술에 대한 특허출원

① 특허청장은 녹색기술과 직접 관련된 특허출원에 대해서는 심사관으로 하여금 다른 특허출원에 우선하여 심사하게 할 수 있다(「특허법」 제61조 제2호 및 「특허법 시행령」 제9조 제2호).

② 특허청장은 녹색 융합을 비롯한 산업재산권의 출원이 있으면 이를 신속·정확하게 심사하고 처리하기 위해 관련 분야의 국내외 선행기술(先行技術)에 관하여 종합적으로 조사하는 시책을 수립·시행해야 한다(「발명진흥법」 제25조 제1항).

③ 녹색기술을 비롯한 산업재산권과 관련된 선행기술 정보자료를 효율적으로 보급하기 위해 다음의 사업을 하는 특허기술정보센

터를 둔다(「발명진흥법」 제21조 제1항 및 제2항).

㉠ 선행기술연구를 위한 시설 또는 설비의 제공

㉡ 선행기술정보의 분석 및 제공

㉢ 외부 용역에 따른 선행기술의 검색

㉣ 그 밖에 선행기술정보자료의 보급에 관한 사업

④ 특허청장은 녹색기술 등에 대한 개인발명가 또는 사용자 등의 발명이 발명 사업화를 위해 지정된 평가기관의 평가에 의해 기술성과 사업성이 우수하다고 인정되면 그 발명의 자금 지원 및 구매 촉진 등 사업화를 지원할 수 있다(「발명진흥법」 제32조).

4. 정보통신기술의 보급 및 활용(스마트그리드 등)

관계 중앙행정기관의 장은 에너지절약, 에너지 이용효율 향상 및 온실가스 감축을 위해 정보통신기술 및 서비스를 적극 활용하는 방송통신 네트워크 등 정보통신 기반 확대 등의 시책을 수립·시행해야 한다.

관계 중앙행정기관의 장은 저탄소 녹색성장을 위한 생활문화를 조속히 확산시키기 위하여 재택근무, 영상회의, 원격교육, 원격진료 등을 활성화하는 등의 방송통신 시책을 수립·시행해야 한다.

관계 중앙행정기관의 장은 정보통신기술을 활용하여 전력 네트워크를 지능화·고도화함으로써 고품질의 전력서비스를 제공하고 에너지 이용효율을 극대화하며 온실가스를 획기적으로 감축할 수 있도록 해야 한다.

(1) 에너지절약 등을 위한 정보통신기술 및 서비스의 활용

① 정보통신기술 및 서비스 활용 시책 수립·시행(법 제27조)

　㉠ 관계 중앙행정기관의 장은 에너지절약, 에너지 이용효율 향상 및 온실가스 감축을 위해 정보통신기술 및 서비스를 적극 활용하는 다음에 대한 시책을 수립·시행해야 한다(법 제27조 제1항).

　　㉮ 방송통신 네트워크 등 정보통신 기반 확대

　　㉯ 새로운 정보통신 서비스의 개발·보급

　　㉰ 정보통신 산업 및 기기 등에 대한 녹색기술 개발 촉진

　㉡ 관계 중앙행정기관의 장은 저탄소 녹색성장을 위한 생활문화를 조속히 확산시키기 위하여 재택근무, 영상회의, 원격교육, 원격진료 등을 활성화하는 등의 방송통신 시책을 수립·시행해야 한다(법 제27조 제2항).

② 정보통신기술 진흥

　㉠ 지식경제부장관은 정보통신기술의 진흥을 위하여 정보통신산업진흥계획에 따라 다음의 사항이 포함된 정보통신기술진흥 시행계획을 매년 수립·시행해야 한다(「정보통신산업 진흥법」 제7조 제1항).

　　㉮ 정보통신기술 수준의 조사, 개발된 정보통신기술의 평가 및 활용에 관한 사항

  ㉯ 정보통신기술 관련 정보의 원활한 유통에 관한 사항

  ㉯ 정보통신기술의 연구개발 및 다른 기술과의 결합 및 융합

   촉진에 관한 사항

  ㉰ 정보통신기술의 협력, 시도 및 이전에 관한 사항

  ㉱ 정보통신기술에 관한 산학협동 촉진에 관한 사항

  ㉲ 전문인력의 양성 및 수급에 관한 사항

  ㉳ 정보통신기술의 표준화 및 새로운 정보통신기술의 채택에

   관한 사항

  ㉴ 정보통신기술을 연구하는 기관 또는 단체의 육성에 관한 사 항

  ㉵ 정보통신기술의 국제협력에 관한 사항

  ㉶ 그 밖에 정보통신기술의 진흥을 위하여 필요한 사항

 ⓛ 지식경제부장관은 정보통신기술로서 「기술개발촉진법」 제6

  조에 따라 신기술로 인증을 받은 기술의 사업화에 필요한 지

  원을 할 수 있으며, 정보통신기술 관련 정보를 체계적·종합

  적으로 관리·보급하는 방안을 마련해야 한다(「정보통신산

  업 진흥법」 제9조 제1항 및 제10조 제1항).

③ 정보통신기술 이용 활성화 등

 ㉠ 관계 중앙행정기관의 장은 인터넷, 원격정보통신서비스 및

  전자거래 등 정보통신망을 활용한 응용서비스의 이용을 활성

  화하고 우수한 콘텐츠의 개발을 촉진하기 위한 시책을 마련

  해야 한다(「국가정보화 기본법」 제20조).

 ㉡ 관계 중앙행정기관의 장은 국가기관과 지방자치단체가 구축

  한 정보통신망의 효율적인 운영과 정보의 공동활용을 촉진하

기 위해 정보통신망 간 상호연동에 필요한 시책을 마련해야
한다(「국가정보화 기본법」 제22조 제1항).

④ 정보통신기반의 고도화

　㉠ 방송통신위원회는 국가재정으로 공공기관과 「국가정보화 기
　　본법 시행령」에 따른 비영리기관이 이용하는 초고속정보통
　　신망을 구축·관리하거나 지정된 전담기관으로 하여금 구축·
　　관리하게 할 수 있다(「국가정보화 기본법」 제49조 제1항).
　㉡ 방송통신위원회는 광대역통합정보통신망의 구축을 촉진하기
　　위해 국가재정으로 광대역통합연구개발망을 구축·관리·운
　　영하거나 지정된 전담기관으로 하여금 구축·관리·운영하
　　게 할 수 있다(「국가정보화 기본법」 제50조 제1항).

(2) SMART GRID 추진

정부는 정보통신기술을 활용하여 전력 네트워크를 지능화·고도
화함으로써 고품질의 전력서비스를 제공하고 에너지 이용효율을 극
대화하며 온실가스를 획기적으로 감축할 수 있도록 해야 한다(「저탄
소 녹색성장 기본법」 제27조 제3항).

※ 스마트 그리드(Smart Grid)
　㉠ 스마트 그리드란 전력망에 정보기술(IT)을 접목하여, 전력공급자와 소비자가 양 방향
　　으로 실시간 정보를 교환, 에너지효율을 최적화하며 새로운 부가가치를 창출하는 차
　　세대 전력망을 말한다.
　㉡ 스마트그리드는 양 방향 전력정보 교환을 통해 합리적 에너지 소비를 유도하고, 고품
　　질의 에너지 및 다양한 부가서비스를 제공한다. 또한, 신·재생에너지, 전기자동차 등
　　청정 녹색기술의 접목·확장이 용이한 개방형 시스템으로 산업 간 융·복합을 통한
　　신비즈니스의 창출이 가능하다.

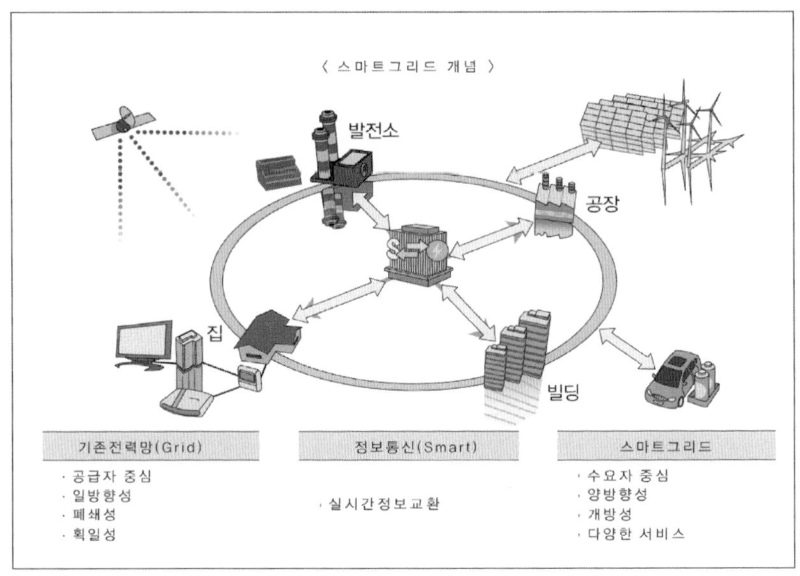

〈그림 2-5〉[27]

5. 녹색기술 연구개발의 산·학·연 연계체제 구축

관계 중앙행정기관의 장은 녹색기술의 공동연구개발, 시설장비의 공동활용 및 산·학·연 네트워크 구축 등의 사업을 추진·지원할 수 있으며, 이를 위한 집적지와 단지를 조성할 수 있다.

관계 중앙행정기관의 장은 산업계, 학계 및 연구계가 일정한 지역에서 유기적 연계를 통하여 나노기술연구개발의 효율을 높이고, 국내외 나노기술집약기업을 유치하거나 육성하기 위해 나노기술 연구단지의 조성을 지원할 수 있다.

---

27) (재)한국스마트그리드사업단(http://www.smartgrid.or.kr)

(1) 산·학·연 네트워크 구축 등의 사업 추진·지원(법 제34조)

관계 중앙행정기관의 장은 다음의 사항을 고려한 녹색기술의 공동 연구개발, 시설장비의 공동활용 및 산·학·연 네트워크 구축 등의 사업을 추진·지원할 수 있다(법 제34조).

① 산업단지별 산업집적 현황에 관한 사항
② 기업, 대학, 연구소 등의 연구개발 역량강화 및 상호연계에 관한 사항
③ 산업집적 기반시설의 확충 및 우수한 녹색기술·녹색산업 인력의 유치에 관한 사항
④ 녹색기술·녹색산업의 사업추진체계 및 재원조달방안

※ '녹색기술'이란 온실가스 감축기술, 에너지 이용 효율화 기술, 청정생산기술, 청정에너지 기술, 자원순환 및 친환경 기술(관련 융합기술 포함) 등 사회·경제 활동의 전 과정에 걸쳐 에너지와 자원을 절약하고 효율적으로 사용하여 온실가스 및 오염물질의 배출을 최소화하는 기술을 말한다(법 제2조 제3호).

※ '녹색산업'이란 경제, 금융, 건설, 교통물류, 농림수산, 관광 등 경제활동 전반에 걸쳐 에너지와 자원의 효율을 높이고 환경을 개선할 수 있는 재화(財貨)의 생산 및 서비스의 제공 등을 통하여 저탄소 녹색성장을 이루기 위한 모든 산업을 말한다(법 제2조 제4호).

(2) 산·학·연 상호 간의 연계 강화

① 국가 및 지방자치단체는 산·학·연 상호 간의 연계를 강화하기 위해 필요한 시책을 마련해야 한다(「국가과학기술 경쟁력강화를 위한 이공계지원특별법」 제10조 제1항).

② 국가 또는 지방자치단체는 대학 및 국가 또는 지방자치단체로
  부터 출연금 또는 보조금을 교부받는 연구기관(이하 '출연연구
  기관'이라 함) 등이 기업과의 협동연구 등 협력을 할 수 있는
  대책을 수립·추진해야 하며, 출연연구기관이 소속 연구인력의
  창업지원, 대학 또는 기업에의 파견 그 밖에 대학·출연연구기
  관 또는 기업과의 인력교류 등을 촉진할 수 있도록 필요한 방안
  을 마련해야 한다(「국가과학기술 경쟁력강화를 위한 이공계지
  원특별법」 제17조).

③ 관계 중앙행정기관의 장은 산·학·연의 연계 및 협력프로그램
  을 시행하거나 또는 시행하고자 하는 대학을 선정하여 지원할
  수 있다(「국가과학기술 경쟁력강화를 위한 이공계지원특별법」
  제21조 제1항 제3호).

(3) 산·학·연 네트워크 구축 등의 사업을 위한 집적지와 단지 조성(법
   제34조 제1항)

① 관계 중앙행정기관의 장은 녹색기술의 공동연구개발, 시설장비
  의 공동활용 및 산·학·연 네트워크 구축 등의 사업을 위한 집
  적지와 단지를 조성할 수 있다(법 제34조 제1항).

② 관계 중앙행정기관의 장은 다음의 기관 또는 단체로 하여금 녹색
  기술·녹색산업 집적지 및 단지를 조성하게 할 수 있으며, 이 경
  우 사업을 수행하는 데에 소요되는 비용의 전부 또는 일부를 출
  연할 수 있다(법 제34조 제3항·제4항 및 동법 시행령 제22조).
  ㉠ 「산업기술단지 지원에 관한 특례법」 제4조에 따른 사업시행자

ⓛ「산업집적활성화 및 공장설립에 관한 법률」 제45조의 3에 따른 한국산업단지공단

ⓒ「특정연구기관육성법」 제2조에 따른 특정연구기관 및 같은 법 제8조에 따른 공동관리기구

ⓔ「고등교육법」에 따른 대학, 산업대학, 전문대학 및 기술대학

ⓜ「과학기술분야 정부출연연구기관 등의 설립·운영 및 육성에 관한 법률」에 따른 과학기술 분야 정부출연연구기관

ⓗ「기술개발촉진법」 및 같은 법 시행령에 따른 한국산업기술진흥협회

ⓢ「한국환경공단법」에 따른 한국환경공단

ⓞ「환경기술 개발 및 지원에 관한 법률」 제5조의 2에 따른 한국환경산업기술원

ⓙ「교통안전공단법」에 따른 교통안전공단

ⓒ「산업입지 및 개발에 관한 법률」 제16조 제1항 제1호에 따른 사업시행자

(4) 과학연구단지 등의 조성 및 지원

관계 중앙행정기관의 장은 산업계, 학계, 연구계가 한곳에 모여 서로 유기적으로 연계하는 데에 따른 효율을 높이고, 국내외 첨단 벤처기업을 유치하거나 육성하기 위해 과학연구단지를 만들거나 그 조성을 지원할 수 있다(「과학기술기본법」 제29조 제1항).

(5) 나노기술연구단지의 조성 지원

관계 중앙행정기관의 장은 산업계, 학계 및 연구계가 일정한 지역
에서 유기적 연계를 통하여 나노기술연구개발의 효율을 높이고, 국
내외 나노기술 집약기업을 유치하거나 육성하기 위해 나노기술연구
단지의 조성을 지원할 수 있다(「나노기술개발촉진법」 제16조 제1항).

6. 녹색기술 인증 및 녹색전문기업 확인

관계 중앙행정기관의 장은 국내에서 개발되었거나 개발 중인 녹색
기술이 국제표준에 부합되도록 표준화 기반을 구축하고 녹색기술의
국제표준화 활동 등에 필요한 지원을 할 수 있다.

관계 중앙행정기관의 장은 녹색기술·녹색산업의 발전을 촉진하
기 위하여 녹색기술에 대한 적합성 인증을 하거나 녹색전문기업 확
인을 할 수 있다.

(1) 녹색기술의 표준화(법 제32조 제1항)

① 관계 중앙행정기관의 장은 국내에서 개발되었거나 개발 중인
녹색기술이 「국가표준기본법」 제3조 제2호에 따른 국제표준에
부합되도록 표준화 기반을 구축하고 녹색기술의 국제표준화 활
동 등에 필요한 지원을 할 수 있다(법 제32조 제1항).

② 교육과학기술부장관, 문화체육관광부장관, 농림수산식품부장
관, 지식경제부장관, 환경부장관, 국토해양부장관 및 방송통신
위원회위원장은 소관 분야 녹색기술의 표준화 기반을 구축하기
위해 다음의 사업을 추진하고 필요한 지원을 할 수 있다(「저탄

소 녹색성장 기본법 시행령」 제18조 제1항).

㉠ 국제표준과 연계한 표준화 기반 및 적합성 평가체계 구축 사업

㉡ 개발된 녹색기술의 표준화 사업

㉢ 국내에서 연구·개발 중인 녹색기술의 표준화 사업

㉣ 표준화 기반을 구축하기 위한 전문인력의 양성사업

㉤ 그 밖에 표준화 기반을 구축하기 위하여 필요한 사업

③ 지식경제부장관은 녹색기술의 표준화 기반 구축에 관한 사항을 총괄적으로 관장하며, 국민에게 관련 정보를 신속하게 제공하기 위해 필요한 조치를 마련할 수 있다(동법 시행령 제18조 제2항).

(2) 녹색기술의 적합성 인증

① 인증기관(법 제32조 제2항)

관계 중앙행정기관의 장은 녹색기술의 발전을 촉진하기 위해 소관 분야에 대하여 녹색기술에 대한 적합성 인증(이하 '녹색기술인증'이라 함)을 한다(법 제32조 제2항 및 동법 시행령 제19조 제1항).

② 인증대상

녹색기술 인증대상은 「녹색인증제 운영요령」(지식경제부 고시 제2010-80호 등, 2010. 4. 14. 발령·시행) 별표 1에 따른다(「녹색인증제 운영요령」 제4조).

③ 인증기준[28]

---

28) 녹색기술 인증을 위한 기술 수준은 「녹색인증제 운영요령」 별표 4에서 확인할 수 있다.

녹색기술의 인증은 다음과 같은 기술성(40점), 시장성(30점), 녹색성(30점)의 평가항목을 각각 평가하여 70점 이상인 경우에 받을 수 있다. 다만, 신청한 기술이 기술성 평가에서 기술 수준에 미달하는 경우에는 평가점수가 70점 이상이라고 하더라도 부적격 처리된다(「녹색인증제 운영요령」 제6조 제1항 및 별표 3).

〈별표 3〉

평가항목	평가 기준
기술성	• 신청기술의 기술 수준 • 기술의 목표의 구체성 및 명확성 • 기술의 혁신성과 차별성(지식재산권 확보/회피) • 기술적 파급 효과(타 기술발전 등에의 효과, 기술 수준 향상 등)
시장성	• 신청기술의 경쟁 제품 대비 비교우위성, 사업화 계획의 타당성 및 시장진입 가능성 • 시장규모, 성장률, 투자대비 회수 가능성(수익률), 수입대체 효과
녹색성	• 에너지와 자원의 절약, 기후변화 및 환경훼손의 억제 등

④ 인증신청

　㉠ 녹색기술 인증을 받으려는 자는 소관 중앙행정기관의 장에게 인증신청을 하며, 신청을 받은 소관 중앙행정기관의 장은 신청한 내용을 평가하는 기관(이하 '평가기관'이라 함)을 지정하여 녹색인증의 평가를 의뢰해야 한다(동법 시행령 제19조 제2항).

　㉡ 소관 중앙행정기관의 장은 녹색기술 인증을 신청한 자에게 인증에 필요한 비용을 부담하게 할 수 있다(동법 시행령 제19조 제5항).

⑤ 인증취소(법 제32조 제3항)

소관 중앙행정기관의 장은 다음의 어느 하나에 해당하는 경우에는 녹색기술 인증을 취소해야 한다(법 제32조 제3항).

㉠ 거짓이나 그 밖의 부정한 방법으로 인증을 받은 경우

㉡ 중대한 결함이 있어 인증이 적당하지 않다고 인정되는 경우

※ 그 밖에 녹색기술의 적합성 인증절차·방법, 평가기관의 지정 이의신청 등에 대한 자세한 내용은 기획재정부장관, 교육과학기술부장관, 문화체육관광부장관, 농림수산식품부장관, 지식경제부장관, 환경부장관, 국토해양부장관 및 방송통신위원회위원장이 공동으로 정하여 관보에 고시한 「녹색인증제 운영요령」(지식경제부 고시 제2010−80호 등, 2010. 4. 14. 발령·시행)에서 확인할 수 있다(동법 시행령 제19조 제6항).

---

(3) 녹색전문기업의 확인

① 확인기관(법 제32조 제2항)

관계 중앙행정기관의 장은 녹색기술·녹색산업의 발전을 촉진하기 위해 소관 분야에 대하여 녹색전문기업의 확인을 한다(법 제32조 제2항 및 동법 시행령 제19조 제1항).

② 확인기준

녹색전문기업의 확인기준은 다음과 같다(「녹색인증제 운영요령」 제6조 제1항 및 별표 3).

사업기간	매출액 비중*
창업 후 1년이 경과된 기업	인증받은 녹색기술에 의한 직전 연도 매출액 비중이 신청 기업의 직전 연도 총매출액의 30% 이상(인증받은 녹색기술이 복수인 경우, 각 녹색기술에 의한 매출액의 합이 30% 이상인 경우 포함)

③ 확인신청

㉠ 녹색전문기업의 확인을 받으려는 자는 소관 중앙행정기관의 장에게 녹색전문기업의 확인을 신청하며, 신청을 받은 소관 중앙행정기관의 장은 평가기관을 지정하여 확인의 평가를 의뢰해야 한다(동법 시행령 제19조 제2항).

㉡ 소관 중앙행정기관의 장은 녹색전문기업의 확인을 신청한 자에게 확인에 필요한 비용을 부담하게 할 수 있다(동법 시행령 제19조 제5항).

④ 확인취소(법 제32조 제3항)

소관 중앙행정기관의 장은 다음의 어느 하나에 해당하는 경우에는 녹색전문기업의 확인을 취소해야 한다(법 제32조 제3항).

㉠ 거짓이나 그 밖의 부정한 방법으로 확인을 받은 경우
㉡ 중대한 결함이 있어 확인이 적당하지 않다고 인정되는 경우

7. 녹색기술 개발

관계 중앙행정기관의 장은 신소재 나노 융합에 대한 미래시장 선점을 위한 종합적인 계획을 수립하고, 이를 위한 연구개발 및 전문인력의 양성 등을 추진한다.

(1) 나노기술의 연구개발 촉진

① 나노기술종합발전계획의 수립·추진

교육과학기술부장관은 나노기술의 연구개발을 촉진하기 위해 다음의 사항이 포함된 나노기술종합발전계획(이하 '종합발전계획'이라 함)을 5년마다 수립하고, 이를 추진해야 한다(「나노기술개발촉진법」 제4조 제1항·제4항 및 「나노기술개발촉진법 시행령」 제1항·제4항).

    ㉠ 나노기술의 발전목표 및 시책의 기본방향

    ㉡ 나노기술의 연구개발 촉진 및 투자확대

    ㉢ 나노기술연구개발의 추진과 산업계, 학계, 연구계 간 협동연구 및 학제적 연구의 촉진

    ㉣ 나노기술관련 인력, 시설 및 정보 등 연구기반의 확충

    ㉤ 나노기술의 국제협력의 촉진

ⓑ 나노기술 연구성과의 확산 및 기술이전

ⓢ 나노기술연구단지의 조성·지원에 관한 사항

ⓞ 나노기술측정표준체계의 확립에 관한 사항

ⓩ 나노기술의 영향평가에 관한 사항

ⓒ 민간의 나노기술개발 지원에 관한 사항

② 소관 분야별 나노기술연구개발사업 추진 등

ⓙ 관계 중앙행정기관의 장은 종합발전계획에 따라 소관분야에 대한 나노기술연구개발사업을 추진하고 교육과학기술부장관이 작성한 나노기술 분야의 종합적인 기술지도를 개발대상 핵심기술의 도출 등에 적극 반영하여, 이를 지원하는 시책을 세워야 한다(「나노기술개발촉진법」 제6조 제1항, 제3항 및 제4항).

ⓛ 관계 중앙행정기관의 장은 나노기술의 특성을 고려하여 학제적 협동연구를 촉진하고, 국제협력 및 공동연구를 증진하기 위한 방안을 마련해야 한다(「나노기술개발촉진법」 제6조 제5항).

③ 나노기술인력양성계획의 수립 등

교육과학기술부장관은 나노기술개발의 촉진에 필요한 인력자원을 개발하기 위하여 나노기술인력양성계획을 세우고, 인력양성관련 교육·훈련프로그램의 개설, 전문인력의 해외연수 및 해외우수인력의 유치·활용 등에 관한 시책을 강구해야 한다(「나노기술개발촉진법」 제10조 제1항).

(2) 지능형 로봇산업 육성

① 지능형 로봇개발 및 보급에 관한 기본계획의 수립

지식경제부장관은 지능형 로봇의 개발 및 보급을 촉진하고 그 기반을 조성하여 지능형 로봇산업의 발전 등을 위해 5년마다 다음의 사항이 포함된 지능형 로봇 개발 및 보급에 관한 기본계획을 수립해야 한다(「지능형 로봇 개발 및 보급 촉진법」 제5조 제1항·제2항 및 「지능형 로봇 개발 및 보급 촉진법 시행령」 제2조 제1항).

　　ㄱ 지능형 로봇의 개발 및 보급에 관한 기본방향
　　ㄴ 지능형 로봇의 개발 및 보급에 관한 중·장기 목표
　　ㄷ 지능형 로봇의 개발 및 이와 관련된 학술 진흥 및 기반조성에
　　　 관한 사항
　　ㄹ 지능형 로봇의 개발 및 보급에 필요한 기반시설의 구축에 관한 사항
　　　 한 사항
　　ㅁ 지능형 로봇윤리헌장의 실행에 관한 사항
　　ㅂ 지능형 로봇에 대한 중앙행정기관의 사업방향에 관한 사항
　　ㅅ 그 밖에 지능형 로봇의 개발 및 보급과 관련하여 필요한 사항

② 지능형 로봇산업의 지원

지식경제부장관은 기본계획을 효과적으로 추진하기 위해 필요한 자금을 확보하기 위해 노력해야 하며, 지능형 로봇산업과 관련이 있는 한국전력공사, 한국석유공사, 한국광물자원공사, 한국가스공사 및 대한석탄공사 등은 지능형 로봇개발 및 보급에 관한 사업 또는 이와

관련된 업무를 수행하는 자에게 출연 또는 융자를 하거나 그 밖에 필요한 행정적 지원을 할 수 있다(「지능형 로봇 개발 및 보급 촉진법」 제6조 및 「지능형 로봇개발 및 보급 촉진법 시행령」 제4조).

(3) 녹색농업기술개발(법 제55조 제1항 전단)

① 관계 중앙행정기관의 장은 에너지 절감 및 바이오에너지 생산을 위한 농업기술을 개발해야 한다(법 제55조 제1항 전단).

② 국가와 지방자치단체는 바이오에너지에 이용되는 농작물, 산림자원 및 수산자원을 생산·공급하기 위하여 필요한 정책을 세우고 시행하여야 한다(「농어업·농어촌 및 식품산업 기본법 제47조 제2항).

제4절 녹색산업 발전·촉진

1. 개관

정부는 국내에서 개발되었거나 개발 중인 녹색산업이 국제표준에 부합되도록 표준화 기반을 구축하고 녹색산업의 국제표준화 활동 등에 필요한 지원을 할 수 있으며, 중앙행정기관의 장은 녹색산업의 발전을 촉진하기 위해 소관 분야에 대하여 녹색산업에 대한 적합성 인증을 할 수 있다.

정부는 기업의 녹색경영을 지원·촉진해야 하며, 이를 위해 친환경 생산체제로의 전환을 위한 기술지원, 온실가스 배출량 감축 등, 그 밖에 저탄소 녹색성장을 위한 기업활동 지원에 관한 사항을 포함하는 시책을 수립·시행해야 하다

정부는 녹색경제 및 녹색산업의 지원 등을 위한 재원의 조성 및 자금 지원 등 저탄소 녹색성장을 촉진하기 위한 금융 시책을 수립·시행해야 한다.

2. 녹색산업의 표준화와 녹색사업의 인증(법 제32조)

관계 중앙행정기관의 장은 국내에서 개발되었거나 개발 중인 녹색산업이 국제표준에 부합되도록 표준화 기반을 구축하고 녹색산업의 국제표준화 활동 등에 필요한 지원을 할 수 있다.

중앙행정기관의 장은 녹색산업의 발전을 촉진하기 위해 소관 분야에 대하여 녹색산업에 대한 적합성 인증을 한다.

(1) 녹색산업의 표준화
① 관계 중앙행정기관의 장은 국내에서 개발되었거나 개발 중인 녹색산업이 「국가표준기본법」 제3조 제2호에 따른 국제표준에 부합되도록 표준화 기반을 구축하고 녹색산업의 국제표준화 활동 등에 필요한 지원을 할 수 있다(법 제32조 제1항).

② 교육과학기술부장관, 문화체육관광부장관, 농림수산식품부장
관, 지식경제부장관, 환경부장관, 국토해양부장관 및 방송통신
위원회위원장은 소관 분야 녹색산업의 표준화 기반을 구축하
기 위해 다음의 사업을 추진하고 필요한 지원을 할 수 있다(동
법 시행령 제18조 제1항).
ⓐ 국제표준과 연계한 표준화 기반 및 적합성 평가체계 구축 사업
ⓑ 국내에서 연구·개발 중인 녹색산업의 표준화 사업
ⓒ 표준화 기반을 구축하기 위한 전문인력의 양성사업
ⓓ 그 밖에 표준화 기반을 구축하기 위하여 필요한 사업
③ 지식경제부장관은 녹색산업의 표준화 기반 구축에 관한 사항을
총괄적으로 관장하며, 국민에게 관련 정보를 신속하게 제공하
기 위하여 필요한 조치를 마련할 수 있다(동법 시행령 제18조
제2항).

(2) 녹색사업의 인증

① 인증기관

관계 중앙행정기관의 장은 녹색산업의 발전을 촉진하기 위해 소관
분야에 대하여 녹색사업에 대한 적합성 인증(이하 '녹색사업 인증'이
라 함)을 한다(법 제32조 제2항 및 동법 시행령 제19조 제1항).

② 인증대상

녹색사업 인증대상은 「녹색인증제 운영요령」(지식경제부 고시 제
2010-80호 등, 2010. 4. 14. 발령·시행) 별표 2에 따른다(「녹색인

증제 운영요령」 제4조).

③ 인증기준

녹색사업의 인증은 다음과 같은 기술성 활용성(40점), 환경 기대
효과(50점), 사업 타당성(20점)의 평가항목을 각각 평가하여 70점
이상인 경우에 받을 수 있다. 다만, 신청한 기술이 기술성 평가에서
기술수준에 미달하는 경우에는 평가점수가 70점 이상이라고 하더라
도 부적격 처리된다(「녹색인증제 운영요령」 제6조 제1항 및 별표 3).

〈별표 3〉

평가항목	평가내용
녹색기술 활용성*	• 고시된 녹색기술 활용 여부 - 사업기여도(총투자액 대비 비중) - 사업목표와 녹색기술 활용의 부합성 등
환경 기대효과	㉠ 긍정적 영향 분석(A) • 에너지 절감, CO_2 저감, 오염 물질 저감 등 ㉡ 부정적 영향 분석(B) • 산림훼손, 습지·생태공간 훼손, 오염물질 배출 등 ㉢ 종합판단: 'A, B' 여부
사업 타당성	㉠ 사업목표의 구체성 및 명확성 ㉡ 엔지니어링/기술적 오류 검토 ㉢ 정책목표 부합성(사업 유형별 세부기준을 통해 정책목표와의 정합성 판정)

* 공공 인프라 성격의 사업은 녹색기술 활용성 평가를 생략하고 환경기대효과(50점), 사업타당성(20점)을 평가하여 70점 만점에 50점 이상으로 판정

④ 인증신청

㉠ 녹색사업 인증을 받으려는 자는 소관 중앙행정기관의 장에게
녹색인증을 신청하며, 신청을 받은 소관 중앙행정기관의 장
은 신청한 내용을 평가하는 기관을 지정하여 녹색인증의 평

가를 의뢰해야 한다(동법 시행령 제19조 제2항).

ⓛ 소관 중앙행정기관의 장은 녹색사업 인증을 신청한 자에게 인증에 필요한 비용을 부담하게 할 수 있다(동법 시행령 제19조 제5항).

⑤ 인증취소(법 제32조 제3항)

소관 중앙행정기관의 장은 다음의 어느 하나에 해당하는 경우에는 녹색사업 인증을 취소해야 한다(법 제32조 제3항).

㉠ 거짓이나 그 밖의 부정한 방법으로 인증을 받은 경우
ⓛ 중대한 결함이 있어 인증이 적당하지 않다고 인정되는 경우

※ 그 밖에 녹색사업의 인증절차·방법, 평가기관의 지정, 이의신청 등에 대한 자세한 내용은 기획재정부장관, 교육과학기술부장관, 문화체육관광부장관, 농림수산식품부장관, 지식경제부장관, 환경부장관, 국토해양부장관 및 방송통신위원회위원장이 공동으로 정하여 관보에 고시한 「녹색인증제 운영요령」(지식경제부 고시 제2010-80호 등, 2010. 4. 14. 발령·시행)에서 확인할 수 있다(동법 시행령 제19조 제6항).

제5절 녹색경영 지원·촉진

1. 개관

관계 중앙행정기관의 장은 기업의 녹색경영을 지원·촉진해야 하며, 이를 위해 친환경 생산체제로의 전환을 위한 기술지원, 온실가스

배출량 감축 등, 그 밖에 저탄소 녹색성장을 위한 기업활동 지원에 관한 사항을 포함하는 시책을 수립·시행해야 한다.

중소기업청장은 중소기업의 녹색기술 및 녹색경영을 촉진하기 위하 여차별 추진계획에 따라 매년 중소기업 녹색경영확산 지원 사업을 실시한다.

2. 기업의 녹색경영 지원·촉진

(1) 녹색경영 지원·촉진(법 제25조)

※ '녹색경영'이란 기업이 경영활동에서 자원과 에너지를 절약하고 효율적으로 이용하며 온실가스 배출 및 환경오염의 발생을 최소화하면서 사회적, 윤리적 책임을 다하는 경영을 말한다(법 제2조 제7호).

※ '온실가스 배출'이란 사람의 활동에 수반하여 발생하는 온실가스를 대기 중에 배출·방출 또는 누출시키는 직접배출과 다른 사람으로부터 공급된 전기 또는 열(연료 또는 전기를 열원으로 하는 것만 해당함)을 사용함으로써 온실가스가 배출되도록 하는 간접배출을 말한다(법 제2조 제10호).

① 관계 중앙행정기관의 장은 기업의 녹색경영을 지원·촉진해야 하며, 이를 위해 다음의 사항을 포함하는 시책을 수립·시행해야 한다(법 제25조).

㉠ 친환경 생산체제로의 전환을 위한 기술지원

㉡ 기업의 에너지·자원 이용 효율화, 온실가스 배출량 감축, 산림조성 및 자연환경 보전, 지속가능발전 정보 등 녹색경영 성과의 공개

㉢ 중소기업의 녹색경영에 대한 지원

㉣ 그 밖에 저탄소 녹색성장을 위한 기업활동 지원에 관한 사항

② 관계 중앙행정기관의 장은 녹색경영을 촉진하고 그 확산을 유도하기 위한 시책 및 녹색경영에 관한 기법을 개발·활용하는 녹색기업과 녹색제품을 생산·구매하는 기업을 지원하기 위한 시책을 마련해야 한다(「환경친화적 산업구조로의 전환촉진에 관한 법률」 제15조 제1항).

(2) 녹색경영 컨설팅 사업의 육성

관계 중앙행정기관의 장은 기업·공공기관·단체 등(이하 '기업 등'이라 함)이 녹색경영을 도입하고 실행하는 데에 필요한 조사, 분석, 진단, 상담, 정보 제공, 교육 등의 역무(役務)를 기업 등에 제공하는 사업(이하 '녹색경영컨설팅사업'이라 함)을 육성하기 위해 다음의 사업을 추진할 수 있다(「환경친화적 산업구조로의 전환촉진에 관한 법률」 제6조의 2 제1항 및 「환경친화적 산업구조로의 전환촉진에 관한 법률 시행령」 제9조의 2).

㉠ 전문인력 양성을 위한 교육·훈련
㉡ 컨설팅기법의 연구 및 보급
㉢ 녹색경영 컨설팅 사업의 창업지원
㉣ 녹색경영 컨설팅 사업에 관한 홍보
㉤ 녹색경영 컨설팅 정보망의 구축 및 운영

(3) 녹색경영에 관한 교육 · 홍보

① 관계 중앙행정기관의 장은 녹색경영에 관한 지식, 정보 및 기술을 보급하기 위해 사업자단체, 대학, 연구기관 등과 협력하여 녹색경영에 관한 교육 및 홍보사업을 추진할 수 있다(「환경친화적 산업구조로의 전환촉진에 관한 법률」 제18조 제1항).

② 관계 중앙행정기관의 장은 녹색경영을 보급하기 위해 녹색경영 우수기업을 발굴하고 포상하는 등의 지원시책을 마련할 수 있다(「환경친화적 산업구조로의 전환촉진에 관한 법률」 제18조 제2항).

(4) 녹색경영에 관한 진단 · 지도

지식경제부장관은 중소기업의 녹색경영을 촉진하기 위해 필요하다고 인정하면 녹색경영 진단·지도를 주된 업무로 하는 법인 또는 단체(녹색경영진단기관)를 지정하여 녹색경영 진단·지도를 대행하게 할 수 있다(「환경친화적 산업구조로의 전환촉진에 관한 법률」 제19조).

3. 환경경영체제 인증

※ '환경경영'이란 기업 등이 환경친화적인 경영목표를 세우고 이를 달성하기 위해 인적·물적 자원 및 관리체제를 일정한 절차와 기법에 따라 체계적이고 지속적으로 관리하는 경영활동을 말한다(「환경친화적 산업구조로의 전환촉진에 관한 법률」 제2조 제5호).

※ '환경경영체제'란 기업 등이 환경경영을 도입하여 실행함으로써 환경요인을 효율적으로 관리하기 적합하도록 구축한 체제를 말한다(「환경친화적 산업구조로의 전환촉진에 관한 법률」 제2조 제7호).

※ '녹색경영체제인증'이란 기업 등의 환경경영체제가 국제기준에 적합함을 증명하는 행위를 말한다(「환경친화적 산업구조로의 전환촉진에 관한 법률」 제2조 제5호).

(1) 환경경영체제 인증 관련 사업 수행

① 환경경영체제에 관한 다음의 사업을 하려는 자는 지식경제부장
관이 환경부장관과 협의하여 지정하는 자(이하 '국내인정기관'
이라 함)나 국제인정기관협력기구의 관리를 받는 외국 소재 인
정기관으로부터 사업의 인정을 받아 이를 수행할 수 있다(「환
경친화적 산업구조로의 전환촉진에 관한 법률」 제16조 제1항).
　㉠ 환경경영체제 인증사업
　㉡ 환경경영체제 관련 인증심사원(認證審査員)의 자격인증사업
　㉢ 그 밖에 환경경영체제에 관한 사업으로서 「환경친화적 산업
　　구조로의 전환촉진에 관한 법률 시행규칙」으로 정하는 사업

② 환경경영체제 인증사업을 수행하는 자는 인증 수행 현황에 대
한 자료를 분기별로 분기 종료 후 다음 달 말까지 지식경제부장
관에게 제출해야 한다(「환경친화적 산업구조로의 전환촉진에
관한 법률」 제16조 제6항 및 「환경친화적 산업구조로의 전환촉
진에 관한 법률 시행령」 제17조).

③ 지식경제부장관은 국내인정기관이 해당 인증 관련 업무를 수행
할 경우 환경경영체제에 관한 국제기준에 적합하지 않을 경우
에는 이의 시정을 명할 수 있다(「환경친화적 산업구조로의 전
환촉진에 관한 법률」 제16조 제7항).

(2) 환경경영체제 인증의 신뢰성 제고 등

지식경제부장관은 환경경영체제 인증의 신뢰성을 높이고 환경경영의 확산을 위해 다음의 사업을 수행할 수 있다(「환경친화적 산업구조로의 전환촉진에 관한 법률」 제16조의 2 제1항 및 「환경친화적 산업구조로의 전환촉진에 관한 법률 시행령」 제18조).

　㉠ 인증기관(지사 포함)과 환경경영체제인증의 실태조사
　㉡ 부실인증 신고센터의 운영
　㉢ 국내외 환경경영체제 인증기업의 우수사례 발굴 및 보급
　㉣ 환경경영체제 인증의 신뢰성 향상을 위한 교육과 연구 및 홍보
　㉤ 국내 환경경영체제 인증제도의 대외적합성 확보를 위한 국제협력사업

4. 녹색제품에 대한 구매 촉진

(1) 녹색제품에 대한 공공기관의 구매 촉진 등

※ '녹색제품'이란 에너지·자원의 투입과 온실가스 및 오염물질의 발생을 최소화하는 제품을 말한다(「저탄소 녹색성장 기본법」 제2조 제5호).

① 국가기관, 지방자치단체, 「공공기관의 운영에 관한 법률」에 따라 지정된 공공기관, 그 밖에 「친환경 상품 구매촉진에 관한 법률 시행령」에 따른 기관(이하 '공공기관'이라 함)의 장은 상품을 구매하려는 경우 다음의 경우를 제외하고는 친환경 상품을 구매해야 한다(「친환경상품 구매촉진에 관한 법률」 제6조).

㉠ 구매하려는 상품의 품목에 친환경 상품이 없는 경우
㉡ 친환경 상품의 안정적 공급이 불가능한 경우
㉢ 친환경 상품의 현저한 품질저하 등의 이유로 구매목적의 달
   성이 어려운 경우
㉣「장애인복지법」 등 다른 법률에 따른 우선구매 규정의 이행
   을 위하여 친환경 상품 외의 상품을 구매하려는 경우
㉤ 그 밖에 긴급한 수요의 발생 등 불가피한 사유로 인하여 친환
   경 상품의 구매가 어렵다고 해당 공공기관의 장이 판단하는
   경우

② 조달청장은 공공기관의 녹색제품 구매를 촉진하기 위해 필요한
   품목을 지정·고시하고, 이에 따른 조달 기준을 마련할 수 있다
   (「친환경상품 구매촉진에 관한 법률」 시행령 제20조 제1항).

③ 조달청장은 공공기관의 장이 구매·발주를 요청한 제품이나 공
   사에 대하여 해당 공공기관의 장과의 협의를 거쳐 녹색제품으
   로 대체 구매하거나 공사설계에 반영할 수 있다(「친환경상품
   구매촉진에 관한 법률」 시행령 제20조 제2항).

④ 관계 중앙행정기관의 장은 친환경 상품의 구매 촉진에 기여하
   는 사업자·관련단체 등에 대하여 다음의 지원을 할 수 있다(「
   친환경상품 구매촉진에 관한 법률」 제15조).
㉠ 친환경 상품의 구매촉진을 위한 정보제공
㉡ 친환경 상품의 구매촉진을 위한 전문인력의 양성 지원

ⓒ 친환경 상품의 국내외 판매 지원

ⓔ 국내외 친환경 상품 관련 인증획득 지원

ⓜ 친환경 상품의 생산·유통·판매자금 지원

ⓗ 친환경 상품의 생산·유통을 촉진하기 위한 기업 간 기술이
전 지원

ⓢ 친환경 상품의 품질향상 지원

ⓞ 「중소기업진흥에 관한 법률」에 따른 협동화사업 지원

ⓩ 친환경 상품의 홍보·교육 지원

ⓒ 그 밖에 친환경 상품의 구매촉진을 위하여 필요한 지원

5. 중소기업의 녹색경영 촉진 시책의 수립·시행

관계 중앙행정기관의 장은 중소기업의 녹색기술 및 녹색경영을 촉
진하기 위하여 다음의 시책을 수립·시행할 수 있다(법 제33조).

① 대기업과 중소기업의 공동사업에 대한 우선 지원
② 대기업의 중소기업에 대한 기술지도·기술이전 및 기술인력 파
견에 대한 지원
③ 중소기업의 녹색기술 사업화의 촉진
④ 녹색기술 개발 촉진을 위한 공공시설의 이용
⑤ 녹색기술·녹색산업에 관한 전문인력 양성·공급 및 국외진출
⑥ 그 밖에 중소기업의 녹색기술 및 녹색경영을 촉진하기 위한 사항

6. 중소기업의 녹색경영 촉진·확산

(1) 녹색경영의 촉진을 위한 연차별 추진계획 수립·시행

중소기업청장은 중소기업의 녹색기술 및 녹색경영을 촉진하기 위한 연차별 추진계획(이하 '연차별 추진계획'이라 함)을 수립·시행해야 한다(동법 시행령 제21조).

(2) 녹색경영확산 지원사업 실시

① 중소기업청장은 연차별 추진계획에 따라 매년 다음의 중소기업 녹색경영확산 지원사업(이하 '녹색경영확산사업'이라 함)별로 지원내용, 신청자격, 평가절차, 평가기준 등 주요내용을 포함한 시행계획을 수립하여 공고해야 한다[「중소기업 녹색경영확산 지원사업 운영요령」(중소기업청 고시 제2010−21호, 2010. 4. 30. 발령·시행) 제3조 제1항 및 제14조 제1항].

　㉠ 중소기업의 지속적인 녹색경영 활동 장려를 위한 중소기업 녹색경영 평가 및 우수 Green−Biz 선정

　㉡ 중소기업의 녹색경영 활동수준 진단, 녹색경영전략 수립 및 현장 개선을 위한 중소기업 녹색경영 단기 현장클리닉 지원사업

　㉢ 중소기업의 장기 녹색경영전략 도출 및 개선을 통한 녹색규제대응 능력 향상을 위한 중소기업 녹색경영 장기 진단·개선프로그램 지원사업

　㉣ 중견 또는 중소기업 협력업체 간 녹색 공급망 관리체계 구축 지원을 위한 해외 녹색규제 대응 중·소 그린 SCM 구축 지

원사업

　ⓜ 중소기업의 자발적인 온실가스 감축 유도를 위한 중소기업
　　온실가스 인벤토리 구축 지원사업

　ⓗ 그 밖에 중소기업청장이 중소기업의 녹색경영확산지원을 위
　　하여 필요하다고 인정하는 사업

② 공고된 녹색경영확산사업을 수행하려는 중소기업은 세부사업
　에서 별도로 정한 서식에 따라 신청서를 작성하여 해당 사업의
　주관 수행 기관의 장에게 신청해야 한다(「중소기업 녹색경영확
　산 지원사업 운영요령」 제15조 제1항).

제6절 녹색금융 지원·촉진

1. 개관

관계 중앙행정기관의 장은 녹색경제 및 녹색산업의 지원 등을 위
한 재원의 조성 및 자금 지원 등 저탄소 녹색성장을 촉진하기 위한
금융 시책을 수립·시행해야 한다(법 제28조).

녹색기술 및 녹색산업에 자산을 투자하여 그 수익을 투자자에게
배분하는 것을 목적으로 하는 녹색산업투자회사를 설립할 수 있다
(법 제29조).

2. 녹색금융의 촉진을 위한 시책의 수립·시행 등(법 제28조)

관계 중앙행정기관의 장은 저탄소 녹색성장을 촉진하기 위하여 다음의 사항이 포함된 금융 시책을 수립·시행해야 한다(법 제28조).

① 녹색경제 및 녹색산업의 지원 등을 위한 재원의 조성 및 자금 지원
② 저탄소 녹색성장을 지원하는 새로운 금융상품의 개발
③ 저탄소 녹색성장을 위한 기반시설 구축사업에 대한 민간투자 활성화
④ 기업의 녹색경영 정보에 대한 공시제도 등의 강화 및 녹색경영 기업에 대한 금융지원 확대
⑤ 탄소시장(온실가스를 배출할 수 있는 권리 또는 온실가스의 감축·흡수 실적 등을 거래하는 시장을 말함)의 개설 및 거래 활성화 등

※ '녹색산업'이란 경제, 금융, 건설, 교통물류, 농림수산, 관광 등 경제활동 전반에 걸쳐 에너지와 자원의 효율을 높이고 환경을 개선할 수 있는 재화(財貨)의 생산 및 서비스의 제공 등을 통하여 저탄소 녹색성장을 이루기 위한 모든 산업을 말한다(법 제2조 제4호).

※ '배출권거래제(ET: Emission Trading)'란 국가마다 할당된 감축량 의무달성을 위해 자국의 기업별, 부문별로 배출량을 할당하고 기업들은 할당된 온실가스 감축의무를 이행하지 못할 경우 다른 나라 기업으로부터 할당량을 매입할 수 있도록 하는 제도를 말한다.[29]

「신용보증기금법」에 따라 설립된 신용보증기금 및 「기술신용보증

---

[29] 녹색성장위원회(http://www.greengrowth.go.kr).

기금법」에 따라 설립된 기술신용보증기금은 녹색기술·녹색산업에 우선적으로 신용보증을 하거나 보증조건 등을 우대할 수 있다(법 제31조 제2항).

3. 녹색산업투자회사(법 제29조)

(1) 녹색산업투자회사의 설립(법 제29조 제1항)

녹색기술 및 녹색산업에 자산을 투자하여 그 수익을 투자자에게 배분하는 것을 목적으로 하는 녹색산업투자회사(「자본시장과 금융투자업에 관한 법률」 제9조 제18항에 따른 집합투자기구를 말한다. 이하 같음)를 설립할 수 있다(법 제29조 제1항).[30]

> ※ '녹색산업투자회사'란 출자총액, 신탁총액 또는 자본금의 100분의 60 이상을 녹색기술 및 녹색산업에 출자 또는 투자하는 집합투자기구(「자본시장과 금융투자업에 관한 법률」 제9조 제18항에 따른 집합투자기구를 말함)를 말한다(동법 시행령」 제16조 제1항).

(2) 녹색산업투자회사의 투자 대상(법 제29조 제2항)

녹색산업투자회사가 투자하는 녹색기술 및 녹색산업은 다음의 사업 또는 기업이다(법 제29조 제2항, 동법 시행령 제16조 제2항 및 제3항).

---

30) '녹색성장기본법'은 녹색산업투자회사를 설립하여 국가가 나서서 녹색투자펀드를 조성하여 투자자로부터 자금을 조달하여 사회기반시설 사업에 투자한 후, 발생하는 수익을 투자자에게 배분하는 것을 목적으로 하는 인프라펀드의 자본의 형성 계기를 제공하고 있다. '녹색성장기본법' 제29조에서 "녹색기술 및 녹색산업에 자산을 투자하여 그 수익을 투자자에게 배분하는 것을 목적으로 하는 녹색산업투자회사(「자본시장과 금융투자업에 관한 법률」 제9조 제18항의 집합투자기구를 말한다. 이하 같다)를 설립할 수 있다"고 정하고 있다.

㉠ 녹색기술(녹색인증의 대상이 되는 기술에 한함. 이하 같음)에
  대한 연구와 시제품의 제작 및 상용화를 위한 연구개발 또는
  기술지원 사업
㉡ 녹색산업(녹색인증의 대상이 되는 산업에 한함. 이하 같음)에
  해당하는 사업
㉢ 녹색기술 또는 녹색산업에 대한 투자 또는 영업을 영위하는
  기업(녹색기술 또는 녹색사업의 이전, 관련 제품의 제조 등
  에 의한 매출액이 인증을 신청하는 날이 속하는 해의 전년도
  를 기준으로 총매출액의 100분의 30 이상인 기업에 한함)

(3) 녹색산업투자회사의 등록 및 등록 취소(법 제29조)

① 금융위원회는 공공기관이 출자하는 녹색산업투자회사의 등록
  신청을 받은 경우에는 관계 중앙행정기관의 장에게 그 내용을
  통보하고, 등록 결정에 관하여 협의를 할 수 있다(동법 시행령
  제16조 제4항).
② 금융위원회는 공공기관이 출자한 녹색산업투자회사(해당 회사
  의 자산운용회사·자산보관회사 및 일반사무관리회사 포함)에
  해당 회사의 업무 및 재산 등에 관한 자료의 제출이나 보고를
  요구할 수 있으며, 관계 중앙행정기관은 금융위원회에 해당 자
  료의 제출을 요구할 수 있다(법 제29조 제4항).
③ 관계 중앙행정기관은 제출된 자료나 보고 내용에 대하여 검사
  가 필요하다고 인정하는 경우 금융위원회에 해당 녹색산업투자
  회사에 대한 업무 및 재산 등에 관한 검사를 요청할 수 있으며,

해당 검사 결과 중대한 문제가 있다고 여겨지는 경우에는 금융
위원회는 관계 중앙행정기관과 협의하여 해당 녹색산업투자회
사의 등록을 취소할 수 있다(법 제29조 제5항).

(4) 공공기관의 녹색산업투자회사에 대한 출자(법 제29조 제3항)

관계 중앙행정기관의 장은 공공기관이 녹색산업투자회사에 출자
하려는 경우 이를 위한 자금의 전부 또는 일부를 예산의 범위에서 지
원할 수 있다(법 제29조 제3항).

- ㉠ 관계 중앙행정기관의 장이 공공기관에 녹색산업투자회사의
  출자를 위한 자금을 지원하는 경우에는 사업의 적절성 등을
  고려하여 지원 규모, 지원 방법 및 지원 조건 등 재정 지원에
  필요한 사항을 정할 수 있다(동법 시행령 제17조 제1항).
- ㉡ 관계 중앙행정기관의 장은 공공기관이 출자한 녹색산업투자
  회사가 해당 투자대상을 잘못 설정했거나 정상적인 사업의
  지속이 어렵다고 인정되는 경우 해당 공공기관으로 하여금
  추가적인 출자를 제한하거나 출자를 회수하는 등 필요한 조
  치를 하게 할 수 있다(동법 시행령 제17조 제2항).
- ㉢ 정부의 지원을 받은 공공기관은 출자에 따른 회계를 해당 기
  관의 회계와 구분하여 별도의 계정을 설치하고 출자에 따른
  수입과 지출을 구분하여 회계 처리해야 한다(동법 시행령 제
  17조 제3항).

제7절 녹색조세 운영

1. 개관

관계 중앙행정기관의 장은 에너지·자원의 위기 및 기후변화 문제에 효과적으로 대응하고 저탄소 녹색성장을 촉진하기 위해 온실가스와 오염물질을 발생시키거나 에너지·자원 이용효율이 낮은 재화와 서비스를 줄이고 환경친화적인 재화와 서비스를 촉진하는 방향으로 국가의 조세제도를 운영해야 한다.

2. 녹색조세의 운영(법 제30조)

관계 중앙행정기관의 장은 에너지·자원의 위기 및 기후변화 문제에 효과적으로 대응하고 저탄소 녹색성장을 촉진하기 위해 온실가스와 오염물질을 발생시키거나 에너지·자원 이용효율이 낮은 재화와 서비스를 줄이고 환경친화적인 재화와 서비스를 촉진하는 방향으로 국가의 조세제도를 운영해야 한다(법 제30조).

3. 녹색금융상품 등에 대한 한시적 조세감면

(1) 녹색금융상품의 배당·이자 소득세 감면

① 거주자가 다음의 요건을 모두 갖춘 투자신탁 또는 투자회사(이하 '녹색투자신탁 등'이라 함)에 2012년 12월 31일까지 가입한

경우 해당 녹색투자신탁 등에서 발생한 배당소득(계약기간 만료일 이후 발생한 소득은 제외함)에 대해서는 소득세가 부과되지 않는다(「조세특례제한법」 제91조의 13 제1항 및 「조세특례제한법 시행령」 제91조의 12 제1항).

㉠ 자산총액의 100분의 60 이상을 다음의 어느 하나에 해당하는 녹색산업 관련 자산(이하 '녹색관련자산'이라 함)에 투자(대출 포함)할 것

　㉮ 녹색전문기업이 발행한 채권 또는 그 녹색전문기업에 대한 자금의 대출

　㉯ 인증된 녹색사업으로부터 발생하는 수익을 분배받을 수 있는 계약상의 출자지분 또는 권리

　㉰ 인증된 녹색사업의 시행만을 목적으로 존속기간을 정하여 설립된 법인이 발행한 증권 또는 그 법인에 대한 자금의 대출

㉡ 계약기간이 3년 이상 5년 이하이고 계약기간 만료일 이전에 원금 또는 수익금의 인출 및 제3자에게 양도가 없을 것

㉢ 1명당 납입한도를 3천만 원(해당 거주자가 가입한 모든 녹색투자신탁 등의 합계액) 이내로 할 것

② 거주자가 다음의 요건을 모두 갖춘 예금(이하 '녹색예금'이라 함)에 2012년 12월 31일까지 가입하는 경우 그 예금에서 발생하는 이자소득(계약기간 만료일 이후 발생한 소득은 제외)에 대해서는 소득세가 부과되지 않는다(「조세특례제한법」 제91조의 13 제2항 및 「조세특례제한법 시행령」 제91조의 12 제1항).

㉠ 「은행법」에 따른 은행업을 경영하는 법인이 취급하는 예금으

로, 그 법인이 예금을 통해 조달한 자금의 100분의 60 이상
을 녹색 관련 자산에 투자(대출 포함)할 것
ⓛ 계약기간이 3년 이상 5년 이하이고, 계약기간 만료일 이전에
원금 또는 이자의 인출이나 이체가 없을 것
ⓒ 1명당 가입한도를 2천만 원(해당 거주자가 가입한 모든 녹색
예금의 합계액) 이내로 할 것

③ 거주자가 다음의 요건을 모두 갖춘 채권(이하 '녹색채권'이라
함)으로서 2012년 12월 31일까지 발행한 채권을 매입하여 발생
한 이자소득에 대해서는 소득세를 부과하지 않는다(「조세특례
제한법」 제91조의 13 제3항 및 「조세특례제한법 시행령」 제91
조의 12 제1항).
㉠ 「은행법」에 따른 은행업을 경영하는 법인이 발행한 채권으
로, 채권의 발행법인이 채권을 통하여 조달한 자금의 100분
의 60 이상을 녹색 관련 자산에 투자(대출 포함)할 것
ⓛ 만기 3년 이상 5년 이하인 채권이고, 만기 이전에 상환되거
나 제3자에게 양도되지 않을 것
ⓒ 1명당 매입한도를 3천만 원(해당 거주자가 매입한 모든 녹색
채권의 합계액) 이내로 할 것

(2) 해외자원개발투자에 대한 조세감면

해외자원개발사업자가 광물자원을 개발하기 위하여 2010년 12월
31일까지 다음의 어느 하나에 해당하는 투자나 출자를 하는 경우[내

국인 또는 내국인의 외국자회사(내국인이 발행주식총수 또는 출자총
액의 100분의 100을 직접 출자하고 있는 외국법인을 말한다. 이하
이 조에서 같다)의 투자자산 또는 출자지분을 양수하는 방법으로 투
자하거나 출자하는 경우는 제외함]에는 해당 투자금액 또는 출자금
액의 100분의 3에 상당하는 금액을 법인세 또는 소득세(사업소득에
대한 소득세만 해당)에서 공제한다(「조세특례제한법」 제104조의 15
및 「조세특례제한법 시행령」 제104조의 15 제1항).

㉠ 광업권과 조광권을 취득하는 투자
㉡ 광업권 또는 조광권을 취득하기 위한 출자로서 다음의 요건
  을 모두 갖춘 외국법인에 대한 출자
  ㉮ 해외자원개발사업자가 「해외자원개발사업법」 제5조에 따
    라 신고한 사업의 광구(이하 '해당 광구'라 함)에 대한 광
    업권 또는 조광권을 소유할 것
  ㉯ 해당 광구의 개발과 운영을 목적으로 설립되었을 것
㉢ 내국인의 외국자회사에 대한 해외직접투자로서 「외국환거래
  법」 제3조 제1항 제18호 가목에 따라 다음의 어느 하나에 해
  당하는 투자(내국인의 외국자회사가 1.과 2.의 방법으로 광
  업권 또는 조광권을 취득하는 경우로 한정함)
  ㉮ 내국인의 외국자회사(내국인이 발행주식총수 또는 출자총
    액의 100분의 100을 직접 출자하고 있는 외국법인을 말함.
    이하 같음)의 증자에 참여하는 투자
  ㉯ 내국인의 외국자회사에 상환기간을 1년 이상으로 하여 금
    전을 대여하는 투자

㉲ 해외자원개발사업자가 내국인과 공동으로 내국인의 외국
　　자회사에 상환기간을 1년 이상으로 하여 금전을 대여하는
　　투자

(3) 재활용폐자원 등에 대한 부가가치세 매입세액 공제

재활용폐자원 및 중고자동차를 수집하는 사업자가 국가, 지방자치
단체, 부가가치세과세사업을 영위하지 않는 자(면세사업과 과세사업
을 겸영하는 경우를 포함함) 및 「부가가치세법」 제25조에 따른 간이
과세자로부터 재활용폐자원 및 중고자동차를 2013년 12월 31일까지
취득하여 제조 또는 가공하거나 이를 공급하는 경우에는 취득가액에
106분의 6(중고자동차에 대해서는 2010년 1월 1일부터 2010년 12월
31일까지 취득하는 경우에는 110분의 10을, 2011년 1월 1일부터
2013년 12월 31일까지 취득하는 경우에는 109분의 9를 각각 적용함)
을 곱하여 계산한 금액을 「부가가치세법」 제17조 제1항에 따른 매출
세액에서 매입세액으로 공제할 수 있다(「조세특례제한법」 제108조
제1항 및 「조세특례제한법 시행령」 제110조 제1항).

(4) 하이브리드자동차에 대한 개별소비세 감면

하이브리드자동차[31]로서 다음의 요건을 갖춘 자동차(2009년 7월
1일부터 2012년 12월 31일까지 제조장 또는 보세구역에서 반출되는
자동차에 한함)에 대해서는 개별소비세를 개별소비세액이 100만 원
이하인 경우에는 개별소비세액 전액, 개별소비세액이 100만 원을 초

---

31) 녹색성장위원회(http://www.greengrowth.go.kr)

과하는 경우에는 100만 원 감면된다(「조세특례제한법」제109조).

ⓐ 에너지소비효율이 「환경친화적 자동차의 개발 및 보급 촉진에 관한 법률 시행규칙」 제2조에 따른 기준에 적합할 것
ⓑ 「수도권 대기환경개선에 관한 특별법」 제2조 제6호에 따라 저공해자동차의 기준에 적합할 것
ⓒ 자동차의 성능 등 기술적 세부사항에 대하여 「환경친화적 자동차의 개발 및 보급 촉진에 관한 법률 시행규칙」에 따른 기준에 적합할 것

녹색생활·지속가능발전의
실현

제1절 개관

국가는 녹색생활 및 지속가능발전의 실현을 위한 시책을 녹색생활 및 지속가능발전의 기본원칙에 따라 추진해야 한다.

정부는 재화의 생산·소비·운반 및 폐기의 전 과정에서 에너지와 자원을 절약하고 효율적으로 이용하며 온실가스와 오염물질의 발생을 줄일 수 있도록 관련 시책을 수립·시행해야 한다.

정부는 기후변화에 대응하는 친환경 농산물 생산기술을 개발하여 화학비료·자재와 농약사용을 최대한 억제하고 친환경·유기농 농수산물 및 나무제품의 생산·유통 및 소비를 확산해야 한다.

정부는 국민 및 기업들이 녹색생활에 친숙할 수 있도록 하는 시책을 마련하고 지방자치단체, 기업, 민간단체 및 기구 등과 협력체계를 구축하며 교육·홍보를 강화하는 등 범국민적 녹색생활 운동을 적극 전개해야 한다.

제2절 녹색생활, 지속가능발전

국가는 녹색생활 및 지속가능발전의 실현을 위한 시책을 녹색생활 및 지속가능발전의 기본원칙에 따라 추진해야 한다.

정부는 지속가능발전과 관련된 국제적 합의를 성실히 이행하고, 국가의 지속가능발전을 촉진하기 위하여 20년을 계획기간으로 하는 지속가능발전 기본계획을 5년마다 수립·시행해야 한다.

1. 녹색생활 및 지속가능발전의 기본원칙(법 제49조)

녹색생활 및 지속가능발전의 실현을 위한 국가의 시책은 다음의 기본원칙에 따라 추진되어야 한다(법 제49조 제1조).

① 국토는 녹색성장의 터전이며 그 결과의 전시장이라는 점을 인식하고 현세대 및 미래세대가 쾌적한 삶을 영위할 수 있도록 국토의 개발 및 보전·관리가 조화될 수 있도록 한다.
② 국토·도시공간구조와 건축·교통체제를 저탄소 녹색성장 구조로 개편하고 생산자와 소비자가 녹색제품을 자발적·적극적

으로 생산하고 구매할 수 있는 여건을 조성한다.

③ 국가, 지방자치단체, 기업 및 국민은 지속가능발전과 관련된 국제적 합의를 성실히 이행하고, 국민의 일상생활 속에 녹색생활이 내재하되고 녹색문화가 사회 전반에 정착될 수 있도록 한다.

④ 국가, 지방자치단체 및 기업은 경제발전의 기초가 되는 생태학적 기반을 보호할 수 있도록 토지이용과 생산시스템을 개발·정비함으로써 환경보전을 촉진한다.

※ '녹색생활'이란 기후변화의 심각성을 인식하고 일상생활에서 에너지를 절약하여 온실가스와 오염물질의 발생을 최소화하는 생활을 말한다(법 제2조 제6호).

※ '기후변화'란 사람의 활동으로 인하여 온실가스의 농도가 변함으로써 상당 기간 관찰되어 온 자연적인 기후변동에 추가적으로 일어나는 기후체계의 변화를 말한다(법 제2조 제12호).

※ '지속가능발전'이란 현재 세대의 필요를 충족시키기 위하여 미래 세대가 사용할 경제·사회·환경 등의 자원을 낭비하거나 여건을 저하(低下)시키지 않고 서로 조화와 균형을 이루는 지속가능성에 기초하여 경제의 성장, 사회의 안정과 통합 및 환경의 보전이 균형을 이루는 발전을 말한다(「지속가능발전법」 제2조 제2호).

2. 지속가능발전 기본계획

(1) 지속가능발전 기본계획의 수립·시행(법 제50조 제1항 및 제3항)

정부는 1992년 브라질에서 개최된 유엔환경개발회의에서 채택한 의제21(이하 '의제21'이라 함), 2002년 남아프리카공화국에서 개최된 세계지속가능발전정상회의에서 채택한 이행계획(이하 '요하네스버그이행계획'이라 함) 등 지속가능발전과 관련된 국제적 합의를 성실히 이행하고, 국가의 지속가능발전을 촉진하기 위하여 20년을 계획기간으로 다음의 사항이 포함된 지속가능발전 기본계획(이하 '기

본계획'이라 함)을 5년마다 수립·시행해야 한다(법 제50조 제1항 및
제3항).

    ㉠ 지속가능발전의 현황 및 여건변화와 전망에 관한 사항
    ㉡ 지속가능발전을 위한 비전, 목표, 추진전략과 원칙, 기본정책
      방향, 주요지표에 관한 사항
    ㉢ 지속가능발전에 관련된 국제적 합의이행에 관한 사항
    ㉣ 그 밖에 지속가능발전을 위하여 필요한 사항

(2) 기본계획 수립·변경에 따른 심의(법 제50조 제2항)

① 기본계획을 수립하거나 변경하는 경우에는 지속가능발전위원
   회의 심의를 거친 다음 녹색성장위원회와 국무회의의 심의를
   거쳐야 한다(법 제50조 제2항 본문).

② 다만, 다음의 어느 하나에 해당하는 경미한 사항을 변경하려는
   경우에는 심의절차를 생략할 수 있다(법 제50조 제2항 단서 및
   동법 시행령 제39조).
    ㉠ 지속가능발전의 현황 및 여건변화와 전망에 관한 사항(법 제
      50조 제3항 제1호), 지속가능발전을 위한 비전, 목표, 추진전
      략과 원칙, 기본정책 방향, 주요지표에 관한 사항(법 제50조
      제3항 제2호), 지속가능발전에 관련된 국제적 합의이행에 관
      한 사항(법 제50조 제3항 제3호), 그 밖에 지속가능발전을 위
      하여 필요한 사항(법 제50조 제3항 제4호) 등을 변경하는 경

우(동법 시행령 제39조 제1호)

   ⓛ 지속가능발전 기본계획의 본질적인 내용에 영향을 미치지 아
니하는 사항으로서 소요되는 총재원의 100분의 10 이내에서
지속가능발전 기본계획의 일부를 변경하는 경우(동법 시행령
제39조 제2호)

(3) 중앙지속가능발전 · 지방지속가능발전 기본계획의 수립(법 제50조 제
4항, 제5항)

① 중앙행정기관의 장은 기본계획과 조화를 이루는 소관 분야의 중
앙지속가능발전 기본계획을 중앙추진계획에 포함하여 수립 · 시
행해야 한다(법 제50조 제4항).

② 특별시장 · 광역시장 · 도지사 또는 특별자치도지사는 소관 분
야의 중앙지속가능발전 기본계획과 조화를 이루며 해당 지방자
치단체의 지역적 특성과 여건을 고려한 지방지속가능발전 기본
계획을 지방추진계획에 포함하여 수립 · 시행해야 한다(법 제
50조 제5항).

3. 지속가능발전 지식 · 정보의 보급 등

(1) 지속가능발전 지식 · 정보의 보급

관계 중앙행정기관의 장은 국민에게 지속가능발전에 관한 지식 ·
정보를 보급하고, 국민이 지속가능발전에 관한 지식 · 정보에 쉽게
접근할 수 있도록 노력해야 한다(「지속가능발전법」 제20조 제1항).

(2) 지속가능발전 교육ㆍ홍보

국가와 지방자치단체는 지속가능발전을 실현하기 위하여 필요한 조사ㆍ연구 및 교육 프로그램을 개발하고 지속가능발전 관련 홍부 등의 업무를 수행할 수 있다(「지속가능발전법」 제21조).

(3) 국내외 협력 등

① 국가와 지방자치단체는 지속가능발전을 위하여 긴밀하게 상호 협력해야 하며, 의제21과 요하네스버그이행계획 등 지속가능발 전을 위한 국제사회의 약속과 규범들을 성실하게 이행하고 협 력해야 한다(「지속가능발전법」 제22조 제1항 및 제2항).
② 국가와 지방자치단체는 기업, 시민사회단체 등이 지속가능발전 을 위하여 추진하는 다양한 국내외 활동을 지원해야 한다(「지 속가능발전법」 제22조 제3항).

제3절 녹색생활 촉진

1. 개관

관계 중앙행정기관의 장은 재화의 생산ㆍ소비ㆍ운반 및 폐기의 전 과정에서 에너지와 자원을 절약하고 효율적으로 이용하며 온실가스와 오염물질의 발생을 줄일 수 있도록 관련 시책을 수립ㆍ시행해야 한다.
관계 중앙행정기관의 장은 기후변화에 대응하는 친환경 농산물 생산기술을 개발하여 화학비료, 자재와 농약사용을 최대한 억제하고 친환경·유기농 농수산물 및 나무제품의 생산·유통 및 소비를 확산해야 한다.

2. 녹색생활을 위한 녹색생산·소비문화의 확산(법 제57조)

(1) 녹색생활을 위한 시책의 수립·시행(법 제57조 제1항)

관계 중앙행정기관의 장은 재화의 생산·소비·운반 및 폐기(이하 '생산 등'이라 함)의 전 과정에서 에너지와 자원을 절약하고 효율적으로 이용하며 온실가스와 오염물질의 발생을 줄일 수 있도록 관련 시책을 수립·시행해야 한다(법 제57조 제1항).

※ '녹색생활'이란 기후변화의 심각성을 인식하고 일상생활에서 에너지를 절약하여 온실가스와 오염물질의 발생을 최소화하는 생활을 말한다(법 제2조 제6호).

(2) 녹색생활 관련 정보의 공개 및 제공(법 제57조 제2항, 제3항)

① 관계 중앙행정기관의 장은 재화 및 서비스의 가격에 에너지 소비량 및 탄소배출량 등이 합리적으로 연계·반영되고 그 정보가 소비자에게 정확하게 공개·전달될 수 있도록 해야 한다(법 제57조 제2항).

② 관계 중앙행정기관의 장은 재화의 생산 등의 전 과정에서 에너지와 자원의 사용량, 온실가스와 오염물질의 배출량 등을 분석·평가하고 그 결과에 관한 정보를 축적하여 이용할 수 있는 정보관

리체계를 구축·운영할 수 있다(법 제57조 제3항).

③ 관계 중앙행정기관의 장은 녹색제품의 사용·소비의 촉진 및 확
산을 위하여 재화의 생산자와 판매자 등으로 하여금 그 재화의
생산 등의 과정에서 발생하는 온실가스와 오염물질의 양에 대한
정보 또는 등급을 소비자가 쉽게 인식할 수 있도록 표시·공개하
도록 하는 등의 시책을 수립·시행할 수 있다(법 제57조 제4항).

3. 친환경 농수산물의 생산·소비 등 확산

(1) 소비 등 확산(법 제55조 제1항 후단)

관계 중앙행정기관의 장은 기후변화에 대응하는 친환경 농산물 생
산기술을 개발하여 화학비료, 자재와 농약사용을 최대한 억제하고
친환경·유기농 농수산물 및 나무제품의 생산·유통 및 소비를 확산
해야 한다(법 제55조 제1항 후단).

(2) 친환경 농업기술의 연구개발 시책 마련

① 농림수산식품부장관 또는 지방자치단체의 장은 친환경 농업을
발전시키기 위하여 친환경 농업기술의 연구개발과 보급 및 지
도에 필요한 시책을 마련해야 한다(「친환경농업육성법」 제13조
제1항).

② 농림수산식품부장관 또는 지방자치단체의 장은 친환경 농업기
술 및 자재를 연구개발·보급 또는 지도하는 자에게 이에 필요
한 비용을 지원할 수 있다(「친환경농업육성법」 제13조 제2항).

(3) 친환경 농산물의 인증

① 농림수산식품부장관은 친환경 농업의 육성과 소비자보호를 위
해 농산물이 친환경 농산물임을 인증할 수 있다(「친환경농업육
성법」 제17조 제1항).

② 친환경 농산물의 인증을 받은 친환경 농산물에는 포장, 용기 등
에 다음과 같은 친환경 농산물의 도형 또는 문자의 표시를 할
수 있다(「친환경농업육성법」 제17조 제2항, 「친환경농업육성법
시행규칙」 제8조 제1항 및 별표 2).

※ 친환경 농산물의 인증기준은 「친환경농업육성법 시행규칙」 별표 3에 따른다(「친환경농업
육성법」 제17조 제3항 및 「친환경농업육성법 시행규칙」 제9조).

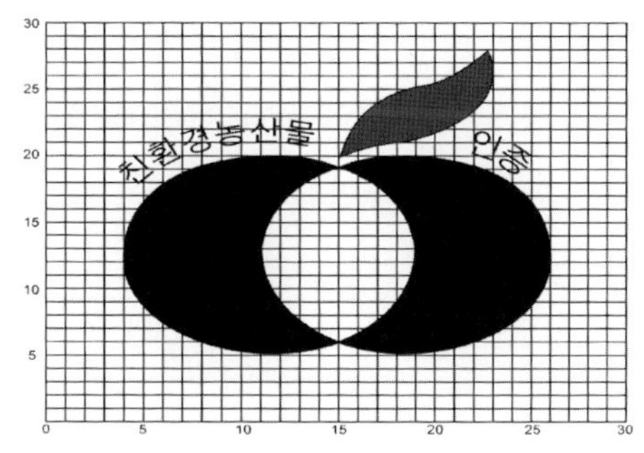

〈그림 2-6〉

제4절 녹색생활 교육·홍보·운동

1. 개관

관계 중앙행정기관의 장은 국민 및 기업들이 녹색생활에 친숙할 수 있도록 하는 시책을 마련하고 지방자치단체, 기업, 민간단체 및 기구 등과 협력체계를 구축하며 교육·홍보를 강화하는 등 범국민적 녹색생활 운동을 적극 전개해야 한다.

관계 중앙행정기관의 장은 저탄소 녹색성장을 위한 교육·홍보를 확대함으로써 산업체와 국민 등이 저탄소 녹색성장을 위한 정책과 활동에 자발적으로 참여하고 일상생활에서 녹색생활 문화를 실천할 수 있도록 해야 한다.

2. 녹색생활 운동의 전개(법 제58조)

① 관계 중앙행정기관의 장은 국민 및 기업들이 녹색생활에 친숙할 수 있도록 하는 시책을 마련하고 지방자치단체, 기업, 민간단체 및 기구 등과 협력체계를 구축하며 교육·홍보를 강화하는 등 범국민적 녹색생활 운동을 적극 전개해야 한다(법 제58조 제1항).

② 관계 중앙행정기관의 장은 녹색생활 운동이 민간주도형의 자발적 실천운동으로 전개될 수 있도록 관련 민간단체 및 기구 등에 대하여 필요한 재정적·행정적 지원 등을 할 수 있다(법 제58조 제2항).

※ '녹색생활'이란 기후변화의 심각성을 인식하고 일상생활에서 에너지를 절약하여 온실가
스와 오염물질의 발생을 최소화하는 생활을 말한다(법 제2조 제6호).

3. 녹색생활 문화의 실천을 위한 교육·홍보 강화

(1) 녹색성장교육·홍보 확대(법 제59 제1항)

관계 중앙행정기관의 장은 저탄소 녹색성장을 위한 교육·홍보를
확대함으로써 산업체와 국민 등이 저탄소 녹색성장을 위한 정책과
활동에 자발적으로 참여하고 일상생활에서 녹색생활 문화를 실천할
수 있도록 해야 한다(법 제59 제1항).

(2) 교육과정 연계 교육 강화(법 제59조 제2항)

관계 중앙행정기관의 장은 녹색생활 문화의 실천이 어릴 때부터
자연스럽게 이루어질 수 있도록 교과용 도서를 포함한 교재 개발 및
교원 연수 등 저탄소 녹색성장에 관한 학교교육을 강화하고 일반 교
양교육, 직업교육, 기초평생교육 과정 등과 통합·연계한 교육을 강
화해야 한다(법 제59조 제2항).

(3) 대중매체를 통한 교육·홍보 강화(법 제59조 제3항, 제4항)

① 관계 중앙행정기관의 장은 녹색생활 문화의 정착과 확산을 촉
  진하기 위하여 신문, 방송, 인터넷포털 등 대중매체를 통한 교
  육·홍보 활동을 강화해야 한다(법 제59조 제3항).
② 공영방송은 지구온난화에 따른 기후변화 및 에너지 관련 프로

그램을 제작·방영하고 공익광고를 활성화하도록 적극 노력해야 한다(법 제59조 제4항).

4. 식생활·교통 분야의 녹색생활 교육

(1) 환경친화적인 식생활 교육

식생활 교육은 식품의 생산부터 소비까지 일련의 과정에서 에너지와 자원의 사용을 줄이고 온실가스 및 오염물질의 배출을 최소화할 수 있는 환경친화적인 식생활이 이루어질 수 있도록 추진되어야 한다(「식생활교육지원법」 제13조).

(2) 경제운전 및 친환경운전 교육

① 국가 및 지방자치단체는 교통부문 연료소비와 온실가스 배출을 감축하기 위해 경제운전에 대한 교육프로그램을 개발·보급하고 다양한 홍보를 추진해야 한다(「지속가능교통물류발전법」 제48조 제1항).

② 환경부장관은 오염물질(온실가스 포함)의 배출을 줄이고 에너지를 절약할 수 있는 운전방법(이하 '친환경운전'이라 함)이 널리 확산·정착될 수 있도록 다음의 시책을 추진해야 하며, 이의 추진을 위해 민간 환경단체 등이 교육·홍보 등 각종 활동을 할 경우 이를 지원할 수 있다(「대기환경보전법」 제77조의 2 및 「대기환경보전법 시행규칙」 제130조의 2).

　㉠ 친환경운전 관련 교육·홍보 프로그램 개발 및 보급

　㉡ 친환경운전 관련 교육 과정 개설 및 운영

　㉢ 친환경운전 관련 전문인력의 육성 및 지원

　㉣ 친환경운전을 체험할 수 있는 체험시설 설치·운영

　㉤ 친환경운전문화 확산을 위한 포탈사이트 구축·운영

　㉥ 친환경운전 안내장치의 보급 촉진 및 지원

　㉦ 친환경운전 지도(전자지도 포함)의 작성·보급

　㉧ 친환경운전 실천 현황 측정 및 인센티브 지원

제5절 녹색국토 조성

1. 개관

정부는 건강하고 쾌적한 환경과 아름다운 경관이 경제발전 및 사회개발과 조화를 이루는 녹색국토를 조성하기 위해 녹색 관련 국토종합계획·도시기본계획을 녹색생활 및 지속가능발전의 기본원칙에 따라 수립·시행해야 한다.

2. 녹색국토의 조성

관계 중앙행정기관의 장은 건강하고 쾌적한 환경과 아름다운 경관이 경제발전 및 사회개발과 조화를 이루는 녹색국토를 조성하기 위해 녹색 관련 국토종합계획·도시기본계획을 녹색생활 및 지속가능발전의 기본원칙에 따라 수립·시행해야 한다.

(1) 녹색국토의 조성

① 녹색생활 기본원칙에 따른 국토종합계획·도시기본계획 수립
   (법 제51조 제1항)

관계 중앙행정기관의 장은 건강하고 쾌적한 환경과 아름다운 경관
이 경제발전 및 사회개발과 조화를 이루는 국토(이하 '녹색국토'라
함)를 조성하기 위해 녹색 관련 국토종합계획·도시기본계획을 녹색
생활 및 지속가능발전의 기본원칙에 따라 수립·시행해야 한다(법
제51조 제1항, 동법 시행령 제40조 제1항 및 별표 6).

〈별표 6〉

☞ 녹색국토 관련 계획(법 시행령 제40조 제1항 및 별표 6)

1. 「생명공학육성법」 제4조 제2항에 따른 생명공학육성기본계획
2. 「원자력법」 제8조의 2 제1항에 따른 원자력진흥종합계획
3. 「핵융합에너지 개발진흥법」 제4조 제1항에 따른 핵융합에너지개발진흥기본계획
4. 「방사성폐기물 관리법」 제6조 제1항에 따른 방사성폐기물 관리에 관한 기본계획
5. 「관광기본법」 제3조 제1항에 따른 관광진흥장기계획
6. 「관광진흥법」 제49조 제1항에 따른 관광개발기본계획
7. 「농어촌정비법」 제4조 제1항에 따른 농어촌 정비 종합계획 및 같은 법 제15조 제1항에 따른 농어촌용수 이용 합리화계획
8. 「농어업·농어촌 및 식품산업 기본법」 제14조 제1항에 따른 농어업·농어촌 및 식품산업 발전계획
9. 「사방사업법」 제3조의 2 제1항에 따른 사방사업기본계획
10. 「산림기본법」 제11조 제1항에 따른 산림기본계획
11. 「친환경농업육성법」 제6조 제1항에 따른 친환경농업 육성계획
12. 「국가균형발전 특별법」 제4조 제1항에 따른 지역발전 5개년계획 중 같은 조 제2항 제9호 및 제10호에 해당하는 계획
13. 「산업발전법」 제19조 제1항에 따른 지속가능경영 종합시책
14. 「산업집적활성화 및 공장설립에 관한 법률」 제3조 제1항에 따른 산업집적활성화 기본계획
15. 「신에너지 및 재생에너지 개발·이용·보급 촉진법」 제5조 제1항에 따른 신·재생에너지의 기술개발 및 이용·보급을 촉진하기 위한 기본계획

16. 「에너지이용 합리화법」 제4조 제1항에 따른 에너지이용 합리화에 관한 기본계획
17. 「전기사업법」 제25조 제1항에 따른 전력수급기본계획
18. 「환경친화적 산업구조로의 전환촉진에 관한 법률」 제3조 제1항에 따른 종합시책
19. 「대기환경보전법」 제11조 제1항에 따른 대기환경개선 종합계획 및 같은 법 제13조 제1항에 따른 황사피해방지 종합대책
20. 「녹노 등 도시지역의 생태계보전에 관한 특별법」 제5조 제1항에 따른 특정도서보전기본계획
21. 「백두대간 보호에 관한 법률」 제4조 제2항에 따른 백두대간보호 기본계획
22. 「수도권 대기환경개선에 관한 특별법」 제8조 제1항에 따른 수도권 대기환경관리 기본계획
23. 「수도법」 제4조 제1항에 따른 수도정비기본계획 및 같은 법 제5조 제1항에 따른 전국수도종합계획
24. 「수질 및 수생태계 보전에 관한 법률」 제24조 제1항에 따른 대권역별 수질 및 수생태계 보전을 위한 기본계획
25. 「습지보전법」 제5조 제1항에 따른 습지보전기본계획
26. 「야생동·식물보호법」 제5조 제1항에 따른 야생동·식물보호기본계획
27. 「유해화학물질 관리법」 제6조 제1항에 따른 유해화학물질의 관리에 관한 기본계획
28. 「자연공원법」 제11조 제1항에 따른 공원기본계획
29. 「자연환경보전법」 제8조 제1항에 따른 자연환경보전을 위한 기본계획
30. 「자원의 절약과 재활용촉진에 관한 법률」 제7조 제1항에 따른 자원순환기본계획
31. 「친환경상품 구매촉진에 관한 법률」 제4조 제1항에 따른 친환경 상품의 구매촉진을 위한 기본계획
32. 「폐기물관리법」 제10조 제1항에 따른 국가 폐기물 관리 종합계획
33. 「토양환경보전법」 제4조 제1항에 따른 토양보전에 관한 기본계획
34. 「환경정책기본법」 제12조 제1항에 따른 국가환경종합계획 및 같은 법 제14조의 2 제1항에 따른 환경보전중기종합계획
35. 「환경기술개발 및 지원에 관한 법률」 제3조 제1항에 따른 환경기술개발 종합계획
36. 「골재채취법」 제5조 제1항에 따른 골재수급기본계획
37. 「교통안전법」 제15조 제1항에 따른 국가교통안전기본계획
38. 「국가통합교통체계효율화법」 제4조 제1항에 따른 국가기간교통망에 관한 계획
39. 「국토기본법」 제9조 제1항에 따른 국토종합계획
40. 「국토의 계획 및 이용에 관한 법률」 제11조 제1항에 따른 광역도시계획 및 같은 법 제18조 제1항에 따른 도시기본계획
41. 「대도시권 광역교통관리에 관한 특별법」 제3조 제1항에 따른 대도시권광역교통기본계획
42. 「댐건설 및 주변지역지원 등에 관한 법률」 제4조 제1항에 따른 댐건설장기계획
43. 「도로법」 제22조 제1항에 따른 도로정비 기본계획
44. 「수도권정비계획법」 제4조 제1항에 따른 수도권정비계획
45. 「주택법」 제7조 제1항에 따른 주택종합계획
46. 「지역균형개발 및 지방중소기업 육성에 관한 법률」 제5조 제1항 및 제2항에 따른 광역개발사업계획
47. 「지하수법」 제6조 제1항에 따른 지하수관리기본계획
48. 「철도건설법」 제4조 제1항에 따른 국가철도망구축계획
49. 「하천법」 제23조 제1항에 따른 수자원장기종합계획 및 같은 법 제24조 제1항에 따른 유역종합치수계획

50. 「공유수면매립법」 제4조 제1항에 따른 공유수면매립기본계획
51. 「어장관리법」 제3조 제1항에 따른 어장관리 기본계획
52. 「연안관리법」 제6조 제1항에 따른 연안통합관리계획 및 같은 법 제21조 제1항에 따른 연안정비기본계획
53. 「항만법」 제5조 제1항에 따른 항만기본계획
54. 「해양생태계의 보전 및 관리에 관한 법률」 제9조 제1항에 따른 해양생태계보전·관리기본계획
55. 「해양수산발전 기본법」 제6조 제1항에 따른 해양수산발전기본계획
56. 「해양환경관리법」 제14조 제1항에 따른 해양환경관리종합계획
57. 「지속가능교통물류발전법」 제7조 제1항에 따른 지속가능 국가교통물류발전 기본계획
58. 「도시 및 주거환경정비법」 제3조 제1항에 따른 도시·주거환경정비기본계획
59. 그 밖에 위원회의 의결을 거쳐 위원장이 선정한 주요 중·장기행정계획

② 녹색국토 조성을 위한 시책 마련(법 제51조 제2항)

관계 중앙행정기관의 장은 녹색국토를 조성하기 위해 다음의 사항을 포함하는 시책을 마련해야 한다(법 제51조 제2항).

ㄱ 에너지·자원 자립형 탄소중립도시 조성

ㄴ 산림·녹지의 확충 및 광역생태축 보전

ㄷ 해양의 친환경적 개발·이용·보존

ㄹ 저탄소 항만의 건설 및 기존 항만의 저탄소 항만으로의 전환

ㅁ 친환경 교통체계의 확충

ㅂ 자연재해로 인한 국토 피해의 완화

ㅅ 그 밖에 녹색국토 조성에 관한 사항

③ 녹색성장위원회의 의견 청취(법 제51조 제3항)

관계 중앙행정기관의 장은 다음의 어느 하나에 해당하는 계획을 수립할 경우에는 미리 녹색성장위원회의 의견을 들어야 한다(법 제

51조 제3항 및 동법 시행령 제40조 제2항).

　㉠ 「국토기본법」 제9조 제1항에 따른 국토종합계획 및 같은 법
　　제13조 제1항에 따른 도종합계획
　㉡ 「국가균형발전 특별법」 제4조 제1항에 따른 지역발전 5개년
　　계획
　㉢ 「수도권정비계획법」 제4조 제1항에 따른 수도권정비계획
　㉣ 그 밖에 녹색성장위원회 심의를 거쳐 위원장이 필요하다고
　　인정하는 계획

(2) 환경친화적 국토개발

① 환경친화적 국토관리

㉠ 국가 및 지방자치단체는 국토에 관한 계획이나 사업을 수립·
집행함에 있어서 자연환경과 생활환경에 미치는 영향을 사전에
고려해야 하며, 환경에 미치는 부정적인 영향이 최소화될 수
있도록 해야 한다(「국토기본법」 제5조 제1항).
㉡ 국가 및 지방자치단체는 국토의 무질서한 개발을 방지하고 국
민생활에 필요한 토지를 원활하게 공급하기 위해 토지이용에
관한 종합적인 계획을 수립하고 이에 따라 국토공간을 체계적
으로 관리해야 한다(「국토기본법」 제5조 제2항).
㉢ 국가 및 지방자치단체는 산, 하천, 호소, 연안, 해양으로 이어
지는 자연생태계를 통합적으로 관리·보전하고 훼손된 자연생
태계를 복원하기 위한 종합적인 시책을 추진함으로써 인간이

자연과 더불어 살 수 있는 쾌적한 국토환경을 조성해야 한다(「
국토기본법」 제5조 제3항).

② 수노권의 환경친화적인 개발계획의 수립·시행
관계 중앙행정기관의 장 또는 서울특별시장·인천광역시장·경기
도지사는 다음의 계획을 수립할 경우 그 계획의 시행으로 수도권지역
에 유발되는 대기오염이 최소화될 수 있도록 환경친화적으로 수립·
시행해야 한다(「수도권 대기환경개선에 관한 특별법」 제10조 및 「수
도권 대기환경개선에 관한 특별법 시행령」 제6조).

㉠ 「국토의 계획 및 이용에 관한 법률」 제11조에 따른 광역도시
계획
㉡ 「저탄소 녹색성장 기본법」 제41조에 따른 에너지기본계획
㉢ 「국가통합교통체계효율화법」 제4조에 따른 국가기간교통망
계획
㉣ 「대도시권 광역교통관리에 관한 특별법」 제3조 및 제3조의 2
에 따른 대도시권광역교통기본계획 및 대도시권광역교통시
행계획
㉤ 「경제자유구역의 지정 및 운영에 관한 특별법」 제2조 제2호
에 따른 경제자유구역개발계획
㉥ 「도시 및 주거환경정비법」 제3조에 따른 도시·주거환경정비
기본계획
㉦ 「수도권정비계획법」 제4조에 따른 수도권정비계획
㉧ 「집단에너지사업법」 제3조에 따른 집단에너지공급기본계획

ⓩ 「환경정책기본법」 제25조의 2에 따른 사전환경성검토의 대
상이 되는 행정계획

(3) 저탄소 녹색도시 조성

① 저탄소 녹색도시 조성을 위한 도시계획 수립의 원칙[「저탄소
녹색도시 조성을 위한 도시계획수립 지침」(국토해양부 훈령 제
422호, 2009. 8. 23. 발령·시행)]

　㉠ 도시계획수립권자(이하 '수립권자'라 함)는 도시계획이 정부
의 저탄소 녹색성장을 위한 정책목표에 부합하도록 하며, 국
가기후변화종합기본계획 및 국가에너지기본계획 등 관련 국
가계획과 연계되도록 한다.

　㉡ 수립권자는 도시계획 수립 시 온실가스 저감 등 기후변화에
대응하기 위해 공간구조, 교통체계, 환경의 보전과 관리, 에
너지 및 공원·녹지 등 도시계획 각 부문을 체계적이고 포괄
적으로 접근하여 수립한다.

　㉢ 수립권자는 도시계획 수립 시 온실가스 감축과 자원절약형 개
발 및 관리를 위해 한계자원인 토지, 화석연료 등의 소비를 최
소화하고 이들을 효율적으로 이용할 수 있는 방안을 계획한다.

　㉣ 수립권자는 도시계획 수립 시 태양력, 풍력, 조력 등 신·재
생에너지원을 확보할 수 있는 잠재력을 분석·반영하고, 에
너지 절감을 위한 신·재생에너지 등 환경친화적 에너지의
공급 및 사용을 위한 대책을 수립한다.

　㉤ 수립권자는 도시계획 수립 시 기후변화 완화 및 적응을 위하

여 지역의 지리적, 사회·경제여건 등 지역의 특성을 반영하여 수립하며, 지역의 특성에 따라 계획의 수립 여부 및 계획의 상세 정도를 달리하여 수립할 수 있다.

② 도시림 조성 등 시범사업 실시

산림청장은 국토의 녹색네트워크 구축과 가로수 기능의 유지 및 증진을 위해 지방자치단체의 장과 협의하여 다음의 시범사업을 할 수 있다(「산림자원의 조성 및 관리에 관한 법률 시행규칙」 제24조의2 제2항).

　㉠ 가로수 조성에 관한 사항
　㉡ 가로수 관리에 관한 사항
　㉢ 그 밖에 가로수와 관련된 사업

제6절 녹색교통 체계 구축

1. 개관

정부는 에너지소비량과 온실가스 배출량을 최소화하는 저탄소 교통체계를 구축하기 위해 철도 등에 대한 투자를 지속적으로 확대하고 버스, 지하철, 경전철 등 대중교통수단을 확대하며, 자전거 등의 이용 및 연안해운을 활성화해야 한다.

정부는 온실가스와 대기오염을 최소화하고 교통체증으로 인한 사회적 비용을 획기적으로 줄이며 대도시, 수도권 등에서의 교통체증을 근본적으로 해결하기 위한 교통수요관리대책을 마련해야 한다.

2. 녹색교통

국토해양부장관은 에너지소비량과 온실가스 배출량을 최소화하는 저탄소교통체계를 구축하기 위해 철도 등에 대한 투자를 지속적으로 확대하고 버스, 지하철, 경전철 등 대중교통수단을 확대하며, 자전거 등의 이용 및 연안해운을 활성화해야 한다.

국토해양부장관은 온실가스와 대기오염을 최소화하고 교통체증으로 인한 사회적 비용을 획기적으로 줄이며 대도시, 수도권 등에서의 교통체증을 근본적으로 해결하기 위한 교통수요관리대책을 마련해야 한다.

(1) 저탄소 교통체계 구축(법 제53조)

① 교통부문 온실가스 감축 목표 설정(법 제53조 제1항)

  ㉠ 국토해양부장관은 교통부문의 온실가스 감축을 위한 환경을 조성하고 온실가스 배출 및 에너지의 효율적인 관리를 위해 온실가스 감축목표 등을 설정·관리해야 한다(법 제53조 제1항).

  ㉡ 이에 따라 국토해양부장관은 다음의 사항을 포함하는 교통부문의 온실가스 감축, 에너지절약 및 에너지 이용효율 목표를 관계 중앙행정기관의 장과 협의를 거쳐 수립·시행해야 한다(동법 시행령 제41조).

    ㉮ 자동차, 기차, 항공기, 선박 등 교통수단별 온실가스 배출 현황 및 에너지 소비율

    ㉯ 에너지 종류별 온실가스 배출 현황

    ㉰ 5년 단위의 온실가스 감축, 에너지절약 및 에너지 이용효율 목표와 그 이행계획

    ㉱ 연차별 온실가스 감축, 에너지절약 및 에너지 이용효율 목표와 그 이행계획

② 온실가스 배출 감축 조치

  ㉠ 국가 및 지방자치단체는 「기후변화에 관한 국제연합 기본협약」의 시행을 위해 교통물류체계를 전환하거나 조정함으로써 온실가스 배출량을 감축할 수 있도록 필요한 조치를 해야 한다(「지속가능교통물류발전법」 제16조 제1항).

  ㉡ 국토해양부장관은 온실가스 배출량을 감축하기 위해 온실가

스 배출 감축 등 목표를 설정해야 하며, 이 경우 자동차, 철도, 항공기, 선박 등 교통수단별 특성과 기능 등 국내 여건과 각국의 동향 등을 종합적으로 고려해야 한다(「지속가능교통물류발전법 시행령」 제13조 제1항 및 제2항).

ⓒ 국토해양부장관은 관계 중앙행정기관의 장과 협의하여 교통물류의 단위당 온실가스 배출량을 산출하는 계수(係數)(이하 '온실가스배출계수'라 함)를 개발하여 관련 자료를 작성해야 하며, 이를 활용하여 지속가능 교통물류발전 정책을 추진해야 한다(「지속가능교통물류발전법」 제16조 제2항).

㉮ 온실가스 배출계수는 자동차, 철도, 항공기, 선박 등 교통수단에 따라 구분하여 개발·관리해야 한다(「지속가능교통물류발전법 시행령」 제14조 제1항).

㉯ 국토해양부장관은 온실가스 배출계수를 개발하는 경우에는 관계 중앙행정기관의 장과 협의(자동차에 대한 온실가스 배출계수의 경우에는 지식경제부장관 및 환경부장관과의 협의)한 후 국가교통위원회의 심의를 거쳐 확정하고 이를 관보에 고시해야 한다(「지속가능교통물류발전법 시행령」 제14조 제3항).

③ 환경친화적 교통수단의 확대

국토해양부장관·특별시장·광역시장·시장 또는 군수는 온실가스 등으로 인한 지구온난화를 방지하고 쾌적한 교통물류 여건을 조성하기 위해 필요하다고 인정하면 관계 중앙행정기관의 장과의 협의를 거쳐 환경친화적 교통수단의 운행 확대를 위한 다음의 조치를 해

야 한다(「지속가능교통물류발전법」 제28조 및 「지속가능교통물류발
전법 시행령」 제29조).

  ㉠ 환경친화적 교통수단에 대한 교통물류가격의 감면 등의 지원
  ㉡ 환경친화적 교통수단 구매자에 대한 교통물류 관련 사업 인
   가·허가 등에서의 우대
  ㉢ 환경친화적 교통수단에 대한 통행 우선권 부여
  ㉣ 교통물류 정보화 사업 지원
  ㉤ 교통수단의 대체 지원(「수도권 대기환경개선에 관한 특별법」
   제25조에 따른 경비 지원, 「대기환경보전법」 제58조에 따른
   보조 또는 융자 및 「환경친화적 자동차의 개발 및 보급촉진
   에 관한 법률」 제10조에 따른 환경친화적 자동차의 구입 지
   원은 제외함)
  ㉥ 그 밖에 주차장 확보 지원 등 국토해양부장관이 환경친화적
   교통수단의 운행 확대를 위하여 필요하다고 인정하는 조치

(2) 대중교통 이용 활성화 등(법 제53조 제2항)

① 대중교통 분담률 등에 대한 중장기 및 단계별 목표를 설정·관
 리(법 제53조 제2항)
  ㉠ 국토해양부장관은 에너지소비량과 온실가스 배출량을 최소
   화하는 저탄소 교통체계를 구축하기 위해 대중교통분담률,
   철도수송분담률 등에 대한 중장기 및 단계별 목표를 설정·
   관리해야 한다(법 제53조 제2항).

ⓛ 국토해양부장관은 대중교통을 체계적으로 육성·지원하고
국민의 대중교통 이용을 촉진하기 위해 관계 중앙행정기관
의 장 및 특별시장·광역시장·도지사(이하 '시·도지사'라
함)의 의견을 들어 대중교통정책의 기본방향과 목표, 대중교
통수단 간 수송분담률의 현황과 목표 등의 사항이 포함된 5
년 단위의 대중교통기본계획을 수립해야 한다(「대중교통의
육성 및 이용촉진에 관한 법률」 제5조 제1항·제2항 및 「대
중교통의 육성 및 이용촉진에 관한 법률 시행령」 제3조).

ⓒ 국가는 에너지이용의 효율성, 환경친화성 및 수송효율성이
높은 철도의 역할이 국가의 건전한 발전과 국민의 교통편익
증진을 위해 필수적인 요소임을 인식하여 적정한 철도수송분
담의 목표를 설정하여 유지하고 이를 위한 철도시설을 확보
하는 등 철도산업발전을 위한 여러 시책을 마련해야 한다
(「철도산업발전기본법」 제4조 제2항).

② 철도투자 확대(법 제53조 제3항)

㉠ 국토해양부장관은 철도가 국가기간교통망의 근간이 되도록
철도에 대한 투자를 지속적으로 확대해야 한다(법 제53조 제
3항 전문).

ⓛ 국가는 각종 국가계획에 철도시설 투자의 목표치와 투자계획
을 반영해야 하며, 매년 교통시설 투자예산에서 철도시설 투
자예산의 비율이 지속적으로 높아지도록 노력해야 한다(「철
도산업발전기본법」 제7조 제2항).

ⓒ 국가 및 지방자치단체는 철도산업의 육성·발전을 촉진하기

위해 철도산업에 대한 재정·금융·세제·행정상의 지원을
할 수 있다(「철도산업발전기본법」 제8조).

③ 대중교통수단 등의 확대(법 제53조 제3항)

㉠ 국토해양부장관은 버스, 지하철, 경전철 등 대중교통수단을
확대하며, 자전거 등의 이용 및 연안해운을 활성화해야 한다
(법 제53조 제3항 후문).

㉡ 국토해양부장관은 국내에서 최초로 개발한 교통수단에 대한
기술 또는 외국에서 도입하여 소화·개량한 기술이 국내에서
신규성·진보성 등이 있다고 판단되고 그 기술을 국가교통체
계에 보급·활용할 필요가 있다고 인정되는 경우로서 그 기
술을 개발한 자(이하 '기술개발자'라 함)가 요청하는 경우에
는 그 기술을 새로운 교통기술(이하 '교통신기술'이라 함)로
지정할 수 있다. 다만, 다른 법령에 따라 신기술로 지정된 경
우에는 해당 법령에 따른다(「국가통합교통체계효율화법」 제
102조 제1항).

㉢ 국토해양부장관은 지정된 교통신기술의 실용화 등에 필요한
다음과 같은 재정적·행정적 지원 등을 할 수 있다(「국가통
합교통체계효율화법」 제102조 제2항 및 「국가통합교통체계
효율화법 시행령」 제99조 제1항).

㉮ 기술개발자의 금융지원 요청이 있는 경우 관계 기관에 대
하여 중소기업은행의 기술개발자금, 여신전문금융회사의
신기술사업자금, 기술신용보증기금의 기술신용보증, 그 밖
에 기술개발 및 보급 등을 위하여 정부 및 공공기관이 조성

한 자금의 우선 지원 요청

㉯ 교통신기술의 기술이나 제품이 기존 기술이나 제품에 비해
효율성 등이 높은 경우 공공기관에 대하여 우선 적용 또는
구매 권고

㉰ 교통신기술에 대한 전시회 개최, 해외진출 지원 등 홍보지원

㉱ 그 밖에 교통신기술의 보급 및 촉진을 위하여 필요하다고
인정되는 조치

㉣ 특별시장·광역시장·도지사·제주특별자치도지사 및 시장·군
수·자치구의 구청장은 지방경찰청장·경찰서장 또는 지방
국토관리청장 등의 의견을 들어 다음의 사항이 포함된 자전
거이용 활성화 계획을 5년마다 수립해야 한다(「자전거이용
활성화에 관한 법률」 제5조 및 「자전거이용 활성화에 관한
법률 시행령」 제4조).

㉮ 자전거이용시설 정비의 기본방향

㉯ 연도별 자전거이용 활성화 계획

㉰ 자전거이용자의 안전성 확보를 위한 방안

㉱ 자전거도로망 등 자전거이용시설 상호 간의 연계성

㉲ 철도역, 도시철도역, 버스터미널 등 대중교통시설과의 연계성

㉳ 통학로, 통근로 등 주요 교통로 등에 대한 자전거도로 노선
계획

㉤ 행정기관의 장은 다음의 계획을 수립할 경우에는 자전거의
이용 및 자전거이용시설 확충계획을 포함해야 한다(「자전거
이용 활성화에 관한 법률」 제8조).

㉮ 「국토의 계획 및 이용에 관한 법률」에 따른 도시계획

㉯ 「도시교통정비 촉진법」에 따른 도시교통정비기본계획
㉰ 택지개발계획이나 공업단지·관광단지의 조성계획 또는
공공도로의 개설·확장 및 재정비계획

⑤ 대중교통 이용촉진을 위한 조치

국가 및 지방자치단체는 교통 관련 계획을 수립하거나 개발사업을
집행할 경우 대중교통의 육성 및 이용촉진을 위한 다음의 조치를 우
선적으로 고려해야 한다(「지속가능교통물류발전법」 제23조 제1항 및
「지속가능교통물류발전법 시행령」 제26조).

㉠ 대중교통의 수송 분담목표 설정
㉡ 대중교통수단의 우선통행
㉢ 대중교통 육성을 위한 재정지원
㉣ 대중교통 환승 할인 및 환승체계 구축
㉤ 간선급행버스체계 및 중앙버스전용차로 구축
㉥ 버스정보시스템 구축
㉦ 환경친화적 저상(低床)버스 도입
㉧ 철도 등 대중교통의 고속화 및 급행화
㉨ 새로운 교통수단의 도입
㉩ 그 밖의 대중교통의 육성 및 이용 촉진을 위한 조치

(3) 교통수요관리 대책 마련(법 제53조 제4항)

국토해양부장관은 온실가스와 대기오염을 최소화하고 교통체증으

로 인한 사회적 비용을 획기적으로 줄이며 대도시, 수도권 등에서의
교통체증을 근본적으로 해결하기 위해 다음의 사항을 포함하는 교통
수요관리대책을 마련해야 한다(법 제53조 제4항).

ㄱ 혼잡통행료 및 교통유발부담금 제도 개선
ㄴ 버스·저공해차량 전용차로 및 승용차진입제한 지역 확대
ㄷ 통행량을 효율적으로 분산시킬 수 있는 지능형 교통정보시스템
  확대·구축

① 교통수요관리
  ㄱ 시장(특별시장·광역시 및 특별자치도지사 포함. 이하 같음)
    은 도시교통정비지역 안의 일정한 지역에서 자동차의 운행을
    억제해야 할 필요가 있다고 인정되면 1회에 30일 이내의 기
    간을 정하여 자동차의 운행을 제한할 수 있으며, 이를 실시하
    려면 미리 그 목적, 기간, 대상지역, 자동차의 종류·용도·
    사용목적, 그 밖에 필요한 사항을 고시해야 한다(「도시교통
    정비 촉진법」 제34조).
  ㄴ 시장은 도시교통의 원활한 소통과 대기오염의 개선을 위해
    관할하는 전체 지역 또는 일부 지역에서 주민이 스스로 정한
    요일 등 특정한 날에 승용자동차를 운행하지 않는 승용차부
    제를 장려할 수 있으며, 승용차부제에 참여하는 주민 또는
    참여주민에게 혜택을 제공하는 등 승용차부제 활성화에 기여
    하는 사업자에 대해 필요한 행정적·재정적 지원을 할 수 있
    다(「도시교통정비 촉진법」 제34조의 2).

ⓒ 시장은 통행속도 또는 교차로 지체시간 등을 고려하여 혼잡
통행료 부과지역을 지정하고, 일정 시간대에 혼잡통행료 부
과지역으로 들어가는 자동차에 대하여 혼잡통행료를 부과·
징수할 수 있다(「도시교통정비 촉진법」 제35조 및 「도시교통
정비 촉진법 시행령」 제15조).

ⓔ 도시인구 10만 명 이상의 시장은 도시교통정비지역에서 교통혼
잡의 원인이 되는 시설물의 소유자로부터 매년 교통유발부담금
을 부과·징수할 수 있다(「도시교통정비 촉진법」 제36조 제1항·
제2항 및 「도시교통정비 촉진법 시행령」 제16조).

② 대중교통수단의 우선통행을 위한 조치

ⓙ 특별시장·광역시장·시장(이하 '시장'이라 함) 또는 군수는
대중교통의 이용을 촉진하고 원활한 교통소통을 확보하기 위
해 필요하다고 인정되는 경우에는 관계 행정기관의 협의를
거쳐 노선버스 등 대중교통수단이 우선적으로 통행할 수 있
도록 다음의 조치를 해야 한다(「대중교통의 육성 및 이용촉
진에 관한 법률」 제10조 제1항 및 「대중교통의 육성 및 이용
촉진에 관한 법률 시행령」 제11조).

㉮ 간선급행버스체계의 구축

㉯ 고가 또는 지하도로 등 교차로의 입체화

㉰ 노선버스 중심의 지능형 교통체계의 구축

㉱ 도로의 노면을 이용하는 도시철도시설의 설치·운영

㉲ 「도로교통법」 제15조에 따른 버스전용차로의 설치

ⓛ 국토해양부장관은 고속도로에서 대중교통수단의 우선통행

및 원활한 소통을 확보하기 위해 필요하다고 인정되는 경우
에는 버스전용차로의 설치를 경찰청장에게 요청할 수 있으
며, 요청을 받은 경찰청장은 특별한 사유가 없는 한 이에 응
해야 한다(「대중교통의 육성 및 이용촉진에 관한 법률」 제10
조 제2항).

③ 지능형 교통정보시스템 확대·구축
　㉠ 국토해양부장관은 육상·해상·항공 교통 분야의 지능형 교
통체계의 개발·보급을 촉진하기 위해 10년 단위로 다음의
사항을 포함한 지능형교통체계에 관한 국가 차원의 기본계획
(이하 '지능형 교통체계기본계획'이라 함)을 수립하고, 지능
형 교통체계 여건 변화를 고려하여 5년마다 지능형 교통체계
기본계획을 전반적으로 재검토하고 필요한 경우 그 내용을
정비해야 한다(「국가통합교통체계효율화법」 제73조 제1항,
제2항 및 제3항).
　㉮ 지능형 교통체계의 구축 목표 및 기본 방향
　㉯ 교통서비스별 지능형 교통체계의 구축·운영을 위한 추진
전략 및 추진체계
　㉰ 육상·해상·항공 교통 분야별 지능형 교통체계의 구축·
운영을 위한 추진전략 및 추진체계
　㉱ 지능형 교통체계의 연구·개발, 산업화 및 표준화
　㉲ 지능형 교통체계의 구축에 필요한 재원
　㉳ 그 밖에 교통 관련 제도의 개선 등 지능형 교통체계의 구축
및 운영을 위해 필요한 사항

ⓛ 시·도지사 또는 시장·군수(광역시에 있는 군수는 제외)는 지능형 교통체계기본계획 등을 반영하여 해당 지역의 지능형 교통체계에 관한 기본계획을 수립할 수 있다(「국가통합교통체계효율화법」 제74조 제1항 본문).

ⓒ 다음의 어느 하나에 해당하는 자는 교통수단과 공공교통시설을 이용하여 지능형 교통체계를 구축·운영하고 활용하는 사업(이하 '교통체계 지능화사업'이라 함)을 시행할 수 있다(「국가통합교통체계효율화법」 제77조 제1항, 「국가통합교통체계효율화법 시행령」 제71조 제2항).

㉮ 지능형 교통체계기본계획에 따라 분야별 지능형교통체계의 구축 및 운영을 관장하는 중앙행정기관의 장 및 지방자치단체의 장

㉯ 공기업 및 「정부출연연구기관 등의 설립·운영 및 육성에 관한 법률」 또는 그 밖의 다른 법률에 따라 설립된 정부출연기관

㉰ 「사회기반시설에 대한 민간투자법」 제2조 제7호에 따른 사업시행자

※ 교통체계 지능화사업의 대상(「국가통합교통체계효율화법 시행령」 제71조 제1항)

1. 지능형 교통체계를 설계·구축·유지 또는 보수하는 사업
2. 지능형 교통체계와 관련된 정보·통신·제어 등 지원시설 또는 장비를 설치하는 사업
3. 지능형 교통체계를 활용하여 교통과 관련된 정보를 수집·처리·보관·가공 또는 제공하는 사업
4. 「전기통신사업법」에 따른 전기통신사업 중 교통정보제공과 관련된 사업
5. 1.부터 4.까지의 사업에 부대되는 사업

제7절 녹색건축 구현

1. 개관

국토해양부장관과 환경부장관은 지속 가능한 개발의 실현과 자원 절약형이고 자연친화적인 건축물의 건축을 유도하기 위해 공동으로 친환경 건축물 인증제도를 실시한다.

정부는 에너지이용 효율 및 신·재생에너지의 사용비율이 높고 온실가스 배출을 최소화하는 건축물을 확대하기 위해 녹색건축물 등급제 등의 정책을 수립·시행해야 한다.

정부는 건축물에 사용되는 에너지소비량과 온실가스 배출량을 줄이기 위해 일정한 건축물에 대한 중장기 및 기간별 목표를 설정·관리해야 하며, 기존 건축물이 녹색건축물로 전환되도록 에너지 진단 및 에너지절약사업과 이를 통한 온실가스 배출을 줄이는 사업을 지속적으로 추진하는 등 녹색건축물의 확대 보급을 위해 노력해야 한다.

2. 친환경 건축물의 인증

국토해양부장관과 환경부장관은 지속 가능한 개발의 실현과 자원 절약형이고 자연친화적인 건축물의 건축을 유도하기 위해 공동으로 친환경 건축물 인증제도를 실시한다.

(1) 친환경 건축물 인증 실시

국토해양부장관과 환경부장관은 지속 가능한 개발의 실현과 자원 절약형이고 자연친화적인 건축물의 건축을 유도하기 위해 공동으로 친환경 건축물 인증제도를 실시한다(「건축법」 제65조 제1항).

(2) 인증대상

친환경 건축물 인증은 「건축법」에 따른 건축물로서 다음과 같이 모든 용도의 신축 건물을 그 대상으로 한다(「친환경건축물의 인증에 관한 규칙」 제2조).

① 공동주택
② 복합건축물(주거)
③ 업무용 건축물
④ 학교시설
⑤ 판매시설
⑥ 그 밖의 건축물

(3) 인증신청

① 친환경 건축물의 인증신청은 다음의 어느 하나에 해당하는 자가 건축허가를 받았거나 신고를 한 건축물의 공사 또는 「주택법」 제16조에 따라 사업계획승인을 받은 주택건설사업을 마친 후에 할 수 있다(「건축법」 제65조 제3항 및 「친환경 건축물의 인증에 관한 규칙」 제6조 제1항).

ㄱ 건축주

ㄴ 건축물 소유자

ㄷ 시공자(건축주나 건축물 소유자가 인증신청을 동의하는 경우
  에 한함)

② 친환경 건축물의 인증을 받으려는 자는 인증기관에 인증을 신
  청해야 하며, 인증신청이 된 경우 해당 건축물은 친환경 건축
  물의 인증을 받기 전에 사용승인 또는 사용검사를 받아야 한다
  (「건축법」 제65조 제3항 및 「친환경 건축물의 인증에 관한 규
  칙」 제6조 제2항 본문).

③ 인증 결과에 따라 개별 법령으로 정하는 제도적·재정적 지원
  을 받는 경우에는 인증 전 사용승인·사용검사를 요하지 않는
  다(「친환경 건축물의 인증에 관한 규칙」 제6조 제2항 단서).

(4) 인증심사

① 인증기관의 장은 인증신청을 받으면 인증심사단을 구성하여 인증
  기준에 따라 서류심사와 현장실사(現場實査)를 하고, 심사 내용,
  심사 점수, 인증 여부 및 인증등급을 포함한 인증심사결과서를 작
  성한 후, 「친환경 건축물의 인증에 관한 규칙」 제7조 제4항에 따
  른 인증심의위원회의 심의를 거쳐 인증 여부 및 인증등급을 결정
  한다(「친환경 건축물의 인증에 관한 규칙」 제7조 제1항 및 제3항).

② 인증등급은 최우수(그린1등급), 우수(그린2등급), 우량(그린3등

급) 또는 일반(그린4등급)으로 구분된다[「친환경 건축물의 인
증에 관한 규칙」 제7조 제1항, 「친환경 건축물 인증기준」(국토
해양부 고시 제2010-301호, 환경부 고시 제2010-52호, 2010.
5. 17. 발령, 2010. 7. 1. 시행) 제6조 및 별표 9].

〈별표 9〉

※ 친환경 건축물 인증의 심사기준은 토지이용, 교통, 에너지, 재료 및 자원, 수자원, 환경오
   염, 유지관리, 생태환경 및 실내환경 분야를 중심으로 건축물의 용도에 따라 다음과 같이
   구분된다(「친환경 건축물 인증기준」 제5조).

구분	심사 기준
공동주택	「친환경건축물 인증기준」 별표 1
복합건축물(주거)	「친환경건축물 인증기준」 별표 2
업무용 건축물	「친환경건축물 인증기준」 별표 3
학교시설	「친환경건축물 인증기준」 별표 4
판매시설	「친환경건축물 인증기준」 별표 5
그 밖의 건축물	「친환경건축물 인증기준」 별표 6

(5) 인증서 발급

인증기관의 장은 인증심사 결과 친환경 건축물로 인증을 하는 경
우에는 신청인에게 친환경 건축물 인증서를 발급하고, 다음과 같은
인증명판(認證名板)을 제공해야 한다(「친환경 건축물의 인증에 관한
규칙」 제8조 제1항, 별표 2 및 별지 제4호 서식).

친환경 건축물 최우수(그린 1등급)

친환경 건축물 우수(그린 2등급)

친환경 건축물 우량(그린 3등급)

친환경 건축물 일반(그린 4등급)

〈그림 2-7〉 인증명단

(6) 친환경 건축물의 소유자 등의 의무

친환경 건축물로 인증을 받은 건축물의 소유자 또는 관리자는 그 건축물을 인증받은 기준에 맞게 유지·관리해야 한다(「친환경 건축물의 인증에 관한 규칙」 제8조 제2항).

3. 녹색건축물 등급제(법 제54조)

(1) 개념

관계 중앙행정기관의 장은 에너지이용 효율 및 신·재생에너지의 사용비율이 높고 온실가스 배출을 최소화하는 녹색건축물을 확대하기 위해 녹색건축물 등급제 등의 정책을 수립·시행해야 한다.

에너지 성능이 높은 건축물의 건축을 확대하고 건축물의 효과적인 에너지관리를 위해 건축물 에너지효율등급 인증제가 시행된다.

(2) 녹색건축물 등급제 수립·시행(법 제54조 제1항)

관계 중앙행정기관의 장은 에너지이용 효율 및 신·재생에너지의 사용비율이 높고 온실가스 배출을 최소화하는 건축물(이하 '녹색건축물'이라 함)을 확대하기 위해 녹색건축물 등급제 등의 정책을 수립·시행해야 한다(법 제54조 제1항).

(3) 건축물 에너지효율등급 인증제

① 건축물 에너지효율등급 인증제의 시행

국토해양부장관과 지식경제부장관은 에너지 성능이 높은 건축물의 건축을 확대하고, 건축물의 효과적인 에너지관리를 위하여 공동으로 건축물 에너지효율등급 인증제를 시행한다(「건축법」 제66조의 2 제1항).

② 인증대상 건축물

건축물의 에너지효율등급 인증(이하 '인증'이라 함)대상 건축물은 「건축법」에 따른 건축물로서 공동주택 또는 업무용 건축물을 그 대상으로 한다[「건축법」 제66조의 2 제4항, 「건축물 에너지효율등급 인증규정」(국토해양부 고시 제2009-1306호, 지식경제부 고시 제2009-329호, 2009. 12. 31. 발령, 2010. 1. 1. 시행) 제2조 및 별표 2].

③ 인증신청

인증은 신청서류 접수, 평가보고서 작성, 예비인증 및 본인증 순으로 이루어지며, 본인증 또는 예비인증을 받으려는 다음의 어느 하나에 해당하는 자는 에너지관리공단이 운영하는 인증관리시스템에서 인증기관을 선택하여 신청해야 한다(「건축물 에너지효율등급 인증규정」 제11조 제1항 및 제2항).

ㄱ 건축주
ㄴ 건축물 소유자
ㄷ 시공자(건축주나 건축물 소유자가 인증신청을 동의하는 경우에 한함)

※ '예비인증'이란 건축물의 완공 전에 설계도서 등을 통하여 평가된 결과를 토대로 에너지효율등급을 인증하는 것을 말한다(「건축물 에너지효율등급 인증규정」 제3조 제1호).

※ '본인증'이란 건축물의 준공 승인 전에 최종설계도서 및 현장확인을 거쳐 최종적으로 평가된 결과를 토대로 에너지효율등급을 인증하는 것을 말한다(「건축물 에너지효율등급 인증규정」 제3조 제2호).

④ 인증 등급 및 기준

㉠ 공동주택의 인증등급은 다음과 같이 총에너지절감률에 따라 5
등급으로 구분되며, 업무용 건축물의 인증등급은 다음과 같이
연간 난위면적당 1차 에너지소요량에 따라 5개 등급으로 구분
된다(「건축물 에너지효율등급 인증규정」 제9조 및 별표 1).

〈별표 1〉

등급	신축 공동주택 [총(總)에너지절감률]	신축 업무용 건축물 [연간 단위면적당 1차 에너지소요량(kWh/㎡ · 년)]
1	40% 이상	300 미만
2	30% 이상 40 % 미만	300 이상 350 미만
3	20% 이상 30 % 미만	350 이상 400 미만
4	10% 이상 20 % 미만	400 이상 450 미만
5	0% 이상 10 % 미만	450 이상 500 미만

㉡ 건축물 에너지효율등급 인증을 위한 평가기준은 다음과 같다(「건
축물 에너지효율등급 인증규정」 제10조 및 별표 2).

㉮ 공동주택

$$총에너지절감율(\%) = \frac{\Sigma(단위공동주택의\ 에너지절감율 \times 단위공동주택의\ 총전용면적)}{공동주택의\ 총전용면적}$$

$$단위공동주택의\ 에너지절감률(\%) = \frac{\Sigma(단위세대의\ 에너지절감률 \times 단위세대의\ 전용면적)}{단위공동주택의\ 총전용면적}$$
$$+\ 기타(에너지절약효과가\ 있다고\ 인정되는\ 설계기술의\ 해당\ 절감률)$$

$$에너지\ 소요량 = 해당\ 건축물에\ 설치된\ 난방,\ 냉방,\ 급탕,\ 조명,\ 환기시스템에서\ 소요되는\ 에너지량$$

㉯ 업무용 건축물

$$
\text{단위면적당 에너지 소요량} = \frac{\text{난방에너지소요량}}{\text{난방에너지가 요구되는 공간의 바닥면적}}
$$

$$
+ \frac{\text{냉방에너지소요량}}{\text{냉방에너지가 요구되는 공간의 바닥면적}}
$$

$$
+ \frac{\text{급탕에너지소요량}}{\text{급탕에너지가 요구되는 공간의 바닥면적}}
$$

$$
+ \frac{\text{조명에너지소요량}}{\text{조명에너지가 요구되는 공간의 바닥면적}}
$$

$$
+ \frac{\text{환기에너지소요량}}{\text{환기에너지가 요구되는 공간의 바닥면적}}
$$

단위면적당 1차 에너지소요량 = 단위면적당 에너지소요량 × 1차 에너지 환산계수

⑤ 인증에 따른 지원 및 활용

　㉠ 인증을 받은 사실의 홍보는 건축물과 직접 관련 있는 인쇄물, 광고물 등에 사용할 수 있으며, 이 경우 인증범위, 인증기관명, 인증일자, 인증등급을 반드시 포함해야 한다. 예비인증의 경우에는 건축물의 완공 후 최종 등급이 달라질 수 있음을 동시에 알려야 한다(「건축물 에너지효율등급 인증규정」 제12조).

　㉡ 일정수준 이상의 인증등급을 획득한 건축물은 개별 법령에 따라 제도적·재정적 지원을 받을 수 있다. 다만, 예비인증 결과를 바탕으로 지원을 받는 경우에는 본 인증 시 예비인증 등급과 같거나 높은 등급을 취득하는 경우에 한한다(「건축물 에너지효율등급 인증규정」 제13조).

　㉢ 인증을 받는 건축물의 경우에는 「건축법」 제66조 제2항에 따른 설계기준을 준수하지 않을 수 있다(「건축법」 제66조의 2 제5항).

4. 녹색건축물의 확대

(1) 개관

관계 중앙행정기관의 장은 건축물에 사용되는 에너지소비량과 온실가스 배출량을 줄이기 위해 일정한 건축물에 대한 중장기 및 기간별 목표를 설정·관리해야 한다.

관계 중앙행정기관의 장은 기존 건축물이 녹색건축물로 전환되도록 에너지 진단 및 에너지절약사업과 이를 통한 온실가스 배출을 줄이는 사업을 지속적으로 추진하는 등 녹색건축물의 확대 보급을 위해 노력해야 한다.

(2) 건축물의 에너지소비량 및 온실가스 배출량 감축 등

① 에너지소비량 및 온실가스 감축 목표 설정·관리(법 제54조 제2항)

  ㉠ 관계 중앙행정기관의 장은 건축물에 사용되는 에너지소비량과 온실가스 배출량을 줄이기 위해 연면적 500제곱미터 이상인 건축물로서 다음의 어느 하나에 해당하는 건축물에 대한 중장기 및 기간별 목표를 설정·관리해야 한다(법 제54조 제2항, 동법 시행령 제42조 제1항 및 「건축법 시행령」 제91조 제2항).

● 공동주택	● 의료시설
● 제1종 근린생활시설 중 목욕장	● 교육연구시설 중 학교
● 문화 및 집회시설	● 운동시설 중 수영장
● 종교시설	● 업무시설
● 판매시설	● 숙박시설
● 운수시설	● 장례식장

〚 국토해양부장관은 건물의 에너지소비량 및 온실가스 감축 목표를 설정·관리하기 위해 시행계획을 수립하고, 필요한 경우 에너지 소비 및 온실가스 감축에 관한 세부기준을 정할 수 있다(동법 시행령 제42조 제2항).

② 온실가스 등 감축을 위한 건축단계별 대책 및 기준 마련(법 제54조 제3항)

관계 중앙행정기관의 장은 건축물의 설계, 건설, 유지관리, 해체 등의 전 과정에서 에너지·자원 소비를 최소화하고 온실가스 배출을 줄이기 위하여 설계기준 및 허가·심의를 강화하는 등 설계, 건설, 유지관리, 해체 등의 단계별 대책 및 기준을 마련하여 시행해야 한다(법 제54조 제3항).

③ 지능형 계량기 부착(법 제54조 제5항)

관계 중앙행정기관의 장은 신축되거나 개축되는 건축물에 대해서는 전력소비량 등 에너지의 소비량을 조절·절약할 수 있는 지능형 계량기를 부착·관리하도록 할 수 있다(법 제54조 제5항).

(3) 녹색건축물의 확대 보급

① 녹색건축물로의 전환(법 제54조 제4항)

관계 중앙행정기관의 장은 기존 건축물이 녹색건축물로 전환되도록 에너지 진단 및 에너지절약사업과 이를 통한 온실가스 배출을 줄이는 사업을 지속적으로 추진해야 한다(법 제54조 제4항).

② 공공건축물에 대한 녹색시책(법 제54조 제6항)

관계 중앙행정기관의 장은 중앙행정기관 등 다음 기관의 건축물이 녹색건축물의 선도적 역할을 수행하도록 건축물 에너지효율등급제 및 건축물의 에너지소비량 및 온실가스 배출량 감축을 위한 각종 시책을 이행하고, 그 이행사항을 점검·관리해야 한다(법 제54조 제6항 및 동법 시행령 제43조 제1항).

　　㉠ 중앙행정기관
　　㉡ 지방자치단체
　　㉢ 「공공기관의 운영에 관한 법률」에 따른 공공기관
　　㉣ 「지방공기업법」에 따른 지방공사와 지방공단
　　㉤ 「정부출연연구기관 등의 설립·운영 및 육성에 관한 법률」에
　　　　따른 연구기관 및 같은 법 제18조에 따른 연구회
　　㉥ 「과학기술분야 정부출연연구기관 등의 설립·운영 및 육성에
　　　　관한 법률」에 따른 연구기관 및 연구회
　　㉦ 「지방자치단체출연 연구원의 설립 및 운영에 관한 법률」에
　　　　따른 지방자치단체출연연구원

◎ 「국립대학병원 설치법」, 「국립대학치과병원 설치법」, 「서울
대학교병원 설치법」 및 「서울대학교치과병원 설치법」에 따
른 병원
ⓩ 「고등교육법」에 따른 국립대학 및 공립대학

③ 신도시 및 도시 재개발에 따른 녹색건축물 확대(법 제54조 제7항)
관계 중앙행정기관의 장은 다음의 어느 하나에 해당하는 신도시의
개발 또는 도시 재개발을 하는 경우에는 녹색건축물을 확대·보급하
도록 노력해야 한다(법 제54조 제7항 및 동법 시행령 제43조 제2항).

ⓖ 「택지개발촉진법」에 따라 330만 제곱미터 이상의 규모로 시
행되는 택지개발사업
ⓛ 「신행정수도 후속대책을 위한 연기·공주지역 행정중심복합
도시 건설을 위한 특별법」에 따라 시행되는 행정중심복합도
시건설사업
ⓓ 「기업도시개발 특별법」에 따라 시행되는 기업도시개발사업
ⓔ 「공공기관 지방이전에 따른 혁신도시 건설 및 지원에 관한 특
별법」에 따라 시행되는 혁신도시개발사업
ⓜ 그 밖에 100만 제곱미터 이상의 도시개발사업

④ 녹색건축물 확대를 위한 자금 지원 등(법 제54조 제8항)
관계 중앙행정기관의 장은 녹색건축물의 확대를 위해 해당 건축물
이 다음의 어느 하나에 해당하는 건축물이거나 필요하다고 인정되는
경우에는 자금의 지원, 조세의 감면 등의 지원을 할 수 있다(법 제54

조 제8항 및 동법 시행령 제43조 제3항).

   ㉠ 친환경건축물의 인증을 받은 건축물

   ㉡ 건축물의 에너지효율등급제에 따른 인증기준에 따라 산정한 에너지 성능지표 점수의 합계가 80점 이상이거나 건축물 에너지효율등급 인증을 받은 건축물

   ㉢ 「건축법」 제22조에 따라 사용승인을 받은 후 5년이 지난 건축물 중 국토해양부장관이 에너지 효율을 개선하기 위해 지원이 필요하다고 인정한 경우

   ㉣ 그 밖에 녹색건축물을 확대하기 위해 국토해양부장관이 자금의 지원 또는 조세의 감면이 필요하다고 인정한 경우

제8절 녹색관광 촉진·활용

1. 개관

정부는 동·식물의 서식지, 생태적으로 우수한 자연환경자산, 지역의 특색 있는 문화자산 등을 조화롭게 보존·복원 및 이용하여 이를 관광자원화하고 지역경제를 활성화함으로써 생태관광을 촉진하고, 국민 모두가 생태체험·교육의 장으로 활용할 수 있도록 해야 한다.

2. 생태관광

관계 중앙행정기관의 장은 동·식물의 서식지, 생태적으로 우수한
자연환경자산, 지역의 특색 있는 문화자산 등을 조화롭게 보존·복
원 및 이용하여 이를 관광자원화하고 지역경제를 활성화함으로써 생
태관광을 촉진하고, 국민 모두가 생태체험·교육의 장으로 활용할
수 있도록 해야 한다.

(1) 생태관광 추진(법 제56조)

관계 중앙행정기관의 장은 동·식물의 서식지, 생태적으로 우수한
자연환경자산, 지역의 특색 있는 문화자산 등을 조화롭게 보존·복
원 및 이용하여 이를 관광자원화하고 지역경제를 활성화함으로써 생
태관광을 촉진하고, 국민 모두가 생태체험·교육의 장으로 활용할
수 있도록 해야 한다(법 제56조).

① 지속 가능한 관광자원의 개발 장려

문화체육관광부장관은 에너지·자원의 사용을 최소화하고 기후변
화에 대응하며 환경 훼손을 줄이는 지속 가능한 관광자원의 개발을
장려하기 위해 정보제공 및 재정지원 등 필요한 조치를 강구할 수 있
다(「관광진흥법」 제48조의 3).

② 관광상품 개발

문화체육관광부장관과 지방자치단체의 장은 관광객의 유치, 관광

복지의 증진 및 관광 진흥을 위해 다음의 사업을 추진할 수 있다(「관
광진흥법」 제48조 제4항).

    ㉠ 문화, 체육, 레저 및 산업시설 등의 관광자원화사업
    ㉡ 해양관광의 개발사업 및 자연생태의 관광자원화사업
    ㉢ 관광상품의 개발에 관한 사업
    ㉣ 국민의 관광복지 증진에 관한 사업

(2) 생태관광의 육성

① 자연환경보전 기본방침 수립

환경부장관은 자연환경보전을 실현하기 위해 관계 중앙행정기관의
장 및 특별시장·광역시장·도지사의 의견을 듣고 환경정책위원회 및
국무회의의 심의를 거쳐 자연환경의 지속 가능한 이용, 생태·경관보
전지역의 관리 등에 관한 사항을 포함한 자연환경보전을 위한 기본방
침을 수립해야 한다(「자연환경보전법」 제6조 제1항 및 제2항).

② 생태관광 육성

    ㉠ 환경부장관은 생태적으로 건전하고 자연친화적인 관광(이하
       '생태관광'이라 함)을 육성하기 위해 문화체육관광부장관과
       협의하여 지방자치단체, 관광사업자 및 자연환경의 보전을
       위한 민간단체에 대하여 지원할 수 있다(「자연환경보전법」
       제41조 제1항).
    ㉡ 환경부장관은 문화체육관광부장관 및 지방자치단체의 장과

협조하여 생태관광에 필요한 교육, 생태관광자원의 조사·발굴 및 국민의 건전한 이용을 위한 시설의 설치·관리를 위한 계획을 수립·시행하거나 지방자치단체의 장에게 권고할 수 있다(「자연환경보전법」 제41조 제2항).

(3) 접경지역 관광 지원

※ '접경지역'이란 「군사기지 및 군사시설 보호법」 제2조 제7호에 따른 민간인통제선 이남(以南)의 시·군의 관할 구역에 속하는 지역으로서 민간인통제선으로부터 거리 및 지리적 여건, 개발 정도 등을 기준으로 하여 「접경지역지원법 시행령」 제2조에 따른 지역을 말한다. 다만, 군사분계선 남방 2킬로미터 지점을 잇는 선으로부터 민간인통제선 사이의 지역으로서 「접경지역지원법 시행령」 제2조에 따른 집단취락지역과 해상의 북방한계선 이남 지역 중 백령도, 대청도, 소청도, 대연평도, 소연평도와 그 주변 도서(島嶼)는 접경지역으로 본다(「접경지역지원법」 제2조 제1호).

① 접경지역의 자연환경 보전

환경부장관은 남방 한계선 이남부터 민간인통제선 이북 지역과 접경지역의 무분별한 개발을 방지하고 자연환경을 체계적으로 보전하기 위해 기초 조사를 실시해야 하며, 이를 기초로 자연환경 보전 대책을 수립·시행해야 한다(「접경지역지원법」 제16조 제1항).

② 접경지역 관광시설 등에 대한 지원

㉠ 관계 중앙행정기관의 장은 접경지역에 각급 학교, 문예회관, 도서관, 박물관 등을 포함한 문화시설, 관광·숙박·위락시설 및 체육시설(이하 '교육·문화·관광시설'이라 함)이 적절히 설치되고 유치될 수 있도록 해야 한다(「접경지역지원법」 제17조 제1항).

ⓛ 이에 따라 접경지역에 교육·문화·관광시설을 설치하거나 접경지역 밖의 지역에 설치된 교육·문화·관광시설을 접경지역으로 이전하려는 자에게는 우선적으로 인·허가 등을 할 수 있다(「접경지역지원법」 제17조 제2항).

보칙

1. 자료제출 등의 요구(법 제60조)

① 위원회는 직무 수행상 필요하다고 인정되는 경우 관계 중앙행
정기관·지방자치단체·공공기관의 장에게 저탄소 녹색성장에
관한 정보 또는 자료의 제출을 요구할 수 있다.
② 요구를 받은 관계 기관의 장은 국방상 또는 국가안전보장상 기
밀을 요하는 사항 등 정당한 사유가 없으면 이에 응하여야 한다.

2. 국제협력의 증진(법 제61조)

① 정부는 외국 및 국제기구 등과 저탄소 녹색성장에 관한 정보교
환, 기술협력 및 표준화, 공동조사·연구 등의 활동에 참여하
여 국제협력, 국외진출의 증진을 도모하기 위한 각종 시책을 마
련하도록 한다.

② 국가는 개발도상국가가 기후변화에 효과적으로 대응하고 지속
가능발전을 촉진할 수 있도록 재정 지원을 하는 등 국제사회의
기대에 맞는 국가적 책무를 성실히 이행하고 국가의 외교적 위
상을 높일 수 있도록 노력하여야 한다.

③ 정부는 국제기구 및 관련 기관에서 발표하는 공신력 있는 기후
변화대응 평가에 대한 국가별 지수에서 우리나라의 위상 및 평
가가 올라갈 수 있도록 기후변화대응을 적극 추진하고 국제협
력을 강화하며 관련 정보를 충분히 제공하는 등 모든 노력을 기
울여야 한다.

3. 국회 보고(법 제62조)

① 정부는 녹색성장 국가전략을 수립하였을 때에는 지체 없이 국
회에 보고하여야 한다.

② 중앙행정기관의 장은 중앙추진계획을 수립하였을 때에는 지체
없이 소관 상임위원회(또는 관련 특별위원회)에 보고하여야 하
며, 그 이행결과를 다음 해 2월 말일까지 소관 상임위원회(또는
관련 특별위원회)에 보고하여야 한다.

4. 국가보고서의 작성(법 제63조)

① 정부는 「기후변화에 관한 국제연합 기본협약」에서 정하는 바에
따라 국가보고서를 작성할 수 있다.

② 정부는 국가보고서를 작성하기 위하여 필요한 경우 관계 중앙

행정기관의 장에게 자료의 제출을 요청할 수 있다. 이 경우 관계 중앙행정기관의 장은 특별한 사유가 없으면 요청에 따라야 한다.

③ 정부는 국가보고서를 「기후변화에 관한 국제연합 기본협약」의 당사국총회에 제출할 때에는 위원회의 심의를 거쳐야 한다.

5. 과태료(법 제64조)

① 다음의 자에게는 1천만 원 이하의 과태료를 부과한다(법 제64조 제1항). 따라서 과태료는 부문별 관장기관이 환경부장관과 협의하여 부과·징수한다(동법 시행령 제44조 제1항). 과태료의 부과기준은 별표 7과 같다(동법 시행령 제44조 제2항).

  ㉠ 제42조 제6항·제9항 또는 제44조 제1항에 따른 보고를 하지 아니하거나 거짓으로 보고한 자
  ㉡ 제42조 제8항에 따른 개선명령을 이행하지 아니한 자
  ㉢ 제42조 제9항에 따른 공개를 하지 아니한 자
  ㉣ 제44조 제2항에 따른 시정이나 보완 명령을 이행하지 아니한 자

② 부문별 관장기관은 위반행위의 정도, 그 동기와 결과 등을 고려하여 별표 7에 따른 과태료 금액의 2분의 1의 범위에서 그 금액을 가중하거나 경감할 수 있다. 다만, 가중하는 때에는 법 제64조 제1항에 따른 과태료 금액의 상한을 넘을 수 없다(동법 시행령 제44조 제2항).

<별표 7>

위반 행위	근거 조문	과태료 금액
1. 관리업체가 법 제42조 제6항에 따른 보고를 하지 아니하거나 거짓으로 보고한 경우 가. 1개월 이내의 기간 경과 나. 1개월 초과 3개월 이내의 기간 경과 다. 3개월 초과의 기간 경과 라. 거짓으로 보고한 경우	법 제64조 제1항 제1호	300만 원 500만 원 700만 원 1,000만 원
2. 관리업체가 법 제42조 제9항에 따른 보고를 하지 아니하거나 거짓으로 보고한 경우 가. 1개월 이내의 기간 경과 나. 1개월 초과 3개월 이내의 기간 경과 다. 3개월 초과의 기간 경과 라. 거짓으로 보고한 경우	법 제64조 제1항 제1호	300만 원 500만 원 700만 원 1,000만 원
3. 관리업체가 법 제44조 제1항에 따른 보고를 하지 아니하거나 거짓으로 보고한 경우 가. 1개월 이내의 기간 경과 나. 1개월 초과 3개월 이내의 기간 경과 다. 3개월 초과의 기간 경과 라. 거짓으로 보고한 경우	법 제64조 제1항 제1호	300만 원 500만 원 700만 원 1,000만 원
4. 관리업체가 법 제42조 제8항에 따른 개선명령을 이행하지 아니한 경우 가. 1차 위반 나. 2차 위반 다. 3차 이상 위반	법 제64조 제1항 제2호	300만 원 600만 원 1,000만 원
5. 관리업체가 법 제42조 제9항에 따른 공개를 하지 아니한 경우	법 제64조 제1항 제3호	1,000만 원
6. 관리업체가 법 제44조 제2항에 따른 시정이나 보완 명령을 이행하지 아니한 경우 가. 1차 위반 나. 2차 위반 다. 3차 이상 위반	법 제64조 제1항 제4호	300만 원 600만 원 1,000만 원

※ 비고: 위반행위의 횟수에 따른 과태료의 부과기준은 최근 1년간 같은 위반행위로 부과처분을 받은 경우에 적용한다.

PART 03

국제환경협약의 현황과 기후변화협약 관련 주요 용어

01

국제환경협약 현황

국제환경협약은 우루과이라운드 이후 그린라운드(Green round)가 새로운 무역규제 장벽으로 등장하면서 국제환경협약에 대한 관심이 높아지고 있다. 1933년부터 1990년에 이르기까지 체결된 국제환경협약은 150여 개에 달하며 모든 협약이 무역규제 조항을 담고 있는 것은 아니다. 특히 1992년에 열린 리우회의를 전후해서 빠르게 진행되고 있다. 지금 국제적 영향력이 큰 우리나라가 가입한 국제환경협약은 몬트리올의정서, 런던협약, 바젤협약, 생물다양성보존협약, 기후변화협약, 사막화방지협약, 람사협약 등이다. 이들 협약 중에서 기후변화협약, 생물다양성협약, 사막화방지협약은 3대 UN환경협약으로 불린다. 기후변화대응과 관련한 협약으로는 기후변화협약이라 할 수 있다. 아래는 협약이 발효한 순서대로 그 개념을 대략적으로 기술하고, 기타 관련 국제환경협약을 정리하였다.

비엔나협약(오존층보호협약, Vienna Convention for the Protection

of the Ozone Layer): 이 협약의 당사자는, 오존층의 변화가 인간의 건강과 환경에 대하여 잠재적으로 유해한 영향을 미침을 인식하고, 지구환경문제를 논의하기 위한 최초의 세계회의인 국제연합 인간환경회의(1972. 6. 5~6.16, 스웨덴 스톡홀름에서 개최, UN인간환경회의 선언은 법적 구속력은 없으나 지구환경보전과 관련된 국제적 합의 또는 협약의 기본 지침은 될 수 있다) 선언의 관련규정 중 특히 원칙 제21에서 "국가는 국제연합헌장과 국제법 원칙에 따르고 고유의 환경정책에 입각하여 자기 나라 자원을 개발할 주권적 권리를 가지며, 자기 나라의 관할 또는 통제지역 안의 활동 때문에 다른 국가나 또는 관할권 이외 지역의 환경에 피해가 발생하지 아니하도록 보장할 책임을 진다"고 규정하고 있음을 상기하며, 개발도상국의 사정과 특별한 요구사항을 고려하고, 국제기구와 국내기관에서 진행되는 작업 및 연구 특히 국제연합 환경계획(UNEP)의 오존층에 관한 세계적 행동계획에 유념하며, 또한 국내적·국제적 차원에서 이미 취하여진 오존층 보호를 위한 조치에 유념하고, 인간 활동 때문에 변화되는 오존층을 보호하기 위한 법적·행정적 예방조치는 국제적 협력과 행동을 필요로 하며, 조사 연구·관찰 및 정보 교환 등 과학적·기술적 관련 요소에 기초하여야 함을 인식하며, 또한 오존층에 관한 과학적 지식과 오존층의 변화 때문에 초래될 수 있는 역효과에 관한 과학적 지식을 보다 발전시키기 위한 계속적 연구 및 체계적 관측이 필요함을 인식하고, 오존층의 변화 때문에 초래되는 역효과로부터 인간의 건강과 환경을 보호하기 위한 오존층 파괴물질을 규제할 목적으로 비엔나에서 1985년 3월 22일 채택되었고, 1985년 9월 발효되었다. 우리나라는 1992. 2. 27.에 가입하였다.

몬트리올의정서(Montreal Protocol): 비엔나협약 후속조치로서 채택된 의정서이다. 정식 명칭은 '오존층을 파괴시키는 물질에 대한 몬트리올의정서'이다. 1974년 F.S. 로우랜드 교수가 제기한 오존층 파괴문제가 지구적 문제가 되었다. 이에 따라 1985년 오존층 보호에 관한 비엔나협약이 체결되어 협약 강화를 위한 의정서 채택 근거가 마련되었고, 1987년 몬트리올에서 정식으로 체결되었다. 목적은 오존층 파괴물질의 생산 및 사용의 규제에 있다. 주요 내용을 보면, 염화불화탄소(CFCs 또는 프레온)의 단계적 감축, 비가입국에 대한 통상제재, 1990년부터 최소한 4년에 한번 과학적·환경적·기술적·경제적 정보에 입각하여 규제수단을 재평가하도록 한 것이다. 오존층 파괴물질인 CFCs나 할론(halon) 등의 사용을 규제하고 있다. 1974년 미국 과학자들에 의해 에어컨냉매로 사용되는 CFCs의 사용규제에 관한 논의가 시작되었고 이후 약 10년에 걸쳐 환경전문가와 정부 간 회의(IPCC)를 통하여 1985년 3월 오존층 보호에 관한 비엔나협약을 체결하고, 이어 1987년 9월 몬트리올의정서가 정식으로 채택되어 1989년 1월부터 발효되었다. 우리나라는 1992년 5월 27일에 가입하였다. 그런데 이와 관련된 협약이 선진 각국의 가입국 회의를 통해 예상보다 빠르게 진행되면서 1992년 11월 덴마크의 코펜하겐에서 열린 제4차 가입국 회의에서는 당초 2000년 1월에 전폐하기로 했던 계획이 1996년 1월로 앞당겨졌고 규제 대상물질도 20종에서 95종으로 확대되었다.

런던협약(London Dumping Convention): 런던협약은 선박, 항공기 또는 해양시설로부터 폐기물이나 다른 물질의 해양투기로 인한 해양오염을 방지하기 위한 국제협약이다. 유럽 북해가 각국의 폐기물 투기로 오염이 심해짐에 따라 1972년 2월 유럽 국가들이 모여 체결한 오슬로협약이 그 모체이다. 런던협약은 이 오슬로협약을 모체로 하여 1972년 채택되어 1975년부터 발효되었다. 우리나라는 1992년 12월에 런던협약에 가입했으며, 1994년 1월부터 효력이 발생하였다. 런던협약에 가입한 국가는 매해 자국이 해양에 버리고 있는 폐기물 현황을 협약사무국에 보고할 의무가 있으나 무역 규제조항은 없다. 런던협약에도 불구하고 나날이 해양오염이 심각해지면서 1993년 1월에 개최된 런던협약 당사국 총회[1]에서는 종전의 고준위 방사성폐기물에 적용된 해양투기금지를 저준위 방사성물질을 포함한 모든 방사성폐기물의 해양투기 금지로 강화하였고, 1996년 1월부터는 산업폐기물의 해양투기도 금지하기로 결의하였다.[2]

'96의정서의 구성은 전문, 본문(제1조~제22조) 및 3종류의 부속조항, 그리고 부록으로 되어 있다. 부속조항에는 다음과 같이 규제하고 있다. ① 유기할로겐화합물, 수은화합물, 높은 오염 수준의 방사성폐기물 등 규정된 규제물질의 해양투기 및 해양소각은 원칙적으로 금지한다. 단, 유기할로겐화합물 및 기름에 대해서는 특별 허가에 의해 해상소각이 가능하다. ② 비소화합물, 시안화합물, 불소화합물 등

---

1) 런던협약에 의한 당사국 총회는 1년마다 개최되고 있다.

2) 런던협약의 개정판 성격인 「'96의정서」는 협약 당사국의 이행준수 강화 등을 위해 1996년에 채택되어 2006년 3월에 발효됐다. 런던협약 '96의정서는 사전예방원칙과 오염자부담원칙을 도입하고, 8개 허용물질을 제외한 모든 물질의 배출을 금지하고 있으며, 해상소각 금지, 덤핑·소각을 위한 폐기물 수출금지, 기타 폐기물 배출관리를 위한 당사국의 의무사항 등을 규정하고 있는데 현재 영국, 독일 등 36개국이 가입했으며, 우리나라 주변국인 중국은 2006년 6월, 일본은 2007년 10월에 각각 가입했다. 런던협약 가입국 수는 85개국으로 우리나라는 '93년에 이미 가입했으며, 2006년 2월 해양환경관리법령(〈구〉해양오염방지법령) 개정 시 배출가능품목을 축소 조정하고, 해양배출처리기준을 강화하는 등 '96의정서 내용의 수용을 완료하였다.

에 대한 해양투기 및 해상소각은 사전의 특별 허가를 받아야 한다. 기타의 규제물질은 사전에 일반 허가를 받으면 해양투기 및 해상소각을 할 수 있다. ③ 해양투기 가능 기준 설정에서 고려하여야 할 폐기물의 특성, 투기 장소의 특성 등을 정하고 있다. 그리고 2009년 3월 런던의정서가 발효되면서 2012년부터는 이 런던협약에 의해 음식물쓰레기는 물론 축산분뇨 등을 바다에 투기하는 것은 완전 금지된다.[3]

바젤협약(Basel Convention): 유해폐기물의 국가 간 이동(수출입) 및 처리에 관한 국제협약으로, 1976년 이탈리아 소베소에서 발생한 다이옥신 유출사고 때 증발한 폐기물 41배럴이 1983년 그린피스(Green Peace)에 의해 프랑스의 한 마을에서 발견되면서 국제적인 문제가 대두

---

[3] 예로부터 바다는 폐기물을 값싸게 처리하는 대상으로 여기다 보니 폐기물의 해양투기가 이어져 왔고 그로 인한 해양오염 문제가 끊임없이 발생하고 있다. 1986년 발생한 키안시(Khian Sea) 선박사건은 미국 필라델피아에서 발생한 폐기물소각장 재를 아이티 근해에 투기한 것으로, 대표적인 불법 해양투기 사례이다. 이러한 불법적인 해양투기 외에도 국제적으로 폐기물의 해양투기가 '자국의 영해'에서 버젓하게 이뤄지고 있다. 우리나라는 1988년부터 수산업, 양식업 등 다른 분야의 해양 이용을 저해하지 않는 범위에서 바다가 가진 자연정화 능력을 이용하자는 취지로 군산 앞바다, 포항 앞바다, 그리고 울산 근처 등 3개의 해상지역에 폐기물을 버리고 있다. 버려지는 폐기물의 종류는 음식물쓰레기가 전체의 약 23%로 가장 많고, 그 외 가축분뇨와 하수슬러지 등이 포함되어 있다. 지역별로는 포항 앞바다에 버려지는 폐기물이 전체의 60%로 가장 많고, 군산 앞바다에는 24%, 울산 앞바다에는 나머지 16%가 버려지고 있다. 투기되는 양도 1988년에는 약 55만 톤이었으나 2005년에는 975만 톤으로 18배나 급격히 증가하였다. 지난 20년 동안 약 1억 톤에 해당하는 쓰레기가 버려진 것으로 추정되는데 이는 국민 1인당 약 2톤에 해당하는 엄청난 양이다. 이러한 해양투기와 해양오염은 비단 우리나라만의 문제가 아니다. 국제사회에서도 폐기물의 해양투기가 지속적으로 이루어져 왔다. 하지만 계속되는 해양투기로 인해 해양오염의 심각성이 커지면서 해양투기 및 해양오염의 원인을 총체적으로 규제하는 내용을 담은 런던협약이 1972년 채택되었다. 이후 해양투기를 하던 국가들은 우선적으로 방사성 폐기물의 해양투기를 엄격히 금하였고, 해양에 버려지는 폐기물의 양을 최소화하기 시작했다. 그러나 여전히 바다에 버려지는 폐기물로 인한 해양오염 문제가 계속됨에 따라 1996년에는 런던협약을 보다 구체화한 런던의 정서가 2009년 3월 발효되면서 쓰레기의 해양투기를 이전보다 강력하게 규제할 수 있는 국제적 기준이 마련되었다[조용성 런던협약과 해양환경보호, 〈세계일보〉 2010. 06. 30.(수)].

되었다. 그 후 여러 사건이 발생하여 1987년 6월 '유해폐기물의 환경적으로 건전한 관리를 위한 카이로 지침과 원칙'이 합의되었다. 1989년 3월 카이로 지침을 바탕으로 스위스 바젤에서 세계 116개국 대표가 참석한 가운데 바젤협약이 채택되었으며, 1992년 5월에 협약이 발효되었다. 유해폐기물에 대한 국제적 이동(수출입)의 통제와 규제를 목적으로 한다. 주요 내용을 보면, 유해폐기물과 기타 폐기물의 처리에 있어서 건전한 관리가 보장되어야 하며, 유해폐기물의 수출·수입 경유국 및 수입국에 사전통보를 의무화하고 있다. 협약에서 가장 논란이 일어난 것이 유해폐기물의 정의에 관한 것이었다. 우리나라는 1994년 3월 가입하였고, 관련 국내법인 「폐기물의 국가 간 이동 및 그 처리에 관한 법률」이 5월부터 시행되었다. 1994년 3월 제네바에서 64개 바젤협약국 폐기물 수출의 즉각 금지안을 채택, 회복 가능 또는 재생 폐기물의 경우는 1997년 말까지 점진적으로 적용키로 했다.

생물다양성보존협약(生物多樣性保存協約, CBD: Convention on Biological Diversity): 지구에서 서식하는 생물종을 보호하기 위한 협약으로, 생물종은 지구 상에 존재하는 모든 생물과 이 생물들이 서식하는 생태계 및 생물이 가진 유전자도 포함한다. 국제사회에서 생물종의 보호가 처음 논의되기 시작한 것은 1987년 유엔환경계획(UNEP)에서 생물종을 보호하기 위하여 전문가회의를 개최하면서부터였다. 그 뒤 7차례에 걸친 각 정부 간 회의(IPCC)를 통해 1992년 6월 브라질 리우회의에서 158개 국가의 대표가 이 협약에 서명함으로써 채택되었으며 1993년 12월 29일부터 발효되었다. 우리나라는 1994년 10월 생물다양성협약의 154번째 회원국으로 가입했다. 현재

198개국이 가입돼 있다. 목적은 생물종을 보호하여 희귀유전자의 보전, 생태계의 다양성, 생태계의 균형유지 등에 있다. 그러나 중요한 생물공학기술의 이전문제와 생물다양성 보전을 위한 재정지원문제는 합의를 보지 못하였다. 또한 미국은 미국 내의 반발로 서명을 하지 않았다.

생물다양성협약의 구성은 전문과 42개 조항, 2개 부속서로 이루어져 있으며 각 국가별로 별도의 지침을 만들어 이를 실천할 수 있도록 생물자원을 주체적으로 이용하는 것을 제한하고 있다. 생물다양성협약은 환경영향평가를 도입하도록 유도, 각종 개발사업으로 인해 발생되는 생물에 대한 악영향을 최소화, 상호 간에 합의된 조건과 사전 통보된 협의에 따라 유전자원을 이용하도록 하며, 이에 따른 기술접근과 기술이전을 공정한 조건으로 해당 국가에 제공하는 것을 주요 내용으로 한다.

한편 당사국 총회는 2년에 한 번씩 개최되는데, 경기도 남양주시는 2014년 제12차 생물다양성협약 당사국 총회 유치 중이다. 남양주시는 2010년 10월 18일부터 29일까지 12일간 일본 나고야(名古屋)에서 열리는 제10차 당사국 총회(제10차 생물다양성협약총회, CBD COP10)에서 제12차 총회 유치를 선언할 방침이다.

람사협약(the Ramsar Convention on Wetlands): 정식명칭은 '물새서식처로서 국제적으로 중요한 습지의 보전에 관한 국제협약(Convention on Wetlands of International Importance especially as Waterfowl Habitat)'이다. 람사협약은 지난 1971년 이란의 람사에서 채택된 습지에 관한 협약으로 '자연 자원의 보전과 현명한 이용'

에 관해 맺어진 최초의 국제적인 정부 간 협약이다. 이 협약은 지난 1975년에 발효됐으며, 우리나라는 1997년 3월에 가입했다. 협약은 국경을 넘어 이동하는 물새를 국제 자원으로 규정하고 가입국에 습지를 보전하는 정책을 펴도록 의무화하고 있다. 람사협약이 규정하는 습지는 자연적 또는 인공적, 담수나 염수에 관계없이 소택지, 습원 등을 말하며 간조 시에 수심이 6m를 넘지 않는 해역을 포함한다. 개펄, 호수, 하천, 양식장, 해안, 산호초도 습지에 포함된다. 람사협약 가입국은 협약가입 때 1개 이상의 자국 습지를 람사습지로 지정해야 하며, 람사습지의 추가 또는 축소 시 사무국에 통보해야 한다. 또 가입국은 람사습지로 지정된 습지의 보전 및 적정 이용계획을 수립, 시행해야 한다. 물새의 수를 늘리기 위해서도 노력해야 한다. 전 세계적으로는 967개의 습지가 국제적으로 중요한 습지목록에 등재돼 있으며 그 면적은 7,100만 ha에 달한다. 우리나라에서는 1997년에 강원도 인제군 대암산 '용늪'이 최초로 람사습지로 등록되었으며, 1998년에 경남 창녕의 '우포늪'이, 2005년에 전남 신안 '장도습지'가 등록되었다.

람사협약의 당사국 총회(COP)는 가장 중요한 의제를 의결하는 회의로 협약에 가입한 나라들의 협약 이행 정도를 점검하고 향후 계획을 수립하기 위해 매 3년마다 개최한다. 많은 문서를 협약 당사국 간의 협의를 통해서 수정하고 소위원회에서 논의된 사항들을 검토 및 발표한다. 1980년 이탈리아 칼리아리에서 람사협약 제1차 당사국 총회(COP1)가 진행된 이후부터 제9차 당사국 총회(우간다 캄팔라, 2005)를 거쳐, 2008년 제10차 람사협약 당사국 총회(우리나라 경남 창원시에서 개최)까지 습지의 현명한 이용과 생태적 특성 유지를 목적으로 일관성 있게 진행되어 오고 있다. 제11차 람사협약 당사국 총회는 2012년 봄 루마니아에서 열릴 예정이다.

사막화방지협약(砂漠化防止協約, UNCCD: UN Convention to Combat Desertification): 공식 명칭은 '심각한 한발(旱魃) 또는 사막화를 겪는 아프리카 지역 국가 등 일부 국가들의 사막화를 방지하기 위한 국제연합협약'으로, 사막화는 건조한 지대에서 토지가 황폐화되어 가는 것을 의미한다. 기상이변과 토지남용 등으로 인한 사막화 현상을 막아 지구환경을 보전할 목적으로 1994년 6월 채택되어 1996년 12월 발효되었으며, 매년 6월 17일 채택일을 '사막화의 날'로 정해 이를 기념한다. 기후변화협약, 생물다양성협약 등과 함께 3대 환경협약으로 불린다.

우리나라는 1999년에 156번째로 가입하였다. 2011년 10월 제10차 사막화방지협약 당사국 총회가 우리나라의 경상남도 창원에서 열릴 예정이다.

기후변화협약(氣候變化防止協約, UNFCCC: United Nations Framework Convention on Climate Change)[4]: 지구온난화 방지를 위해 온실가스의 인위적 방출을 규제하기 위한 협약으로, 정식 명칭은 '기후변화에 관한 유엔기본협약(이하 '기후변화협약'이라고 함)'으로, 생물다양성협약과 함께 1992년 6월 리우회의에서 채택되어 1994년 3월 21일 발효되었다.[5][6] 가입국이 되면 온실가스를 감축하려는 노력과 이

---

4) 유엔기후변화협약(http://www.UNfcc.int).
5) 정부 간 협상위원회(INC: Intergovernmental Negotiating Committee): 적절한 의무사항

에 관련된 정보를 공개해야만 한다. 우리나라는 1993년 12월 기후변화협약에 가입하여 1994년 3월부터 적용받고 있다. 기후변화협약은 지구온난화를 일으키는 온실 기체 배출량을 억제하기 위한 협약이다. 기후변화협약은 △ 각국의 온실가스 배출·흡수 현황에 대한 국가통계 및 정책이행에 관한 국가보고서 작성, △ 온실가스 배출 감축을 위한 국내 정책수립 및 시행, △ 온실가스 배출량 감축 권고 등을

을 포함하는 기후변화협약 제정을 위해 1990년 12월 제45차 유엔총회에서 기후변화협약 제정을 위한 정부 간 협상위원회를 성립하였다. INC는 1991년 2월 1차 회의를 필두로 1992년 5월까지 6차에 걸쳐 협상이 진행되었으며, 제6차 회의 협상 최종회의에서 기후변화협약 최종안을 결정하였다.

6) 기후변화협약 진행과정
  '92. 06.: 기후변화협약채택(리우환경회의)|
  '94. 03.: 기후변화협약발효(50개국 비준) 우리나라 비준('93. 12.)
  '95. 03.: 제1차 당사국총회(COP1) 2000년 이후 감축논의 시작
  '96. 07.: 제2차 당사국총회(COP2) 제1차 총회 결과 재확인
  '97. 12.: 제3차 당사국총회(COP3) 선진국 감축의무 합의
  '98. 11.: 제4차 당사국총회(COP4) 작업계획 확정
  '99. 10.: 제5차 당사국총회(COP5) 제6차 당사국총회 준비회의
  '00. 11.: 제6차 당사국총회(COP6) 교토의정서 이행방안 합의 실패
  '01. 06.: 제6차 당사국총회 속개회의(COP6bis) 교토의정서 이행방안 기본합의 도출
  '01. 11.: 제7차 당사국총회(COP7) 교토의정서 이행방안 최종합의(Marrakesh Accords)
  '02. 10.: 제8차 당사국총회(COP8) 기후변화와 지속가능발전에 대한 각료선언문 채택
  '03. 12.: 제9차 당사국총회(COP9) 흡수원 CDM 사업 관련 합의
  '04. 12.: 제10차 당사국총회 속개회의(COP10) SBSTA 5개년 활동계획 수립
  '05. 12.: 제11차 당사국총회(COP11) post-Kyoto 협상 실무협의체 구성 합의(two
        tracks)
  '06. 11.: 제12차 당사국총회(COP12) 선진국 추가의무부담, 장기대화 협력체제, 의정서9
        조 논의
  '07. 12.: 제13차 당사국총회(COP13) 인도네시아 발리, 발리로드맵 채택, 선진국 및 개
        도 국 온실가스 감축에 참여시키는 계기
  '08. 12.: 제14차 당사국총회(COP14) 폴란드 포즈난, 기후변화로 피해를 보는 개도국을
        위한 8000만 달러 기금 마련 합의
  '09. 12.: 제15차 당사국총회(COP15) 덴마크 코펜하겐, 교토의정서 대체할 새로운 기후
        협 약 마련과 국가별 온실가스 감축목표치 합의
  '10. 12.: 제16차 당사국총회(COP16) 멕시코 칸쿤, 개도국에 대한 기금지원 및 온실가스
        감축 기술이전 합의

주요 내용으로 하고 있다. 지구온난화를 발생시키는 온실가스에는 이산화탄소, 메탄, 이산화질소, 염화불화탄소(CFCs, 할로알케인, 프레온) 등 여러 가지 물질이 있는데, 이 중 이산화탄소의 인위적인 배출이 가장 많이 이루어지기 때문에 이산화탄소 배출량을 규제하는 것에 초점을 맞추고 있다. 대표적인 기후변화협약으로는 교토의성서(Kyoto Protocol)와 발리로드맵(Bali Roadmap)이 있다.

먼저 1997년 12월 일본 교토에서 열린 기후변화협약 제3차 당사국 총회(Conference of the Parties, COP3)에서 채택된 교토의정서는 이산화탄소(CO_2), 메탄(CH_4), 이산화질소(N_2O), 과불화탄소(PFCs), 수소불화탄소(HFCs), 육불화황(SF_6) 등 6가지 온실가스의 배출량을 줄이기 위한 국제협약으로, 미국, 일본, 유럽연합 등의 선진국들이 2008~2012년 사이에 1990년과 비교하여 평균 5.2%의 온실가스를 감축하도록 하고 있다.[7] 또한 효율적으로 감축목표를 달성하기 위해

---

7) ① 기후변화협약에 의하면 정도의 차이는 있지만 모든 나라에 온실가스의 배출 책임이 있으므로 능력에 따라 의무를 부담하되, 지금까지 에너지를 많이 사용해 왔고 기술적, 경제적 능력이 있는 선진국이 선도적 역할을 하면서 개도국의 사정을 배려한다는 원칙하에 당사국들을 부속서 I 국가와 부속서 II 국가, 기타 국가(개도국)로 구분하여 각기 다른 의무를 부과하고 있다. ② 부속서 I 국가는 1992년 협약채택 당시 OECD 24개국 및 EU와 동구권 국가 등 35개국이었으나 제3차 당사국 총회(COP3)에서 5개국(크로아티아, 슬로바키아, 슬로비니아, 리히텐스타인 및 모나코)이 추가로 채택되어 40개국이 되었다. 부속서 I 국가군은 자국의 온실가스 배출량을 2000년까지 1990년 수준으로 감축하기 위해 노력하되, 감축목표에 관한 의정서를 제3차 당사국 총회(COP3)까지 마련하기로 결정하였고, 그후 1997년 12월에 「교토의정서(Kyoto Protocol)」에서 선진국들이 2008~2012년 사이에 1990년과 비교하여 평균 5.2%의 온실가스를 감축하도록 채택되었다. '교토의정서'의 채택으로 기후변화협약이 비로소 실효성을 띠게 됐다. ③ 부속서 II 국가(Annex I 국가에서 동구권 제외, 협약체결 당시 OECD 회원국 24개국과 EC)는 개발도상국에 대한 재정 및 기술이전의 의무를 가진 국가군이다. ④ 모든 당사국은 온실가스를 줄이기 위한 국가전략을 수립·시행하고, 이를 공개해야 하며, 통계자료와 정책이행에 대한 보고서를 협약당사국총회(COP)에 제출해야 한다. ⑤ 우리나라는 기타 국가로 분류되어 COP에 국가보고서제출 등 협약상 일반적 의무만 수행하면 되지만 '96년 9월 OECD 가입 이후 미국, 일본 등 선진국에서 자발적으로 부속서 I 국가와 같은 의무를 부담하여 줄 것을 요구하고 있다. ⑥ 기후변화협약의 발효시기 및 비준국은 '94년 3월에 50개국 이상이 가입함에 따라 발효되었으며, 우리나라는 '93

감축의무를 지닌 선진국들이 서로의 배출량을 사고팔 수 있도록 하는 배출권거래제나 타국에서 달성한 온실가스 감축실적을 해당 국가의 실적으로 처리해 주는 청정개발체제(CDM)나 공동이행제도(JI) 등 다양한 방법을 인정하고 있다. 이산화탄소를 가장 많이 배출하고 있는 미국이 자국의 산업을 보호하기 위해 2001년 탈퇴하였으나 2004년 11월 러시아가 비준하게 되면서 발효요건이 충족되어 2005년 2월 16일부터 발효되었다. 2002년 비준한 우리나라는 1997년 당시 기후변화협약상에서 기타 국가, 즉 개발도상국으로 인정되어 온실가스의 배출을 감소할 의무가 유예되었으나 오는 2013년부터는 배출규제가 불가피할 것으로 예상되기 때문에 대책 마련이 시급하다.

한편 각 국가가 자국의 실정에 맞게 측정과 검증 가능한 방법으로 온실가스를 감축하도록 규정하고 있는 발리로드맵(Bali Roadmap)은 교토의정서가 만료되는 2012년 이후에 온실가스의 감축량을 정하는 협상규칙으로 2007년 12월 15일 인도네시아 발리에서 폐막된 제13차 기후변화협약 당사국총회(COP13)에서 2013년부터 모든 나라가 온실가스 감축에 노력한다는 데 합의했다. 이에 따라 온실가스 의무감축 당사국이 되면, 2012년의 온실가스 배출량을 2005년 수준으로 동결해야 한다.

리우선언(Rio earth Charter): 리우회의는 1992년 6월 3일에서 14일까지 브라질의 수도 리우데자네이루에서 열린 환경문제 국제회의다. 세계 178개국의 정부대표 8,000여 명과 국가 정상급 인사 115명,

---

년 12월 47번째로 가입하였다. 2006년 11월 22일까지 190개국이 비준하였다.

민간단체 대표 1만여 명이 모여 지구환경 문제에 대해 논의했던 사상 최대 규모의 회의다. 이 회의에서 1972년 스웨덴 스톡홀름에서 열렸던 국제연합 인간환경회의의 인간환경선언을 다시 확인하며 리우선언을 발표하였다. 리우선언 외에도 의제21(Agenda21)을 채택했으며, 지구온난화 방지협약, 생물다양성보존협약 등이 발표되었다.

리우선언 전문의 내용은 다음과 같다. "환경과 개발에 관한 리우선언은 스톡홀름 선언을 재확인하고 모든 국가와 사회의 주요 분야, 그리고 모든 사람들 사이에 새로운 사회의 주요 분야와 새로운 차원의 협력을 창조함으로써 새롭고 공평한 범세계적 동반자관계를 수립할 목적으로 모두의 이익을 존중하고, 지구의 환경 및 개발 체제의 통합성을 보호하기 위한 국제협정 체결을 위하여 노력하며, 우리들의 고향인 지구의 통합적·상호 의존적인 성격을 인식하면서 다음과 같이 선언한다."

주요 원칙으로는 환경파괴에 대한 책임을 부과하고, 지구생태계를 보존하며, 환경훼손 방지에 대한 연구, 환경분쟁의 평화적 해결이라는 내용 등이 있으며, 총 27개의 조항으로 이뤄져 있다. 이 선언은 인간과 자연, 개발과 환경보전의 문제를 보다 진지하게 논의했던 리우회의의 성과물이며 훗날 각종 환경보전 문제들에 대한 기본지침서가 되고 있다.

교토의정서(京都議定書, Kyoto Protocol): 지구온난화의 규제 및 방지를 위한 국제협약인 기후변화협약의 수정안이다. 이 의정서를 인준한 국가는 이산화탄소를 포함한 여섯 종류의 온실가스 배출량을 감축하며, 배출량을 줄이지 않는 국가에 대해서는 비관세 장벽을 적용하게 된다. 1997년 12월 11일에 일본 교토의 국립교토 국제회관에서 개최된 기후변화협약(UNFCCC) 중 지구온난화 방지 교토회의(COP3) 제3차 당사국총회에서 채택되었으며, 2005년 2월 16일 발효되었다. 정식명칭은 기후변화에 관한 국제연합규약의 교토의정서(Kyoto Protocol to the United Nations Framework Convention on Climate Change)다.[8] 교토의정서는 일명 '교토메카니즘'으로 불리는데 탄소배출권거래제도(IET), 공동이행체제(JI), 청정개발체제(CDM)를 제시하였으며 온실가스 감축의무 이행에 대해서는 다소의 신축적인 체제를 견지하고 있다. 교토의정서는 28개조와 부속서로 이루어져 있다. 미국과 호주는 아직까지 교토의정서의 비준을 거부하고 있다.[9]

---

8) ① 감축목표: 교토의정서는 온실효과를 나타내는 이산화탄소를 비롯한 모두 6종류의 감축 대상 가스(온실기체)의 법정구속력을 가진 배출감소목표를 지정하고 있다. 교토의정서 제3조에는 2008년부터 2012년까지의 기간 중에 선진국 전체의 온실가스 배출량을 1990년 수준보다 적어도 5.2% 이하로 감축할 것을 목표로 하고 있다. ② 감축대상 가스: 이산화탄소, 메테인, 아산화질소, 과불화탄소, 수소화불화탄소, 육불화황. ③ 회원국별 감축량: 92%(−8%): 오스트리아, 벨기에, 불가리아, 체코, 덴마크, 에스토니아, 핀란드, 프랑스, 독일, 그리스, 아일랜드, 이탈리아, 라트비아, 리히텐슈타인, 리투아니아, 룩셈부르크, 모나코, 네덜란드, 포르투갈, 루마니아, 슬로바키아, 슬로베니아, 스페인, 스웨덴, 스위스, 영국(유럽연합 15개국), 93%(−7%): 미국, 94%(−6%): 캐나다, 헝가리, 일본, 폴란드, 95%(−5%): 크로아티아, 100%(±0%): 뉴질랜드, 러시아, 우크라이나, 101%(+1%): 노르웨이, 108%(+8%): 오스트레일리아, 110%(+10%): 아이슬란드

④ 이와 함께 삼림자원을 CO_2 등의 흡수원으로 인정하여 흡수량의 일부가 배출가스 감축량으로 인정된다. ⑤ 대한민국: 대한민국은 2002년 11월에 대한민국 국회가 이 조약을 비준하였으나 개발도상국으로 분류가 되어 이행의무는 아직 없다. 그러나 2008년부터는 점진적으로 이 의정서의 이행의무를 지게 된다. 나라별로 배출을 할 수 있는 양이 정해져 있으며 배출을 할 수 있는 양보다 더 적게 배출을 하게 되면 그것을 배출할 수 있는 권리를 거래할 수 있다. 의무이행의 내용은 2008년~2012년까지 우리나라의 온실가스 배출총량을 1990년 대비 평균 5.2% 감축하는 것이다. 2010년 1월 산림청은 탄소배출권 확보용 최초의 해외조림지로 인도네시아 서부 누사가라 주에 위치한 롬복 섬을 선정했다고 발표했다. 양국 정부는 롬복 섬 조림지를 기후변화협약(UNFCCC)상의 '신규조림 및 재조림 청정개발사업(AR CDM 사업)'으로 인정받아 이산화탄소 배출권을 확보할 예정이다. 2005년 발효된 교토의정서에 따라 일정한 기준에 맞는 조림사업을 한 나라는 인센티브로 이산화탄소 배출 허용량을 더 확보하거나 이산화탄소를 더 배출할 권한을 다른 나라나 기업에 팔 수 있다(동아일보, 2010. 01. 12).

발리로드맵(Bali roadmap): 2007년 12월 15일 인도네시아 발리에서 폐막된 제13차 유엔기후변화협약(UNFCCC) 당사국총회(COP13)에서 채택된 협상규칙을 말한다. 발리로드맵에 따라 2013년부터 모든 나라는 온실가스 감축의무를 지게 되어 각 나라들이 자국 실정에 맞게 '측정과 검증 가능한 방법'으로 온실가스를 줄이도록 규정하고 있다.

포즈난 기후변화회의: 제14차 당사국 총회의 주된 합의 내용은 지구온난화 속도를 늦추기 위해 세계 각국이 2013년 이후 온실가스 감축 방안을 2009년 봄까지 유엔 기후변화협약 사무국에 제출하기로 한다. 또 기후변화로 피해를 보는 개도국을 위해 8000만 달러(약 1200억원) 규모의 기후적응기금을 마련키로 하였다. 세계 192개 정부 대표단과 국제기구 대표들은 1일부터 폴란드 포즈난에서 열린 제14차 기후변화협약 당사국 총회에서 이 같은 내용에 합의했다. 이 회의에서 합의한 기후변화 적응기금은 청정개발체제(CDM) 사업에서 발생한 온실가스 배출권 판매액 가운데 2%씩을 갹출하여 마련하게 된다. 이 기금은 2012년 3억 달러로 늘어날 전망이지만 유엔에서는 개도국의 가뭄·홍수 같은 기후변화에 대응하려면 2030년 기준으로 수백억 달러의 기금이 필요할 것으로 추산하고 있다. 2007년 유엔 정부 간 기후변화위원회는 지구 기온 상승을 2도 이하로 막기 위해선 선진국들이 2020년까지 배출량을 25~40% 줄여야 한다고 지적했었다. 이에 따라 선진국들이 2020년까지의 감축 목표를 제시하고, 모든

---

9) 이에 대해 미국의 환경단체들과 민주당은 모두 이를 정면으로 비판하며, 오바마의 집권시 이 조약의 조속한 비준을 약속했지만 아직 비준이 이루어지지 않고 있다. 미국이 표면적으로 드러내는 교토의정서 비준의 거절 이유가 한국과 중국, 인도 같은 나라들도 의무적으로 이산화탄소 배출량을 줄여야 하며 선진국만 줄이는 것은 의미가 없다는 점이다.

회원국이 2050년까지 온실가스를 50% 감축하기로 약속할 것이라는 기대도 있었으나 무산되었다. 감축 협상을 주도해온 유럽연합(EU)의 내부 분열 탓이었다. 프랑스 등 서유럽 국가들은 2020년까지 온실가스를 20% 줄이고, 신재생에너지의 비율을 20%로 끌어올린다는 이른바 '20-20-20' 정책을 제시하였지만 석탄 의존도가 높은 폴란드 등 동유럽 국가와 이탈리아의 반발로 진통을 겪었다.

코펜하겐 기후회의(UNFCCC, 일명 코펜하겐회의): 세계가 기후변화로 인해 고통을 당하고 있는 가운데 제15차 유엔기후변화협약(UNFCCC)의 당사국총회(COP15)가 각국 정상들이 참석한 가운데 2009년 12월 7일부터 20일까지 14일간의 일정으로 스웨덴 코펜하겐에서 진행됐다. 코펜하겐 회의에서 주목을 받은 국가는 온실가스 배출량 1, 2위에 있는 중국과 미국이다. 양국은 개발도상국가와 선진국을 대변하는 입장을 취함으로써 신경전이 치열했던 것으로 전해졌다. 이 회의에 임했던 개발도상국의 기본입장은 선진국에서 지원을 받아 해당 국가별로 사정에 따라 자발적으로 이산화탄소 배출량을 감축하는 것이고, 선진국의 입장은 교토의정서 체제를 무효화하고 개발도상국까지 감축의무에 포함하는 새로운 단일 의정서를 채택하는 내용을 담고 있다. 코펜하겐회의 결과는 기온상승을 산업화 이전 대비 2℃ 이내로 억제하는 것에 대한 원칙을 세웠다. 그러면서 2015년까지 기온상승 억제 목표를 1.5℃로 재조정할 수 있도록 하는 장기목표도 합의서에 포함함으로써 지구 온난화방지를 위한 틀을 마련한 것으로 평가되고 있지만 실질적이고 구체적인 감축 목표를 정하지 않았다.[10]

칸쿤 기후변화회의: 멕시코 칸쿤에서 2010년 12월 29일부터 2주 동안 개최된 제16차 유엔기후변화협약 당사국총회에서 190여개 참가국 대표들은 합의문을 통해 2020년까지 매년 1000억달러씩 녹색기후기금을 조성해 개발도상국의 산림보호와 청정에너지 기술의 개도국 이전을 돕기로 했다. 또 온실가스 대폭 감축 필요성이 과학적으로 확인됐다는 점을 수용, 지구온도 상승을 산업화 이전 대비 2도 이내로 억제하기 위한 각국의 '긴급행동'을 촉구했다. 알맹이 하나 없이 끝난 지난해 코펜하겐 총회 때와 달리 회원국들 간 일부 합의가 도출하였다. 하지만 제16차 총회 역시 최대 현안인 교토의정서(2012년까지 적용) 이후 각국의 구속력 있는 온실가스 감축 목표를 제시하는 데 실패하였다. 미국 등 선진국은 "개발도상국도 이제는 의무감축 목표를 제시하라"고 했고, 중국, 인도, 남아프리카공화국 등 개도국들은 "온난화에 역사적인 책임이 있는 선진국이 먼저 온실가스를 대폭 줄이라"고 맞서는 일이 되풀이되었다. 결국 양측은 합의문에 "각국은 향후 10년 안에 온실가스 배출량을 1990년 수준에 비해 25~40% 감축해야 한다는 과학자들의 권고에 주목한다"는 문구를 넣고 회의를 마무리 하였다. 제16차 회의 최대 성과물인 녹색기후기금 조성도 구체적인 조달

---

10) 오바마 대통령의 주도로 한국을 포함하여 중국, 인도, 브라질 등 주요 28개국 정상 및 대표가 비공식 회합을 통해 "코펜하겐 합의문(Copenhagen Accord)"을 도출하였으나, 동 과정에 참석하지 못한 개도국이 의사결정 절차 및 투명성 문제를 강력히 제기, 총회 차원의 채택 실패하였다. 코펜하겐 합의문 주요 내용으로 부속서 당사국은 1990년(또는 2005년)을 기준으로 2020년까지의 온실가스 감축목표를 2010년 1월 31일까지 제출하기로 하고, 부속서 비당사국은 자발적인 일방적 감축행동(unilateral NAMA)을 담은 국가보고서 제출 또는 선진국의 재정, 기술 지원을 받는 감축행동(supported NAMA)을 등록부(Registry)에 등록하기로 하였다. 2012년까지 300억불, 2020년까지 연간 1,000억불 규모의 재원을 선진국들이 공동 조성하기로 하였지만, 영국 등이 제안한 타협안으로 "코펜하겐 합의문에 유의한다(take note)는 문안을 담은 COP결정문을 채택하였다(자료: 외교통상부, 2009.12.23).

방안이 없어 빈 껍데기가 될 가능성이 높다는 게 대체적인 평가다.

국제환경협약 현황

분야	협약명(영문, 국문)	채택일자 (발효일자)	주요내용	가입일자 (발효일자)
대기기후	1. Vienna Convention for the Protection of the Ozone Layer(오존층보호를 위한 비엔나협약)	'85. 3. 22. ('88. 9. 22.)	오존층 파괴방지를 위한 과학기술 협력. 오존층 파괴로부터 인간의 건강과 환경을 보호하기 위한 오존층 파괴물질 규제	'92. 2. 27. ('92. 5. 27.)
	2. Montreal Protocol on Substances that Deplete the Ozone Layer(오존층 파괴물질에 관한 몬트리올의정서)(몬트리올의정서)	'87. 9. 16. ('89. 1. 1.)	86년을 기준으로 CFCs 등 오존층 파괴물질 소비량의 단계적 감축일정 규정 가입국에 대한 무역규제	'92. 2. 27. ('92. 5. 27.)
	3. The Lndon Amendment to the Montreal Protool(몬트리올의정서의 런던개정서)	'90. 6. 29. ('92. 8. 10.)		'92. 12. 10. ('93. 3. 10.)
	4. The Copenhagen Amendment to the Montreal Protocol(몬트리올의정서의 코펜하겐 개정서)	'92. 11. 25. ('94. 6. 14.)		'94. 12. 2. ('95. 3. 2.)
	5. UN Franmework Convention on Climate Change(기후변화에 관한 유엔 기본협약) (기후변화협약)	'92. 5. 9. ('94. 3. 21.)	지구의 온난화를 방지하기 위해 각국의 온실가스 배출 감축에 관한 기본내용 규정	'93. 12. 14. ('94. 3. 21.)
해양어법	1. International Convention for the Regulation of Whaling (ICRW)(As amended)(국제포경규제협약)	'46. 12. 2. ('48. 11. 10.)	모든 종의 고래를 과도한 남획으로부터 보호하기 위하여 국제적 고래보호단체 설립 등 포경행위 규제	'78. 12. 29. ('78. 12. 29.)
	2. International Convention for the Prevention of Pollution of the Sea by Oil, 1954(as amended in 1962 and in 1969)(유류에 의한 해양오염방지를 위한 국제협약, 1962년 및 1969년 개정 포함)	'54. 5. 12. ('58. 7. 26.) '62. 4. 11. ('67. 6. 28.) '69. 10. 21. ('78. 1. 20.)	선박에서 유출되는 유류에 의한 해양 오염을 방지	'78. 7. 31. ('78. 10. 31.)
	3. International Convention for the Conservation of Atlantic Tunas (대서양 참치의 보존에 관한 국제 협약)	'66. 5. 14. ('69. 3. 21.)	식용 등의 목적을 위해 일정 수준의 참치류 보존	'70. 8. 28. ('70. 8. 28.)

해양어법	4. Protocol to the International Convention on Civil Liability for Oil Pollution Damage1969 (유류오염 손해에 대한 민사 책임에 관한 1969년 국제협약의 의정서)	'76. 11. 19. ('81. 4. 8.)	유류오염사고 피해에 대한 민사상 책임 규정	'92. 12. 8. ('93. 3. 8.)
	5. Convention for an the Conservation of the Living Resources of the South—East Atlantic(동남대서양 생물자원 보존협약)	'69. 10. 23.	생물자원의 보호와 입더긔 개발에 따른 협력 도모	'81. 1. 19 ('81. 2. 19.)
	6. International Convention on Civil Liability for Oil PollutionDamage[CLC(as amended), 유류오염손해에 대한 민사책임에 관한 국제협약]	'69. 11. 29. ('75. 6. 19.)	유류오염에 관한 피해자에게 적절한 보상을 보장하고 책임 문제 및 보상에 관한 기준	'78. 12. 18. ('79. 3. 18.)
	7. International Convention on the Establishment of anInternational Fund for Conpen sation for Oil Pollution Damage, 1971[Fund Convention(as amended), 1971년 유류오염 손해보상을 위한 국제기금 설치에 관한 국제협약]	'71. 12. 18. ('78. 10. 16.) '76. 11. 19. ('81. 4. 8.)	유류업자도 오염배상기금을 마련토록 규정	'92. 12. 8. ('93. 3. 8.)
해양어법	8. Convention on thePrevention of Marine Pollution by Dumping of Wastes &Other Matter(London Convention, 런던협약, 폐기물 및 그 밖의 물질의 투기에 의한 해양오염방지에 관한협약)	'72. 12. 29. ('75. 8. 30.)	폐기물 투기에 의한 해양오염방지를 위한 각국의 의무 규정	'93. 12. 21. ('94. 1. 20.)
	9. International Convention for the Prevention of Pollution from Ships, 1973 as modified by the Protocol of 1978 Relating the roto(1973년 선박으로부터 오염방지를 위한 국제협약 및 1978년 의정서)	'73. 11. 2. '78. 2. 17. ('83. 10. 2.)	오일 및 기타 유해물질에 의한 오염을 저감시켜 해양환경을 보전—1973년 선박으로부터의 오염방지를 위한 국제협약과 1978년 의정서를 합하여 'MARPOL 73/78'로 통칭	'84. 7. 23. ('84. 10. 23.) (ANX Ⅲ, Ⅳ, Ⅴ 제외)
해양어법	10. Convention on Future Multilateral Cooperation in the North—West Atlantic Fish—eries(북대서양 어업에 있어서의 장래 다자간 협력에 관한 협약)	'78. 10. 24. ('79. 1. 1.)	북대서양지역 어업자원의 최적이용과 보전의 증진	'93. 12. 21. ('93. 12. 21.)

구분	협약명	채택일 (발효일)	주요내용	가입일 (발효일)
해양어법	11. United Nations Conventionon the Law of the Sea(해양법에 관한 국제연합 협약)	'82. 12. 10. ('94. 11. 16.)	해양환경의 오염방지를 위한 포괄적인 해양법 체제 마련	'96. 1. 29. ('96. 2. 28.)
	12. Agreement Relating to theImplementation of the Part XI of the United Nations Convention on the Law of the Sea of 10 December 1982 (1982년 12월 10일 해양법에 관한 국제연합 협약 제6장의 이행과 관련된 협정)	'94. 7. 28. ('96. 7. 28.)	해양법에 관한 국제연합협약 제6장의 이행을 위한 규정	'96. 1. 29. ('96. 7. 28.)
	13. Convention on the Conservation of Antarctic Marine Living Resources(CCAMLR, 남극 해양 생물자원 보존에 관한 협약)	'80. 5. 20. ('82. 4. 7.)	남극의 해양생태 및 해양 생물자원을 보호	'85. 3. 29. ('85. 4. 28.)
자연 및 생물보호	1. International Plant Protection Convention(국제식물보호협약)	'51. 12. 26. ('52. 4. 3.)	식물 및 농작물의 해충 질병 예방 및 치료에 대한 국제협력 증진	'53. 12. 8. ('53. 12. 8.)
	2. Plant Protection Agreement for the South—East Aisa&PacificRegion(as amdnded, 동남아시아 태평양지역 식물보호협정)	'56. 2. 27. ('56. 7. 2.)	질병과 해충을 지닌 식물의 동남아시아, 태평양지역에로의 도입과 확산의 방지	'81. 11. 4. ('81. 11. 4.)
자연 및 생물보호	3. Convention on Wetland ofInternational Importance Especially as Waterfoel Habitat(물새서식지로서 국제적으로 중요한 습지에 관한 협약)	'71. 2. 2. ('75. 12. 21.)	보호대상 습지지정, 람사 습지 목록관리 및 관련정보 상호 교환	'97. 3. 28. ('97. 7. 28.)
	4. Convention on International Trade in Endangered Species of Wild Fauna & Flora(CITES, 멸종위기에 처한 야생동·식물종의 국제거래에 관한 협약)	'73. 3. 3. ('75. 7. 1.)	멸종위기에 처한 야생동·식물을 보호하기 위하여 보호시급 정도에 따라 구분하여 국제거래 규제	'93. 7. 9. ('93. 10. 7.)
	5. Convention on Biological Diversity (생물다양성에 관한 협약)	'92. 5. 22. ('93. 12. 29.)	생물다양성의 보전과 지속 가능한 이용의 증진, 유전적으로 변형된 생명체의 안전 관리 등을 규정	'94. 10. 3. ('95. 1. 1.)
자연 및 생물보호	6. International Tropical Timber Agreement, 1983(ITTA, 1983년 국제열대목재협정)	'83. 11. 18. ('85. 4. 1.)	생태계의 균형을 유지하면서 열대목재림의 최적이용 확보	'85. 6. 25. ('85. 6. 25.)
	7. International Tropical Timber Agreement, 1994(1994년 국제 열대목재협정)	'94. 1. 26. ('97. 1. 1.)	열대 목재림의 최적이용을 확보하기 위하여 국제협력 증진	'95. 9. 12. ('97. 1. 1.)

	1. Treaty Banning Nuclear Weapons Tests in the Atmosphere, in Outer Space and Underwater(대기권, 외기권 및 수중에서의 핵무기 실험 금지 조약)	'63. 8. 5. ('63. 10. 10.)	군비경쟁을 종식하고 핵무기를 포함한 여타 무기의 생산 및 실험을 제한함	'64. 7. 24. ('64. 7. 24.)
핵안전	2. Treaty on the Prohibition of the Emplacement of Nuclear Weapons & Other Weapons of Mass Destruction on the Seabed & the Ocean Floor & in the Subsoil There of(핵무기 및 기타 대량 무기의 해저·해상 및 그 하층토에 있어서의 설치 금지에 관한 조약)	'71. 2. 11. ('72. 5. 18.)	군비경쟁종식을 위해 해저 해상 및 그 하추토에 핵무기 및 기타 대량파괴 무기의 설치를 금지	'87. 6. 25. ('87. 6. 25.)
	3. Convention on Early Notification of a Nuclear Accident(Notification Convention, 핵사고의 조기통보에 관한 협약)	'86. 9. 26. ('86. 10. 27.)	국가 간 방사선 오염피해를 최소화하기 위하여 가능한 빨리 핵사고에 관한 관련 정보 제공	'90. 6. 8. ('90. 7. 9.)
	4. Convention on Assistance in the Case of a Nuclear Accident or Radiological Emergency(Assistance Convention, 핵사고 또는 방사능 긴급 사태 시 지원에 관한 협약)	'86. 9. 26. ('87. 2. 26.)	핵사고 또는 방사성물질로 인한 긴급사태 시 즉시 지원 제공	'90. 6. 8. ('90. 7. 9.)
	5. Convention on the Physical Protection of Nuclear Material(핵물질의 방호에 관한 협약)	'80. 3. 3. ('87. 2. 8.)	국제 간 핵물질의 이동 시 보호대상 범위설정과 수송방법에 대한 협약	'82. 4. 7. ('87. 2. 8.)
	6. Convention on Nuclear Safety (핵안전에 관한 협약)	'94. 9. 20. ('96. 10. 24.)		'95. 9. 19. ('96. 10. 24.)
유해 물질 폐기물	1. Basel Convention on the Control of Transboundary ovements of Hazardous Wastes & Their Disposal (Basel Convention, 유해폐기물의 국가 간 이동 및 그 처리의 통제에 관한 바젤협약)	'89. 3. 22. ('92. 5. 5.)	유해폐기물의 타국으로 이동(수출입) 시의 절차규정	'94. 2. 28. ('94. 5. 29.)
기타	1. Treaty on Principles Governing the Activities of States in the Exploratio & Use of Outer Space, Including the Moon & Other Celestial Bodies(달과 기타 천체를 포함한 대기권의 탐색과 이용에 있어서의 국	'67. 1. 27. ('67. 10. 10.)	외계의 탐사 및 이용에 대한 국제법적 근거 마련	'67. 10. 31. ('67. 10. 31.)

	가활동을 규율하는 원칙에 관한 조약)				
	2. Convention of the Protection of the World Cultural & Natural Heritage(World Heritage Convention, 세계문화 유산 및 자연유산의 보호에 관한 협약)	'72. 11. 23. ('75. 12. 17.)	문화적, 자연적 유적(지)의 효율적인 보호체계 수립, 가입국은 문화유산 보호를 위한 종합계획수립, 세계 유적(지)리스트 작성	'88. 9. 14. ('88. 12. 14.)
	3. Convention for the Protection of Military or Any Other Hostile Use of Environmental Modification Technique (환경변경기술의 군사적 또는 기타 적대적 사용의 금지에 관한 협약)	'76. 12. 10. ('78. 10. 5.)	환경에 영향을 주는 화학 기술의 군사목적 사용 금지	'86. 12. 2. ('86. 12. 2.)
기타	4. Convention on the Prohibition of the Development, Production and Stockpiling of the Bacteriological(Biological) and Toxin Weapons, and on Their Destruction[세균무기(생물무기) 및 독소무기의 개발, 생산 및 비축의 금지와 그 폐기에 관한 협약]	'72. 4. 10. ('75. 3. 26.)	모든 인류의 안전을 위하여 생물학적 무기의 개발 금지	'87. 6. 25. ('87. 6. 25.)
	5. The Antarctic Treaty(남극조약)	'59. 12. 1. ('61. 6. 23.)	남극대륙의 평화적 목적에의 이용 및 과학적 연구를 위한 국제협력시 분쟁소지 억제	'86. 11. 28. ('86. 11. 28.)
	6. Protocol to the Antarctic Treaty on EnvironmentalProtection(환경보호에 관한 남극조약 의정서)	'91. 10. 3. ('98. 1. 14.)	남극환경을 보호하기 위한 제반사항 규정	'96. 1. 2. ('98. 1. 14.)

기후변화협약 관련 주요 용어[11)

온실효과(溫室效果): 하와이에 있는 마우나로아 관측소에서 측정한 대기 이산화탄소 축적량의 키일링 곡선(탄소와 지구 평균기온의 관계)을 말한다. 즉 온실효과는 태양의 열이 지구로 들어와서 나가지 못하고 순환되는 현상이다. 태양에서 방출된 빛에너지는 지구의 대기층을 통과하면서 일부분은 대기에 반사되어 외계로 방출되거나 대기에 직접 흡수된다. 그리하여 약 50% 정도의 햇빛만이 지표에 도달하게 되는데, 이때 지표에 의해 흡수된 빛에너지는 열에너지나 파장이 긴 적외선으로 바뀌어 다시 바깥으로 방출하게 된다. 이 방출되는 적외선은 반 정도는 대기를 뚫고 외계로 빠져나가지만, 나머지는 구름이나 수증기, 이산화탄소 같은 온실효과 일으키는 기체에 의해 흡수되며, 온실효과 기체들은 다시 지표로 되돌려 보낸다. 이와 같은 작용을 반복하면서 지구를 덥게 하는 것이다.

---

11) 에너지경제연구원(http://www.keei.re.kr)

실제 대기에 의해 일어나는 온실효과는 지구를 항상 일정한 온도를 유지시켜 주는 매우 중요한 현상이다. 만약 대기가 없어 온실효과가 없다면 지구는 화성처럼 낮에는 햇빛을 받아 수십 도 이상 올라가지만, 반대로 태양이 없는 밤에는 모든 열이 방출되어 영하 100℃ 이하로 떨어지게 될 것이다. 따라서 현재 환경 문제와 관련하여 나쁜 영향으로 많이 거론되는 온실효과 그 자체가 문제가 아니라, 일부 온실효과를 일으키는 기체들이 과다하게 대기 중에 방출됨으로써 야기될지 모르는 이상고온에 따른 지구온난화현상을 이야기하는 것이다.[12]

지구온난화(地球溫暖化, global warming): 지구온난화 또는 온난화는 지표 부근의 대기와 바다의 평균 온도가 장기적으로 상승하는 현상이다. 최근 수십 년에 걸쳐 진행되고 있으며 앞으로도 꾸준히 높아질 것으로 예측된다. 많은 사람들은 이러한 지구온난화가 인류의 멸망을 초래할지도 모른다는 비관적인 의견을 내놓고 있다. 유엔 정부 간 기후변화위원회(IPCC)가 참조한 기후모델에서는 1990년에서

---

12) 지구온도가 1℃ 높아지면 전 세계 인구 2만여 명이 사망한다는 최근 보도가 있다. 가정의학 전문의들은 실내외 온도차가 너무 크면 몸에 부담이 생기고 감기에 걸릴 확률도 높아진다고 한다. 특히 겨울철 온도가 올라가면 공기가 건조해져 가려움증이나 아토피 피부염을 악화시키기도 한다. 그래서 옷을 두껍게 입고 몸을 따뜻하게 하면서 18~20도를 유지하는 것이 좋다는 것이다. 선진국에서도 겨울철 난방온도를 20도 이하로 잡고 있다. 미국은 18.3도, 영국·프랑스는 19도 이하, 일본은 20도 이하가 권장온도이다. 에너지관리공단자료에 의하면, 겨울철 실내 난방온도를 20℃ 이하로 낮추면 1조 1,000억 원 이상을 절감할 수 있다고 한다. 겨울철 실내온도를 1도 낮추면 석유 63만 톤을 아끼고 이산화탄소 200만 톤 감소효과를 거둘 수 있다. 이는 서울의 5배 면적에 해당하는 숲 조성효과를 낳는다고 한다. 우리나라는 세계 석유소비 4위, 온실가스 배출량 10위로 전체 온실가스의 83%가 에너지 사용으로 발생한다. 에너지절약이 곧 지구온난화를 막는 지름길이다. 이는 나라살림과 미래 생존을 위해 국민 모두가 당장 솔선수범해야 한다. 독일은 25%를 신·재생에너지로 대체하고 있으며, 일본은 태양광, 덴마크는 풍력을 활용하고 있다. 우리나라도 최근 정부에서 태양광 산업을 중점 육성하고 있다. 에너지 사용효율을 높이고 에너지 유통체계를 바꿔야 한다(자료: 에너지관리공단자료).

2100년 사이에 1.1~6.4℃의 온도 상승이 예측되었다. 지구표면의 온도상승은 해수면 상승을 초래하고, 이는 다시 강수량의 양과 패턴을 변화시켜, 가뭄, 홍수 등의 기상이변을 일으킨다. 빙하의 후퇴와 기후의 변화는 생태계를 변화시키는 등 인류를 포함한 지구 상 생물의 생존에 위협이 된다. 앞으로 얼마만큼의 온난화가 신생되니 지역에 따라 어떻게 차이가 있을 것인지는 아직 확실하지 않다. 대부분의 나라들은 온실가스에 대처하기 위한 교토의정서에 서명하였다. 이렇게 지구의 기온이 꾸준히 상승하여 2010년 7월 14일, 지구의 평균기온이 기상관측 역사상 최고를 기록하였다.13)14)

---

13) ① 지구온난화의 주요 원인으로는 사람의 활동으로 인한 대기 중의 이산화탄소, 메탄 등 온실가스의 농도 증가가 주목받고 있다. 유엔기후변화에 관한 정부 간 패널(IPCC)에서는, 20세기 중반 이후의 관측되는 평균온도 증가의 대부분은 인간의 활동으로 발생한 온실가스(이산화탄소(55%), 프레온(24%), 메탄(15%), 질소산화물(6%))의 증가일 가능성이 매우 높다고 지적하였다. 농업발전을 통해 숲이 파괴되면서 온실가스의 영향이 커졌다고 본다. ② 그 밖에 지구온난화에 영향을 미치는 원인은 다음과 같다. 지구온난화가 야기하는 문제는 단순하게 분석하기 어려울 정도로 방대하다. 우선 기후와 해수면 상승에 관계된다. 만약 2040년에 약 3℃의 기온이 상승한다면 연간 10km의 속도로 기후대가 극 방향으로 이동한다. 그 결과 강우와 강설 양상이 바뀌고 현재와 다른 계절 변화를 가져와 극지역의 빙하를 녹이고, 적도지방에는 사막이 확장될 것이다. 또 지구의 대기순환이 약해지고, 극지방과 적도지방의 기온 차는 줄어들 것이다. 해수면 상승 그리고 무엇보다 기온이 상승하게 되면, 북극이나 남극에 있는 빙하가 녹게 된다. 만약 3℃ 정도의 기온이 상승할 경우, 북극에 있는 빙하는 대부분이 물에 뜬 빙산으로 녹더라도 해수면에는 특별한 영향은 없지만, 남극의 경우 대륙 빙하이기 때문에 녹으면 약 7m 정도의 해수면이 상승할 것으로 예측된다. 그럴 경우 각 대륙의 해안가를 따라 실제 물속에 잠기는 면적은 약 3%에 불과하지만, 전 세계 대도시들의 대부분이 해안가에 발달하고, 따라서 인류의 약 1/3이 해안 지역에 거주하는 것을 감안하면 그 재앙은 엄청난 것으로 문제의 심각성을 더하여 주고 있다. 한편 지구온난화는 인간 건강은 물론 산업 전반에까지 영향을 끼친다. 지구온난화가 이루어지게 되면 지구 내의 온도가 상승하기 때문에 태풍이나 토네이도 같은 강력한 폭풍이 일어나게 되고 육지에 강타하게 되면 수많은 피해를 낳는다. 반대로 계속된 폭염으로 유럽에서 노인들이 죽고 사람들이 실신한다는 보도가 들려오곤 하는데 지구온난화가 이에 결코 무관하지 않다고 사례된다. 영국의 한 구호단체에 따르면 지구온난화로 인한 질병으로 21세기 말까지 사하라 남부지역에서 1억여 명이 사망할 것으로 예측했다. ③ 지역별 온난화 및 영향: 지구표면 부근 온도는 2005년까지 지난 1백 년간 0.74±0.18℃ 상승했다. 또한 급격한 기상변화의 원인으로 고려되는 등 세계 기상에 큰 영향을 미치는 것으로 추정된다(출처: 올 상반기 지구평균기온, 관측 이래 '최고' sbs

2010년 7월 14일). ④ 한반도 주변: 2007년의 일본 기상청 발표에 의하면, 한반도 부근 바다의 수온이 최근 100년간 세계 평균 바다 수온상승온도인 0.7도의 2배에 해당되는 1.2도~1.6도가량 오른 것으로 밝혀졌다(이상 참고지료는 다음과 같다. Summary for Policy makers(영문)(PDF). Climate Change 2007: The Physical Science Basis. Contribution of Working Group I to the Fourth Assessment Report of the Intergovernmental Panel on Climate Change. Intergovernmental Panel on Climate Change(2007년 2월 5일). 또한 지구온난화는 2009년에 대한민국에 가뭄을 발생시킨 원인으로 지목된다(김종락. "가뭄·고온·강풍 …… 세계 기상이변 왜 잦나", ≪문화일보≫, 2009년 2월 14일 작성. 2009년 2월 15일 확인). ⑤ 북극해: 2040년 여름에 북극의 얼음이 모두 녹아 없어질 가능성이 언급되었다(이유진, "〈올여름 북극서 얼음 사라질 수도〉", ≪연합뉴스≫, 2008년 4월 28일 작성). ⑥ 해결 방안: 근본적인 해결 방안은 친환경에너지다. 화석연료 대신 온실가스가 나오지 않는 에너지를 쓰면 된다. 그리고 온실가스 중에 하나인 프레온가스는 스프레이에도 있으니 스프레이도 거의 쓰지 않아야 한다. 그리고 자동차도 전기자동차가 보급되어야 한다. ⑦ 온실가스: 지구온난화는 온실가스의 증가로 인하여 생겨난 현상이므로 근본적으로 지구온난화를 막기 위해 이산화탄소 등의 온실가스를 제거 또는 억제하는 것을 통해 해결하려는 방법이 있다. 현재 알려진 방법은 친환경 연료개발(바이오디젤 등)(김주홍, "농진청, 효율 높은 바이오디젤 생산기술개발", ≪아시아투데이≫, 2009년 2월 12일 작성)이나 나무 심기 등이 있는데, 최근에 독일에서는 해조류 번식을 통한 지구온난화 해결을 도모하려는 방법도 있다. 또 우주상에 태양열 반사판을 띄워 태양열 막기(우주거울), 이산화탄소 해저 매장 등 다양한 새로운 방법들이 나오고 있다(유용하, "[세상을 바꾸는 첨단기술의 힘] 바이오 연료의 무한 진화", ≪매일경제≫, 2009년 2월 10일 작성. 2009년 2월 14일 확인, 김경석, "바다에 철분 뿌려 지구온난화 해결", ≪연합뉴스≫, 2009년 1월 27일 작성. 2009년 2월 15일 확인) 그러나 생태계 파괴 우려나 엄청난 비용 등 문제점이 많아 실제 보편화된 것은 거의 없다(안동환, "'우주거울' 온난화 해결방안으로 추진 …… 윤리논쟁 점화", ≪서울신문≫, 2007년 3월 31일 작성. 2009년 2월 15일 확인. 이혜운, "英, 바다 밑에 이산화탄소 묻는다", ≪조선일보≫, 2009년 2월 12일 작성. 2009년 2월 15일 확인). ⑧ 국제협약을 통한 적극적 노력 필요: 현재 투발루(남태평양의 폴리네시아에 있는 섬 국가)는 지구온난화로 인한 해수면 상승으로 수몰 위기에 처해 있다(김민철, "수몰 위기의 투발루를 구해주세요", ≪조선일보≫, 2007년 12월 11일 작성. 2009년 2월 15일 확인) 국제적인 협약을 제정함으로써 지구온난화 가속화를 막으려는 노력이 있다. 대표적인 노력으로서 교토의정서(Kyoto Protocol)가 있다. 그리고 2007년에 인도네시아 발리 섬에서 열린 발리기후회의에서는 기후변화를 막기 위한 명확한 목표 설정이 없다면 세계가 해수면 상승, 빙하 해빙, 가뭄, 기후변화 등으로 인한 난민들의 이주로 곤란을 겪을 것이라고 경고하면서 국제협약을 통한 적극적 노력을 촉구했다. 하지만 지구온난화를 막기 위한 국제협약참여에 미진한 일부국가들을 지적하기도 한다. 미국이 대표적인 예이다(카밀라 툴민, "[해외 칼럼] 강대국이 주도하는 기후변화회의", ≪중앙일보≫, 2008년 12월 11일 작성. 2009년 2월 15일 확인, 남재일, "[판] 거꾸로 가는 미국, 뜨거워지는 지구", ≪경향신문≫, 2007년 4월 12일 작성. 2009년 2월 15일 확인). 중화인민공화국의 경우에도 석탄탄광개발과 급속한 산림파괴, 산업개발로 이산화탄소 방출량 증가율이 세계 최고에 이르고 있지만 교토의정서 기후변화협약에 서명하지 않고 있다(김주현, "中 발전

수는 각각의 기체들을 기준이 되는 기체들과 비교했을 때 대기하층에서 성층권까지의 상대적 가열 정도의 척도로서 나타내어진 것을 말한다. 이산화탄소 1kg과 비교하였을 때 어떤 온실기체가 대기 중에 방출된 후 특정기간 동안 그 기체 1kg의 가열효과가 어느 정도인가를 평가하는 척도이다. 100년을 기준으로 이산화탄소(CO_2)를 1로 볼 때 메탄(CH_4)이 21, 이산화질소(N_2O)가 310, 수소불화탄소(HFCs)가 1,300, 과불화탄소(PFCs)가 7,000, 육불화황(SF_6)이 23,900이다. 즉, 메탄과 아산화질소는 이산화탄소에 비해 배출량은 적지만 지구온난화를 일으키는 강도는 각각 20배, 300배 정도 높다는 의미이다.

탄소발자국(carbon footprint): 탄소발자국은, 개인 또는 단체가 직접·간접적으로 발생시키는 온실 기체의 총량을 의미한다. 여기에는 이들이 일상생활에서 사용하는 연료, 전기, 용품 등 모든 서비스와 재

한 만큼 기후대책을…… 訪中 메르켈, 원자바오에 촉구", ≪경향신문≫, 2007년 8월 27일 작성. 2009년 2월 15일 확인). 전문가들은 이들 국가의 입장표명이 앞으로 열릴 유엔환경장관회의를 앞두고 대부분의 전문가들이 이들 국가의 참여가 '온난화를 극복하는 열쇠'가 될 것이라고 예상하고 있다["지구 온난화, 지구자정능력 범위 벗어나", ≪연합뉴스(매일경제)≫, 2008년 4월 28일 작성]. 2007년에는 반기문 국제연합사무총장이 미국과 중화인민공화국에 직접적으로 환경 문제에 대해 적극적인 참여를 요구했다(김유진, "2~3년 내 온난화대책 없으면 재앙", ≪경향신문≫, 2007년 11월 18일 작성. 2009년 2월 15일 확인).

14) ① 온실기체: 온실효과가 지구에 기여하는 정도를 4가지 주요 기체로 분류하였다. 수증기(H_2O): 36~70%, 이산화탄소(CO_2): 9~26%, 메테인(CH_4): 4~9%, 오존(O_3): 3~7%. 그런데, 지구 온실효과에 기여하는 기체가 아닌 주요 물질인 구름은 적외선 복사를 흡수하고 방출하므로 대기의 방사성 특성에 영향을 준다. ② 온실효과가 생기는 이유: 태양의 열은 지구에 들어오면 다시 나가는 것이다. 그 열은 지구 복사열이라 한다. 그러나 온실가스의 증가로 온실가스가 지구를 둘러싸게 됐다. 그 이유로 지구에 막이 생겼으며 태양의 열이 밖으로 나가지 못하게 되는 것이다. 온실가스는 지구의 대기 속에 존재하며, 땅에서 복사되는 에너지를 일부 흡수함으로써 온실효과를 일으키는 기체이다. 대표적인 것으로는 수증기, 이산화탄소, 메테인, 오존이다. 이들의 온실가스는 온실효과를 일으켜 이산화탄소를 발생시키기 때문에 지구온난화에 큰 영향을 끼친다(자료: 위키백과사전).

화에 모두 포함된다. 모두 포함된다. 비슷한 개념으로 개인 및 단체의 생활을 위해 소비되는 토지의 총면적을 계산하는 '생태발자국'이 있다.

탄소배출권(Certified Emission Reduction: CER, 인증감축량 또는 공인인증감축량): 탄소배출권이란 CDM사업을 통해서 온실가스 방출량을 줄인 것을 유엔의 담당기구(UNFCC)에서 확인해 준 것을 말한다. 이러한 감소된 탄소배출권은 배출권거래제에 의해서 탄소배출거래시장에서 거래가 될 수 있다. 2009년 현재 탄소배출권 1톤당 13유로의 가격이다. 선진국이 개발도상국에 가서 온실가스 감축사업을 하면 유엔에서 이를 심사·평가해 일정량의 탄소배출권(CER)을 부여한다. 이 온실가스 감축사업을 청정개발체제(CDM)사업이라고 한다. 선진국뿐 아니라 개도국 스스로도 CDM사업을 실시하여 탄소배출권을 얻을 수 있는데, 한국도 이에 해당한다.[15]

교토의정서에 따르면 의무당사국들은 1990년 배출량을 기준으로 2008년에서 2012년까지 이산화탄소 배출량을 평균 5% 수준으로 줄여야 한다. 따라서 해당 국가의 에너지 과다소비 업체들이 배출규제

---

15) (1) 대한민국의 탄소배출권 확보 사례
　　　 2009년 8월 신에너지·홍익E&R, 소수력발전으로 6만 톤
　　　 2009년 8월 동서발전, 당진 소수력발전소로 15만 톤
　　　 2009년 7월 LG화학, 나주공장 청정연료 전환 사업으로 20만 톤
　　　 2009년 2월 한국토지공사, 평택 신재생에너지 시범도시로 4만 톤
　　(2) 대한민국의 탄소배출권 조림지
　　　 대한민국 산림청은 탄소배출권 확보용 최초의 해외조림지로 인도네시아 서부 누사
　　　 가라 주에 위치한 롬복 섬을 선정했다고 발표했다. 양국 정부는 롬복 섬 조림지를 국
　　　 제기후변화협약(UNFCCC)상의 "신규조림 및 재조림 청정개발사업(AR CDM사업)"으
　　　 로 인정받아 이산화탄소 배출권을 확보할 예정이다(경향신문 2009. 12. 06). 산림청
　　　 은 국내 최초 탄소배출권 조림(A/R CDM)을 강원도 고성군의 국유지 85ha(84만
　　　 7,000㎡)에 조성할 예정이다(산림청, http://www.forest.go.kr).

를 받게 되며, 특히 석유화학기업 등 이산화탄소 배출량이 많은 기업들은 이산화탄소 배출 자체를 줄이거나 혹은 배출량이 적은 국가(예컨대 뉴질랜드처럼 조림지역이 많음)의 조림지 소유업체로부터 권리를 사야 하나 여기서 거래대상이 되는 탄소는 이산화탄소, 메탄, 이산화질소, 수소불화탄소, 과불화탄소, 육불화황 등 6가지 온실가스를 의미한다. 즉, 탄소배출권은 국가, 기업이 배출할 수 있는 이산화탄소의 배출량을 말한다. 이와 관련해서 온실가스 배출권거래제도인데, 에너지 소비량이 많은 업체들이 이산화탄소 배출량을 줄이지 못할 경우 조림산업 업체로부터 돈을 주고 탄소를 배출할 수 있는 권리를 사는 것을 말한다. 예를 들면 A라는 나라가 배출할 수 있는 이산화탄소의 양이 100인데 이보다 50을 더 초과해서 150을 배출하면 여유가 있는 나라(배출할 수 있는 양이 100인데 50을 배출하고 남은 배출량 50을 가진 나라)에게서 남은 50을 사는 것을 말한다. 현재 기후변화협약에 따라 온실가스인 이산화탄소 감축이 국가의 절대의무가 되고 있는 가운데 국제 배출권거래 시장이 형성되고 있다. 정해진 또는 할당된 탄소배출량에 대해 적게 배출하면 배출할 수 있는 남은 양을 팔아서 수익을 낼 수 있고, 반대로 배출권을 초과하게 되면 탄소배출권을 돈을 주고 사야 하는 것이다. 이제는 이산화탄소가 자유제가 아니라 경제재로 바뀌고 있는 것이다.

배출권거래제(排出權去來制, Emission Trading, emission trading, cap and trade: ET): 배출권거래제는 교토메타니즘의 산물로서 온실가스 감축의무가 있는 사업장, 혹은 국가 간에 배출권의 거래를 허용하는 제도이다. 탄소배출권거래제 또는 온실가스 배출거래제라고도 한다.

즉 교토의정서 제17조에 규정된 것으로 온실가스 감축의무가 있는 국가에 배출쿼터를 부여한 후, 동 국가 간 배출쿼터의 거래를 허용하는 제도를 말한다. 즉 온실가스를 감축한 사업장 또는 국가와 감축할당을 달성하지 못한 사업장 노는 국가 간 탄소배출권을 시장에서 거래할 수 있게 하는 제도다. 기업들이 교토의정서 지정 6대 온실가스인 이산화탄소, 메탄, 이산화질소, 과불화탄소, 수소불화탄소, 육불화황을 줄인 실적을 유엔기후변화협약(UNFCCC)에 등록하면 감축한 양만큼 탄소배출권(CER)을 받게 된다. CDM사업은 바로 글로벌 배출권 거래시장에서 탄소배출권의 판매를 통해 곧바로 수익을 창출하게 된다. 대한민국은 2011년 1월부터 배출권거래제를 시행하여 오염물질 배출량을 줄이기로 했다.

청정개발체제(淸淨開發體制, Clean Development Mechanism: CDM): 청정개발체제(CDM)사업은 교토의정서에 의해 전 세계적으로 심화되고 있는 지구온난화현상을 완화시키기 위하여 선진국과 개도국이 공동으로 추진하는 온실가스 감축사업이다. 즉 교토의정서 제12조에 규정된 것으로 선진국인 A국이 개발도상국인 B국에 투자하여 발생된 온실가스 배출 감축분을 자국의 감축 실적에 반영할 수 있도록 하는 제도이다. CDM사업을 통해 선진국은 개도국에서 온실가스를 줄일 수 있게 되어 자국의 감축 비용을 최소로 낮출 수 있고, 개도국은 친환경 기술에 대한 해외투자를 받게 되어 자국의 개발을 지속 가능한 방향으로 유도할 수 있는 일거양득의 효과를 갖고 있다.

신축성체제(Flexibility Mechanism, 교토메카니즘): 선진국의 의무

이행에 신축성을 제공하기 위해 교토의정서에 새로이 도입된 의무이행 수단으로 공동이행제도(JI), 청정개발체제(CDM), 배출권거래제(IET) 등을 말한다. 제4차 당사국총회에서부터 교토메카니즘(Mechanisms of the Kyoto Protocol)이라 한다.

의무이행기간(Commitment Period): 감축목표를 달성하는 기간을 말한다. 현행 교토의정서의 경우 5년 단위로 의무이행기간을 설정, 2008~2012년을 1차 의무이행기간으로 규정하고 있다.
- 1차 의무이행기간: 2008~2012년
- 2차 의무이행기간: 2013~2017년
- 3차 의무이행기간: 2018~2022년

공동이행제도(Joint Implementation: JI): 교토메카니즘으로서 교토의정서 제6조에 규정된 것으로 선진국인 A국이 선진국인 B국에 투자하여 발생된 온실가스 감축분의 일정분을 A국의 배출저감실적으로 인정하는 제도이다.

감축목표(Quantified Emission Limitation and Reduction Objectives: QELROs): 기준연도의 온실가스 배출량과 대비, 양적으로 설정된 배출목표를 말한다. 현행 교토의정서의 경우 각국의 사정에 따라 1990년 배출량 대비 8% 감축에서부터 10% 증가까지 허용한다.

증가목표(Growth Target): 기준연도 배출량 대비 증가를 허용토록 감축목표를 설정하는 것을 말한다.

기준연도(Historical Base Year): 감축목표 설정 시 이용되는 특정 연도를 지칭. 선진국의 경우 1990년을 기준연도로 사용하고 있다.

탄소세(炭素稅, carbon tax): 탄소세는 환경세의 일종으로, 이산화탄소와 같은 온실가스 방출 시에 부과된다. 대개 화석연료를 사용하는 매체에 부과되며, 원자력, 수력, 풍력 등에는 적용되지 않는다. 탄소세의 목적은 온실가스의 배출을 줄여 지구온난화를 방지하고, 거두어진 세금을 나아가서 온실가스 배출을 줄이는 데 사용하는 데에 있다.[16]

탄소펀드(Carbon Fund): 교토의정서상의 청정개발(CDM)사업에 투자, 탄소배출권(CER)을 만들어 수익을 내는 펀드다. 온실가스 감축사업에 투자해 확보한 탄소배출권을 배출권 거래시장에 판매한 뒤 얻은 수익을 투자자들에게 배분하는 형식이다. 우리나라의 탄소펀드는 2007년 12월 만든 1,200억 원 규모로 출범했다. 그 당시 산업자원부가 조성한 이 펀드는 원래 2,000억 원 규모로 할 계획이었다. 국내에서 탄소펀드가 생각만큼 인기를 못 끈 이유는 투자위험 때문이다. 탄소펀드 운용사인 한국투신운용은 15년 만기 이산화탄소 감축사업의 경우, 최소 8%, 비이산화탄소 온실가스 감축사업은 7년 만기

---

16) 탄소세 도입국가 현황
1990년 핀란드
1991년 스페인, 노르웨이
1992년 덴마크
2001년 영국
2007년 4월 미국 콜로라도 주
2008년 7월 캐나다 브리티시컬럼비아 주

에 15%의 수익률을 제시했다. 그러나 포스트 교토의정서 체제가 시작되는 오는 2013년 이후부터는 탄소펀드라는 파생상품의 시각이 달라질 수 있다. 환경부는 국내 탄소시장 규모를 2007년 1,400억 원에서 2012년 1조 원 규모로 확대하겠다고 발표했다. 탄소시장을 개설하고 청정개발체제(CDM) 관련 파생상품시장을 확대하는 방법으로 관련 산업을 육성할 계획이다.

탄소집약도(TC/TOE): 탄소집약도란 소비한 에너지로 인해 배출된 CO_2 양을 에너지 총에너지소비량으로 나눈 값으로서 탄소집약도가 높다는 의미는 상대적으로 탄소함유량이 높은 에너지(고탄소 에너지) 사용 비율이 높다는 것을 의미한다. 다시 말해서 동일한 열량의 에너지를 얻기 위해 전체를 석탄으로 소비하는 경우와 전체를 천연가스로 소비하는 경우를 비교하면 전자의 경우가 후자에 비해 탄소집약도가 높게 된다.

PFCs(과불화탄소): 탄소와 불소의 화합물로 우리나라의 경우 반도체제조 공정 시 주로 사용된다.

SF6(육불화황): 상온에서 무색, 무취, 무독의 기체로 500℃ 이상의 열에서도 안전하나 불순물이 들어가면 분해되어 유독하며, 반도체 생산공정과 가스절연개폐기 및 가스절연변압기에 사용된다.

HFCs(수소불화탄소): 불연성 무독성 가스로 취급이 용이하며, 화학적으로 안전하여 냉장고 및 에어컨의 냉매, 발포, 세정, 반도체 에

칭가스 등으로 다양하게 사용되는 것으로서 몬트리올의정서에 의해 사용이 규제된 CFCs, HCFCs의 대체물질이다. 국내에서 소비되는 HFCs의 99%는 냉매인 HFC-134a이다.

ESCO(Energy Service Companies): 에너지절약 전문기업을 말한다. 에너지사용자를 대신해 에너지절약 시설에 투자하고 이에 따른 에너지 절감액으로 투자비를 회수하는 기업이다.

탄소흡수원(Sink): 대기 중 온실가스를 흡수하여 지구온난화현상을 줄이는 행동을 말한다. 교토의정서에서는 신규 조림, 수종갱신 등으로 규정하고 있다.

에너지원단위: 어떤 재화나 서비스의 생산 물량 단위 또는 부가가치 단위에 대한 에너지 투입량 비율이다.

에너지 탄소집약도: 에너지소비량에 대한 탄소배출량 비율이다.

의정서(Protocol): 법률과 시행령의 관계와 마찬가지로 협약을 구체적으로 이행하기 위한 내용을 담은 문서를 말한다.

당사국(Party): 기후변화협약에 가입한 국가(또는 지역경제통합기구)로서 규정에 의하여 법적인 의무를 지게 된다.

당사국총회(Conference of the Parties: COP): 유엔기후변화협약

(UNFCCC)의 최종 의사결정기구로서 대체로 협약의 진행을 전반적으로 검토하기 위해 1년에 한 번 모임을 가진다. 당사국총회는 지구온난화 방지를 위한 기후변화협약의 구체적인 이행방안을 논의하기 위해 세계 192개국이 참여하는 국제회의이다. 2012년 아시아권에서 개최되는 제18차 당사국총회에는 한국과 중동의 카타르가 유치를 신청한 상태여서, 2011년 중남미의 멕시코에서 개최되는 제16차 총회에서 2012년 총회 개최국 결정이 확정된다. 또한 국내 유치전에는 당사국총회 국내 유치를 정부에 최초로 기안해, 정부의 유치 발표를 이끌어 낸 여수를 비롯해, 서울, 부산, 인천, 대전 등이 열띤 유치전을 예고하고 있다.

베를린 위임사항(Berlin Mandate): 제1차 당사국총회 시 결정사항으로 협약상 2000년까지 온실가스 배출을 1990년 수준으로 감축시킬 것을 목표로 정책 조치를 취한다는 선진국의 공약(commitment)이 부적절하다고 결론짓고 1997년 말까지 2000년 이후 구속력 있는 감축의무를 정하도록 한다.

부속기구(Subsidiary Body): 당사국총회를 보조하기 위한 위원회를 말함. 협약에 의해 규정된 2개의 영구적인 부속기구인 이행자문 부속기구(SBI)와 과학기술자문 부속기구(SBSTA)가 있다.

이행자문 부속기구(Subsidiary Body for Implementation: SBI): 국가보고서 제출, 재정·기술 지원방안 등 협약의 이행과 관련한 문제에 관한 권고안을 만들어 당사국총회 또는 요청이 있을 경우 다른 부속기구에 제출하는 역할을 수행한다.

과학기술자문 부속기구(Subsidiary Body for Scientific and Technological Advice: SBSTA): 온실가스배출통계 방법론, 국가보고서 작성지침 등 협약의 과학기술적 측면에 대한 권고안을 만들어 당사국총회 또는 요청이 있을 경우 다른 부속기구에 제출하는 역할을 수행한다.

Annex Ⅰ 국가: 기후변화협약상 구속력 있는 감축의무를 부담하는 국가이다. 1992년 협약채택 당시에는 35개국이었으나, 1997년 제3차 당사국총회에서 채택된 결정문 4/CP.3에 의거하여 크로아티아, 체코, 슬로바키아, 슬로베니아, 모나코, 리히텐슈타인 등 6개국이 추가로 가입하여 현재 40개국이다.

Annex Ⅱ 국가: Annex Ⅰ 국가에서 동구권 국가가 제외된 국가군으로 OECD 24개국과 EU이다. 부속의 Ⅱ국가는 개발도상국에 대한 재정 및 기술이전의 의무를 가진 국가군이다.

비당사국(Non-Party): 협약을 비준하지 아니한 국가로서 옵서버 자격으로 회의에 참가할 수 있다.

기후변화에 관한 정부 간 협의체 또는 유엔의 정부 간 기후변화위원회(Intergovernmental Panel on Climate Change: IPCC): 1988년에 세계기상기구(WMO)와 유엔환경계획(UNEP)에 의해 공동으로 설립되었다. 기후변화에 관련된 과학적·기술적 사실에 대한 평가를 제공하는 유엔산하 정부 간 협의체이다. 2007년 기후온난화에 관한 보고서 제출 후 그해 말에는 앨 고어 전 미국 대통령과 함께 IPCC는 노벨평화상이 수여되었다. 5~6년에 한차례 기후변화평가보고서를 작성하는데 IPCC 보고서는 기후변화에 관한 거의 모든 토론에서 인용된다.

정부 간 협상위원회(Intergovernmental Negotiating Committee: INC): 적절한 의무사항을 포함하는 기후변화협약 제정을 위해 1990년 12월 제45차 유엔총회에서 기후변화협약 제정을 위한 정부 간 협상위원회를 성립하였다. INC는 1991년 2월 1차 회의를 필두로 1992년 5월까지 6차에 걸쳐 협상이 진행되었으며, 제6차 회의 협상 최종회의에서 기후변화협약 최종안을 결정하였다.

IEA(International Energy Agency): 국제에너지기구, 1974년 11월 OECD 이사회에서 설립을 결의, 1976년 1월에 발족하였다. 회원국은 미국, 영국, 일본, 호주 등 선진국 중심의 26개국이며, 우리나라는 2001년 가입하였다.

Umbrella Group: 교토의정서가 채택되면서 형성된 비-EU 선진국들의 개방형 연합체이다. 공식적인 연합체 구성국가 리스트는 없으나 통상적으로 호주, 캐나다, 아이슬란드, 일본, 뉴질랜드, 노르웨이, 러시아, 우크라이나, 미국 등으로 구성되어 있다.

OECD국가: OECD국가는 호주, 오스트리아, 벨기에, 캐나다, 체코, 덴마크, 핀란드, 프랑스, 독일, 그리스, 헝가리, 아일랜드, 아이슬란드, 이태리, 일본, 한국, 룩셈부르크, 멕시코, 네덜란드, 뉴질랜드, 노르웨이, 포르투갈, 폴란드, 슬로바키아, 스페인, 스웨덴, 스위스, 터키, 영국, 미국 등 30개국이며, 이 가운데 28개국은 Annex I 국가에 포함되어 있다.

자발적 협약(Voluntary Agreement: VA): 에너지를 생산, 공급, 소비하는 기업과 정부가 상호신뢰를 바탕으로 에너지절약 및 온실가스배출 감축목표를 달성하기 위한 협약으로서 기업은 실정에 맞는 목표를 설정하여 이를 이행하고 정부는 기업의 목표 이행을 위하여 자금·세제지원 등 인센티브를 제공하여 기업의 노력을 적극 지원하는 비규제적 제도이다.

지구환경기금(Global Environment Facility: GEF): 수십억 달러를 보유하고 있는 GEF는 세계은행(World Bank), 유엔개발계획(UNDP) 및 유엔환경계획(UNEP)에 의해 '90년에 설립되었다. 잠정적으로 협약의 재정메커니즘을 운영하고 있으며 전 세계 기후변화방지를 위한 개발도상국의 프로젝트에 기금을 출연하고 있다.

스발바르 국제종자 저장고(國際種子貯藏庫, Svalbard International Seed Vault): 스발바르 국제종자 저장고는 노르웨이령 스피츠베르겐 섬에 만들고 있는 종자 저장 시설이다. 이 시설의 목표는 핵전쟁, 소행성 충돌, 지구온난화로 인한 기상이변 등 지구적 규모의 재앙 후에도 살아

남은 사람들이 생존할 수 있도록 식량의 씨앗을 저장하는 것이다. 성서에서 노아의 방주가 대홍수 동안 지구의 동식물을 지켜낸 것에 비유하여 '최후의 날 저장고(doomsday vault)'라고 부르기도 한다. 총 200만 개의 식물 씨앗이 저장되어 있다.

부록

저탄소 녹색성장기본법

[제정 2010. 1. 13. 법률 제9931호]

제1장 총칙

제1조(목적)

이 법은 경제와 환경의 조화로운 발전을 위하여 저탄소 녹색성장에 필요한 기반을 조성하고 녹색기술과 녹색산업을 새로운 성장동력으로 활용함으로써 국민경제의 발전을 도모하며 저탄소 사회 구현을 통하여 국민의 삶의 질을 높이고 국제사회에서 책임을 다하는 성숙한 선진 일류국가로 도약하는 데 이바지함을 목적으로 한다.

제2조(정의)

이 법에서 사용하는 용어의 뜻은 다음과 같다.

1. '저탄소'란 화석연료에 대한 의존도를 낮추고 청정에너지의 사용 및 보급을 확대하며 녹색기술 연구개발, 탄소흡수원 확충 등을 통하여 온실가스를 적정수준 이하로 줄이는 것을 말한다.
2. '녹색성장'이란 에너지와 자원을 절약하고 효율적으로 사용하여 기후변화와 환경훼손을 줄이고 청정에너지와 녹색기술의 연구개발을 통하여 새로운 성장동력을 확보하며 새로운 일자리를 창출해 나가는 등 경제와 환경이 조화를 이루는 성장을 말한다.
3. '녹색기술'이란 온실가스 감축기술, 에너지 이용 효율화 기술, 청정생산

기술, 청정에너지 기술, 자원순환 및 친환경 기술(관련 융합기술을 포함
한다) 등 사회·경제 활동의 전 과정에 걸쳐 에너지와 자원을 절약하고
효율적으로 사용하여 온실가스 및 오염물질의 배출을 최소화하는 기술
을 말한다.

4. '녹색산업'이란 경제·금융·건설·교통물류·농림수산·관광 등 경제
활동 전반에 걸쳐 에너지와 자원의 효율을 높이고 환경을 개선할 수 있
는 재화의 생산 및 서비스의 제공 등을 통하여 저탄소 녹색성장을 이루
기 위한 모든 산업을 말한다.

5. '녹색제품'이란 에너지·자원의 투입과 온실가스 및 오염물질의 발생을
최소화하는 제품을 말한다.

6. '녹색생활'이란 기후변화의 심각성을 인식하고 일상생활에서 에너지를
절약하여 온실가스와 오염물질의 발생을 최소화하는 생활을 말한다.

7. '녹색경영'이란 기업이 경영활동에서 자원과 에너지를 절약하고 효율적
으로 이용하며 온실가스 배출 및 환경오염의 발생을 최소화하면서 사회
적, 윤리적 책임을 다하는 경영을 말한다.

8. '지속가능발전'이란 「지속가능발전법」 제2조 제2호에 따른 지속가능발
전을 말한다.

9. '온실가스'란 이산화탄소(CO_2), 메탄(CH_4), 아산화질소(N_2O), 수소불
화탄소(HFCs), 과불화탄소(PFCs), 육불화황(SF_6) 및 그 밖에 대통
령령으로 정하는 것으로 적외선 복사열을 흡수하거나 재방출하여 온실
효과를 유발하는 대기 중의 가스 상태의 물질을 말한다.

10. '온실가스 배출'이란 사람의 활동에 수반하여 발생하는 온실가스를 대
기 중에 배출·방출 또는 누출시키는 직접배출과 다른 사람으로부터
공급된 전기 또는 열(연료 또는 전기를 열원으로 하는 것만 해당한다)
을 사용함으로써 온실가스가 배출되도록 하는 간접배출을 말한다.

11. '지구온난화'란 사람의 활동에 수반하여 발생하는 온실가스가 대기 중
에 축적되어 온실가스 농도를 증가시킴으로써 지구 전체적으로 지표
및 대기의 온도가 추가적으로 상승하는 현상을 말한다.

12. '기후변화'란 사람의 활동으로 인하여 온실가스의 농도가 변함으로써

상당 기간 관찰되어 온 자연적인 기후변동에 추가적으로 일어나는 기후체계의 변화를 말한다.

13. '자원순환'이란 「자원의 절약과 재활용촉진에 관한 법률」 제2조 제1호에 따른 자원순환을 말한다.

14. '신·재생에너지'란 「신에너지 및 재생에너지 개발·이용·보급 촉진법」 제2조 제1호에 따른 신에너지 및 재생에너지를 말한다.

15. '에너지자립도'란 국내 총소비 에너지양에 대하여 신·재생에너지 등 국내 생산 에너지양 및 우리나라가 국외에서 개발(지분 취득을 포함한다)한 에너지양을 합한 양이 차지하는 비율을 말한다.

제3조(저탄소 녹색성장 추진의 기본원칙)

저탄소 녹색성장은 다음 각 호의 기본원칙에 따라 추진되어야 한다.

1. 정부는 기후변화·에너지·자원 문제의 해결, 성장동력 확충, 기업의 경쟁력 강화, 국토의 효율적 활용 및 쾌적한 환경 조성 등을 포함하는 종합적인 국가 발전전략을 추진한다.

2. 정부는 시장기능을 최대한 활성화하여 민간이 주도하는 저탄소 녹색성장을 추진한다.

3. 정부는 녹색기술과 녹색산업을 경제성장의 핵심 동력으로 삼고 새로운 일자리를 창출·확대할 수 있는 새로운 경제체제를 구축한다.

4. 정부는 국가의 자원을 효율적으로 사용하기 위하여 성장잠재력과 경쟁력이 높은 녹색기술 및 녹색산업 분야에 대한 중점 투자 및 지원을 강화한다.

5. 정부는 사회·경제 활동에서 에너지와 자원 이용의 효율성을 높이고 자원순환을 촉진한다.

6. 정부는 자연자원과 환경의 가치를 보존하면서 국토와 도시, 건물과 교통, 도로·항만·상하수도 등 기반시설을 저탄소 녹색성장에 적합하게 개편한다.

7. 정부는 환경오염이나 온실가스 배출로 인한 경제적 비용이 재화 또는 서비스의 시장가격에 합리적으로 반영되도록 조세(조세)체계와 금융체

계를 개편하여 자원을 효율적으로 배분하고 국민의 소비 및 생활 방식
이 저탄소 녹색성장에 기여하도록 적극 유도한다. 이 경우 국내산업의
국제경쟁력이 약화되지 않도록 고려하여야 한다.

8. 정부는 국민 모두가 참여하고 국가기관, 지방자치단체, 기업, 경제난체
및 시민단체가 협력하여 저탄소 녹색성장을 구현하도록 노력한다.

9. 정부는 저탄소 녹색성장에 관한 새로운 국제적 동향(동향)을 조기에 파
악·분석하여 국가 정책에 합리적으로 반영하고, 국제사회의 구성원으
로서 책임과 역할을 성실히 이행하여 국가의 위상과 품격을 높인다.

제4조(국가의 책무)

① 국가는 정치·경제·사회·교육·문화 등 국정의 모든 부문에서 저탄
소 녹색성장의 기본원칙이 반영될 수 있도록 노력하여야 한다.

② 국가는 각종 정책을 수립할 때 경제와 환경의 조화로운 발전 및 기후변
화에 미치는 영향 등을 종합적으로 고려하여야 한다.

③ 국가는 지방자치단체의 저탄소 녹색성장 시책을 장려하고 지원하며, 녹
색성장의 정착·확산을 위하여 사업자와 국민, 민간단체에 정보의 제공
및 재정 지원 등 필요한 조치를 할 수 있다.

④ 국가는 에너지와 자원의 위기 및 기후변화 문제에 대한 대응책을 정기
적으로 점검하여 성과를 평가하고 국제협상의 동향 및 주요 국가의 정
책을 분석하여 적절한 대책을 마련하여야 한다.

⑤ 국가는 국제적인 기후변화대응 및 에너지·자원 개발협력에 능동적으
로 참여하고, 개발도상국가에 대한 기술적·재정적 지원을 할 수 있다.

제5조(지방자치단체의 책무)

① 지방자치단체는 저탄소 녹색성장 실현을 위한 국가시책에 적극 협력하
여야 한다.

② 지방자치단체는 저탄소 녹색성장대책을 수립·시행할 때 해당 지방자
치단체의 지역적 특성과 여건을 고려하여야 한다.

③ 지방자치단체는 관할구역 내에서의 각종 계획 수립과 사업의 집행과정

에서 그 계획과 사업이 저탄소 녹색성장에 미치는 영향을 종합적으로
고려하고, 지역주민에게 저탄소 녹색성장에 대한 교육과 홍보를 강화하
여야 한다.
④ 지방자치단체는 관할구역 내의 사업자, 주민 및 민간단체의 저탄소 녹
색성장을 위한 활동을 장려하기 위하여 정보 제공, 재정 지원 등 필요
한 조치를 강구하여야 한다.

제6조(사업자의 책무)
① 사업자는 녹색경영을 선도하여야 하며 기업활동의 전 과정에서 온실가
스와 오염물질의 배출을 줄이고 녹색기술 연구개발과 녹색산업에 대한
투자 및 고용을 확대하는 등 환경에 관한 사회적·윤리적 책임을 다하
여야 한다.
② 사업자는 정부와 지방자치단체가 실시하는 저탄소 녹색성장에 관한 정
책에 적극 참여하고 협력하여야 한다.

제7조(국민의 책무)
① 국민은 가정과 학교 및 직장 등에서 녹색생활을 적극 실천하여야 한다.
② 국민은 기업의 녹색경영에 관심을 기울이고 녹색제품의 소비 및 서비스
이용을 증대함으로써 기업의 녹색경영을 촉진한다.
③ 국민은 스스로가 인류가 직면한 심각한 기후변화, 에너지·자원 위기의
최종적인 문제해결자임을 인식하여 건강하고 쾌적한 환경을 후손에게
물려주기 위하여 녹색생활 운동에 적극 참여하여야 한다.

제8조(다른 법률과의 관계)
① 저탄소 녹색성장에 관해서는 다른 법률에 우선하여 이 법을 적용한다.
② 저탄소 녹색성장과 관련되는 다른 법률을 제정하거나 개정하는 경우에
는 이 법의 목적과 기본원칙에 맞도록 하여야 한다.
③ 국가와 지방자치단체가 다른 법령에 따라 수립하는 행정계획과 정책은
제3조에 따른 저탄소 녹색성장 추진의 기본원칙 및 제9조에 따른 저탄
소 녹색성장 국가전략과 조화를 이루도록 하여야 한다.

제2장 저탄소 녹색성장 국가전략

제9조(저탄소 녹색성장 국가전략)

① 정부는 국가의 저탄소 녹색성장을 위한 정책목표·추진전략·중점추진
과제 등을 포함하는 저탄소 녹색성장 국가전략(이하 '녹색성장국가전
략'이라 한다)을 수립·시행하여야 한다.

② 녹색성장국가전략에는 다음 각 호의 사항이 포함되어야 한다.

1. 제22조에 따른 녹색경제 체제의 구현에 관한 사항

2. 녹색기술·녹색산업에 관한 사항

3. 기후변화대응 정책, 에너지 정책 및 지속가능발전 정책에 관한 사항

4. 녹색생활, 제51조에 따른 녹색국토, 제53조에 따른 저탄소 교통체계 등
에 관한 사항

5. 기후변화 등 저탄소 녹색성장과 관련된 국제협상 및 국제협력에 관한
사항

6. 그 밖에 재원조달, 조세·금융, 인력양성, 교육·홍보 등 저탄소 녹색성
장을 위하여 필요하다고 인정되는 사항

③ 정부는 녹색성장국가전략을 수립하거나 변경하려는 경우 제14조에 따른
녹색성장위원회의 심의 및 국무회의의 심의를 거쳐야 한다. 다만, 대통
령령으로 정하는 경미한 사항을 변경하는 경우에는 그러하지 아니한다.

제10조(중앙행정기관의 추진계획 수립·시행)

① 중앙행정기관의 장은 녹색성장국가전략을 효율적·체계적으로 이행하
기 위하여 대통령령으로 정하는 바에 따라 소관 분야의 추진계획(이하
'중앙추진계획'이라 한다)을 수립·시행하여야 한다.

② 중앙행정기관의 장은 중앙추진계획을 수립하거나 변경하는 때에는 대
통령령으로 정하는 바에 따라 제14조에 따른 녹색성장위원회에 보고하
여야 한다. 다만, 대통령령으로 정하는 경미한 사항을 변경하는 경우에
는 그러하지 아니하다.

제11조(지방자치단체의 추진계획 수립·시행)

① 특별시장·광역시장·도지사 또는 특별자치도지사(이하 '시·도지사'
라 한다)는 해당 지방자치단체의 저탄소 녹색성장을 촉진하기 위하여
대통령령으로 정하는 바에 따라 녹색성장국가전략과 조화를 이루는 지
방녹색성장 추진계획(이하 '지방추진계획'이라 한다)을 수립·시행하
여야 한다.

② 시·도지사는 지방추진계획을 수립하거나 변경하는 때에는 제20조에 따
른 지방녹색성장위원회의 심의를 거친 후 지방의회에 보고하고 지체 없
이 이를 제14조에 따른 녹색성장위원회에 제출하여야 한다. 다만, 대통
령령으로 정하는 경미한 사항을 변경하는 경우에는 그러하지 아니하다.

제12조(추진상황 점검 및 평가)

① 국무총리는 대통령령으로 정하는 바에 따라 녹색성장국가전략과 중앙
추진계획의 이행사항을 점검·평가하여야 한다. 이 경우 국무총리는 평
가의 절차, 기준, 결과 등에 대하여 제14조에 따른 녹색성장위원회와
협의하여야 한다.

② 시·도지사는 대통령령으로 정하는 바에 따라 지방추진계획의 이행상
황을 점검·평가하여 그 결과를 지방의회에 보고하고 지체 없이 이를
제14조에 따른 녹색성장위원회에 제출하여야 한다.

제13조(정책에 관한 의견제시)

① 제14조에 따른 녹색성장위원회는 제12조에 따른 추진상황 점검·평가
결과 등에 따라 필요하다고 인정되는 경우에는 관계 중앙행정기관의 장
또는 시·도지사에게 의견을 제시할 수 있다.

② 제1항에 따른 의견을 제시받은 관계 중앙행정기관의 장 또는 시·도지
사는 해당 기관의 정책 등에 이를 반영하기 위하여 노력하여야 한다.

제14조(녹색성장위원회의 구성 및 운영)

① 국가의 저탄소 녹색성장과 관련된 주요 정책 및 계획과 그 이행에 관한 사항을 심의하기 위하여 대통령 소속으로 녹색성장위원회(이하 '위원회'라 한다)를 둔다.

② 위원회는 위원장 2명을 포함한 50명 이내의 위원으로 구성한다.

③ 위원회의 위원장은 국무총리와 제4항 제2호의 위원 중에서 대통령이 지명하는 사람이 된다.

④ 위원회의 위원은 다음 각 호의 사람이 된다.

1. 기획재정부장관, 교육과학기술부장관, 지식경제부장관, 환경부장관, 국토해양부장관 등 대통령령으로 정하는 공무원

2. 기후변화, 에너지·자원, 녹색기술·녹색산업, 지속가능발전 분야 등 저탄소 녹색성장에 관한 학식과 경험이 풍부한 사람 중에서 대통령이 위촉하는 사람

⑤ 위원회의 사무를 처리하게 하기 위하여 위원회에 간사위원 1명을 두며, 간사위원의 지명에 관한 사항은 대통령령으로 정한다.

⑥ 위원장은 각자 위원회를 대표하며, 위원회의 업무를 총괄한다.

⑦ 위원장이 부득이한 사유로 직무를 수행할 수 없는 때에는 국무총리인 위원장이 미리 정한 위원이 위원장의 직무를 대행한다.

⑧ 제4항 제2호의 위원의 임기는 1년으로 하되, 연임할 수 있다.

제15조(위원회의 기능)

위원회는 다음 각 호의 사항을 심의한다.

1. 저탄소 녹색성장 정책의 기본방향에 관한 사항

2. 녹색성장국가전략의 수립·변경·시행에 관한 사항

3. 기후변화대응 기본계획, 에너지기본계획 및 지속가능발전 기본계획에 관한 사항

4. 저탄소 녹색성장 추진의 목표 관리, 점검, 실태조사 및 평가에 관한 사항

5. 관계 중앙행정기관 및 지방자치단체의 저탄소 녹색성장과 관련된 정책
   조정 및 지원에 관한 사항
6. 저탄소 녹색성장과 관련된 법제도에 관한 사항
7. 저탄소 녹색성장을 위한 재원의 배분방향 및 효율적 사용에 관한 사항
8. 저탄소 녹색성장과 관련된 국제협상·국제협력, 교육·홍보, 인력양성
   및 기반구축 등에 관한 사항
9. 저탄소 녹색성장과 관련된 기업 등의 고충조사, 처리, 시정권고 또는 의
   견표명
10. 다른 법률에서 위원회의 심의를 거치도록 한 사항
11. 그 밖에 저탄소 녹색성장과 관련하여 위원장이 필요하다고 인정하는
    사항

제16조(회의)
① 위원장은 위원회의 회의를 소집하고 그 의장이 된다.
② 위원회의 회의는 정기회의와 임시회의로 구분하며, 임시회의는 위원장
   이 필요하다고 인정하는 경우 또는 위원 5명 이상의 소집요구가 있을
   경우에 위원장이 소집한다.
③ 위원회의 회의는 위원 과반수의 출석으로 개의하고, 출석위원 과반수의
   찬성으로 의결한다. 다만, 대통령령으로 정하는 경우에는 서면으로 심
   의·의결할 수 있다.
④ 제1항부터 제3항까지에서 규정한 사항 외에 정기회의의 시기 등 위원
   회의 운영에 필요한 사항은 대통령령으로 정한다.

제17조(분과위원회)
① 위원회의 업무를 효율적으로 수행·지원하고 위원회가 위임하는 업무
   를 검토·조정 또는 처리하기 위하여 대통령령으로 정하는 바에 따라
   위원회에 분과위원회를 둘 수 있다.
② 분과위원회는 위촉위원으로 구성하며, 분과위원회의 위원장은 분과위원
   회의 위원 중에서 호선한다.

③ 중앙행정기관의 고위공무원단에 속하는 공무원은 관계 분야의 안건에
대하여 해당 분과위원회에 참석하여 의견을 제시할 수 있다.
④ 제1항부터 제3항까지에서 규정한 사항 외에 분과위원회의 운영에 필요
한 사항은 위원회의 의결을 거쳐 위원회의 위원장이 정한다.

제18조(녹색성장기획단)
① 위원회 및 분과위원회의 운영 및 업무를 효율적으로 지원하기 위하여
위원회에 녹색성장기획단(이하 '기획단'이라 한다)을 둔다.
② 기획단의 구성 및 운영 등에 필요한 사항은 대통령령으로 정한다.

제19조(공무원 등의 파견 요청)
위원회는 위원회의 운영 또는 기획단의 업무수행을 위하여 필요한 경우에
는 중앙행정기관, 지방자치단체 소속의 공무원 및 관련 민간기관·단체 또는
연구소, 기업 임직원 등의 파견 또는 겸임을 요청할 수 있다.

제20조(지방녹색성장위원회의 구성 및 운영)
① 지방자치단체의 저탄소 녹색성장과 관련된 주요 정책 및 계획과 그 이
행에 관한 사항을 심의하기 위하여 시·도지사 소속으로 지방녹색성장
위원회(이하 '지방녹색성장위원회'라 한다)를 둘 수 있다.
② 지방녹색성장위원회의 구성, 운영 및 기능 등에 필요한 사항은 대통령
령으로 정한다.

제21조(녹색성장책임관의 지정)
저탄소 녹색성장의 원활한 추진을 위하여 중앙행정기관의 장 및 시·도지
사는 소속 공무원 중에서 녹색성장책임관을 지정할 수 있다.

제4장 저탄소 녹색성장의 추진

제22조(녹색경제·녹색산업 구현을 위한 기본원칙)
① 정부는 화석연료의 사용을 단계적으로 축소하고 녹색기술과 녹색산업을 육성함으로써 국가경쟁력을 강화하고 지속가능발전을 추구하는 경제(이하 '녹색경제'라 한다)를 구현하여야 한다.
② 정부는 녹색경제 정책을 수립·시행할 때 금융·산업·과학기술·환경·국토·문화 등 다양한 부문을 통합적 관점에서 균형 있게 고려하여야 한다.
③ 정부는 새로운 녹색산업의 창출, 기존 산업의 녹색산업으로의 전환 및 관련 산업과의 연계 등을 통하여 에너지·자원 다소비형 산업구조가 저탄소 녹색산업구조로 단계적으로 전환되도록 노력하여야 한다.
④ 정부는 저탄소 녹색성장을 추진할 때 지역 간 균형발전을 도모하며 저소득층이 소외되지 않도록 지원 및 배려하여야 한다.

제23조(녹색경제·녹색산업의 육성·지원)
① 정부는 녹색경제를 구현함으로써 국가경제의 건전성과 경쟁력을 강화하고 성장잠재력이 큰 새로운 녹색산업을 발굴·육성하는 등 녹색경제·녹색산업의 육성·지원 시책을 마련하여야 한다.
② 제1항에 따른 녹색경제·녹색산업의 육성·지원 시책에는 다음 각 호의 사항이 포함되어야 한다.
1. 국내외 경제여건 및 전망에 관한 사항
2. 기존 산업의 녹색산업 구조로의 단계적 전환에 관한 사항
3. 녹색산업을 촉진하기 위한 중장기·단계별 목표, 추진전략에 관한 사항
4. 녹색산업의 신성장동력으로의 육성·지원에 관한 사항
5. 전기·정보통신·교통시설 등 기존 국가기반시설의 친환경 구조로의 전환에 관한 사항
6. 녹색경영을 위한 자문서비스 산업의 육성에 관한 사항
7. 녹색산업 인력 양성 및 일자리 창출에 관한 사항

8. 그 밖에 녹색경제·녹색산업의 촉진에 관한 사항

제24조(자원순환의 촉진)

① 정부는 자원을 절약하고 효율적으로 이용하며 폐기물의 발생을 줄이는 등 자원순환의 촉진과 자원생산성 제고를 위하여 자원순환 산업을 육성·지원하기 위한 다양한 시책을 마련하여야 한다.

② 제1항에 따른 자원순환 산업의 육성·지원 시책에는 다음 각 호의 사항이 포함되어야 한다.

1. 자원순환 촉진 및 자원생산성 제고 목표설정

2. 자원의 수급 및 관리

3. 유해하거나 재제조·재활용이 어려운 물질의 사용억제

4. 폐기물 발생의 억제 및 재제조·재활용 등 재자원화

5. 에너지자원으로 이용되는 목재, 식물, 농산물 등 바이오매스의 수집·활용

6. 자원순환 관련 기술개발 및 산업의 육성

7. 자원생산성 향상을 위한 교육훈련·인력양성 등에 관한 사항

제25조(기업의 녹색경영 촉진)

① 정부는 기업의 녹색경영을 지원·촉진하여야 한다.

② 정부는 기업의 녹색경영을 지원·촉진하기 위하여 다음 각 호의 사항을 포함하는 시책을 수립·시행하여야 한다.

1. 친환경 생산체제로의 전환을 위한 기술지원

2. 기업의 에너지·자원 이용 효율화, 온실가스 배출량 감축, 산림조성 및 자연환경 보전, 지속가능발전 정보 등 녹색경영 성과의 공개

3. 중소기업의 녹색경영에 대한 지원

4. 그 밖에 저탄소 녹색성장을 위한 기업활동 지원에 관한 사항

제26조(녹색기술의 연구개발 및 사업화 등의 촉진)

① 정부는 녹색기술의 연구개발 및 사업화 등을 촉진하기 위하여 다음 각

호의 사항을 포함하는 시책을 수립·시행할 수 있다.

1. 녹색기술과 관련된 정보의 수집·분석 및 제공
2. 녹색기술 평가기법의 개발 및 보급
3. 녹색기술 연구개발 및 사업화 등의 촉진을 위한 금융지원
4. 녹색기술 전문인력의 양성 및 국제협력 등

② 정부는 정보통신·나노·생명공학 기술 등의 융합을 촉진하고 녹색기술의 지식재산권화를 통하여 저탄소 지식기반경제로의 이행을 신속하게 추진하여야 한다.

③ 「과학기술기본법」에 따른 과학기술기본계획에 제1항의 시책이 포함되는 경우에는 미리 위원회의 의견을 들어야 한다.

제27조(정보통신기술의 보급·활용)

① 정부는 에너지 절약, 에너지 이용효율 향상 및 온실가스 감축을 위하여 정보통신기술 및 서비스를 적극 활용하는 다음 각 호에 대한 시책을 수립·시행하여야 한다.

1. 방송통신 네트워크 등 정보통신 기반 확대
2. 새로운 정보통신 서비스의 개발·보급
3. 정보통신 산업 및 기기 등에 대한 녹색기술 개발 촉진

② 정부는 저탄소 녹색성장을 위한 생활문화를 조속히 확산시키기 위하여 재택근무·영상회의·원격교육·원격진료 등을 활성화하는 등의 방송통신 시책을 수립·시행하여야 한다.

③ 정부는 정보통신기술을 활용하여 전력 네트워크를 지능화·고도화함으로써 고품질의 전력서비스를 제공하고 에너지 이용효율을 극대화하며 온실가스를 획기적으로 감축할 수 있도록 하여야 한다.

제28조(금융의 지원 및 활성화)

정부는 저탄소 녹색성장을 촉진하기 위하여 다음 각 호의 사항을 포함하는 금융 시책을 수립·시행하여야 한다.

1. 녹색경제 및 녹색산업의 지원 등을 위한 재원의 조성 및 자금 지원

2. 저탄소 녹색성장을 지원하는 새로운 금융상품의 개발

3. 저탄소 녹색성장을 위한 기반시설 구축사업에 대한 민간투자 활성화

4. 기업의 녹색경영 정보에 대한 공시제도 등의 강화 및 녹색경영 기업에
   대한 금융지원 확대

5. 탄소시장(온실가스를 배출할 수 있는 권리 또는 온실가스의 감축·흡수
   실적 등을 거래하는 시장을 말한다. 이하 같다)의 개설 및 거래 활성화 등

제29조(녹색산업투자회사의 설립과 지원)

① 녹색기술 및 녹색산업에 자산을 투자하여 그 수익을 투자자에게 배분하
   는 것을 목적으로 하는 녹색산업투자회사(「자본시장과 금융투자업에
   관한 법률」 제9조 제18항의 집합투자기구를 말한다. 이하 같다)를 설
   립할 수 있다.

② 녹색산업투자회사가 투자하는 녹색기술 및 녹색산업은 다음 각 호에서
   정하는 사업 또는 기업으로 한다.

1. 제2조 제3호에 따른 녹색기술에 대한 연구와 시제품의 제작 및 상용화
   를 위한 연구개발 또는 기술지원 사업

2. 제2조 제4호에 따른 녹색산업에 해당하는 사업

3. 녹색기술 또는 녹색산업에 대한 투자 또는 영업을 영위하는 기업

③ 정부는 「공공기관의 운영에 관한 법률」 제4조에 따른 공공기관이 녹색
   산업투자회사에 출자하려는 경우 이를 위한 자금의 전부 또는 일부를
   예산의 범위에서 지원할 수 있다.

④ 금융위원회는 제3항의 규정에 따라 공공기관이 출자한 녹색산업투자회
   사(해당 회사의 자산운용회사·자산보관회사 및 일반사무관리회사를
   포함한다. 이하 이 조에서 같다)에 해당 회사의 업무 및 재산 등에 관한
   자료의 제출이나 보고를 요구할 수 있으며, 관계 중앙행정기관은 금융
   위원회에 해당 자료의 제출을 요구할 수 있다.

⑤ 관계 중앙행정기관은 제4항에 의하여 제출된 자료나 보고 내용에 대하
   여 검사가 필요하다고 인정하는 경우 금융위원회에 해당 녹색산업투자
   회사에 대한 업무 및 재산 등에 관한 검사를 요청할 수 있으며, 해당 검

사 결과 중대한 문제가 있다고 여겨지는 경우에는 금융위원회는 관계 중앙행정기관과 협의하여 해당 녹색산업투자회사의 등록을 취소할 수 있다.

⑥ 제1항 내지 제5항에 따른 녹색산업투자회사의 설립·운영 및 재정지원과 그 밖에 필요한 세부사항은 대통령령으로 정한다.

제30조(조세 제도 운영)

정부는 에너지·자원의 위기 및 기후변화 문제에 효과적으로 대응하고 저탄소 녹색성장을 촉진하기 위하여 온실가스와 오염물질을 발생시키거나 에너지·자원 이용효율이 낮은 재화와 서비스를 줄이고 환경친화적인 재화와 서비스를 촉진하는 방향으로 국가의 조세 제도를 운영하여야 한다.

제31조(녹색기술·녹색산업에 대한 지원·특례 등)

① 국가 또는 지방자치단체는 녹색기술·녹색산업에 대하여 보조금의 지급 등 필요한 지원을 할 수 있다.

② 「신용보증기금법」에 따라 설립된 신용보증기금 및 「기술신용보증기금법」에 따라 설립된 기술신용보증기금은 녹색기술·녹색산업에 우선적으로 신용보증을 하거나 보증조건 등을 우대할 수 있다.

③ 국가나 지방자치단체는 녹색기술·녹색산업과 관련된 기업을 지원하기 위하여 「조세특례제한법」과 「지방세법」에서 정하는 바에 따라 소득세·법인세·취득세·재산세·등록세 등을 감면할 수 있다.

④ 국가나 지방자치단체는 녹색기술·녹색산업과 관련된 기업이 「외국인투자 촉진법」 제2조 제1항 제4호에 따른 외국인투자를 유치하는 경우에 이를 최대한 지원하기 위하여 노력하여야 한다.

제32조(녹색기술·녹색산업의 표준화 및 인증 등)

① 정부는 국내에서 개발되었거나 개발 중인 녹색기술·녹색산업이 「국가표준기본법」 제3조 제2호에 따른 국제표준에 부합되도록 표준화 기반을 구축하고 녹색기술·녹색산업의 국제표준화 활동 등에 필요한 지원

을 할 수 있다.

② 정부는 녹색기술·녹색산업의 발전을 촉진하기 위하여 녹색기술, 녹색사업, 녹색제품 등에 대한 적합성 인증을 하거나 녹색전문기업 확인, 공공기관의 구매의무화 또는 기술지도 등을 할 수 있다.

③ 정부는 다음 각 호의 어느 하나에 해당하는 경우에는 제2항에 따른 적합성 인증 및 녹색전문기업 확인을 취소하여야 한다.

1. 거짓이나 그 밖의 부정한 방법으로 인증이나 확인을 받은 경우

2. 중대한 결함이 있어 인증이나 확인이 적당하지 아니하다고 인정되는 경우

④ 제1항 내지 제3항에 따른 표준화, 인증 및 취소 등에 관하여 그 밖에 필요한 사항은 대통령령으로 정한다.

제33조(중소기업의 지원 등)

정부는 중소기업의 녹색기술 및 녹색경영을 촉진하기 위하여 다음 각 호의 시책을 수립·시행할 수 있다.

1. 대기업과 중소기업의 공동사업에 대한 우선 지원

2. 대기업의 중소기업에 대한 기술지도·기술이전 및 기술인력 파견에 대한 지원

3. 중소기업의 녹색기술 사업화의 촉진

4. 녹색기술 개발 촉진을 위한 공공시설의 이용

5. 녹색기술·녹색산업에 관한 전문인력 양성·공급 및 국외진출

6. 그 밖에 중소기업의 녹색기술 및 녹색경영을 촉진하기 위한 사항

제34조(녹색기술·녹색산업 집적지 및 단지 조성 등)

① 정부는 녹색기술의 공동연구개발, 시설장비의 공동활용 및 산·학·연 네트워크 구축 등의 사업을 위한 집적지와 단지를 조성하거나 이를 지원할 수 있다.

② 제1항에 따른 사업을 추진하는 경우에는 다음 각 호의 사항을 고려하여야 한다.

1. 산업단지별 산업집적 현황에 관한 사항

2. 기업·대학·연구소 등의 연구개발 역량강화 및 상호연계에 관한 사항

3. 산업집적기반시설의 확충 및 우수한 녹색기술·녹색산업 인력의 유치에 관한 사항

4. 녹색기술·녹색산업의 사업추진체계 및 재원조달방안

③ 정부는 대통령령으로 정하는 기관 또는 단체로 하여금 녹색기술·녹색산업 집적지 및 단지를 조성하게 할 수 있다.

④ 정부는 제3항에 따른 기관 또는 단체가 같은 항에 따른 녹색기술·녹색산업 집적지 및 단지를 조성하는 사업을 수행하는 데에 소요되는 비용의 전부 또는 일부를 출연할 수 있다.

제35조(녹색기술·녹색산업에 대한 일자리 창출 등)

① 정부는 녹색기술·녹색산업에 대한 일자리를 창출·확대하여 모든 국민이 녹색성장의 혜택을 누릴 수 있도록 하여야 한다.

② 정부는 녹색기술·녹색산업에 대한 일자리를 창출하는 과정에서 산업 분야별 노동력의 원활한 이동·전환을 촉진하고 국민이 새로운 기술을 습득할 수 있는 기회를 확대하며, 녹색기술·녹색산업에 대한 일자리 창출을 위한 재정적·기술적 지원을 할 수 있다.

제36조(규제의 선진화)

① 정부는 자원을 효율적으로 이용하고 온실가스와 오염물질의 발생을 줄이기 위한 규제를 도입하려는 경우에는 온실가스 또는 오염물질의 발생 원인자가 스스로 온실가스와 오염물질의 발생을 줄이도록 유도함으로써 사회·경제적 비용을 줄이도록 노력하여야 한다.

② 정부는 온실가스와 오염물질의 발생을 줄이기 위한 규제를 도입하려는 경우에는 민간의 자율과 창의를 저해하지 않도록 하고, 기업의 규제에 대한 국내외 실태조사 등을 하여 산업경쟁력을 높일 수 있도록 규제의 중복을 피하는 등 규제 체계를 선진화하여야 한다.

제37조(국제규범 대응)

① 정부는 외국 정부 또는 국제기구에서 제정하거나 도입하려는 저탄소 녹색성장과 관련된 제도·정책에 관한 동향과 정보를 수집·조사·분석하여 관련 제도·정책을 합리적으로 정비하고 지원체제를 구축하는 등 적질한 내책을 마련하여야 한다.

② 정부는 제1항의 동향·정보 및 대책에 관한 사항을 기업·국민들에게 충분히 제공함으로써 국내 기업과 국민들이 대응역량을 높일 수 있도록 하여야 한다.

제5장 저탄소 사회의 구현

제38조(기후변화대응의 기본원칙)

정부는 저탄소 사회를 구현하기 위하여 기후변화대응 정책 및 관련 계획을 다음 각 호의 원칙에 따라 수립·시행하여야 한다.

1. 지구온난화에 따른 기후변화 문제의 심각성을 인식하고 국가적·국민적 역량을 모아 총체적으로 대응하고 범지구적 노력에 적극 참여한다.

2. 온실가스 감축의 비용과 편익을 경제적으로 분석하고 국내 여건 등을 감안하여 국가온실가스 중장기 감축 목표를 설정하고, 가격기능과 시장원리에 기반을 둔 비용효과적 방식의 합리적 규제체제를 도입함으로써 온실가스 감축을 효율적·체계적으로 추진한다.

3. 온실가스를 획기적으로 감축하기 위하여 정보통신·나노·생명공학 등 첨단기술 및 융합기술을 적극 개발하고 활용한다.

4. 온실가스 배출에 따른 권리·의무를 명확히 하고 이에 대한 시장거래를 허용함으로써 다양한 감축수단을 자율적으로 선택할 수 있도록 하고, 국내 탄소시장을 활성화하여 국제 탄소시장에 적극 대비한다.

5. 대규모 자연재해, 환경생태와 작물상황의 변화에 대비하는 등 기후변화로 인한 영향을 최소화하고 그 위험 및 재난으로부터 국민의 안전과 재산을 보호한다.

제39조(에너지정책 등의 기본원칙)

정부는 저탄소 녹색성장을 추진하기 위하여 에너지정책 및 에너지와 관련된 계획을 다음 각 호의 원칙에 따라 수립·시행하여야 한다.

1. 석유·석탄 등 화석연료의 사용을 단계적으로 축소하고 에너지 자립도를 획기적으로 향상시킨다.

2. 에너지 가격의 합리화, 에너지의 절약, 에너지 이용효율 제고 등 에너지 수요관리를 강화하여 지구온난화를 예방하고 환경을 보전하며, 에너지 저소비·자원순환형 경제·사회구조로 전환한다.

3. 친환경에너지인 태양에너지, 폐기물·바이오에너지, 풍력, 지열, 조력, 연료전지, 수소에너지 등 신·재생에너지의 개발·생산·이용 및 보급을 확대하고 에너지 공급원을 다변화한다.

4. 에너지가격 및 에너지산업에 대한 시장경쟁 요소의 도입을 확대하고 공정거래 질서를 확립하며, 국제규범 및 외국의 법제도 등을 고려하여 에너지산업에 대한 규제를 합리적으로 도입·개선하여 새로운 시장을 창출한다.

5. 국민이 저탄소 녹색성장의 혜택을 고루 누릴 수 있도록 저소득층에 대한 에너지 이용 혜택을 확대하고 형평성을 제고하는 등 에너지와 관련한 복지를 확대한다.

6. 국외 에너지자원 확보, 에너지의 수입 다변화, 에너지 비축 등을 통하여 에너지를 안정적으로 공급함으로써 에너지에 관한 국가안보를 강화한다.

제40조(기후변화대응 기본계획)

① 정부는 기후변화대응의 기본원칙에 따라 20년을 계획기간으로 하는 기후변화대응 기본계획을 5년마다 수립·시행하여야 한다.

② 기후변화대응 기본계획을 수립하거나 변경하는 경우에는 위원회의 심의 및 국무회의 심의를 거쳐야 한다. 다만, 대통령령으로 정하는 경미한 사항을 변경하는 경우에는 그러하지 아니하다.

③ 기후변화대응 기본계획에는 다음 각 호의 사항이 포함되어야 한다.

1. 국내외 기후변화 경향 및 미래 전망과 대기 중의 온실가스 농도변화

2. 온실가스 배출·흡수 현황 및 전망

3. 온실가스 배출 중장기 감축목표 설정 및 부문별·단계별 대책

4. 기후변화대응을 위한 국제협력에 관한 사항

5. 기후변화대응을 위한 국가와 지방자치단체의 협력에 관한 사항

6. 기후변화대응 연구개발에 관한 사항

7. 기후변화대응 인력양성에 관한 사항

8. 기후변화의 감시·예측·영향·취약성평가 및 재난방지 등 적응대책에
   관한 사항

9. 기후변화대응을 위한 교육·홍보에 관한 사항

10. 그 밖에 기후변화대응 추진을 위하여 필요한 사항

제41조(에너지기본계획의 수립)

① 정부는 에너지정책의 기본원칙에 따라 20년을 계획기간으로 하는 에너
   지기본계획(이하 이 조에서 '에너지기본계획'이라 한다)을 5년마다 수
   립·시행하여야 한다.

② 에너지기본계획을 수립하거나 변경하는 경우에는 「에너지법」 제9조에
   따른 에너지위원회의 심의를 거친 다음 위원회와 국무회의의 심의를 거
   쳐야 한다. 다만, 대통령령으로 정하는 경미한 사항을 변경하는 경우에
   는 그러하지 아니하다.

③ 에너지기본계획에는 다음 각 호의 사항이 포함되어야 한다.

1. 국내외 에너지 수요와 공급의 추이 및 전망에 관한 사항

2. 에너지의 안정적 확보, 도입·공급 및 관리를 위한 대책에 관한 사항

3. 에너지 수요 목표, 에너지원 구성, 에너지 절약 및 에너지 이용효율 향
   상에 관한 사항

4. 신·재생에너지 등 환경친화적 에너지의 공급 및 사용을 위한 대책에
   관한 사항

5. 에너지 안전관리를 위한 대책에 관한 사항

6. 에너지 관련 기술개발 및 보급, 전문인력 양성, 국제협력, 부존 에너지
   자원 개발 및 이용, 에너지 복지 등에 관한 사항

제42조(기후변화대응 및 에너지의 목표관리)

① 정부는 범지구적인 온실가스 감축에 적극 대응하고 저탄소 녹색성장을 효율적·체계적으로 추진하기 위하여 다음 각 호의 사항에 대한 중장기 및 단계별 목표를 설정하고 그 달성을 위하여 필요한 조치를 강구하여야 한다.

1. 온실가스 감축 목표
2. 에너지 절약 목표 및 에너지 이용효율 목표
3. 에너지 자립 목표
4. 신·재생에너지 보급 목표

② 정부는 제1항에 따른 목표를 설정할 때 국내 여건 및 각국의 동향 등을 고려하여야 한다.

③ 정부는 제1항에 따른 목표를 달성하기 위하여 관계 중앙행정기관, 지방자치단체 및 대통령령으로 정하는 공공기관 등에 대하여 대통령령으로 정하는 바에 따라 해당 기관별로 에너지절약 및 온실가스 감축목표를 설정하도록 하고 그 이행사항을 지도·감독할 수 있다.

④ 정부는 제1항 제1호 및 제2호에 따른 목표를 달성할 수 있도록 산업, 교통·수송, 가정·상업 등 부문별 목표를 설정하고 그 달성을 위하여 필요한 조치를 적극 마련하여야 한다.

⑤ 정부는 제1항 제1호 및 제2호에 따른 목표를 달성하기 위하여 대통령령으로 정하는 기준량 이상의 온실가스 배출업체 및 에너지 소비업체(이하 '관리업체'라 한다)별로 측정·보고·검증이 가능한 방식으로 목표를 설정·관리하여야 한다. 이 경우 정부는 관리업체와 미리 협의하여야 하며, 온실가스 배출 및 에너지 사용 등의 이력, 기술 수준, 국제경쟁력, 국가목표 등을 고려하여야 한다.

⑥ 관리업체는 제5항에 따른 목표를 준수하여야 하며, 그 실적을 대통령령으로 정하는 바에 따라 정부에 보고하여야 한다.

⑦ 정부는 제6항에 따라 보고받은 실적에 대하여 등록부를 작성하고 체계적으로 관리하여야 한다.

⑧ 정부는 관리업체의 준수실적이 제5항에 따른 목표에 미달하는 경우 목

표달성을 위하여 필요한 개선을 명할 수 있다. 이 경우 관리업체는 개
선명령에 따른 이행계획을 작성하여 이를 성실히 이행하여야 한다.

⑨ 관리업체는 제8항에 따른 이행결과를 측정·보고·검증이 가능한 방식
으로 작성하여 대통령령으로 정하는 공신력 있는 외부 전문기관의 검증
을 받아 정부에 보고하고 공개하여야 한다.

⑩ 정부는 관리업체가 제5항에 따른 목표를 달성하고 제8항에 따른 이행
계획을 차질 없이 이행할 수 있도록 하기 위하여 필요한 경우 재정·세
제·경영·기술지원, 실태조사 및 진단, 자료 및 정보의 제공 등을 할
수 있다.

⑪ 제5항부터 제9항까지에서 규정한 사항 외에 등록부의 관리, 관리업체
의 지원 등에 필요한 사항은 대통령령으로 정한다.

제43조(온실가스 감축의 조기행동 촉진)

① 정부는 관리업체가 제42조 제5항에 따른 목표관리를 받기 전에 자발적
으로 행한 실적에 대해서는 이를 목표관리 실적으로 인정하거나 그 실
적을 거래할 수 있도록 하는 등 자발적으로 온실가스를 미리 감축하는
행동을 하도록 촉진하여야 한다.

② 제1항에 따른 실적을 거래할 수 있는 방법 및 절차 등에 필요한 사항은
대통령령으로 정한다.

제44조(온실가스 배출량 및 에너지 사용량 등의 보고)

① 관리업체는 사업장별로 매년 온실가스 배출량 및 에너지 소비량에 대하
여 측정·보고·검증 가능한 방식으로 명세서를 작성하여 정부에 보고
하여야 한다.

② 관리업체는 제1항에 따른 보고를 할 때 명세서의 신뢰성 여부에 대하여
대통령령으로 정하는 공신력 있는 외부 전문기관의 검증을 받아야 한
다. 이 경우 정부는 명세서에 흠이 있거나 빠진 부분에 대하여 시정 또
는 보완을 명할 수 있다.

③ 정부는 명세서를 체계적으로 관리하고 명세서에 포함된 주요 정보를 관

리업체별로 공개할 수 있다. 다만, 관리업체는 정보공개로 인하여 그 관리업체의 권리나 영업상의 비밀이 현저히 침해되는 특별한 사유가 있는 경우에는 비공개를 요청할 수 있다.

④ 정부는 관리업체로부터 제3항 단서에 따른 정보의 비공개 요청을 받았을 때에는 심사위원회를 구성하여 30일 이내에 그 결과를 통지하여야 한다.

⑤ 명세서의 내용, 보고·관리, 공개방법 및 심사위원회의 구성·운영 등에 필요한 사항은 대통령령으로 정한다.

제45조(온실가스 종합정보관리체계의 구축)

① 정부는 국가 온실가스 배출량·흡수량, 배출·흡수 계수, 온실가스 관련 각종 정보 및 통계를 개발·검증·관리하는 온실가스 종합정보관리체계를 구축하여야 한다.

② 관계 중앙행정기관의 장은 제1항에 따른 종합정보관리체계가 원활히 운영될 수 있도록 에너지·산업공정·농업·폐기물·산림 등 부문별 소관 분야의 정보 및 통계를 작성하여 제공하는 등 적극 협력하여야 한다.

③ 정부는 제1항에 따른 각종 정보 및 통계를 작성·관리하거나 종합정보관리체계를 구축함에 있어 국제기준을 최대한 반영하여 전문성·투명성 및 신뢰성을 제고하여야 한다.

④ 정부는 제1항에 따른 각종 정보 및 통계를 분석·검증하여 그 결과를 매년 공표하여야 한다.

⑤ 제1항부터 제4항까지에서 규정한 사항 외에 세부적인 정보 및 통계 관리방법, 관리기관 및 방법 등은 대통령령으로 정한다.

제46조(총량제한 배출권 거래제 등의 도입)

① 정부는 시장기능을 활용하여 효율적으로 국가의 온실가스 감축목표를 달성하기 위하여 온실가스 배출권을 거래하는 제도를 운영할 수 있다.

② 제1항의 제도에는 온실가스 배출허용총량을 설정하고 배출권을 거래하는 제도 및 기타 국제적으로 인정되는 거래 제도를 포함한다.

③ 정부는 제2항에 따른 제도를 실시할 경우 기후변화 관련 국제협상을 고려하여야 하고, 국제경쟁력이 현저하게 약화될 우려가 있는 제42조 제5항의 관리업체에 대해서는 필요한 조치를 강구할 수 있다.

④ 제2항에 따른 제도의 실시를 위한 배출허용량의 할당방법, 등록·관리방법 및 서래소 설치·운영 등은 따로 법률로 정한다.

제47조(교통부문의 온실가스 관리)

① 자동차 등 교통수단을 제작하려는 자는 그 교통수단에서 배출되는 온실가스를 감축하기 위한 방안을 마련하여야 하며, 온실가스 감축을 위한 국제경쟁 체제에 부응할 수 있도록 적극 노력하여야 한다.

② 정부는 자동차의 평균에너지소비효율을 개선함으로써 에너지 절약을 도모하고, 자동차 배기가스 중 온실가스를 줄임으로써 쾌적하고 적정한 대기환경을 유지할 수 있도록 자동차 평균에너지소비효율기준 및 자동차 온실가스 배출허용기준을 각각 정하되, 이중규제가 되지 않도록 자동차 제작업체(수입업체를 포함한다)로 하여금 어느 한 기준을 택하여 준수토록 하고 측정방법 등이 중복되지 않도록 하여야 한다.

③ 정부는 온실가스 배출량이 적은 자동차 등을 구매하는 자에 대하여 재정적 지원을 강화하고 온실가스 배출량이 많은 자동차 등을 구매하는 자에 대해서는 부담금을 부과하는 등의 방안을 강구할 수 있다.

④ 정부는 하이브리드 자동차, 수소연료전지 자동차 등 저탄소·고효율 교통수단의 제작·보급을 촉진하기 위하여 재정·세제 지원, 연구개발 및 관련 제도 개선 등의 방안을 강구할 수 있다.

제48조(기후변화 영향평가 및 적응대책의 추진)

① 정부는 기상현상에 대한 관측·예측·제공·활용 능력을 높이고, 지역별·권역별로 태양력·풍력·조력 등 신·재생에너지원을 확보할 수 있는 잠재력을 지속적으로 분석·평가하여 이에 관한 기상정보관리체계를 구축·운영하여야 한다.

② 정부는 기후변화에 대한 감시·예측의 정확도를 향상시키고 생물자원

및 수자원 등의 변화 상황과 국민건강에 미치는 영향 등 기후변화로 인한 영향을 조사·분석하기 위한 조사·연구, 기술개발, 관련 전문기관의 지원 및 국내외 협조체계 구축 등의 시책을 추진하여야 한다.

③ 정부는 관계 중앙행정기관의 장과 협의하여 기후변화로 인한 생태계, 생물다양성, 대기, 수자원·수질, 보건, 농·수산식품, 산림, 해양, 산업, 방재 등에 미치는 영향 및 취약성을 조사·평가하고 그 결과를 공표하여야 한다.

④ 정부는 기후변화로 인한 피해를 줄이기 위하여 사전 예방적 관리에 우선적인 노력을 기울여야 하며 대통령령으로 정하는 바에 따라 기후변화의 영향을 완화시키거나 건강·자연재해 등에 대응하는 적응대책을 수립·시행하여야 한다.

⑤ 정부는 국민·사업자 등이 기후변화 적응대책에 따라 활동할 경우 이에 필요한 기술적 및 재정적 지원을 할 수 있다.

제6장 녹색생활 및 지속가능발전의 실현

제49조(녹색생활 및 지속가능발전의 기본원칙)

녹색생활 및 지속가능발전의 실현을 위한 국가의 시책은 다음 각 호의 기본원칙에 따라 추진되어야 한다.

1. 국토는 녹색성장의 터전이며 그 결과의 전시장이라는 점을 인식하고 현세대 및 미래세대가 쾌적한 삶을 영위할 수 있도록 국토의 개발 및 보전·관리가 조화될 수 있도록 한다.

2. 국토·도시공간구조와 건축·교통체제를 저탄소 녹색성장 구조로 개편하고 생산자와 소비자가 녹색제품을 자발적·적극적으로 생산하고 구매할 수 있는 여건을 조성한다.

3. 국가·지방자치단체·기업 및 국민은 지속가능발전과 관련된 국제적 합의를 성실히 이행하고, 국민의 일상생활 속에 녹색생활이 내재화되고 녹색문화가 사회 전반에 정착될 수 있도록 한다.

4. 국가·지방자치단체 및 기업은 경제발전의 기초가 되는 생태학적 기반

을 보호할 수 있도록 토지이용과 생산시스템을 개발·정비함으로써 환경보전을 촉진한다.

제50조(지속가능발전 기본계획의 수립·시행)

① 정부는 1992년 브라실에서 개최된 유엔환경개발회의에서 채택한 의제 21, 2002년 남아프리카공화국에서 개최된 세계지속가능발전정상회의에서 채택한 이행계획 등 지속가능발전과 관련된 국제적 합의를 성실히 이행하고, 국가의 지속가능발전을 촉진하기 위하여 20년을 계획기간으로 하는 지속가능발전 기본계획을 5년마다 수립·시행하여야 한다.

② 지속가능발전 기본계획을 수립하거나 변경하는 경우에는 「지속가능발전법」 제15조에 따른 지속가능발전위원회의 심의를 거친 다음 위원회와 국무회의의 심의를 거쳐야 한다. 다만, 대통령령으로 정하는 경미한 사항을 변경하는 경우에는 그러하지 아니하다.

③ 지속가능발전 기본계획에는 다음 각 호의 사항이 포함되어야 한다.

1. 지속가능발전의 현황 및 여건변화와 전망에 관한 사항

2. 지속가능발전을 위한 비전, 목표, 추진전략과 원칙, 기본정책 방향, 주요 지표에 관한 사항

3. 지속가능발전에 관련된 국제적 합의이행에 관한 사항

4. 그 밖에 지속가능발전을 위하여 필요한 사항

④ 중앙행정기관의 장은 제1항에 따른 지속가능발전 기본계획과 조화를 이루는 소관 분야의 중앙 지속가능발전 기본계획을 중앙추진계획에 포함하여 수립·시행하여야 한다.

⑤ 시·도지사는 제1항에 따른 지속가능발전 기본계획과 조화를 이루며 해당 지방자치단체의 지역적 특성과 여건을 고려한 지방 지속가능발전 기본계획을 지방추진계획에 포함하여 수립·시행하여야 한다.

제51조(녹색국토의 관리)

① 정부는 건강하고 쾌적한 환경과 아름다운 경관이 경제발전 및 사회개발과 조화를 이루는 국토(이하 '녹색국토'라 한다)를 조성하기 위하여 국

토종합계획·도시기본계획 등 대통령령으로 정하는 계획을 제49조에 따른 녹색생활 및 지속가능발전의 기본원칙에 따라 수립·시행하여야 한다.

② 정부는 녹색국토를 조성하기 위하여 다음 각 호의 사항을 포함하는 시책을 마련하여야 한다.

1. 에너지·자원 자립형 탄소중립도시 조성
2. 산림·녹지의 확충 및 광역생태축 보전
3. 해양의 친환경적 개발·이용·보존
4. 저탄소 항만의 건설 및 기존 항만의 저탄소 항만으로의 전환
5. 친환경 교통체계의 확충
6. 자연재해로 인한 국토 피해의 완화
7. 그 밖에 녹색국토 조성에 관한 사항

③ 정부는 「국토기본법」에 따른 국토종합계획, 「국가균형발전 특별법」에 따른 지역발전계획 등 대통령령으로 정하는 계획을 수립할 때에는 미리 위원회의 의견을 들어야 된다.

제52조(기후변화대응을 위한 물 관리)

정부는 기후변화로 인한 가뭄 등 자연재해와 물 부족 및 수질악화와 수생태계 변화에 효과적으로 대응하고 모든 국민이 물의 혜택을 고루 누릴 수 있도록 하기 위하여 다음 각 호의 사항을 포함하는 시책을 수립·시행하여야 한다.

1. 깨끗하고 안전한 먹는 물 공급과 가뭄 등에 대비한 안정적인 수자원의 확보
2. 수생태계의 보전·관리와 수질개선
3. 물 절약 등 수요관리, 빗물 이용·하수 재이용 등 순환 체계의 정비 및 수해의 예방
4. 자연친화적인 하천의 보전·복원
5. 수질오염 예방·처리를 위한 기술 개발 및 관련 서비스 제공 등

제53조(저탄소 교통체계의 구축)

① 정부는 교통부문의 온실가스 감축을 위한 환경을 조성하고 온실가스 배출 및 에너지의 효율적인 관리를 위하여 대통령령으로 정하는 바에 따라 온실가스 감축목표 등을 설정·관리하여야 한다.

② 정부는 에너지소비량과 온실가스 배출량을 최소화하는 저탄소 교통체계를 구축하기 위하여 대중교통분담률, 철도수송분담률 등에 대한 중장기 및 단계별 목표를 설정·관리하여야 한다.

③ 정부는 철도가 국가기간교통망의 근간이 되도록 철도에 대한 투자를 지속적으로 확대하고 버스·지하철·경전철 등 대중교통수단을 확대하며, 자전거 등의 이용 및 연안해운을 활성화하여야 한다.

④ 정부는 온실가스와 대기오염을 최소화하고 교통체증으로 인한 사회적 비용을 획기적으로 줄이며 대도시·수도권 등에서의 교통체증을 근본적으로 해결하기 위하여 다음 각 호의 사항을 포함하는 교통수요관리대책을 마련하여야 한다.

1. 혼잡통행료 및 교통유발부담금 제도 개선
2. 버스·저공해차량 전용차로 및 승용차진입제한 지역 확대
3. 통행량을 효율적으로 분산시킬 수 있는 지능형교통정보시스템 확대·구축

제54조(녹색건축물의 확대)

① 정부는 에너지이용 효율 및 신·재생에너지의 사용비율이 높고 온실가스 배출을 최소화하는 건축물(이하 '녹색건축물'이라 한다)을 확대하기 위하여 녹색건축물 등급제 등의 정책을 수립·시행하여야 한다.

② 정부는 건축물에 사용되는 에너지소비량과 온실가스 배출량을 줄이기 위하여 대통령령으로 정하는 기준 이상의 건물에 대한 중장기 및 기간별 목표를 설정·관리하여야 한다.

③ 정부는 건축물의 설계·건설·유지관리·해체 등의 전 과정에서 에너지·자원 소비를 최소화하고 온실가스 배출을 줄이기 위하여 설계기준 및 허가·심의를 강화하는 등 설계·건설·유지관리·해체 등의 단계별 대책 및 기준을 마련하여 시행하여야 한다.

④ 정부는 기존 건축물이 녹색건축물로 전환되도록 에너지 진단 및 「에너지이용 합리화법」 제25조에 따른 에너지절약사업과 이를 통한 온실가스 배출을 줄이는 사업을 지속적으로 추진하여야 한다.

⑤ 정부는 신축되거나 개축되는 건축물에 대해서는 전력소비량 등 에너지의 수비량을 조절·절약할 수 있는 지능형 계량기를 부착·관리하도록 할 수 있다.

⑥ 정부는 중앙행정기관, 지방자치단체, 대통령령으로 정하는 공공기관 및 교육기관 등의 건축물이 녹색건축물의 선도적 역할을 수행하도록 제1항부터 제5항까지의 규정에 따른 시책을 적용하고 그 이행사항을 점검·관리하여야 한다.

⑦ 정부는 대통령령으로 정하는 일정 규모 이상의 신도시의 개발 또는 도시 재개발을 하는 경우에는 녹색건축물을 확대·보급하도록 노력하여야 한다.

⑧ 정부는 녹색건축물의 확대를 위하여 필요한 경우 대통령령으로 정하는 바에 따라 자금의 지원, 조세의 감면 등의 지원을 할 수 있다.

제55조(친환경 농림수산의 촉진 및 탄소흡수원 확충)

① 정부는 에너지 절감 및 바이오에너지 생산을 위한 농업기술을 개발하고, 기후변화에 대응하는 친환경 농산물 생산기술을 개발하여 화학비료·자재와 농약사용을 최대한 억제하고 친환경·유기농 농수산물 및 나무제품의 생산·유통 및 소비를 확산하여야 한다.

② 정부는 농지의 보전·조성 및 바다숲(대기의 온실가스를 흡수하기 위하여 바닷속에 조성하는 우뭇가사리 등의 해조류 군을 말한다)의 조성 등을 통하여 탄소흡수원을 확충하여야 한다.

③ 정부는 산림의 보전 및 조성을 통하여 탄소흡수원을 대폭 확충하고, 산림바이오매스 활용을 촉진하여야 한다.

④ 정부는 기후변화에 적극 대응할 수 있는 신품종 개량 등을 통하여 식량자립도를 높일 수 있는 시책을 수립·시행하여야 한다.

제56조(생태관광의 촉진 등)

　정부는 동·식물의 서식지, 생태적으로 우수한 자연환경자산, 지역의 특색
있는 문화자산 등을 조화롭게 보존·복원 및 이용하여 이를 관광자원화하고
지역경제를 활성화함으로써 생태관광을 촉진하고, 국민 모두가 생태체험·교
육의 장으로 활용할 수 있노록 하여야 한다.

제57조(녹색성장을 위한 생산·소비문화의 확산)

① 정부는 재화의 생산·소비·운반 및 폐기(이하 '생산 등'이라 한다)의
전 과정에서 에너지와 자원을 절약하고 효율적으로 이용하며 온실가스
와 오염물질의 발생을 줄일 수 있도록 관련 시책을 수립·시행하여야
한다.

② 정부는 재화 및 서비스의 가격에 에너지 소비량 및 탄소배출량 등이 합
리적으로 연계·반영되고 그 정보가 소비자에게 정확하게 공개·전달
될 수 있도록 하여야 한다.

③ 정부는 재화의 생산 등의 전 과정에서 에너지와 자원의 사용량, 온실가
스와 오염물질의 배출량 등을 분석·평가하고 그 결과에 관한 정보를
축적하여 이용할 수 있는 정보관리체계를 구축·운영할 수 있다.

④ 정부는 녹색제품의 사용·소비의 촉진 및 확산을 위하여 재화의 생산자
와 판매자 등으로 하여금 그 재화의 생산 등의 과정에서 발생되는 온실
가스와 오염물질의 양에 대한 정보 또는 등급을 소비자가 쉽게 인식할
수 있도록 표시·공개하도록 하는 등의 시책을 수립·시행할 수 있다.

제58조(녹색생활 운동의 촉진)

① 정부는 국민 및 기업들이 녹색생활에 친숙할 수 있도록 하는 시책을 마
련하고 지방자치단체·기업·민간단체 및 기구 등과 협력체계를 구축
하며 교육·홍보를 강화하는 등 범국민적 녹색생활 운동을 적극 전개하
여야 한다.

② 정부는 녹색생활 운동이 민간주도형의 자발적 실천운동으로 전개될 수
있도록 관련 민간단체 및 기구 등에 대하여 필요한 재정적·행정적 지

원 등을 할 수 있다.

제59조(녹색생활 실천의 교육·홍보)
① 정부는 저탄소 녹색성장을 위한 교육·홍보를 확대함으로써 산업체와 국민 등이 저탄소 녹색성장을 위한 정책과 활동에 자발적으로 참여하고 일상생활에서 녹색생활 문화를 실천할 수 있도록 하여야 한다.
② 정부는 녹색생활 실천이 어릴 때부터 자연스럽게 이루어질 수 있도록 교과용 도서를 포함한 교재 개발 및 교원 연수 등 저탄소 녹색성장에 관한 학교교육을 강화하고 일반 교양교육, 직업교육, 기초평생교육 과정 등과 통합·연계한 교육을 강화하여야 한다.
③ 정부는 녹색생활 문화의 정착과 확산을 촉진하기 위하여 신문·방송·인터넷포털 등 대중매체를 통한 교육·홍보 활동을 강화하여야 한다.
④ 공영방송은 지구온난화에 따른 기후변화 및 에너지 관련 프로그램을 제작·방영하고 공익광고를 활성화하도록 적극 노력하여야 한다.

제7장 보칙

제60조(자료제출 등의 요구)
① 위원회는 직무 수행상 필요하다고 인정되는 경우 관계 중앙행정기관·지방자치단체·공공기관의 장에게 저탄소 녹색성장에 관한 정보 또는 자료의 제출을 요구할 수 있다.
② 제1항에 따른 요구를 받은 관계 기관의 장은 국방상 또는 국가안전보장상 기밀을 요하는 사항 등 정당한 사유가 없으면 이에 응하여야 한다.

제61조(국제협력의 증진)
① 정부는 외국 및 국제기구 등과 저탄소 녹색성장에 관한 정보교환, 기술협력 및 표준화, 공동조사·연구 등의 활동에 참여하여 국제협력, 국외진출의 증진을 도모하기 위한 각종 시책을 마련하도록 한다.
② 국가는 개발도상국가가 기후변화에 효과적으로 대응하고 지속가능발전

을 촉진할 수 있도록 재정 지원을 하는 등 국제사회의 기대에 맞는 국
가적 책무를 성실히 이행하고 국가의 외교적 위상을 높일 수 있도록 노
력하여야 한다.

③ 정부는 국제기구 및 관련 기관에서 발표하는 공신력 있는 기후변화대응
평가에 대한 국가별 지수에서 우리나라의 위상 및 평가가 올라갈 수 있
도록 기후변화대응을 적극 추진하고 국제협력을 강화하며 관련 정보를
충분히 제공하는 등 모든 노력을 기울여야 한다.

제62조(국회 보고)

① 정부는 제9조 제1항에 따른 녹색성장 국가전략을 수립하였을 때에는
지체 없이 국회에 보고하여야 한다.

② 중앙행정기관의 장은 중앙추진계획을 수립하였을 때에는 지체 없이 소
관 상임위원회(또는 관련 특별위원회)에 보고하여야 하며, 그 이행결과
를 다음 해 2월 말일까지 소관 상임위원회(또는 관련 특별위원회)에
보고하여야 한다.

제63조(국가보고서의 작성)

① 정부는 「기후변화에 관한 국제연합 기본협약」에서 정하는 바에 따라 국
가보고서를 작성할 수 있다.

② 정부는 제1항에 따른 국가보고서를 작성하기 위하여 필요한 경우 관계
중앙행정기관의 장에게 자료의 제출을 요청할 수 있다. 이 경우 관계
중앙행정기관의 장은 특별한 사유가 없으면 요청에 따라야 한다.

③ 정부는 제1항에 따른 국가보고서를 「기후변화에 관한 국제연합 기본협
약」의 당사국총회에 제출할 때에는 위원회의 심의를 거쳐야 한다.

제64조(과태료)

① 다음 각 호의 자에게는 1천만 원 이하의 과태료를 부과한다.

1. 제42조 제6항·제9항 또는 제44조 제1항에 따른 보고를 하지 아니하
거나 거짓으로 보고한 자

2. 제42조 제8항에 따른 개선명령을 이행하지 아니한 자
3. 제42조 제9항에 따른 공개를 하지 아니한 자
4. 제44조 제2항에 따른 시정이나 보완 명령을 이행하지 아니한 자
② 제1항에 따른 과태료는 대통령령으로 정하는 바에 따라 관계 행정기관의 장이 부과·징수한다.

부칙 <제9931호, 2010.1.13.>
제1조(시행일)
이 법은 공포 후 3개월이 경과한 날부터 시행한다. 다만, 부칙 제4조 제12항 및 제13항에 따른 환경경영체제인증의 녹색경영체제인증으로의 변경은 공포 후 1년 6개월이 경과한 날로부터 시행한다.

저탄소 녹색성장기본법 시행령

[제정 2010. 4. 13. 대통령령 제22124호]

제1장 총칙

제1조(목적)

이 영은 「저탄소 녹색성장기본법」에서 위임된 사항과 그 시행에 필요한 사항을 규정함을 목적으로 한다.

제2조(온실가스)

「저탄소 녹색성장기본법」(이하 '법'이라 한다) 제2조 제9호에 따른 수소불화탄소(HFCs)와 과불화탄소(PFCs)는 별표 1과 같다.

제2장 저탄소 녹색성장 국가전략

제3조(저탄소 녹색성장 국가전략의 변경)

법 제9조 제3항 단서에서 "대통령령으로 정하는 경미한 사항을 변경하는 경우"란 같은 조 제1항에 따른 저탄소 녹색성장 국가전략(이하 '국가전략'이라 한다)의 본질적인 내용에 영향을 미치지 아니하는 사항으로서 정책방향의 범위에서 실천과제와 세부과제의 구성 및 내용, 연차별 추진계획, 주관 기관 또는 관련 기관 등 사항의 일부를 변경하는 경우를 말한다.

제4조(저탄소 녹색성장 국가전략 5개년 계획 수립)

정부는 국가전략을 효율적·체계적으로 이행하기 위하여 5년마다 저탄소 녹색성장 국가전략 5개년 계획(이하 '5개년 계획'이라 한다)을 수립할 수 있다. 이 경우 법 제14조에 따른 녹색성장위원회(이하 '위원회'라 한다)의 심의 및 국무회의의 심의를 거쳐야 한다.

제5조(중앙추진계획의 수립)

① 중앙행정기관의 장은 법 제10조 제1항에 따라 국가전략 또는 5개년 계획이 수립되거나 변경된 날부터 3개월 이내에 국가전략 및 5개년 계획을 이행하기 위하여 다음 각 호의 사항이 포함된 소관 분야의 추진계획(이하 '중앙추진계획'이라 한다)을 5년 단위로 수립하여야 한다.

1. 소관 분야의 녹색성장 추진과 관련된 현황 분석, 국내외 동향, 추진경과 및 추진실적
2. 소관 분야의 녹색성장 비전과 정책방향, 정책과제에 관한 사항
3. 소관 분야의 연차별 추진계획
4. 그 밖에 국가전략 및 5개년 계획을 이행하기 위하여 필요한 사항

② 위원회는 중앙추진계획의 수립을 효율적으로 지원하기 위하여 관련 지침을 정하여 중앙행정기관의 장에게 통보할 수 있다.

제6조(중앙추진계획의 보고 등)

① 중앙행정기관의 장은 중앙추진계획을 수립하거나 변경하였을 때에는 법 제10조 제2항에 따라 2개월 이내에 위원회에 보고하여야 한다.
② 위원회는 제1항에 따라 중앙추진계획을 보고받았을 때에는 국가전략 및 5개년 계획과의 정합성 여부 등을 심의하여 해당 중앙행정기관의 장에게 의견을 제시할 수 있다.
③ 제2항에 따른 의견을 받은 중앙행정기관의 장은 특별한 사정이 없으면 해당 기관의 중앙추진계획 및 관련 정책 등에 이를 반영하여야 한다.
④ 법 제10조 제2항 단서에서 "대통령령으로 정하는 경미한 사항을 변경하는 경우"란 중앙추진계획의 본질적인 내용에 영향을 미치지 아니하는

사항으로서 정책방향의 범위에서 정책과제 내용의 일부를 변경하는 경우를 말한다.

제7조(지방추진계획의 수립 등)

① 특별시장·광역시장·도지사 또는 특별자치도지사(이하 '시·도지사'라 한다)는 법 제11조 제1항에 따라 국가전략 및 5개년 계획이 수립되거나 변경된 날부터 6개월 이내에 다음 각 호의 사항이 포함된 지방녹색성장 추진계획(이하 '지방추진계획'이라 한다)을 5년 단위로 수립하여야 한다.

1. 특별시·광역시·도 또는 특별자치도(이하 '시·도'라 한다)별 녹색성장 추진과 관련된 현황 분석, 추진 경과 및 추진 실적
2. 국가전략, 5개년 계획 및 중앙추진계획과 연계하여 지방자치단체의 특성을 반영한 비전과 전략, 정책방향 및 정책과제에 관한 사항
3. 연차별 추진계획
4. 지방추진계획의 이행을 통한 미래상 및 기대효과
5. 관할 기초자치단체와 연계한 지방녹색성장 추진체계
6. 그 밖에 지방자치단체의 저탄소 녹색성장을 이행하기 위하여 필요한 사항

② 위원회는 지방추진계획의 수립을 효율적으로 지원하기 위하여 관련 지침을 정하여 관계 시·도지사에게 통보할 수 있다.

③ 제1항 및 제2항에서 규정한 사항 외에 지방추진계획의 수립 방법 및 절차, 추진절차 등에 관하여 필요한 사항은 조례로 정한다.

④ 법 제11조 제2항 단서에서 "대통령령으로 정하는 경미한 사항을 변경하는 경우"란 지방추진계획의 본질적인 내용에 영향을 미치지 아니하는 사항으로서 정책방향의 범위에서 정책과제 내용의 일부를 변경하는 경우를 말한다.

제8조(국가전략 등 추진상황의 점검·평가)

① 국무총리는 법 제12조 제1항에 따라 「정부업무평가 기본법」에서 정하는 바에 따라 국가전략, 중앙추진계획의 이행사항을 매년 점검·평가하

여야 한다.

② 관계 중앙행정기관의 장은 제1항에 따른 점검·평가 결과를 반영하여 소관 분야의 중앙추진계획을 수립·변경하거나, 관련 정책을 추진하여야 한다.

제9조(지방추진계획 추진상황의 점검·평가)

① 시·도지사는 법 제12조 제2항에 따라 지방추진계획의 이행상황을 매년 점검·평가하여야 한다.

② 시·도지사는 제1항에 따른 점검·평가 결과를 반영하여 시·도의 지방추진계획을 수립·변경하거나, 관련 정책을 추진하여야 한다.

③ 제1항의 평가를 위한 평가의 원칙, 대상 기관, 절차 등에 관하여 필요한 사항은 조례로 정한다.

제3장 녹색성장위원회 등

제10조(녹색성장위원회의 구성 및 운영)

① 법 제14조 제4항 제1호에서 "기획재정부장관, 교육과학기술부장관, 지식경제부장관, 환경부장관, 국토해양부장관 등 대통령령으로 정하는 공무원"이란 기획재정부장관, 교육과학기술부장관, 외교통상부장관, 행정안전부장관, 문화체육관광부장관, 농림수산식품부장관, 지식경제부장관, 환경부장관, 여성가족부장관, 국토해양부장관, 방송통신위원회위원장, 금융위원회위원장 및 국무총리실장을 말한다.

② 법 제14조 제5항에 따른 간사위원은 국무총리실장이 된다.

③ 위원장은 필요하다고 인정하는 때에는 중앙행정기관의 장으로 하여금 소관 분야의 안건과 관련하여 위원회에 참석하여 의견을 제시하게 하거나 관계 전문가를 참석하게 하여 의견을 들을 수 있다.

제11조(녹색기술 관련 재원의 배분방향 등의 심의)

① 위원회는 법 제15조 제7호에 따라 저탄소 녹색성장을 위한 녹색기술

연구개발사업에 대한 재원의 배분방향 및 효율적 사용에 관한 사항을
심의한 때에는 「과학기술기본법」 제9조에 따른 국가과학기술위원회에
의견을 제시할 수 있다.

② 위원회는 제1항에 따른 위원회의 심의를 지원하기 위하여 관련 전문기
관을 지정할 수 있다.

제12조(회의)

① 법 제16조 제2항에 따른 위원회의 정기회의는 반기별로 1회 개최하는
것을 원칙으로 한다.

② 위원장은 회의를 소집하려는 때에는 회의 개최 7일 전까지 회의의 일정
및 안건을 각 위원에게 통보하여야 한다. 다만, 긴급한 경우 또는 그 밖
의 부득이한 사유가 있는 경우에는 그러하지 아니하다.

③ 법 제16조 제3항 단서에서 "대통령령으로 정하는 경우"란 다음 각 호의
어느 하나에 해당하는 경우를 말한다. 이 경우 위원장은 의결서를 작성
하고, 다음에 개최되는 위원회에 그 결과를 보고하여야 한다.

1. 긴급한 사유로 회의를 개최할 시간적 여유가 없는 경우

2. 천재지변이나 그 밖의 부득이한 사유로 위원의 출석에 의한 의사정족수
를 채우기 어려운 경우 등 위원장이 특별히 필요하다고 인정하는 경우

제13조(분과위원회의 구성)

① 법 제17조 제1항에 따라 위원회에 두는 분과위원회와 그 소관 사항은
다음 각 호와 같다.

1. 녹색성장·산업 분과위원회: 국가전략, 재정, 법제도, 녹색기술, 녹색성
장 관련 일자리 창출 및 인력양성 등의 분야

2. 기후변화·에너지 분과위원회: 법 제40조 및 제41조에 따른 기후변화
대응 기본계획 및 에너지기본계획, 법 제45조에 따른 온실가스 종합정
보관리체계 구축, 법 제46조에 따른 배출권거래제 등의 분야

3. 녹색생활·지속가능발전 분과위원회: 법 제50조부터 제54조까지의 규
정에 따른 지속가능발전 기본계획, 녹색생활 확산, 녹색국토, 녹색건축

물, 저탄소 교통체계 구축, 물 관리 등의 분야

② 위원장은 위원회의 업무를 효율적으로 수행·지원하기 위하여 필요한 경우 제1항에 따른 분과위원회 외에 국제협상·국제협력, 기업 고충처리 분야 등을 소관 업무로 하는 분과위원회를 위원회의 의결을 거쳐 둘 수 있나.

③ 제1항 및 제2항에 따른 분과위원회는 15명 이내의 위촉위원으로 구성한다.

제14조(녹색성장기획단)

법 제18조에 따른 녹색성장기획단(이하 '기획단'이라 한다)은 다음 각 호의 사항을 관장한다.

1. 위원회 및 분과위원회 운영의 지원에 관한 사항
2. 위원회 및 분과위원회의 회의에 부칠 안건의 작성·검토
3. 중앙추진계획 및 지방추진계획의 수립 지원 및 협의·조정에 관한 사항
4. 저탄소 녹색성장과 관련된 조사·연구 및 관련 사업의 지원에 관한 사항
5. 위원회 및 분과위원회의 운영과 관련하여 제36조에 따른 온실가스 종합정보센터(이하 '센터'라 한다)와의 협력에 관한 사항
6. 그 밖에 위원회 및 분과위원회 업무의 운영을 지원하기 위하여 위원장이 지정하는 사항

제15조(지방녹색성장위원회의 구성 및 운영 등)

① 법 제20조에 따른 지방녹색성장위원회는 위원장 2명을 포함한 50명 이내의 위원으로 구성한다.

② 지방녹색성장위원회의 위원장은 「지방자치법 시행령」 제73조 제2항에 따른 행정부시장 또는 행정부지사(행정부시장 또는 행정부지사가 2명 이상인 시·도의 경우에는 해당 시·도지사가 지명하는 사람으로 한다)와 제3항 제2호의 위원 중에서 시·도지사가 지명하는 사람이 된다.

③ 지방녹색성장위원회의 위원은 다음 각 호의 사람이 된다.

1. 시·도 소속 실장·국장급 공무원 중 시·도지사가 임명하는 사람

2. 기후변화, 에너지·자원, 녹색기술·녹색산업, 지속가능발전 분야 등
   저탄소 녹색성장에 관한 학식과 경험이 풍부한 사람 중에서 시·도지
   사가 위촉하는 사람
④ 지방녹색성장위원회는 다음 각 호의 사항을 심의한다.
1. 지방자치단체의 저탄소 녹색성장의 기본방향에 관한 사항
2. 지방추진계획의 수립·변경에 관한 사항
3. 지방추진계획을 이행하기 위한 중점 추진과제 및 실행계획
4. 그 밖에 지방자치단체의 저탄소 녹색성장과 관련하여 지방녹색성장위원
   회 위원장이 필요하다고 인정하는 사항
⑤ 제1항부터 제4항까지에서 규정한 사항 외에 지방녹색성장위원회의 구
   성·운영에 필요한 사항은 지방자치단체의 조례로 정한다.

제4장 저탄소 녹색성장의 추진

제16조(녹색산업투자회사의 설립)
① 법 제29조 제1항에 따른 녹색산업투자회사는 출자총액, 신탁총액 또는
   자본금의 100분의 60 이상을 같은 조 제2항에 따른 녹색기술 및 녹색
   산업에 출자 또는 투자하는 집합투자기구(「자본시장과 금융투자업에
   관한 법률」 제9조 제18항의 집합투자기구를 말한다)로 한다.
② 법 제29조 제2항 제1호 및 제2호에 따른 녹색기술 및 녹색산업 관련
   기술 및 사업은 각각 제19조 제6항에 따라 고시된 인증 대상 녹색기술
   또는 녹색사업을 말한다.
③ 법 제29조 제2항 제3호에 따른 녹색기술 또는 녹색산업 관련 기업은
   제2항에 따른 녹색기술 또는 녹색사업의 이전, 관련 제품의 제조 등에
   의한 매출액이 인증을 신청하는 날이 속하는 해의 전년도를 기준으로
   총매출액의 100분의 30 이상인 기업으로 한다.
④ 금융위원회는 법 제29조 제3항에 따라 공공기관이 출자하는 녹색산업
   투자회사의 등록 신청을 받은 경우에는 관계 중앙행정기관의 장에게 그
   내용을 통보하고, 등록 결정에 관하여 협의를 할 수 있다.

제17조(녹색산업투자회사의 재정 지원 및 운영)

① 관계 중앙행정기관의 장이 법 제29조 제3항에 따라 공공기관에 녹색산
업투자회사의 출자를 위한 자금을 지원하는 경우에는 사업의 적절성 등
을 고려하여 지원 규모, 지원 방법 및 지원 조건 등 재정 지원에 필요한
사항을 정할 수 있다.

② 관계 중앙행정기관의 장은 법 제29조 제3항에 따라 공공기관이 출자한
녹색산업투자회사가 제16조 제1항부터 제3항까지의 요건을 충족하지
못하거나 정상적인 사업의 지속이 어렵다고 인정되는 경우 해당 공공기
관으로 하여금 추가적인 출자를 제한하거나 출자를 회수하는 등 필요한
조치를 하게 할 수 있다.

③ 법 제29조 제3항에 따라 정부의 지원을 받은 공공기관은 출자에 따른
회계를 해당 기관의 회계와 구분하여 별도의 계정을 설치하고 출자에
따른 수입과 지출을 구분하여 회계처리를 하여야 한다.

제18조(녹색기술·녹색산업의 표준화)

① 교육과학기술부장관, 문화체육관광부장관, 농림수산식품부장관, 지식경
제부장관, 환경부장관, 국토해양부장관 및 방송통신위원회위원장은 법
제32조 제1항에 따라 소관 분야 녹색기술·녹색산업의 표준화 기반을
구축하기 위하여 다음 각 호의 사업을 추진하고 필요한 지원을 할 수
있다.

1. 국제표준과 연계한 표준화 기반 및 적합성 평가체계 구축 사업
2. 개발된 녹색기술의 표준화 사업
3. 국내에서 연구·개발 중인 녹색기술·녹색산업의 표준화 사업
4. 표준화 기반을 구축하기 위한 전문인력의 양성사업
5. 그 밖에 표준화 기반을 구축하기 위하여 필요한 사업

② 지식경제부장관은 제1항에 따른 녹색기술·녹색산업의 표준화 기반 구
축에 관한 사항을 총괄적으로 관장하며, 국민에게 관련 정보를 신속하
게 제공하기 위하여 필요한 조치를 마련할 수 있다.

제19조(녹색기술·녹색사업의 적합성 인증 및 녹색전문기업 확인)

① 중앙행정기관의 장은 소관 분야에 대하여 법 제32조 제2항에 따라 녹색기술·녹색사업(녹색산업 설비·기반시설의 설치, 녹색기술·녹색산업의 응용·보급·확산 등 녹색성장과 관련된 경제활동으로서 경제적·기술적 파급효과가 큰 사업을 말한다)에 대한 적합성 인증 및 녹색전문기업의 확인(이하 '녹색인증'이라 한다)을 한다.

② 녹색인증을 받으려는 자는 소관 중앙행정기관의 장에게 녹색인증을 신청하며, 신청을 받은 소관 중앙행정기관의 장은 신청한 내용을 평가하는 기관(이하 '평가기관'이라 한다)을 지정하여 녹색인증의 평가를 의뢰하여야 한다.

③ 평가기관의 평가 결과를 확인하고 녹색인증의 여부를 결정하기 위하여 관련 중앙행정기관 공동으로 녹색인증심의위원회(이하 '인증위원회'라 한다)를 둔다.

④ 소관 중앙행정기관의 장은 제2항에 따른 녹색인증의 신청 접수 및 평가기관의 평가 업무 지원 등에 관한 업무를 「산업기술 혁신 촉진법」 제38조에 따른 한국산업기술진흥원에 위탁한다.

⑤ 소관 중앙행정기관의 장은 제2항에 따라 녹색인증을 신청한 자에게 인증에 필요한 비용을 부담하게 할 수 있다.

⑥ 녹색인증의 대상·기준·절차·방법, 평가기관의 지정, 인증위원회의 구성·운영 등 녹색인증에 필요한 사항은 기획재정부장관, 교육과학기술부장관, 문화체육관광부장관, 농림수산식품부장관, 지식경제부장관, 환경부장관, 국토해양부장관 및 방송통신위원회위원장이 공동으로 정하여 관보에 고시한다.

제20조(녹색제품에 대한 공공기관의 구매촉진)

① 조달청장은 법 제32조 제2항에 따라 공공기관의 녹색제품 구매를 촉진하기 위하여 필요한 품목을 지정·고시하고, 이에 따른 조달 기준을 마련할 수 있다.

② 조달청장은 공공기관의 장이 구매·발주를 요청한 제품이나 공사에 대

하여 해당 공공기관의 장과의 협의를 거쳐 녹색제품으로 대체 구매하거나 공사설계에 반영할 수 있다.

제21조(중소기업의 녹색기술·녹색경영 지원)
중소기업청장은 법 제33조에 따라 중소기업의 녹색기술 및 녹색경영을 촉진하기 위한 연차별 추진계획을 수립·시행하여야 한다.

제22조(녹색기술·녹색산업 집적지 및 단지 조성 사업 추진기관)
법 제34조 제3항에서 "대통령령으로 정하는 기관 또는 단체"란 다음 각 호의 기관 또는 단체를 말한다.
1. 「산업기술단지 지원에 관한 특례법」 제4조에 따른 사업시행자
2. 「산업집적활성화 및 공장설립에 관한 법률」 제45조의 3에 따른 한국산업단지공단
3. 「특정연구기관 육성법」 제2조에 따른 특정연구기관 및 같은 법 제8조에 따른 공동관리기구
4. 「고등교육법」에 따른 대학·산업대학·전문대학 및 기술대학
5. 「과학기술분야 정부출연연구기관 등의 설립·운영 및 육성에 관한 법률」에 따른 과학기술분야 정부출연연구기관
6. 「기술개발촉진법」 및 같은 법 시행령에 따른 한국산업기술진흥협회
7. 「한국환경공단법」에 따른 한국환경공단
8. 「환경기술 개발 및 지원에 관한 법률」 제5조의 2에 따른 한국환경산업기술원
9. 「교통안전공단법」에 따른 교통안전공단
10. 「산업입지 및 개발에 관한 법률」 제16조 제1항 제1호에 따른 사업시행자

제5장 저탄소 사회의 구현

제23조(기후변화대응 기본계획의 변경)

법 제40조 제2항 단서에서 "대통령령으로 정하는 경미한 사항을 변경하는 경우"란 다음 각 호를 말한다.

1. 법 제40조 제3항 제1호 및 제2호(온실가스 배출·흡수 현황에 한정한다)에 관한 사항을 국내외 여건에 따라 일부를 변경하는 경우
2. 법 제40조 제3항 제6호·제7호 및 제9호에 관한 계획 중 기후변화대응 기본계획의 본질적인 내용에 영향을 미치지 아니하는 사항으로서 소요되는 총재원의 100분의 10 이내에서 기후변화대응 기본계획의 일부를 변경하는 경우

제24조(에너지기본계획의 변경)

법 제41조 제2항 단서에서 "대통령령으로 정하는 경미한 사항을 변경하는 경우"란 같은 조 제3항 각 호에 관한 계획 중 에너지기본계획의 본질적인 내용에 영향을 미치지 아니하는 사항으로서 소요되는 총재원의 100분의 10 이내에서 에너지기본계획의 일부를 변경하는 경우를 말한다.

제25조(온실가스 감축 국가목표 설정·관리)

① 법 제42조 제1항 제1호에 따른 온실가스 감축 목표는 2020년의 국가 온실가스 총배출량을 2020년의 온실가스 배출 전망치 대비 100분의 30까지 감축하는 것으로 한다.
② 위원회가 제1항에 따른 온실가스 감축 목표의 세부 감축 목표 및 법 제42조 제4항에 따른 부문별 목표의 설정 및 그 이행의 지원을 위하여 필요한 조치에 관한 사항을 심의하는 경우에는 위원회의 심의 전에 「경제정책조정회의 규정」 제2조에 따른 경제정책조정회의를 거쳐야 한다.
③ 위원회는 저탄소 녹색성장 정책의 기본방향을 심의할 때 제1항에 따른 감축 목표가 달성될 수 있도록 국가전략, 중앙추진계획 및 지방추진계획 간의 정합성과 법 제40조에 따른 기후변화대응 기본계획, 법 제41

조에 따른 에너지기본계획 및 법 제50조에 따른 지속가능발전 기본계획이 체계적으로 연계될 수 있는 방안을 우선적으로 고려하여야 한다.

제26조(온실가스·에너지 목표관리의 원칙 및 역할)
① 환경부장관은 온실가스 감축 목표의 설정·관리 및 필요한 조치에 관하여 총괄·조정 기능을 수행한다.
② 환경부장관은 온실가스 및 에너지 목표관리의 통합·연계, 국내산업의 여건, 국제적인 동향, 이중 규제의 방지 등 관련 규제의 선진화 등을 고려하여 법 제42조 제5항에 따른 목표의 설정·관리 및 검증 등에 관한 종합적인 기준 및 지침을 마련하여 이를 관보에 고시한다. 이 경우 제3항에 따른 부문별 관계 중앙행정기관의 장(이하 '부문별 관장기관'이라 한다)과의 협의 및 위원회의 심의를 거쳐야 한다.
③ 부문별 관장기관은 다음 각 호의 구분에 따라 소관 부문별로 법 제42조 제5항에 따른 목표의 설정·관리 및 필요한 조치에 관한 사항을 관장한다. 이 경우 부문별 관장기관은 제1항에 따른 환경부장관의 총괄·조정 업무에 최대한 협조하여야 한다.
1. 농림수산식품부: 농업·축산 분야
2. 지식경제부: 산업·발전(발전) 분야
3. 환경부: 폐기물 분야
4. 국토해양부: 건물·교통 분야
④ 환경부장관은 법 제42조 제5항에 따른 목표관리의 신뢰성을 높이기 위하여 필요한 경우에는 제3항에 따른 부문별 관장기관의 소관 사무에 대하여 종합적인 점검·평가를 할 수 있으며, 그 결과에 따라 부문별 관장기관에게 법 제42조 제5항에 따른 온실가스 배출업체 및 에너지 소비업체(이하 '관리업체'라 한다)에 대한 개선명령 등 필요한 조치를 요구할 수 있고 부문별 관장기관은 특별한 사정이 없으면 이에 따라야 한다.
⑤ 환경부장관은 관리업체의 온실가스 감축 및 에너지 절약 목표 등의 이행실적, 제34조에 따른 명세서의 신뢰성 여부 등에 중대한 문제가 있다고 인정되는 경우 부문별 관장기관과 공동으로 관리업체에 대한 실태조

사를 할 수 있다.

⑥ 환경부장관은 제4항에 따른 점검·평가를 위하여 부문별 관장기관에
　필요한 자료를 요청할 수 있다.

제27조(목표관리 대상 공공기관)

법 제42조 제3항에서 "대통령령으로 정하는 공공기관 등"이란 다음 각 호
의 기관을 말한다.

1. 「공공기관의 운영에 관한 법률」 제4조에 따른 공공기관
2. 「지방공기업법」 제49조에 따른 지방공사 및 같은 법 제76조에 따른 지
　방공단
3. 「국립대학병원 설치법」, 「국립대학치과병원 설치법」, 「서울대학교병원
　설치법」 및 「서울대학교치과병원 설치법」에 따른 병원
4. 「고등교육법」 제3조에 따른 국립대학 및 공립대학

제28조(중앙행정기관 등의 목표관리 방법 및 절차)

① 법 제42조 제3항에 따른 중앙행정기관, 지방자치단체와 제27조에 따른
　공공기관(이하 '중앙행정기관 등'이라 한다)의 장은 매년 12월 31일까
　지 다음 각 호의 사항을 포함한 다음 연도 온실가스 감축 및 에너지 절
　약에 관한 목표 이행계획을 전자적 방식으로 센터에 제출하여야 한다.
1. 연차별 온실가스 감축 및 에너지 절약 목표와 그 이행계획
2. 온실가스 배출량 및 에너지 사용량
3. 온실가스 배출 시설 및 에너지 사용 시설
4. 시설별 온실가스 배출량 및 에너지 사용량
5. 그 밖에 온실가스 감축 및 에너지 절약 목표를 달성하기 위하여 환경부
　장관이 정하는 사항
② 환경부장관은 제1항에 따른 이행계획이 적절하지 아니하다고 인정될
　때에는 행정안전부장관 및 지식경제부장관과 협의하여 중앙행정기관
　등의 장에게 이행계획의 개선·보완을 요구할 수 있다.
③ 제2항에 따라 개선·보완을 요구받은 중앙행정기관 등의 장은 요구를

받은 날부터 1개월 이내에 이를 반영한 이행계획을 센터에 제출하여야
한다.

④ 중앙행정기관 등의 장은 제1항에 따른 이행계획을 실행한 이행결과보
고서를 전자적 방식으로 다음 연도 3월 31일까지 센터에 제출하여야
한다.

⑤ 행정안전부장관, 지식경제부장관 및 환경부장관은 제4항에 따른 이행결
과보고서를 받은 날부터 3개월 이내에 이를 공동으로 평가하고, 그 결
과를 국무총리에게 보고하여야 한다.

⑥ 국무총리는 제5항의 평가 결과에 따라 필요한 경우 중앙행정기관 등의
장에게 온실가스 감축 및 에너지 절약을 촉진하기 위한 조치를 명할 수
있다.

제29조(관리업체 지정기준 등)

① 법 제42조 제5항에서 "대통령령으로 정하는 기준량 이상의 온실가스
배출업체 및 에너지 소비업체"란 다음 각 호의 업체를 말한다.

1. 해당 연도 1월 1일을 기준으로 최근 3년간 업체의 모든 사업장에서 배
출한 온실가스와 소비한 에너지의 연평균 총량이 별표 2 및 별표 3의
기준 모두에 해당하는 업체

2. 업체의 사업장 중 최근 3년간 온실가스 배출량과 에너지 소비량의 연평
균 총량이 별표 4 및 별표 5의 기준 모두에 해당하는 사업장이 있는 업
체의 해당 사업장

② 부문별 관장기관은 제1항에 해당하는 업체를 관리업체의 대상으로 선
정하고 관련 자료를 첨부하여 매년 3월 31일까지 환경부장관에게 통보
하여야 한다.

③ 제2항에 따라 통보를 받은 환경부장관은 관리업체 선정의 중복·누락,
규제의 적절성 등을 확인하고 그 결과를 부문별 관장기관에게 통보하
며, 통보를 받은 부문별 관장기관은 매년 6월 30일까지 관리업체를 지
정하여 관보에 고시한다.

④ 관리업체는 제3항에 따른 지정에 이의가 있는 경우 고시된 날부터 30

일 이내에 부문별 관장기관에게 소명 자료를 첨부하여 이의를 신청할
수 있다.

⑤ 부문별 관장기관은 제4항에 따른 이의신청을 받았을 때에는 이에 관하
여 재심사하고, 환경부장관의 확인을 거쳐 이의신청을 받은 날부터 30
일 이내에 그 결과를 해당 관리업체에 통보하여야 하며, 부문별 관장기
관은 관리업체의 지정에 변경이 있는 경우에는 그 내용을 관보에 고시
한다.

⑥ 환경부장관은 제3항에 따라 각 부문별 관장기관이 지정·고시한 관리
업체를 종합하여 이를 공표할 수 있다.

제30조(관리업체에 대한 목표관리 방법 및 절차)

① 부문별 관장기관은 법 제42조 제5항에 따라 매년 9월 30일까지 관리
업체의 다음 연도 온실가스 감축, 에너지 절약 및 에너지 이용효율 목
표를 설정하고 이를 관리업체 및 센터에 통보한다.

② 부문별 관장기관은 제1항에 따라 관리업체에 대한 온실가스 감축, 에너
지 절약 및 에너지 이용효율 목표를 설정하는 때에는 법 제42조 제5항
후단에 따라 관계 중앙행정기관, 민간 전문가 등으로 구성된 협의체를
구성·운영한다.

③ 제1항에 따른 목표를 통보받은 관리업체는 다음 각 호의 사항을 포함한
다음 연도 이행계획을 전자적 방식으로 매년 12월 31일까지 부문별 관
장기관에게 제출하여야 하며, 부문별 관장기관은 이를 지체 없이 센터
에 제출하여야 한다.

1. 5년 단위의 연차별 목표와 이행계획

2. 사업장별 생산설비 현황 및 가동률

3. 사업장별 배출 온실가스의 종류·배출량 및 사용 에너지의 종류·사용
량 현황

4. 사업장별 온실가스 감축, 에너지 절약 및 에너지 이용효율 목표와 이행
방법

5. 주요 생산 공정별 온실가스 배출 현황 및 에너지 소비량

6. 주요 생산 공정별 온실가스 감축, 에너지 절약 및 에너지 이용효율 목표
   와 이행방법
7. 사업장별 온실가스 배출량 및 에너지 소비량 산정방법(계산방식 및 측
   정방식을 포함한다)
8. 온실가스 감축·흡수·제거 실적
④ 관리업체는 제3항에 따른 이행계획을 실행한 실적을 전자적 방식으로
   다음 연도 3월 31일까지 부문별 관장기관에 보고하여야 하며, 부문별
   관장기관은 실적보고서의 정확성과 측정·보고·검증이 가능한 방식으
   로 작성되었는지 여부 등을 확인하고 이를 센터에 제출하여야 한다.
⑤ 부문별 관장기관은 제4항에 따른 관리업체의 이행실적이 목표에 미치
   지 못하거나 보고의 내용 중 측정·보고·검증 방법의 적용에 미흡한
   사실이 발견되는 경우에는 법 제42조 제8항에 따른 개선명령 등 필요
   한 조치를 하고, 이를 환경부장관에게 통보하여야 한다.
⑥ 제5항에 따라 개선명령을 받은 관리업체는 제3항에 따른 이행계획을
   수립할 때 이를 반영하여야 한다.

제31조(등록부의 관리)
① 센터는 제30조 제4항에 따라 부문별 관장기관으로부터 이행실적을 제
   출받으면 이를 법 제42조 제7항에 따른 등록부로 작성하여 전자적 방
   식으로 통합 관리·운영하여야 한다.
② 제1항에 따른 등록부에는 다음 각 호의 사항이 포함되어야 한다.
1. 관리업체의 상호 또는 명칭
2. 관리업체의 대표
3. 관리업체의 본점 및 사업장 소재지
4. 관리업체 지정에 관한 사항
5. 제30조 제3항부터 제5항까지에 따른 이행계획, 실적 보고 및 개선명령
   등에 관한 사항
6. 제34조에 따른 명세서에 관한 사항

제32조(검증기관 등)

① 법 제42조 제9항에서 "대통령령으로 정하는 공신력 있는 외부 전문기관"이란 온실가스 배출량 및 에너지 소비량에 대하여 측정·보고·검증을 전문적으로 할 수 있는 인적·물적 능력을 갖춘 기관으로서 부문별 관장기관과의 협의를 거쳐 환경부장관이 지정·고시하는 기관을 말한다.

② 환경부장관은 관리업체에 대한 측정·보고·검증 업무의 공신력을 높이기 위하여 필요한 경우에는 제1항에 따라 지정된 외부 전문기관(이하 '검증기관'이라 한다)에 관련 자료의 제공을 요청할 수 있고, 요청을 받은 검증기관은 특별한 사유가 없으면 이에 따라야 한다.

③ 제1항 및 제2항에서 규정한 사항 외에 검증기관의 지정 기준·절차, 관리업체의 검증기관 선정 등에 관한 사항은 부문별 관장기관과의 협의를 거쳐 환경부장관이 정하여 관보에 고시한다.

제33조(온실가스 감축의 조기행동 촉진)

법 제43조에 따른 온실가스의 자발적 감축은 검증기관의 검증을 받은 실적에 대하여 법 제46조에 따른 온실가스 배출권 거래제의 온실가스 배출 할당량 설정에 이를 인정할 수 있다.

제34조(명세서의 보고·관리 절차 등)

① 관리업체는 법 제44조 제1항에 따라 해당 연도 온실가스 배출량 및 에너지 소비량에 관한 명세서를 작성하고, 이에 대한 검증기관의 검증 결과를 첨부하여 부문별 관장기관에 다음 연도 3월 31일까지 전자적 방식으로 제출하여야 한다.

② 제1항에 따른 명세서에는 다음 각 호의 사항이 포함되어야 한다.

1. 업체의 규모, 생산설비, 제품원료 및 생산량

2. 사업장별 배출 온실가스의 종류 및 배출량, 온실가스 배출시설의 종류·규모·수량 및 가동시간

3. 사업장별 사용 에너지의 종류 및 사용량, 사용연료의 성분, 에너지 사용

시설의 종류·규모·수량 및 가동시간

4. 생산공정과 생산설비로 구분한 온실가스 배출량·종류 및 규모

5. 생산공정에서 사용된 온실가스 배출 방지시설의 종류·규모·처리효율·수량 및 가동시간

6. 포집·처리한 온실가스의 종류 및 양

7. 제2호부터 제6호까지의 부문별 온실가스 배출량 및 에너지 사용량의 계산·측정 방법

8. 명세서에 관한 품질관리 절차

9. 온실가스 감축·흡수·제거 실적

10. 그 밖에 관리업체의 온실가스 배출량 및 에너지 소비량의 관리를 위하여 부문별 관장기관이 환경부장관과의 협의를 거쳐 필요하다고 인정한 사항

③ 제1항에 따라 명세서를 제출받은 부문별 관장기관은 그 내용을 확인한 후 지체 없이 명세서와 관련 자료를 센터에 제출하여야 하며, 센터는 이를 제31조 제1항에 따른 등록부에 포함하여 관리한다.

④ 법 제44조 제2항에 따른 명세서의 신뢰성 검증을 위한 공신력 있는 외부 전문기관에 관해서는 제32조를 준용한다.

⑤ 제1항부터 제4항까지에서 규정한 사항 외에 명세서의 작성 방법, 보고 절차 등에 관한 사항은 부문별 관장기관과의 협의를 거쳐 환경부장관이 정하여 관보에 고시한다.

제35조(명세서의 공개 등)

① 제34조에 따른 명세서는 특별한 사유가 없으면 공개하는 것을 원칙으로 하고, 부문별 관장기관 및 센터는 관련 행정기관 또는 「공공기관의 운영에 관한 법률」 제4조에 따른 공공기관의 요청이 있는 경우에는 위원회의 심의를 거쳐 이를 제공할 수 있다.

② 센터는 「자본시장과 금융투자업에 관한 법률」 제163조에 따라 주권상장법인의 사업보고서의 공시를 위하여 금융위원회 또는 한국거래소의 요청이 있는 때에는 해당 관리업체의 명세서를 통보할 수 있다.

③ 법 제44조 제3항에 따른 명세서의 공개는 부문별 관장기관의 홈페이지 및 센터의 온실가스 종합정보관리체계를 통하여 전자적 방식으로 한다.

④ 법 제44조 제3항 단서에 따라 명세서의 비공개를 요청하는 관리업체는 명세서를 제출할 때에 비공개 사유서를 제출하여야 한다.

⑤ 제4항에 따라 명세서의 비공개 요청이 있는 경우 비공개 요청 대상 정보의 전부 또는 일부의 공개 여부를 심사·결정하기 위하여 센터에 법 제44조 제4항에 따른 명세서 공개 심사위원회(이하 '심사위원회'라 한다)를 둔다.

⑥ 심사위원회는 위원장 1명을 포함하여 7명 이내의 위원으로 구성한다.

⑦ 위원은 부문별 관장기관의 소속 공무원 중에서 부문별 관장기관의 장이 각각 지명하는 4명과 녹색성장 및 정보공개에 관하여 학식과 경험이 풍부한 사람 중에서 환경부장관이 부문별 관장기관과 협의하여 위촉하는 민간위원으로 구성하고, 위원장은 환경부장관이 위원 중에서 지명한다.

⑧ 회의는 재적위원 과반수의 출석으로 개의(開議)하고, 출석위원 과반수의 찬성으로 의결한다.

⑨ 제6항부터 제8항까지에서 규정한 사항 외에 심사위원회의 구성·운영에 필요한 사항은 심사위원회의 의결을 거쳐 위원장이 정한다.

제36조(국가 온실가스 종합정보관리체계의 구축 및 관리)

① 법 제45조 제1항에 따른 국가 온실가스 종합정보관리체계를 구축·관리하기 위하여 환경부장관 소속으로 온실가스 종합정보센터를 둔다.

② 센터는 다음 각 호의 사항을 관장한다.

1. 국가 및 부문별 온실가스 감축 목표 설정의 지원

2. 국제기준에 따른 국가 온실가스 종합정보관리체계 운영

3. 제26조부터 제35조까지의 규정에 따른 업무협조 지원 및 관계 중앙행정기관에 대한 정보 제공

4. 국내외 온실가스 감축 지원을 위한 조사·연구

5. 저탄소 녹색성장 관련 국제기구·단체 및 개발도상국과의 협력

③ 환경부장관은 센터의 효율적·체계적 업무수행을 위하여 기획재정부,

행정안전부, 농림수산식품부, 지식경제부, 국토해양부 등 관계 중앙행
정기관의 고위공무원단에 속하는 공무원 및 기획단의 단장으로 구성된
협의체를 구성·운영한다.

④ 법 제45조 제2항에 따라 부문별 관장기관은 다음 각 호의 구분에 따른
소관 부문별 전년도 온실가스 정보 및 통계를 매년 6월 30일까지 센터
에 제출하여야 한다.

1. 농림수산식품부장관: 농업·산림
2. 지식경제부장관: 에너지·산업공정
3. 환경부장관: 폐기물
4. 국토해양부장관: 건물·교통

⑤ 국가 온실가스 종합정보관리체계의 국제적 신뢰성을 확보하기 위하여
환경부장관은 제4항에 따른 온실가스 정보 및 통계에 관하여 검증을
하고 대외적으로 국가 온실가스 종합정보관리기관으로서의 지위를 가
진다. 이 경우 환경부장관은 온실가스 통계의 공정성 및 신뢰성을 확보
하기 위하여 통계청장과 협의하여야 한다.

⑥ 센터는 효율적으로 업무를 수행하기 위하여 필요하다고 인정되는 경우
에는 관계 중앙행정기관의 장과 협의하여 기후변화·에너지·지속가능
발전 등 저탄소 녹색성장과 관련된 다음 각 호의 기관에 인력, 정보 제
공 및 분석 등 필요한 지원을 요청할 수 있다.

1. 「정부출연연구기관 등의 설립·운영 및 육성에 관한 법률」 제8조 제1
항에 따른 연구기관
2. 「과학기술분야 정부출연연구기관 등의 설립·운영 및 육성에 관한 법률」
제8조 제1항에 따른 연구기관
3. 「공공기관의 운영에 관한 법률」 제4조에 따른 공공기관

제37조(자동차의 평균에너지소비효율 및 온실가스 배출허용 관리)
① 법 제47조 제2항에 따라 교통부문의 온실가스 관리를 위한 업무를 추
진할 때 자동차 평균에너지소비효율기준은 지식경제부장관이, 자동차
온실가스 배출허용기준은 환경부장관이 각각 정하되, 자동차 제작업체

(수입업체를 포함한다. 이하 같다)에 대한 자동차 평균에너지소비효율기준 및 자동차 온실가스 배출허용기준의 적용·관리는 환경부장관이 관장한다. 이 경우 환경부장관은 해당 기준의 적용·관리에 관한 자료를 지식경제부장관에게 제공하여야 한다.
② 환경부장관은 국내외 자동차 산업의 여건, 국제적인 규제 동향, 측정 방법·절차 및 제재의 단일화 등을 고려하여 자동차 제작업체가 제1항에 따른 자동차 평균에너지소비효율기준 및 자동차 온실가스 배출허용기준을 선택적으로 준수할 수 있도록 하는 기준 등을 지식경제부장관과의 협의를 거쳐 관보에 고시한다.

제38조(기후변화 영향평가 및 적응대책 수립)
① 환경부장관은 법 제48조 제4항에 따라 다음 각 호의 사항이 포함된 기후변화 적응대책을 관계 중앙행정기관의 장과 협의하여 5년 단위로 수립·시행하여야 한다.
1. 기후변화 적응을 위한 국제협약 등에 관한 사항
2. 기후변화에 대한 감시·예측·제공·활용 능력 향상에 관한 사항
3. 부문별·지역별 기후변화의 영향과 취약성 평가에 관한 사항
4. 부문별·지역별 기후변화 적응대책에 관한 사항
5. 기후변화에 따른 재해 예방에 관한 사항
6. 법 제58조에 따른 녹색생활운동과 기후변화 적응대책의 연계 추진에 관한 사항
7. 그 밖에 기후변화 적응을 위하여 환경부장관이 필요하다고 인정하는 사항
② 관계 중앙행정기관의 장 및 시·도지사는 제1항에 따른 기후변화 적응대책에 따라 소관 사항에 대하여 기후변화 적응대책 세부 시행계획을 수립·시행한다.

제6장 녹색생활 및 지속가능발전의 실현

제39조(지속가능발전 기본계획의 변경)
법 제50조 제2항 단서에서 "대통령령으로 정하는 경미한 사항을 변경하는 경우"란 다음 각 호의 경우를 말한다.
1. 법 제50조 제3항 제1호 및 제4호에 관한 사항을 변경하는 경우
2. 지속가능발전 기본계획의 본질적인 내용에 영향을 미치지 아니하는 사항으로서 소요되는 총재원의 100분의 10 이내에서 지속가능발전 기본계획의 일부를 변경하는 경우

제40조(녹색국토의 관리)
① 법 제51조 제1항에서 "국토종합계획·도시기본계획 등 대통령령으로 정하는 계획"이란 별표 6의 계획을 말한다.
② 법 제51조 제3항에 따라 계획을 수립할 때 미리 위원회의 의견을 들어야 하는 계획은 다음 각 호와 같다.
1. 「국토기본법」 제9조 제1항에 따른 국토종합계획 및 같은 법 제13조 제1항에 따른 도종합계획
2. 「국가균형발전 특별법」 제4조 제1항에 따른 지역발전 5개년계획
3. 「수도권정비계획법」 제4조 제1항에 따른 수도권정비계획
4. 그 밖에 위원회 심의를 거쳐 위원장이 필요하다고 인정하는 계획

제41조(교통부문의 온실가스 감축 목표)
국토해양부장관은 법 제53조 제1항에 따라 다음 각 호의 사항을 포함하는 교통부문의 온실가스 감축, 에너지 절약 및 에너지 이용효율 목표를 관계 중앙행정기관의 장과의 협의를 거쳐 수립·시행하여야 한다.
1. 자동차, 기차, 항공기, 선박 등 교통수단별 온실가스 배출 현황 및 에너지 소비율
2. 에너지 종류별 온실가스 배출 현황
3. 5년 단위의 온실가스 감축, 에너지 절약 및 에너지 이용효율 목표와 그

이행계획

4. 연차별 온실가스 감축, 에너지 절약 및 에너지 이용효율 목표와 그 이행
   계획

제42조(녹색건축물의 기준)

① 법 제54조 제2항에 따른 "대통령령으로 정하는 기준 이상의 건물"이란
   「건축법 시행령」 제91조 제2항에 따른 건축물을 말한다.

② 국토해양부장관은 법 제54조 제2항에 따라 제1항에 따른 건물의 에너
   지 소비량 및 온실가스 감축 목표를 설정·관리하기 위하여 시행계획
   을 수립하고, 필요한 경우 에너지 소비 및 온실가스 감축에 관한 세부
   기준을 정할 수 있다.

제43조(녹색건축물의 확대 등)

① 법 제54조 제6항에서 "대통령령으로 정하는 공공기관 및 교육기관"이
   란 다음 각 호의 기관을 말한다.

1. 「공공기관의 운영에 관한 법률」 제4조에 따른 공공기관

2. 「지방공기업법」 제49조에 따른 지방공사 및 같은 법 제76조에 따른 지
   방공단

3. 「정부출연연구기관 등의 설립·운영 및 육성에 관한 법률」 제8조에 따
   른 연구기관 및 같은 법 제18조에 따른 연구회

4. 「과학기술분야 정부출연연구기관 등의 설립·운영 및 육성에 관한 법률」
   제8조에 따른 연구기관 및 제18조에 따른 연구회

5. 「지방자치단체출연 연구원의 설립 및 운영에 관한 법률」 제4조에 따른
   지방자치단체출연연구원

6. 「국립대학병원 설치법」, 「국립대학치과병원 설치법」, 「서울대학교병원
   설치법」 및 「서울대학교치과병원 설치법」에 따른 병원

7. 「고등교육법」 제3조에 따른 국립대학 및 공립대학

② 법 제54조 제7항에서 "대통령령으로 정하는 일정 규모 이상의 신도시
   의 개발 또는 도시 재개발"이란 다음 각 호를 말한다.

1. 「택지개발촉진법」에 따라 330만 제곱미터 이상의 규모로 시행되는 택지개발사업

2. 「신행정수도 후속대책을 위한 연기·공주지역 행정중심복합도시 건설을 위한 특별법」에 따라 시행되는 행정중심복합도시건설사업

3. 「기업도시개발 특별법」에 따라 시행되는 기업도시개발사업

4. 「공공기관 지방이전에 따른 혁신도시 건설 및 지원에 관한 특별법」에 따라 시행되는 혁신도시개발사업

5. 그 밖에 100만 제곱미터 이상의 도시개발사업

③ 정부는 법 제54조 제8항에 따라 녹색건축물의 확대를 위하여 다음 각 호의 어느 하나에 해당하는 경우에는 자금의 지원 또는 조세의 감면 등의 지원을 할 수 있다.

1. 「건축법」 제65조에 따라 친환경건축물의 인증을 받은 건축물

2. 「건축법」 제66조 제2항에 따라 국토해양부장관이 고시한 건축물의 효율적인 에너지 관리에 관한 기준에 따라 산정한 에너지 성능지표 점수의 합계가 80점 이상이거나 같은 법 제66조의 2에 따른 건축물 에너지 효율등급 인증을 받은 건축물

3. 「건축법」 제22조에 따라 사용승인을 받은 후 5년이 지난 건축물 중 국토해양부장관이 에너지 효율을 개선하기 위하여 지원이 필요하다고 인정한 경우

4. 그 밖에 녹색건축물을 확대하기 위하여 국토해양부장관이 자금의 지원 또는 조세의 감면이 필요하다고 인정한 경우

제7장 벌칙

제44조(과태료의 부과·징수)

① 법 제64조 제1항에 따른 과태료는 부문별 관장기관이 환경부장관과 협의하여 부과·징수한다.

② 제1항에 따른 과태료의 부과기준은 별표 7과 같다.

③ 부문별 관장기관은 위반행위의 정도, 그 동기와 결과 등을 고려하여 별

표 7에 따른 과태료 금액의 2분의 1의 범위에서 그 금액을 가중하거나
경감할 수 있다. 다만, 가중하는 때에는 법 제64조 제1항에 따른 과태
료 금액의 상한을 넘을 수 없다.

부칙 <대통령령 제22124호, 2010. 4. 13.>

제1조(시행일) 이 영은 2010년 4월 14일부터 시행한다. 다만, 부칙 제3
조 제2항의 개정규정 중「환경친화적 산업구조로의 전환촉진에 관한 법률 시
행령」제17조의 2, 제17조의 3 및 제17조의 4를 개정하는 부분은 2011년
7월 14일부터 시행한다.

[별표 1] 수소불화탄소 및 과불화탄소 물질(제2조 관련)
[별표 2] 관리업체지정 온실가스 배출량 기준(제29조 제1항 제1호 관련)
[별표 3] 관리업체지정 에너지 소비량 기준(제29조제 1항 제1호 관련)
[별표 4] 관리업체지정 사업장 온실가스 배출량 기준(제29조 제1항 제2
          호 관련)
[별표 5] 관리업체지정 사업장 에너지 소비량 기준(제29조 제1항 제2호
          관련)
[별표 6] 녹색국토 관련 계획(제40조 제1항 관련)
[별표 7] 과태료의 부과기준(제44조 제2항 관련)

FRAMEWORK ACT ON LOW CARBON, GREEN GROWTH

[Act No. 9931, Jan. 13, 2010]

CHAPTER Ⅰ GENERAL PROVISIONS

Article 1(Purpose)

The purpose of this Act is to promote the development of the national economy by laying down the foundation necessary for low carbon, green growth and by utilizing green technology and green industries as new engines for growth, so as to pursue the harmonized development of the economy and environment and to contribute to the improvement of the quality of life of every citizen and the take－off to a mature, top－class, advanced country that shall fulfill its responsibility in international society through the realization of a low－carbon society.

Article 2(Definitions)

For the purposes of this Act:

1. The term 'low carbon' means lowering dependence on fossil fuels, expanding the use and distribution of clean energy, and reducing greenhouse gases to an appropriate or lower level by expanding carbon sinks;

2. The term 'green growth' means growth achieved by saving and using energy and resources efficiently to reduce climate change and damage to the environment, securing new growth engines through research and development of green technology, creating new job opportunities, and achieving harmony between the economy and environment;

3. The term 'green technology' means technology for minimizing the emission of greenhouse gases and discharge of pollutants by saving and using energy and resources efficiently throughout the entire course of socialand economic activities, such as technology for reducing greenhouse gases, technology for using energy efficiently, technology for clean manufacturing, technology for clean energy, technology for recycling of resources, and environmentally friendly technology(including related convergence technology);

4. The term 'green industries' means all industries for achieving low carbon, green growth by producing goods and providing services for enhancing the efficiency of energy and resources and improving the environment in all economic activities, such as economy, finance, construction, transportation, logistics, agriculture, forestry, fisheries, and tourism;

5. The term 'green products' means products that minimize the consumption of energy and resources and the generation of greenhouse gases and pollutants;

6. The term 'green life' means a life style of being conscious of the seriousness of climate change, saving energy in daily life, and minimizing the generation of greenhouse gases and pollutants.;

7. The term 'green management' means management through which an enterprise fulfills its social and ethical responsibilities by saving and using resources and energy efficiently and by minimizing the emission of greenhouse gases and the occurrence of environmental pollution in its business activities;

8. The term 'sustainable development' means the sustainable development defined in subparagraph 2 of Article 2 of the Sustainable Development Act.

9. The term 'greenhouse gases' mean carbon dioxide(CO_2), methane(CH_4), nitrous oxide(N_2O), hydrofluorocarbon(HFCs), perfluorocarbon(PFCs), sulfur hexafluoride(SF_6), and other substances specified by Presidential Decree in the form of gas in the atmosphere, which absorb or reemit radiant heat to cause a greenhouse effect;

10. The term 'emission of greenhouse gases' means both direct emission of greenhouse gases, which emits, discharges, or leaks greenhouse gases generated as a consequence of human activities, and indirect emission of greenhouse gases, which discharges greenhouse gases by using electricity or heat(limited to those from a heat source generated with a fuel or electricity) supplied by another person;

11. The term 'global warming' means a phenomenon in which the temperatures of the earth's surface and atmosphere rise additionally throughout the earth as greenhouse gases, generated as a consequence of human activities, are accumulated in the atmosphere to increase the concentration of greenhouse gases;

12. The term 'climate change' means a change in the climate system, which is incurred by changes in the concentration of greenhouse gases as a consequence of human activities, in addition to a natural climate change that has been observed during a considerable period;

13. The term 'recycling of resources' means the recycling of resources defined in subparagraph 1 of Article 2 of the Act on the Promotion of Saving and Recycling of ResourcesAct on the Promotion of Saving and Recycling of Resources;

14. The term 'new and renewable energy' mean the new and renewable energy defined in subparagraph 1 of Article 2 of Act on the Promotion of the Development, Use and Diffusion of New and Renewable EnergyDevelopment, Use and Diffusion of New and Renewable Energy;

15. The term 'level of self−sufficiency in energy' means the ratio of an aggregate of the quantity of domestically produced energy and the quantity of energy developed abroad by the Republic of Korea(including acquired shares of equity), both new and renewable energy, to the total quantity of domestically consumed energy.

Article 3(Basic Principles of Promotion of Low Carbon, Green Growth)

Low carbon, green growth shall be promoted in compliance with the following basic principles:

1. The Government shall promote a comprehensive strategy for national development, including the resolution of problems of climate change, energy, and resources, the expansion of growth engines, the enhancement of enterprises' competitiveness, the

efficient utilization of national land, and the development of a comfortable environment;

2. The Government shall vitalize market functions to the maximum and promote low carbon, green growth initiated by the private sector;

3. The Government shall adopt green technology and green industries as core engines for economic growth and establish a new economic system for creating and expanding new job opportunities;

4. The Government shall intensify investment and support focused on green technology and green industries, which have high potentiality and competitiveness for growth, so as to use the State's resources efficiently;

5. The Government shall enhance efficiency in the use of energy and resources in social and economic activities and facilitate recycling of resources;

6. The Government shall rearrange infrastructure, including national land and cities, buildings and transportation, road, ports and harbors, and waterworks and sewerage systems, to make them suitable for low carbon, green growth while preserving the value of national resources and environment at the same time;

7. The Government shall distribute resources efficiently by reorganizing taxationand financial systems so that economic expenses incurred by environmental pollution or emission of greenhouse gases can be reflected reasonably in market prices of goods or services and shall encourage citizens vigorously to change their patterns of consumption and life so as to contribute to low carbon, green growth. In such cases, consideration shall be given to avoid weakening international competitiveness of domestic industries;

8. The Government shall endeavor to materialize low carbon, green growth with all citizens' participation and the cooperation of national agencies, local governments, enterprises, economic organizations, and non−governmental organizations;

9. The Government shall ascertain and analyze new international trendsfor low carbon, green growth to reflect such trends reasonably in national policies and shall heighten the stature and dignity of the State by performing its responsibilities and roles earnestly as a member of international society.

Article 4(Responsibilities of the State)

(1) The State shall endeavor to enable the basic principles for low carbon, green growth to be reflected in every aspect of state affairs, political, economic, social, educational, and cultural.

(2) The State shall, whenever it formulates various policies, take into consideration impacts on the harmonized development of the economy and environment and climate change.

(3) The State shall encourage and support local governments' measures for low carbon, green growth and may take measures as may be necessary for establishing and proliferating green growth, such as providing business entities, citizens, and non−governmental organizations with information and financial support.

(4) The State shall examine countermeasures for coping with crises in energy and resources and problems of climate change and evaluate the results therefrom periodically and shall analyze movements of international negotiations and policies of major countries to prepare appropriate measures.

(5) The State may actively participate in international countermeasures against climate change and international

cooperation in development of energy and resources and may provide developing countries with technical and financial support.

Article 5(Responsibilities of Local Govemments)

(1) Each local government shall fully cooperate in the State's measures for realizing low carbon, green growth.

(2) Each local government shall, whenever it formulates and enforces measuresfor low carbon, green growth, take into consideration local characteristics and conditions of the local government.

(3) Each local government shall comprehensively consider impacts that its plans and projects have on low carbon, green growth in the course of formulating of various plans and executing of projects within its jurisdiction and shall intensify education and advocacy of low carbon, green growth for local residents.

(4) Each local government shall seek for measures necessary for encouraging activities of business entities, residents, and non−governmental organizations for low carbon, green growth, such as providing them with information and financial support.

Article 6(Responsibilities of Business Entities)

(1) Each business entity shall initiate green management, reduce emission of greenhouse gases and pollutants in the entire course of its business activities, and expand investment and employment in research and development of green technology as well as in green industries to fulfill its social and ethical responsibilities for the environment.

(2) Each business entity shall actively participate and cooperate in policies enforced by the Government and each local government

for low carbon, green growth.

Article 7(Responsibilities of Citizens)

(1) Every citizen shall actively practice green life in his/her home, school, workplace, and any other place.

(2) Every citizen shall pay attention to the green management of enterprises and increase consumption and use of green products to facilitate such green management.

(3) Every citizen shall be aware that he/she, him/herself, is one of the last troubleshooters to solve problems of serious climate change and crises in energy and resources that human beings face and shall actively participate in the campaign for green life to hand over a comfortable environment to his/her posterity.

Article 8(Relationship with other Acts)

(1) This Act shall take precedence over other Acts in application to low carbon, green growth.

(2) Other Acts related to low carbon, green growth shall, whenever any of such Acts is enacted or amended, be brought into conformity with the purposes and basic principles of this Act.

(3) Administrative plans and policies that the State and each local government establish pursuant to other Acts and subordinate statutes shall be in harmony with the basic principles for the promotion of low carbon, green growth under Article 3 and the national strategy for low carbon, green growth under Article 9.

CHAPTER 2 NATIONAL STRATEGY FOR LOW CARBON, GREEN GROWTH

Article 9(National Strategy for Low Carbon, Green Growth)

(1) The Government shall establish and enforce the national strategy for low carbon, green growth(hereinafter referred to as 'national strategy for green growth'), which shall include the targets of the State's policies for low carbon, green growth, the strategy for promotion, and main tasks of promotion.

(2) The national strategy for green growth shall include the following matters:

1. Matters concerning the realization of the green economic system under Article 22;

2. Matters concerning green technology and green industries;

3. Matters concerning policies for coping with climate change, policies on energy, and policies on sustainable development;

4. Matters concerning the green life, the green homeland under Article 51 and the low−carbon traffic system under Article 53;

5. Matters concerning international negotiations and cooperation in relation to low carbon, green growth, including climate change;

6. Other matters considered necessary for low carbon, green growth, including procurement of financial resources, taxation, financing, training of human resources, education, and public relations activities.

(3) The Government shall, whenever it intends to establish or revise the national strategy for green growth, bring a proposed bill to the Presidential Committee on Green Growth under Article 14 and then to the State Council for deliberation: Provided, That the foregoing shall not apply to modifications to minor matters

prescribed by Presidential Decree.

Article 10(Establishment and Implementation of Action Plans by Central Administrative Agencies)

(1) The head of each central administrative agency shall establish and implement an action plan for matters under his/her jurisdiction(hereinafter referred to as 'central action plan'), as prescribed by Presidential Decree, so as to execute the national strategy for green growth efficiently and systematically.

(2) The head of each central administrative agency shall, whenever he/she establishes or revises the central action plan, report it to the Presidential Committee on Green Growth under Article 14, as prescribed by Presidential Decree: Provided, That the foregoing shall not apply to modifications to minor matters prescribed by Presidential Decree.

Article 11(Establishment and Implementation of Action Plans by Local Governments)

(1) The Special Metropolitan City Mayor, each Metropolitan City Mayor, each Do Governor, and the Governor of a Special Self-Governing Province(hereinafter referred to as 'Mayor/Do Governor') shall establish and implement a local action plan for green growth(hereinafter referred to as 'local action plan') in conformity with the national strategy for green growth, as prescribed by Presidential Decree, so as to facilitate each local government's low carbon, green growth.

(2) Each Mayor/Do Governor shall, whenever he/she intends to establish or revise the local action plan, report a proposed bill to the local council after bringing it to the local committee on green

growth under Article 20 for deliberation, and then submit it to the Presidential Committee on Green Growth under Article 14 without delay: Provided, That the foregoing shall not apply to modifications to minor matters prescribed by Presidential Decree.

Article 12(Review and Evaluation of Current Status of Performance)

(1) The Prime Minister shall review and evaluate the performance of the national strategy for green growth and central action plans, as prescribed by Presidential Decree. In such cases, the Prime Minister shall consult with the Presidential Committee on Green Growth under Article 14 about the procedures and standards for, and results of, the evaluation and other relevant matters.

(2) Each Mayor/Do Governor shall review and evaluate the performance of local action plans, report the results thereof to the local council, and submit them to the Presidential Committee on Green Growth under Article 14 without delay, as prescribed by Presidential Decree.

Article 13(Presentation of Opinions on Policies)

(1) The Presidential Committee on Green Growth under Article 14 may, if considered necessary as the result of a review and evaluation of performance under Article 12, present its opinion to the head of an appropriate central administrative agency or a Mayor/Do Governor.

(2) The head of each appropriate central administrative agency or a Mayor/Do Governor shall, upon receiving an opinion pursuant to paragraph (1), endeavor to reflect the opinion in policies of the agency or the local government.

CHAPTER 3 PRESIDENTIAL COMMITTEE ON GREEN GROWTH, ETC.

Article 14(Composition and Operation of Presidential Committee on Green Growth)

(1) The Presidential Committee on Green Growth(hereinafter referred to as the 'Committee') shall be instituted under the control of the President in order to have the Committee deliberate on the State's major policies and plans related to low carbon, green growth and matters concerning the performance of such policies and plans.

(2) The Committee shall be comprised of not more than 50 members, including two Chairpersons.

(3) The Prime Minister shall serve as one of Chairpersons of the Committee, and the other Chairperson shall be appointed by President from among the members under paragraph (4) 2.

(4) Other members of the Committee shall be either specified or commissioned from among the following persons:

1. Public officials specified by Presidential Decree, such as the Minister of Strategy and Finance, the Minister of Knowledge Economy, the Minister of Environment, and the Minister of Land, Transport and Maritime Affairs;

2. Persons commissioned by the President from among those who have abundant knowledge and experience in low carbon, green growth, such as climate change, energy and resources, green technology, green industries, or sustainable development.

(5) The Committee shall have one secretary to assign him/her to carry out administrative affairs of the Committee, and matters concerning the appointment of the secretary shall be prescribed by Presidential Decree.

(6) Each Chairperson shall represent the Committee, respectively, and shall have overall control over affairs of the Committee.

(7) If any Chairperson is unable to perform his/her duties due to any extraordinary circumstance or event, the member designated in advance by the Prime Minister, as one of Chairpersons, shall act for and on behalf of the Chairperson.

(8) The term of office for each member under paragraph (4) 2 shall be one year but may be renewed consecutively.

Article 15(Committee's Functions)

The Committee shall deliberate on the following matters:

1. Matters concerning the basic direction for policies on low carbon, green growth;

2. Matters concerning the establishment, revision, and enforcement of the national strategy for green growth;

3. Matters concerning the basic plan for coping with climate change, the basic plan for energy, and the basic plan for sustainable development;

4. Matters concerning the management of targets of promotion of low carbon, green growth and the review, survey on the actual state, and evaluation thereof;

5. Matters concerning the adjustment of, and the support for, policies of appropriate central administrative agencies and local government with respect to low carbon, green growth;

6. Matters concerning the legal system related to low carbon, green growth;

7. Matters concerning the direction of distribution of resources for low carbon, green growth and the efficient use of such

resources;

8. Matters concerning international negotiations and cooperation, education and public relations activities, training of human resources, and the establishment of the foundation for low carbon, green growth;

9. The survey on, and the resolution of, problems that enterprises and other sectors have in relation to low carbon, green growth, and recommendation of corrective measures for, or expression of opinions on, such problems;

10. Matters that any other Act requires to be brought before the Committee for deliberation;

11. Other matters that Chairpersons consider necessary in connection with low carbon, green growth.

Article 16(Meetings)

(1) Each Chairperson shall convene meetings of the Committee and shall take the chair of such meetings.

(2) Meetings of the Committee shall be divided into regular meetings and extraordinary meetings, and an extraordinary meeting shall be convened by a Chairperson, when the Chairperson deems it necessary or when five or more members demands to convene the meeting.

(3) A meeting of the Committee shall be duly constituted to open with the attendance of a majority of members and shall adopt a resolution by an affirmative vote of a majority of members present at the meeting: Provided, That the Committee may deliberate on and adopt a resolution in writing on any case specified by Presidential Decree.

(4) Matters necessary for the operation of the Committee, such

as the time to hold a regular meeting, shall be prescribed by Presidential Decree in addition to provisions of paragraphs (1) through (3).

Article 17(Subcommittees)

(1) The Committee may have subcommittees, as prescribed by Presidential Decree, in order to have the subcommittees carry out affairs of the Committee, assist the Committee, and examine, coordinate, or process affairs delegated by the Committee.

(2) A subcommittee shall be comprised of commissioned members, and the chairperson of a subcommittee shall be elected by and from among members of the subcommittee.

(3) Any public official of a central administrative agency, who is a member of the Senior Civil Service, may attend an appropriate subcommittee to present his/her opinion on any item of agenda regarding the relevant area.

(4) Matters necessary for the operation of subcommittees shall be determined by Chairpersons of the Committee, subject to the resolution of the Committee, in addition to provisions of paragraphs (1) through (3).

Article 18(Green Growth Task Force48 Ministry of Government Legislation Korean Laws on Green Growth)

(1) The Committee shall have the Green Growth Task Force(hereinafter referred toas the 'Task Force') to have the Task Force assist subcommittees in the operation and business affairs of subcommittees.

(2) Matters necessary for the composition and operation of the Task Force shall be prescribed by Presidential Decree.

Article 19(Request for Dispatching Public Officials)

The Committee may, if necessary for the operation of the Committee or the Task Force's execution of tasks, request any central administrative agency or local government to dispatch public officials under its control or authorize public officials under its control to hold a concurrent office or request a non-governmental organization, organization, research institute, or enterprise to dispatch executives or employees or authorize its executives or employees to hold a concurrent office.

Article 20(Composition and Operation of Local Committees on Green Growth)

(1) Each local government may have a local committee on green growth(hereinafter referred to as 'local committee on green growth') under the control of the Mayor/Do Governor to have it deliberate on matters concerning its major policies and plans related to low carbon, green growth and the performance thereof.

(2) Matters necessary for the composition, operation, and functions of a local committee on green growth and other relevant matters shall be prescribed by Presidential Decree.

Article 21(Designation of Green Growth Officer49 Framework Act on Low Carbon, Green Growth)

The head of each central administrative agency or each Mayor/Do Governor may designate a Green Growth Officer from among public officials under his/her control for the efficient promotion of low carbon, green growth.

CHAPTER 4 PROMOTION OF LOW CARBON, GREEN GROWTH

Article 22(Basic Principles for Materialization of Green Economy and Green Industries)

(1) The Government shall strengthen the national economy and materialize the economy pursuing sustainable development(hereinafter referred to as 'green economy') by reducing the use of fossil fuels step by step and fostering green technology and green industries.

(2) The Government shall, whenever it establishes and enforces a policy on green economy, give balanced consideration to various areas, such as finance, industries, science and technology, environment, national land, and culture, from a cohesive point of view.

(3) The Government shall endeavor to enable the industrial structure of large consumption of energy and resources to be converted into the low carbon, green industrial structure step by step through creation of new green industries, conversion of existing industries into green industries, and connection between related industries.

(4) The Government shall seek for balanced development between regions in promoting low carbon, green growth and shall provide low-income groups with support and care to protect them from being neglected.

Article 23(Fostering of and Support for Green Economy and Green Industries)

(1) The Government shall enhance the soundness and competitiveness of the national economy by materializing green economy, search for and foster new green industries with high

growth potential, and prepare measures for fostering and supporting a green economy and green industries.

(2) Measures for fostering and supporting a green economy and green industries under paragraph (1) shall include the following matters:

1. Matters concerning domestic and overseas economic conditions, and prospects therefor;

2. Matters concerning the gradual conversion of the conventional, industrial structure into a green industrial structure;

3. Matters concerning targets for the medium-and long-term and for each phase for facilitating green industries and the strategy for the facilitation;

4. Matters concerning the fostering of, and support for, green industries for new growth engines;

5. Matters concerning the conversion of existing, national infrastructure, including electric, information and telecommunications, and traffic systems, into an environmentally friendly structure;

6. Matters concerning the fostering of the industry of advisory services for green management;

7. Matters concerning the training of human resources for green industries and the creation of job opportunities;

8. Other matters concerning the facilitation of green economy and green industries.

Article 24(Facilitation of Recycling of Resources)

(1) The Government shall prepare various measures for fostering and supporting the resources recycling industry to save and use resources efficiently, to reduce the generation of wastes, to

facilitate the recycling of resources, and to improve the productivity of resources.

(2) Measures for fostering and supporting the resources recycling industry under paragraph (1) shall include the following matters:

1. Establishment of targets of facilitating the recycling of resources and improving the productivity of resources;

2. Supply and management of resources;

3. Control of the use of substances hazardous or hard to re-manufacture or recycle;

4. Control of the generation of wastes and conversion of wastes into resources through re-manufacturing or recycling;

5. Collection and utilization of biomass, such as wood, plants, and agricultural produce, that may be used as resources for energy;

6. Development of technology related to recycling of resources and fostering of the industry therefor;

7. Matters concerning education, training, and fostering of human resources to improve the productivity of resources.

Article 25(Facilitation of Enterprises' Green Management)

(1) The Government shall support and facilitate enterprises' green management.

(2) The Government shall establish and enforce measures, including the following matters, to support and facilitate enterprises' green management:

1. Technical support for converting into an environmentally friendly production system;

2. Disclosure of enterprises' achievements in green management, including efficient use of energy and resources, reduced emission of

greenhouse gases, development of forests, conservation of natural environment, and information about sustainable development;

3. Support for green management of small and medium enterprises;

4. Other matters concerning assistance in business activities for low carbon, green growth.

Article 26(Facilitation of Research, Development, and Commercialization of Green Technology)

(1) The Government may establish and enforce measures, including the following matters, to facilitate research, development, and commercialization of green technology:

1. Collection, analysis, and furnishing of information related to green technology;

2. Development and diffusion of techniques for evaluation of green technology;

3. Financial support for the facilitation of research, development, and commercialization of green technology;

4. Fostering of human resources for green technology and international cooperation therein.

(2) The Government shall facilitate convergence of technology for information and communications, nanotechnology, and biotechnology and shall promote swift transformation into the low carbon, knowledge−based economy by securing intellectual property of green technology.

(3) If any measure under paragraph (1) is to be included in the basic plan for science and technology under the Framework Act on Science and TechnologyFramework Act on Science and Technology, the Committee's opinion shall be sought in advance.

Article 27(Diffusion and Utilization of Technology for Information and Communications)

(1) The Government shall establish and enforce the following measures for utilizing technology and services for information and communications to the maximum extent possible in order to save energy, improve the efficiency in the use of energy, and reduce greenhouse gases:

1. Expansion of infrastructure for information and communications, such as networks for broadcasting and communications;

2. Development and diffusion of new services for information and communications;

3. Facilitation of the development of green technology for the industry of information and communications and the equipment and devices therefor.

(2) The Government shall establish and implement measures for broadcasting and communications to proliferate the life style for low carbon, green growth, such as boosting of home-based working, virtual conference, remote education, and remote medical treatment.

(3) The Government shall enable the provision of electricity services of high quality, optimize the efficiency in the use of energy, and reduce greenhouse gases drastically by developing intelligent electricity networks and upgrading such networks with technology for information and communications.

Article 28(Support for and Boosting of Finance)

The Government shall establish and enforce financial measures, including the following matters, to facilitate low carbon, green growth:

1. Raising of financial resources for supporting green economy

and green industries and financial support therefor;

2. Development of new financial products for supporting low carbon, green growth;

3. Encouragement of private investment in projects for the establishment of infrastructure for low carbon, green growth;

4. Reinforcement of the public disclosure system for information about enterprises' green management and expansion of financial support for enterprises adopting green management;

5. Establishment of a carbon market(referring to a market in which rights to emit greenhouse gases or results of performance of reducing or absorbing greenhouse gases are traded; the same shall apply hereinafter) and stimulation of transactions therein.

Article 29(Establishment of and Support for Companies for Investment in Green Industries)

(1) A green industries investment company(referring to a collective investment scheme defined in Article 9 (18) of the Financial Investment Services and Capital Markets ActFinancial Investment Services and Capital Markets Act; the same shall apply hereinafter) for the purpose of distributing earnings therefrom to investors may be established by investing its assets in green technology or green industries.

(2) Green technology or green industries eligible for investment by a green industries investment company shall be the following projects or enterprises:

1. Projects of research and development or technical support for research on green technology under subparagraph 3 of Article 2 and production and commercialization of prototypes;

2. Business that falls under the category of green industries

under subparagraph 4 of Article 2;

3. Enterprises that engage in investment in, or business for, green technology or green industries.

(3) The Government may, if a public institution under Article 4 of the Act on the Management of Public InstitutionsAct on the Management of Public Institutionsintends to invest in a green industries investment company, provide all or some of the funds therefor within the extent of budget.

(4) The Financial Services Commission may demand a green industries investment company in which a public institution has invested pursuant to paragraph (3)(including the asset management company, asset custodian company, and general administration company for the company; the same shall apply hereafter in this Article) to submit data or a report on the business and property of the company, and an appropriate central administrative agency may demand the Financial Services Commission to submit relevant data.

(5) An appropriate central administrative agency may, if considered necessary to conduct an inspection on data or a report submitted pursuant to paragraph (4), request the Financial Services Commission to inspect the business and property of the relevant green industries investment company, and the Financial Services Commission may, if it finds as a result of such an inspection that the company has a serious problem, cancel the registration of the company, subject to consultation with the appropriate central administrative agency.

(6) Matters concerning the establishment and operation of, and the financial support for, green industries investment companies under paragraphs (1) through (5) and other necessary detailed matters shall be prescribed by Presidential Decree.

Article 30(Operation of Taxation System)

The Government shall operate the State's taxation system in the direction of reducing goods and services that generate greenhouse gases and pollutants or that show low efficiency in the use of energy and resources and facilitating environmentally friendly goods and services instead in order to cope with crises of energy and resources and problems of climate change and to facilitate low carbon, green growth.

Article 31(Support and Special Privileges for Green Technology and Green Industries)

(1) The State or any local government may provide support as may be necessary for green technology and green industries, such as the payment of subsidies.

(2) The Korea Credit Guarantee Fund, established pursuant to the Credit Guarantee Fund ActCredit Guarantee Fund Act, and the Korea Technology Guarantee Fund, established pursuant to the Korea Technology Credit Guarantee Fund ActKorea Technology Credit Guarantee Fund Act, may provide credit guarantees preferentially to green technology and green industries or preferentially treat green technology and green industries in terms and conditions of guarantee.

(3) The State or any local government may support enterprises related to green technology and green industries by abating or exempting them from income tax, corporate tax, acquisition tax, property tax, registration tax, or other tax, as provided for by the Restriction of Special Taxation ActRestriction of Special Taxation Actand the Local Tax ActLocal Tax Act.

(4) The State or any local government shall endeavor to assist an

enterprise related to green technology or green industries to the fullest extent possible, when the enterprise invites foreign investment under Article 2 (1) 4 of the Foreign Investment Promotion ActForeign Investment Promotion Act.

Article 32(Standardization and Certification of Green Technology and Green Industries)

(1) The Government provide support necessary for establishing a foundation for standardization of green technology and green industries already developed or under development within the Republic of Korea to meet international standards under subparagraph 2 of Article 3 of the Framework Act on National Standards and for activities for international standardization of green technology and green industries.

(2) The Government may grant certification of conformity for green technology, green projects, and green products or accreditation of specialized green enterprises, impose an obligation to purchase on public institutions, or provide technical guidance in order to facilitate the development of green technology and green industries.

(3) The Government shall cancel the certification of conformity or the accreditation of a specialized green enterprise under paragraph (2) in any of the following cases:

1. If a person obtained the certification or accreditation by fraud or other wrongful means;

2. If the certification or accreditation is considered improper due to a serioud defect.

(4) Other necessary matters concerning the standardization, certification, and cancellation under paragraphs (1) through (3)

shall be prescribed by Presidential Decree.

Article 33(Support for Medium and Small Enterprises)

The Government may establish and enforce the following measures to facilitate green technology and green management of medium and small enterprises:

1. Preferential support for joint projects between large enterprises and medium and small enterprises;

2. Assistance in large enterprises' technical guidance, transfer of technology, and dispatch of technical human resources for medium and small enterprises;

3. Facilitation of commercialization of green technology of medium and small enterprises;

4. Use of public facilities for facilitating the development of green technology;

5. Training, supply, and overseas expansion of professional human resources for green technology and green and green industries;

6. Other matters for facilitating green technology and green management of medium and small enterprises.

Article 34(Development of Clusters and Complexes for Green Technology and Green Industries)

(1) The Government may develop clusters and complexes for the joint research and development of green technology, the joint utilization of facilities and equipment, and the establishment of networks connecting industrial sectors, academic circles and research institutes or may support the development of such clusters and complexes.

(2) When a project is promoted pursuant to paragraph (1), the following matters shall be taken into consideration:

1. Matters concerning the current status of industrial clustering in each industrial complex;

2. Matters concerning enhancing the ability of enterprises, universities, and research Institutes to research and develop and the mutual connection of them;

3. Matters concerning the expansion of infrastructure for industrial clustering and the inducement of outstanding human resources for green technology and green industries;

4. A project promotion system and a plan for raising financial resources for green technology and green industries.

(3) The Government may authorize an institution or organization specified by Presidential Decree to develop a cluster or complex for green technology or green industries.

(4) The Governmentmay fully or partially subsidize expenses incurred to an institution or organization under paragraph (3) in carrying out a project for developing a cluster or complex for green technology or green industries under the aforesaid paragraph.

Article 35(Creation of Jobs for Green Technology and Green Industries)

(1) The Government shall create and expand jobs for green technology and green industries so that every citizen can benefit from green growth.

(2) The Government shall facilitate efficient mobility and conversion of manpower in each industrial sector in the course of creating jobs for green technology and green industries, expand opportunities for citizen to learn new technology, and provide

financial and technical support for creating jobs for green technology and green industries.

Article 36(Advanced Regulation)

(1) When the Government intends to introduce regulation for using resources efficiently and reducing the generation of greenhouse gases and pollutants, it shall endeavor to reduce social and economic expenses by inducing persons who cause the generation of greenhouse gases or pollutants to voluntarily reduce the generation of greenhouse gases and pollutants.

(2) When the Government intends to introduce regulation for reducing the generation of greenhouse gases and pollutants, it shall establish an advanced regulation system to avoid duplicate regulation so as to avoid the frustration of autonomy and creativity of the private sector and enhance industrial competitiveness by conducting surveys on the actual state, in the Republic of Korea and abroad, of regulation on enterprises.

Article 37(Countermeasures for International Norms)

(1) The Government shall collect, survey, and analyze movements and information about systems and policies that any foreign government or international organization intends to establish or introduce, arrange related systems and policies reasonably, and establish a supportive system therefor, and prepare appropriate countermeasures.

(2) The Government shall inform enterprises and citizens of movements, information, and countermeasures under paragraph (1) sufficiently for domestic enterprises and citizens to improve their ability to respond to changes.

CHAPTER 5 REALIZATION OF LOW CARBON SOCIETY

Article 38(Basic Principles for Coping with Climate Change)

The Government shall establish and implement a policy for coping with climate change and related plans in accordance with the following principles in order to realize a low carbon society:

1. It shall recognize the seriousness of problems of climate change ensuing from global warming, cope with such problems comprehensively by putting together capacities of the State and citizens, and participate in global efforts actively;

2. It shall establish the State's medium—and long—term targets for the reduction of greenhouse gases by analyzing costs of and benefits from the reduction of greenhouse gases in the economic aspect and takingdomestic and overseas conditions into consideration and promote the reduction of greenhouse gases efficiently and systematically by introducing a cost—effective, reasonable regulation system based on pricing functions and market system;

3. It shall develop and utilize high technology and convergence technology, such as technology for information and communications, nanotechnology, biotechnology, to reduce greenhouse gases drastically;

4. It shall enable to adopt various means for reduction autonomously by clarifying rights and obligations in connection with the emission of greenhouse gases and allowing transactions of such rights and obligations in the market and shall be prepared for the international carbon market by boosting the domestic carbon market;

5. It shall be prepared against natural disasters on a large scale

and changes in environmental ecosystem and the status of crops, minimize impacts of climate change, and protect the safety and property of citizens from such dangers and disaster.

Article 39(Basic Principles of Policies on Energy)

The Government shall establish and implement policies on energy and plans related to energy in accordance with the following principles in order to promote low carbon, green growth:

1. It shall gradually reduce the use of fossil fuels, such as petroleum and coal, and improve the level of self—sufficiency in energy;

2. It shall prevent global warming, conserve the environment, and convert the economic and social structures into the structures of low energy consumption and recycling of resources by rationalizing energy prices, saving energy, improving efficiency in the use of energy, and reinforcing the control over demands for energy;

3. It shall expand the development, production, use, and distribution of new and renewable energy, such as solar energy, energy from wastes, bioenergy, wind power, geothermal energy, tidal power, fuel batteries, and hydrogen energy, and shall diversify sources of energy;

4. It shall expand the introduction of elements of market competition to energy prices and energy industries, establish the order of fair trade, and introduce and improve regulation on energy industries reasonably, referring to international norms and foreign legal systems, to create a new market;

5. It shall expand benefits from the use of energy to the low—income groups, improve the equitableness in the use of energy, and expand welfare related to energy so that every citizen can benefit

from low carbon, green growth equally;

6. It shall reinforce national security in energy by securing domestic and overseas resources of energy, diversifying imports of energy, storing energy, and thus supplying energy stably.

Article 40(Basic Plan for Coping with Climate Change)

(1) The Government shall establish and implement a basic plan every five years for coping with climate change for a planning period of 20 years in accordance with the basic principles for coping with climate change.

(2) The Government shall, whenever it intends to establish or amend the basic plan for coping with climate change, bring a proposed plan to the Committee and then to the State Council for deliberation: Provided, That the foregoing shall not apply to modifications to insignificant matters prescribed by Presidential Decree.

(3) The basic plan for coping with climate change shall include the following matters:

1. Tendency and forecast of domestic and overseas climate changes and changes in concentration of greenhouse gases in the atmosphere;

2. Current status and outlook of the emission and absorption of greenhouse gases;

3. Establishment of medium-and long-term targets for the reduction of emission of greenhouse gases and countermeasures for each area by phase;

4. Matters concerning international cooperation in coping with climate change;

5. Matters concerning cooperation between the State and local

governments in coping with climate change;

6. Matters concerning research and development for coping with climate change;

7. Matters concerning training of human resources for coping with climate change;

8. Matters concerning measures for adaptation, such as monitoring, forecasts, and evaluation of impacts of climate change, evaluation of weakness therefor, and prevention of disasters;

9. Matters concerning education and public relations activities for coping with climate change;

10. Other matters necessary for promoting measures for coping with climate change.

Article 41(Establishment of Basic Plans for Energy)

(1) The Government shall establish a basic plan for energy every five years(hereafter referred to as 'basic energy plan' in this Article) for a planning period of 20 years in accordance with basic principles for policies on energy.

(2) The Government shall, whenever it intends to establish or amend a basic energy plan, present a proposed plan to the Energy Committee under Article 9 of the Energy Act and then to the Committee and the State Council consecutively for deliberation: Provided, That the foregoing shall not apply to modifications to minor matters prescribed by Presidential Decree.

(3) A basic energy plan shall including the following matters:

1. Matters concerning trends and prospects of domestic and overseas demand and supply of energy;

2. Matters concerning measures for stable securing, import, supply, and management of energy;

3. Matters concerning the targets of demand for energy, the composition of energy sources, the saving of energy, and the improvement of efficiency in the use of energy;

4. Matters concerning the supply and use of environmentally friendly energy, such as new and renewable energy;

5. Matters concerning measures for the safety control of energy;

6. Matters concerning the development and diffusion of technology related to energy, the training of professional human resources, international cooperation, the development and use of natural resources of energy, and welfare in energy.

Article 42(Coping with Climate Change and Management of Targets for Energy)

(1) The Government shall establish medium—and long—term targets and the goals attached to each particular phase for the following matters and seek for measures necessary for accomplishing the targets in order to cope with the global reduction of greenhouse gases actively and to promote low carbon, green growth efficiently and systematically:

1. Targets for the reduction of greenhouse gases;

2. Targets for energy saving and targets for efficiency in the use of energy;

3. Targets for self—sufficiency in energy;

4. Targets for the supply of new and renewable energy.

(2) The Government shall, when it establishes targets under paragraph (1), take into consideration domestic conditions and movements in other countries.

(3) The Government mayrequire appropriate central administrative agencies, local governments, and public institutions specified by

Presidential Decree to establish targets for energy saving and targets for the reduction of greenhouse gases for each agency, local government or institution, and provide guidance and supervise over their performance, as prescribed by Presidential Decree, in order to accomplish targets under paragraph (1).

(4) The Government shall establish targets for each sector, such as industries, traffic, transportation, household, and commerce, and shall actively prepare measures necessary for accomplishing such targets in order to accomplish targets under paragraph (1) 1 and 2.

(5) The Government shall establish and manage targets for each entity that emits greenhouse gases, and each entity that consumes energy, in the standard quantity specified by Presidential Decree or more(hereinafter referred to as 'controlled entity') in a measurable, reportable, and verifiable manner in order to accomplish targets under paragraph (1) 1 and 2. In such cases, the Government shall consult with controlled entities in advance and shall take into consideration the past record of emission of greenhouse gases or the use of energy, technical levels, international competitiveness, and national targets.

(6) Each controlled entity shall observe targets under paragraph (5) and shall report its performance to the Government, as prescribed by Presidential Decree.

(7) The Government shall keep records of the register of the performance reported pursuant to paragraph (6) and manage the register systematically.

(8) The Government may, if a controlled entity's performance fails to meet targets under paragraph (5), order the entity to make improvements as may be necessary for accomplishing the targets. In such cases, the controlled entity shall prepare a performance plan

in compliance with the order for improvements and carry out the plan earnestly.

(9) Each controlled entity shall prepare a report on its performance under paragraph (8) in a measurable, reportable, and verifiable manner, receive verification thereon from a reliable, independent, specialized institution specified by Presidential Decree, submit the report to the Government, and disclose it to the public.

(10) The Government may, if necessary, provide controlled entities with support in finance, taxation, business management, and technology, conduct surveys on and examine their actual conditions, and furnish them with data and information so that controlled entities can accomplish targets under paragraph (5) and carry out a performance plan under paragraph (8) without fail.

(11) Matters necessary for the management of the register and the support for controlled entitiesshall be prescribed by Presidential Decree in addition to the provisions of paragraphs (5) through (9).

Article 43(Facilitation of Earlier Action for Reduction of Greenhouse Gases)

(1) The Government shall recognize the results of the performance voluntarily made by a controlled entity before it becomes subject to the control of targets under paragraph (5) as a result of the performance of the targets subject to control, or allow such an entity to trade the results of such performance, or encourage controlled entities otherwise to take action for voluntarily reducing greenhouse gases in advance.

(2) Matters necessary for the method of, and the procedures for, trading the results of performance under paragraph (1) shall be prescribed by Presidential Decree.

Article 44(Reporting on Quantity of Greenhouse Gases Emitted and Quantity of Energy Consumed)

(1) Each controlled entity shall prepare a statement of the quantity of greenhouse gases emitted and the quantity of energy consumed in each place of business in a measurable, reportable, and verifiable manner and report it to the Government every year.

(2) Each controlled entity shall, when it makes a report under paragraph (1), receive verification on the reliability of the statement from a reliable, independent, specialized institution specified by Presidential Decree. In such cases, the Government may issue an order to correct or supplement any defect or omission, if any, in the statement.

(3) The Government shall manage the statements systematically and may disclose essential information included in the statements of each controlled entity: Provided, That a controlled entity may request the Government to keep the information confidential, if it has any extraordinary reason to believe that such disclosure may significantly infringe on its rights or trade secret.

(4) The Government shall, upon receiving a request from a controlled entity to keep information confidential pursuant to the proviso to paragraph (3), organize an examination committee and shall notify the entity of the results thereof within 30 days.

(5) The contents of each statement, the methods of reporting, management, and disclosure, and matters necessary for the organization and operation of the examination committee shall be prescribed by Presidential Decree.

Article 45(Establishment of Integrated Information Management System for Greenhouse Gases)

(1) The Government shall establish an integrated information management system for greenhouse gases with which it shall develop, verify, and manage the State's quantity of green house gases emitted and absorbed, the emission and absorption factors, and various information and statistics related to greenhouse gases.

(2) The head of each appropriate central administrative agency shall prepare and provide information and statistics about matters under his/her jurisdiction, such as energy, industrial process, agriculture, wastes, and forestry, and give active cooperation so that the integrated information management system under paragraph (1) can be operated smoothly.

(3) The Government shall, when it prepares and manages various information and statistics and establish the integrated information management system pursuant to paragraph (1), reflect international standards therein to the fullest extent possible to improve expertise, transparency, and reliability.

(4) The Government shall analyze and verify various information and statistics under paragraph (1) and announce the results thereof to the public every year.

(5) The detailed method of management of information and statistics and the institution responsible for management shall be prescribed by Presidential Decree in addition to the provisions of paragraphs (1) through (4).

Article 46(Introduction of Cap and Trade System)

(1) The Government may operate a system for trading emissions of greenhouse gases by utilizing market functions in order to

accomplish the State's target of reduction of greenhouse gases.

(2) The system under paragraph (1) shall include a system for setting a cap on emission of greenhouse gases and for trading emissions and other internationally recognized trading system.

(3) The Government shall, when itimplements the systems under paragraph (2), consider international negotiations related to climate change and may take necessary measures in relation to controlled entities under Article 42 (5), if international competitiveness is likely to be degraded significantly.

(4) The method of allocation of the allowable quantity of emission, the methods of registration and management, and the establishment and operation of an exchange for implementing the system under paragraph (2) shall be provided by another Act separately.

Article 47(Management of Greenhouse Gases in Traffic Sector)

(1) Any person who intends to manufacture means of transportation, such as automobiles, shall prepare a scheme for reducing greenhouse gases emitted from such transportation means and shall actively endeavor to conform with the international competition system for reducing greenhouse gases.

(2) The Government shall establish standards for the efficiency of average energy consumption of automobiles and standards for allowable emission of greenhouse gases from automobiles respectively to promote energy saving by improving average energy consumption efficiency of automobiles and to maintain a pleasant and appropriate atmospheric environment by reducing greenhouse gases in exhaust gases from automobiles, but shall allow auto makers(including importers) to choose one of such standards to

avoid double regulation and shall ensure that measuring methods do not overlap.

(3) The Government may take measures for improving financial support for persons who purchase an automobile emitting less greenhouse gases, while imposing a charge on persons who purchase automobiles emitting more greenhouse gases

(4) The Government may seek for schemes for financial and taxation support, research and development, and improvement of related systems to facilitate the manufacturing and distribution of low−carbon, high−efficiency transportation means, such as hybrid vehicles and fuel cell electric vehicles.

Article 48(Assessment of Impacts of Climate Change and Implementation of Measures for Adaptation)

(1) The Government shall improve the ability to observe, forecast, provide information on, and utilize weather phenomena; analyze and assess potentials continuously to secure new and renewable energy sources, such as solar power, wind power, and tidal power, for each area and for each region; and establish and operate meteorological information management system for such purposes.

(2) The Government shall implement measures for survey and research, the development of technology, the support for related specialized institutions, and the establishment of domestic and overseas cooperative system to improve the accuracy of monitoring and forecast of climate change and to research and analyze the status of changes in biomass and water resources as well as impacts of climate change, such as impacts on citizens' health.

(3) The Government shall research and assess impacts of climate

change on ecosystem, biodiversity, atmosphere, water resources, water quality, public health, agricultural produce, fishery products, foodstuffs, forest, oceans, industries, and prevention of disasters and weakness therein and shall announce results therefrom to the public.

(4) The Government shall exert itself preferentially for preventive management to reduce damage that may be caused by climate change and shall establish and implement countermeasures for mitigating impacts of climate change or for coping with health and natural disasters, as prescribed by Presidential Decree.

(5) The Government may provide citizens and business entities, who conduct activities in response to measures for adaptation, with technical and financial support as may be necessary.

CHAPTER 6 REALIZATION OF GREEN LIFE AND SUSTAINABLE DEVELOPMENT

Article 49(Basic Principles for Green Life and Sustainable Development)

The State's measures for realizing green life and sustainable development shall be implemented in accordance with the following basic principles:

1. It shall be realized that our homeland is the base for green growth and the exhibition place of results thereof, and thus, efforts shall be made to harmonize the development of our homeland with conservation and management so that the present and future generations can enjoy a comfortable life;

2. National land, the urban space structure and buildings, and traffic systems shall be reorganized into the structure of low

carbon, green growth, and circumstances in which manufacturers and consumers can produce and purchase green products voluntarily and actively;

3. The State, local governments, enterprises, and citizens shall perform international agreements related to sustainable development in good faith, and shall endeavor to practice green life in citizens' daily lives, and settle green culture throughout the society;

4. The State, local governments, and enterprises shall facilitate environmental conservation by developing and reorganizing systems for land use and production so as to protect the ecological base, which serves as the foundation for economic development.

Article 50(Establishment and Implementation of Basic Plans for Sustainable Development)

(1) The Government shall perform international agreements related to sustainable development, such as Agenda 21 adopted at the United Nations Conference on Environment and Development, held in Brazil in 1992, and the plan of implementation adopted at the World Summiton Sustainable Development, held in the Republic of South Africa in 2002, in good faith and shall establish and implement a basic plan every five years for sustainable development for a planning period of 20 years to facilitate the State's sustainable development.

(2) The Government shall, whenever it intends to establish or revise the basic plan for sustainable development, bring a proposed plan to the Commission on Sustainable Development under Article 15 of the Sustainable Development Act for deliberation and then to the Committee and the State Council consecutively for deliberation: Provided, That the foregoing shall not apply to modifications to

minor matters prescribed in Presidential Decree.

(3) The basic plan for sustainable development shall include the following matters:

1. Matters concerning the current status of sustainable development, changes in circumstances, and prospects thereof;

2. Matters concerning the vision and goals of sustainable development, the strategy and principles for promotion, the direction of the basic policy, and major indexes for sustainable development;

3. Matters concerning the performance of international agreements related to sustainable development;

4. Other matters necessary for sustainable development.

(4) The head of each central administrative agency shall establish and implement a central basic plan for sustainable development for matters under his/her jurisdiction, which shall be included in the central action plan, in conformity with the basic plan for sustainable development under paragraph (1).

(5) Each Mayor/Do Governor shall establish and implement a regional basic plan for sustainable development, which shall be included in the local action plan, in conformity with the basic plan for sustainable development under paragraph (1), taking into consideration local characteristics and conditions of the local government.

Article 51(Management of Green Homeland)

(1) The Government shall establish and implement plans specified by Presidential Decree, such as the comprehensive national land plan, and the basic urban plan, etc. in accordance with the basic principles for green life under Article 49 and sustainable

development in order to develop the homeland so as to bring its healthy and comfortable environment and beautiful landscape in harmony with economic growth and social development(hereinafter referred to as 'green homeland').

(2) The Government shall prepare measures, including the following matters, in order to create a green homeland:

1. Development of carbon-neutral cities self-sufficient in energy and resources;

2. Expansion of forests and greenbelts and conservation of greater-regional ecological axes;

3. Environment-friendly development, use, and conservation of oceans;

4. Construction of low-carbon ports and harbors and conversion of existing ports and harbors into low-carbon ports and harbors;

5. Expansion of environment-friendly traffic systems;

6. Mitigation of damage to the homeland by natural disasters;

7. Other matters concerning creation of green homeland.

(3) The Government shall, whenever it establishes a plan specified by Presidential Decree, such as the comprehensive national land plan under the Framework Act on the National Land Framework Act on the National Land and the balanced national development plan under the Special Act on Balanced National Development, hear opinions, of the Committee in advance.

Article 52(Water Management for Coping with Climate Change)
The Government shall establish and implement measures, including the following matters, in order to cope efficiently with natural disasters, such as drought caused by climate change, water stress, deterioration of water quality, and changes in the aquatic

ecosystem and to ensure that every citizen can benefit from water equally:

1. Supply of clean and safe potable water and securing of stable water resources in preparation for drought, etc.

2. Conservation and management of the aquatic ecosystem and improvement of water quality;

3. Control of demand, including water saving, rearrangement of the cycling system of water, such as the use of rainwater and the reuse of sewage, and prevention of flood disasters;

4. Environment−friendly conservation and restoration of rivers;

5. Development of technology for prevention and treatment of water pollution and providing related services.

Article 53(Establishment of Low−Carbon Traffic Systems)

(1) The Government shall set and manage goals, etc. for the reduction of greenhouse gases, as prescribed by Presidential Decree, in order to develop the environment for reducing greenhouse gases in the traffic sector and to manage emission of greenhouse gases and energy efficiently.

(2) The Government shall set and manage medium−and long−term and phased goals for the share of public transportation and the shareof railroad transportation in order to establish low−carbon traffic systems minimizing energy consumption and emission of greenhouse gases.

(3) The Government shall expand investment in railroads continuously so that railroads can serve as the basis of main national transportation networks, expand means of public transportation, such as buses, subways, light rail transit systems, etc. and encourage the use of bicycles and coastal navigation.

(4) The Government shall prepare measures for themanagement of demand for transportation, including the following matters, in order to minimize greenhouse gases and air pollution, to reduce social costs incurred by traffic congestion drastically, and to solve traffic congestion in big cities, the Seoul Metropolitan Area, etc. thoroughly:

1. Improvement of the systems of traffic congestion charges and traffic inducement charges;

2. Expansion of exclusive lanes for buses and low−pollution vehicles and no−entry zones for passenger cars

3. Expansion and establishment of intelligent traffic information systems that can disperse traffic efficiently.

Article 54(Expansion of Green Buildings)

(1) The Government shall establish and implement policies, such as a grading system for green buildings and other systems, in order to expand buildings with high efficiency in the use of energy, a high ratio of new and renewable energy, and minimum emission of greenhouse gases(hereinafter referred to as 'green buildings').

(2) The Government shall set and manage medium−and long− term and periodic goals for buildings that meet or excel the standards prescribed by Presidential Decree in order to reduce the consumption of energy and the emission of greenhouse gases in buildings.

(3) The Government shall prepare and implement measures and standards for each stage of design, construction, maintenance, dismantling, etc., such as enhancing design standards and the procedures for permits and reviews, in order to minimize consumption of energy and resources and reduce emission of

greenhouse gases in the entire process of design, construction, maintenance dismantling, etc. of buildings.

(4) The Government shall implement energy inspections, energy saving programs under Article 25 of the Energy Use Rationalization Act Energy Use Rationalization Act, and activities for reducing greenhouse gases through such programs so that existing buildings can be converted into green buildings.

(5) The Government may require the installation and management of intelligent meters for controlling and reducing consumption of energy such as power consumption, etc. in newly constructed or renovated buildings.

(6) The Government shall apply the measures under paragraphs (1) through (5) to buildings of central administrative agencies, local governments, public institutions, educational institutions, etc. specified by Presidential Decree so that they can play the role of leaders toward green buildings and shall inspect and control their implementation.

(7) The Government shall endeavor to increase or supply green buildings when developing a new cityor re-developpong cities on a scale not smaller than that prescribed by Presidential Decree.

(8) The Government may, if necessary for expanding green buildings, provide support, such as financial support, tax abatement or exemption, and other measures as prescribed by Presidential Decree.

Article 55(Promotion of Environment-Friendly Agriculture and Fisheries and Expansion of Carbon Sinks)

(1) The Government shall develop agricultural technology for saving energy and producing bioenergy, minimize the use of

chemical fertilizers, materials, and agro chemicals to the greatest
extent by developing production technology of environment−
friendly agricultural products which accommodate climate change
and expand the production, distribution, and consumption of
environmentally friendly and organic agricultural produce, fishery
products, and wooden products.

(2) The Government shall increase carbon sinks by preserving
and developing farmland and developing sea groves(referring to
communities of seaweeds, such as Gelidium amansii, to be
developed in seawater to absorb greenhouse gases in the
atmosphere).

(3) The Government shall expand carbon sinks substantially
through conservation and development of forests and facilitate the
utilization of biomass in forests.

(4) The Government shall establish and implement measures that
can raise self−sufficiency in food through the improvement of new
varieties that can cope with climate change positively.

Article 56(Facilitation, etc. of Eco−Tourism)

The Government shall facilitate eco−tourism by preserving,
restoring, and using habitats of flora and fauna, ecologically
outstanding natural environmental assets, and unique cultual assets
in each locality harmoniously as resources for tourism to boost the
regional economy and shall ensure that every citizen can utilize such
resources as places for experience and education of ecosystem.

Article 57(Spread, etc. of Culture in Production and Consumption
for Green Growth)

(1) The Government shall establish and implement appropriate
measures for saving and utilizing energy and resources efficiently

and reducing greenhouse gases and pollutants throughout the entire process of production, consumption, transportation, and disposal of goods(hereinafter referred to as 'production, etc').

(2) The Government shall ensure that the consumption of energy, the emission of carbon, etc. can be reasonably linked to and reflected in the price of goods and sevices and that accurate information thereon shall be disclosed and communicated to consumers.

(3) The Government may establish and operate an information management system with which the consumption of energy and resources and emission of greenhouse gases and pollutants in the entire process of production, etc. of goods can be analyzed and evaluated and the results thereof can be stored and used.

(4) In order to facilitate and expand the use and consumption of green products, the Government may establish and implement measures to require manufacturers, distributors, etc. of goods to indicate and disclose information or grade on the quantity of greenhouse gases and pollutants generated in the course of production, etc. of such goods so that consumers can easily recognize such information.

Article 58(Facilitation of Green Life Campaigns)
(1) The Government shall prepare measures enabling citizens and enterprises to get used to green life, establish a cooperation system with local governments, enterprises, non-governmental organization, and other organizations, intensify education and public relations activities therefor, and initiate nationwide green life campaigns.

(2) The Government may provide relevant non-governmental organizations and other organizations with financial and administrative

support necessary for developing green life campaigns as voluntary action movements driven by the private sector.

Article 59(Education and Public Relations Activities for Practice of Green Life)

(1) The Government shall ensure that industrial entities and citizens can participate voluntarily in policies and activities for low carbon, green growth and that they can practice green life culture in their daily lives by expanding education and public relations activities for low carbon, green growth.

(2) The Government shall strengthen school education for low carbon, green growth by developing textbooks and teaching materials including curriculum books and training teaching staff so that citizens can get used to practice of green life from the early childhood and also strengthen educational courses integrated with and linked to general education programs, occupational education programs, basic lifelong education programs.

(3) The Government strengthen education and public relations activities through mass media, including newspapers, broadcasting media, internet portal services, etc. so as to facilitate the settlement and spread of green life culture.

(4) Public broadcasting media shall produce and broadcast programs related to climate change resulting from global warming and energy and shall also endeavor actively to boost public service advertisements.

CHAPTER 7 SUPPLEMENTARY PROVISIONS

Article 60(Request for Submission of Data)

(1) The Committee shall, if deemed necessary for performing its

duties, request the head of a relevant central administrative agency, a local government, or a public institution to submit information or data on low carbon, green growth.

(2) The head of a relevant agency, local government, or institution shall, upon receiving a request pursuant to paragraph (1), comply with such request, unless any justifiable reason exists to the contrary, such as matters requiring confidentiality for the purpose of national defense or national security.

Article 61(Enhancement of International Cooperation)

(1) The Government shall prepare various measures for promoting international cooperation and expansion in overseas markets through information exchange on low carbon, green growth with foreign and international organizations and through participation in technical cooperation, standardization, and joint surveys and research.

(2) The State shall endeavor to provide developing countries with financial support, so that they can cope with climate change effectively and facilitate sustainable development, to earnestly perform its national responsibilities meeting the expectations of international society, and to heighten the State's diplomatic stature.

(3) The Government shall exert itself to cope with climate change actively, strengthen international cooperation, and provide relevant information sufficiently so as to heighten the national stature and reputation in reliable national indexes for evaluation of countermeasures against climate change, which are announced by international organizations and related institutions.

Article 62(Reporting to National Assembly)

(1) The Government shall, when it establishes the national strategy for green growth pursuant to Article 9 (1), report it to the National Assembly without delay.

(2) The head of each central administrative agency shall, when he/she establishes a central action plan, report it to the competent Standing Committee(or the competent Special Committee) without delay and shall report results of performance thereof to the competent Standing Committee(or the competent Special Committee) by the end of February of the following year.

Article 63(Preparation of National Reports)

(1) The Government may prepare national reports, as stipulated in the United Nations Framework Convention on Climate Change.

(2) The Government may, if necessary for preparing a national report pursuant to paragraph (1), request the head of relevant central administrative agency to submit data. In such cases, the head of a relevant central administrative agency shall comply with such request, unless any special reason exists to the contrary.

(3) The Government shall, when it intends to submit a national report under paragraph (1) to the Conference of the Parties to the United Nations Framework Convention on Climate Change, undergo deliberation by the Committee.

Article 64(Fines for Negligence)

(1) A persons falling under the following paragraphs shall be punished by a fine for negligence not exceeding ten million won:

1. A person who fails to make a report under Article 42 (6) or (9) or 44 (1) or who makes a false report;

2. A person who fails to comply with an order of improvement under Article 42 (8);

3. A person who fails to make a disclosure under Article 42 (9);

4. A person who fails to comply with an order for correction or supplementation under Article 44 (2).

(2) Fines for negligence under paragraph (1) shall be imposed and collected by the head of a relevant administrative agency, as prescribed by Presidential Decree.

ADDENDA

Article 1(Enforcement Date) This Act shall enter into force three months after the date of its promulgation(Proviso Omitted).

Article 2(Special Cases concerning Preparation of Statements) Notwithstanding Article 44, controlled entities shall prepare and report a statement on the quantity of greenhouse gases emitted and the quantity of energy consumed during the latest three years in the first year after this Act enters into force.

Article 3(Transitional Measures concerning National Strategy for Green Growth) The national strategy for green growth, which was established by the Green Growth Committee, installed pursuant to the former Presidential Directive No. 239, and which is in force, after undergoing deliberation by the State Council, at the time this Act enters into force, shall be deemed the national strategy for green growth under Article 9.

Article 4 Omitted.

관련 사이트

녹색성장위원회(http://www.greengrowth.go.kr)
법제처 국가법령정보센터(http://www.law.go.kr)
유엔기후변화협약(http://unfccc.int)
생물다양성협약 사무국(http://www.cbd.int)
환경부(http://www.me.go.kr)
국토해양부(http://www.mltm.kr)
환경부(http://www.me.go.kr)
국가온실가스종합정보센터(http://www.gir.go.kr)
지식경제부(http://www.mke.go.kr)
교육과학기술부((http://www.mest.go.kr)
농림수산식품부(http://www.mifaff.go.kr)
기획재정부(http://www.mosf.go.kr)
문화체육관광부(http://www.mcst.go.kr)
통일부(http://www.epeople.go.kr)
보건복지부(http://www.mw.go.kr)
행정안전부 및 중앙재난안전대책본부(http://news.mopas.go.kr)
기상청(http://www.mke.go.kr)
산림청(http://www.forest.go.kr)
국립산림과학원(http://www.kfri.go.kr)
소방방재청(http://www.nema.go.kr)
농촌진흥청(http://www.rda.go.kr)
한국수자원공사(http://www.kwater.or.kr).
중소기업청(http://www.smba.go.kr)

특허청((http://www.kipo.go.kr)
국립환경과학원(http://www.nier.go.kr)
한국전력공사(http://www.srm.kepco.net)
한국석유공사(http://www.knoc.co.kr)
한국광물자원공사(http://www.keres.or.kr)
한국농어촌공사(http://www.ekr.or.kr)
산림청녹색사업단(http://www.kgpa.or.kr)
에너지관리공단(http://www.kemco.or.kr)
에너지관리공단 신·재생에너지센터(http://www.energy.or.kr)
에너지경제연구원(http://www.keei.re.kr)
한국산업단지공단(http://www.kicox.or.kr)
한국정책금융공사(http://www.kofc.or.kr)
한국관광공사(http://www.visitkorea.or.kr)
환경관리공단(http://www.gihoo.or.kr)
한국환경공단, http://www.cpoint.or.kr)
국가환경정보센터(http://www.konetic.or.kr)
국가청정생산지원센터(http://www.kncpc.re.kr)
산업연구원(http://www.kiet.re.kr)
농촌경제연구원(http://www.krei.re.kr)
과학기술정책연구원(http://www.stepi.re.kr)
한국산업기술진흥원(http://www.kiat.or.kr)
국립기상연구소(http://www.metri.re.kr)
(재)한국스마트그리드사업단(http://www.smartgrid.or.kr)
한국스마트그리드협회(http://www.k-smartgrid.org)
(사)한국신·재생에너지협회(http://www.knrea.or.kr)
환경산업기술정보(http://www.konetic.or.kr)
탄소배출권 거래(http://www.cdmbazaar.net)
Green car(http://www.greencar.com)
그린피스(http://www.greenpeace.org)

기후변화포럼(http://www.realclimate.org)
기상청-기후변화정보센터(http://www.climate.go.kr)
미국아리조나대학 대기과학(http://www.atmo.arizona.edu)
국회기후변화포럼(http://www.climateforum.or.kr)

기타 물환경 관련 사이트

물환경정보시스템9http://water.nier.go.kr)
수질총량관리센터(http://water.nier.go.kr/smat)
전국오염원조사온라인시스템(http://wems.nier.go.kr)
한강물환경연구소(http://www.nier.go.kr)
낙동강물환경연구소(http://www.nier.go.kr/nakdong)
영산강물환경연구소(http://www.nier.go.kr/yeongsan)
금강물환경연구소(http://www.nier.go.kr/geum)
한강물환경생태관(http://ecohan.nier.go.kr)
한강유역관리연구센터(http://river.nier.go.kr/han)
영산강·섬진강유역관리센터(http://river.nier.go.kr/yeongsan)
금강유역관리센터(http://river.nier.go.kr/geum)
토양지하수 정보시스템(http://sgis.nier.go.kr)

대기환경연구기관 관련 사이트

대기오염 배출량(http://airemiss.nier.go.kr)
황사 중 유해 대기오염물질 실시간공개시스템(http://air.nier.go.kr)
건설기계류 소음표시제 정보 DB구축 및 지원 프로그램
(http://noise.iaqinfo.org)
실내환경정보센터(http://iaqinfo.org)
석면안전관리센터(http://info-asbestos.org)
대기배출원 관리시스템(SEMS)(http://sodac.nier.go.kr)

화학물질연구기관 관련 사이트

화학물질정보통합시스템(http://ncis.nier.go.kr)

화학물질배출량 지원시스템(http://ncis.nier.go.kr/tri)

화학물질배출량 보고시스템(http://ncis.nier.go.kr/triweb)

화학물질배출량 정보공개시스템(http://ncis.nier.go.kr/triopen)

화학물질유해성심사(http://ncis.nier.go.kr/newchem)

유독물 GHS 시스템(http://ncis.nier.go.kr/ghs)

화학물질안전관리센터(http://ccsms.nier.go.kr)

화학물질안전관리정보시스템(http://kischem.nier.go.kr)

자연생태연구기관 관련 사이트

국토생태탐방(http://ecosystem.nier.go.kr)

한국외래동식물종합검색시스템(http://ecosystem.nier.go.kr)

아시아열대식물종합검색시스템(http://ecosystem.nier.go.kr)

LMO환경안전성센터(http://ecosystem.nier.go.kr/lesc)

기타 연구기관 관련 사이트

TEMM(http://www.temm.org)

환경측정분석종합운영시스템(http://qaqc.nier.go.kr)

자동차배출가스 및 소음인증 전산시스템(http://kencis.me.go.kr)

4대강 살리기(http://www.mltm.go.kr)

그린스타트(http://www.greenstart.kr)

친환경상품정보(http://www.ecoi.go.kr)

행정기관전화번호안내(http://phone.korea.go.kr)

물사랑(http://www.ilovewater.or.kr)

국가환경기술정보센터(http://www.konetic.or.kr)

제33회 국제환경산업기술그린에너지전(http://www.envex.or.kr)

기후변화 홍보포털(http://www.gohoo.or.kr)

유관기관

국립환경인력개발원(http://ehrd.me.go.kr)
한국과학재단(http://www.nrf.go.kr)

참고문헌

녹색성장위원회, 「저탄소 녹색성장기본법 제정안」, 녹색성장기본법안 관련 공청회 자료, 2009. 1. 15.

국무총리실, 저탄소 녹색성장기본법(안) 입법예고 재공고 자료, 2009. 2. 16.

국무총리실, 저탄소 녹색성장기본법 정부안 확정 관련 보도자료, 2009. 2. 25.

기획재정부 외, 「일자리 창출을 위한 녹색뉴딜사업 추진방안」, 2009. 1.

녹색성장위원회(2010), 「녹색성장기본법, 2010년 4월 14일 시행」, 국무총리실·녹색성장위위원회 보도자료, 4월 14일.

녹색성장기본법 저지를 위한 시민사회단체, 「녹색성장기본법」 관련 보도자료, 2009. 1. 28.

녹색성장위원회 설립준비팀, 「저탄소 녹색성장기본법」 입법예고 관련 참고자료[Q&A], 2009. 1. 14.

녹색성장위원회 설립준비팀, 「저탄소 녹색성장기본법(안)」 입법예고 보도자료, 2009. 1. 15.

환경부, 「환경분야 녹색성장 실천계획」, 2009.

산업자원부·에너지경제연구원, 「기후변화협약과 교토의정서」, 2003. 9.

환경산업기술정보, 「기후변화 완화에 있어서 R&D의 역할과 기술 확산」, 2010. 9.

환경산업기술정보, 「청정에너지 RD&D(Research, Development and Demonstration) 분야의 국제적 격차」, 2010. 9.

김은경, 「이명박정부 녹색성장의 허구성」, 한국미래발전연구원 홈페이지, 쟁점과 대안 〈4호〉.

노희진, 『녹색금융론(Green Finance)』, 박영사, 2010.

구태영, 김정식, 홍기만, 박정규, 김상백, 이병렬, 『한반도 기후변화감시 네트워크 구축』, 한국기상학회, 2008.

Brian Halweil, 『로컬푸드-먹거리-농업-환경, 공존의 미학』, 김종덕, 허남혁, 구준모 譯, 이후(시울) 2006.

제종길, 『기후변화 무엇이 문제인가?-새 정부, 새국회의 역할과 과제』, 자연보존연구소, 2008.

홍기훈, 정창수, 김석현, 김영일, 『런던협약의 이해』, 범신사, 2003.

최영은 옮김, 『지도로 보는 기후변화』, 시그미프레스, 2009.

첨단신기술정보분석연구회, 『녹색성장 5개년 계획과 국가전략』, 진한엠엔비, 2009.

첨단신기술정보분석연구회, 『신성장동력 산업 비즈니스전략 Ⅲ』, 진한엠엔비, 2009.

고문현, 『녹색성장의 개념과 저탄소녹색성장기본법』, 한국토지공법학, 2010.

함태성, 『'녹색성장'과 '지속가능발전'의 관계정립에 관한 법적 고찰-저탄소 녹색성장 기본법(안) 제정에 관한 법적 논쟁과 관련하여-』, 한국환경법학회, 2009.

정서용, 『저탄소 녹색성장기본법(안)의 국제법적 검토』, 서울국제법연구원, 2009.

전재경, 『저탄소 녹색성장기본법안의 실효성 증진방안』, 한국법제연구원, 법제연구 통권 제36호(2009년 6월).

배미소, 『녹색성장기본법 둘러싼 공방 대해부: 법 위에 법 '내용·절차' 하자 투성: 형식의 남용은 물론 입법예고 두 번이나 토목경제 합리화하는 개발악법 지적도』, 에너지저널 통권 14호(2009년 2/3월).

홍욱희, 『저탄소 녹색성장 시대를 전망한다』, 첨단환경기술 제17권 제3호 통권 190호(2009년 3월).

이성조, 『또 하나의 MB 특별법 저탄소 녹색성장기본법』, 함께 사는 길, 통권190호(2009년 4월).

환경건설일보, 『장밋빛 청사진 녹색성장 어디로 가야 하나: 녹색성장기본법·녹색뉴딜·4대강 정비사업 등 뜨거운 감자 찬·반 양론 팽팽… 절충적 대안 필요성 부각』, 환경건설일보, 환경IN 통권 제1호(2009년 4월).

박균성·함태성, 『환경법』, 박영사, 2008.

윤순진, 『저탄소 녹색성장패러다임의 신재생에너지정책, 무엇이 문제인가』, '녹색뉴딜사업'과 '녹색성장기본법' 진단(한국환경회의 주관토론회 자료집), 2009.

지식경제부, 『지식·혁신주도형 녹색성장을 위한 산업발전전략』, 2008.

홍준형, 『환경법』, 박영사, 2006.

Van Jones, 함규진·유영희 역, 『그린 칼라 이코노미(The Green Collar Economy)』,

페어퍼로드, 2009.

UNEP, 『Green Jobs: Towards decent work in a sustainable, low-carbon world』, 2008.

UNESCAP. Green Growth at a Glance: The way forward for Asia and the Pacific, 2006.

Summary for Policymakers(영문)(PDF). Climate Change 2007. The Physical Science Basis. Contribution of Working Group I to the Fourth Assessment Report of the Intergovernmental Panel on Climate Change. Intergovernmental Panel on Climate Change(2007년 2월 5일).

UNFCCC GHG Database, "CO2 Emissions from Fuel Combustion", IEA/OECD, 2002. 2.

Energy Policies of IEA Countries, 2002.

찾아보기

박재홍

예로부터 강직과 기개가 높은 선비의 고장으로, 산천이 좋고 햇빛이 많기로 유명한 경상남도 밀양시 상동면에서 출생했다. 경성대학교 대학원에서 법학박사를 취득하고 동서대학교 경영학부 금융보험선물학과의 교수로 있다. 대학에서 상법, 자본시장법, 보험계약법, 노동법, 성공한 기업가정신 등을 강의하고 있고, 기존 경제중심의 규제패러다임을 '환경·경제·법학의 조화'라는 신패러다임에 접목하는 연구를 진행중이며, 이를 여러 학회, 공공기관, 대학, 기업체 등에서 강연해오고 있다.

주요 저서로는 『I-TV(경인방송), SDN-TV(여성채널) 공인중개사민법』(공저, 2002, 2003), 『민법 및 민사특별법』(2003), 『민법총칙-법률행위』(2006), 『민사특별법』(2006), 『부동산공시법』(2006), 『법학통론』(공저, 2007), 『법과 사회』(공저, 2007), 『민법 및 민사특별법』(공저, 2008), 『부동산등기법』(공저, 2008), 『여성과 법』(공저, 2008), 『법과 경제』(공저, 2009), 『한국의 꿈해몽 비결서』(한국학술정보, 2009), 『직업상담사 2급』(2010) 등이 있다. 주요 논문으로는 「적대적 M&A에 있어서 정보공시규제에 관한 법적 연구」(2005), 「자본시장법상의 투자자보호제도의 실효성 확보 방안」(2010) 외에 20여 편의 논문이 있다 (1998~2010).

한국의 미래, 새로운 패러다임

저탄소 녹색성장 기본법

초판인쇄 | 2011년 4월 8일
초판발행 | 2011년 4월 8일

지 은 이 | 박재홍
펴 낸 이 | 채종준
펴 낸 곳 | 한국학술정보㈜
주   소 | 경기도 파주시 교하읍 문발리 파주출판문화정보산업단지 513-5
전   화 | 031) 908-3181(대표)
팩   스 | 031) 908-3189
홈페이지 | http://ebook.kstudy.com
E-mail | 출판사업부 publish@kstudy.com
등   록 | 제일산-115호(2000. 6. 19)

ISBN   978-89-268-2050-6 93360 (Paper Book)
          978-89-268-2051-3 98360 (e-Book)

GREEN는 새롭게 녹색의 씨앗을 심어 자연과 공존하는
SEED 녹색성장 시대를 이루기 위한 의지를 담고 있습니다.